· B A R Ç A · G L O R Y ·

红蓝荣耀

巴塞罗那传奇功勋志

《体坛周报》著

西苑出版社 XIYUAN PUBLISHING HOUSE
金城出版社 GOLD WALL PRESS
中国·北京

序

当初我开始追随巴塞罗那，这家俱乐部还不像现在这样，在全球拥有数百万追随者，当时他们甚至不是一家经常赢得比赛的俱乐部。但这是一家让球迷为之骄傲的俱乐部，而且巴萨不只是一家俱乐部。

今天，“不只是一家俱乐部”是巴萨的座右铭，也是刻在骨子里的 DNA，他们的比赛是最具吸引力的，他们尊重每个对手和每种行为方式，他们为联合国儿童基金会、联合国难民署等机构送上支持，反对恃强凌弱，还通过基金会等方式为被社会排斥的年轻群体送上帮助。

“不只是一家俱乐部”，是巴萨前主席德卡雷拉斯在 1968 年 1 月 17 日就职演讲中提出的概念，这曾是 20 世纪 20 年代很常用的句式，令人更容易理解并定义巴萨俱乐部的价值观。德卡雷拉斯是右翼人士，和统治者佛朗哥处于同一阵营，但他在就任巴萨主席的演讲中，定义了一种完全不同的意识形态。

“巴塞罗那不只是一家足球俱乐部，不只是一家用于休闲和放松的实体组织，虽然我们每个周末都会按时观看巴萨比赛，但巴萨代表着一种植根于所有人内心的精神。”德卡雷拉斯用卡斯蒂利亚语说出了这些，因为在当时，加泰罗尼亚语是被禁止的。作为佛朗哥政权的同阵营者，德卡雷拉斯说出这些，意味着除了足球之外，巴萨更代表着加泰罗尼亚这个民族。

曼努埃尔·巴斯克斯·蒙塔尔班是当时加泰罗尼亚大区的左翼作家，他对佛朗哥主义的反对与“不只是一家俱乐部”不谋而合，巴萨和巴萨球迷是最特别的存在，他们处在一个特殊的地区，有着有别于其他地方的历史。两位政治观点相左的人在这一刻达成了一致，他们都将巴萨视为超越足球的实体。

当时，所有巴萨拥趸都难以想到后来的辉煌。克鲁伊夫的到来堪称沙漠中的一片绿洲，为巴萨带来了希望，荷兰人为经历 13 年联赛冠军枯水期的巴萨带来了冠军荣耀，同时带来了在伯纳乌 5 ∶ 0 获胜的辉煌时刻，这场胜利的意义超越比赛本身。这是一场定义“不只是一家俱乐部”的比赛。

克鲁伊夫是巴萨进入新时代的标志，他为混沌中的巴萨带来了色彩，他留着长发，穿着时髦服装，戴着项链，刚一到巴塞罗那，他就想给儿子取名为约尔迪，这是当时西班牙当局不允许使用的名字，因为这是典型的加泰罗尼亚名字，而在西班牙语中应该叫“豪尔赫”。克鲁伊夫因此回到了阿姆斯特丹，在那里为“约尔迪”这个名字完成登记后才回到巴塞罗那。因为这个举动和态度，克鲁伊夫为加泰罗尼亚做出的贡献就远不限于球场之上。

克鲁伊夫的贡献还在延续。从他作为球员夺得西甲冠军，到他作为教练回归之前，巴萨在十多年中仅获得了一个联赛冠军，一次次接近荣誉却又一次次失败。那些年巴萨签下过世界上最好的球员马拉多纳，但他因为患病缺席了很久，后来因为对手凶狠的犯规，他又远离球场数月。马拉多纳和舒斯特尔是当时世界上最好的进攻组合，可惜后者同样因为伤病而未达预期。

巴萨在 1986 年杀入了欧冠决赛，对手是名不见经传的布加勒斯特星。五万巴萨球迷来到现场，塞维利亚几乎成为巴萨的主场，但最终他们在点球大战中败北，0 ： 2，一个都没罚进。当家球星舒斯特尔因为提前被换下而怒不可遏，没脱下球衣就乘出租车回了酒店。

我想，那一天过后，我以为在我有生之年都不会看到巴萨夺取欧冠冠军，接下来发生的所有事情，我至今不敢相信。因此，当很多新一代巴萨球迷抱怨现在是队史最糟糕时期，我认为他们只是没有见识过巴萨悠长历史的孩子。

巴萨总是会经历一些不在他们控制范围内的事情。他们见过自己最好的球员意外去世的悲剧，胡里奥 · 塞萨尔 · 贝尼特斯在 1968 年 4 月 6 日突然染疾辞世，年仅 27 岁，他原本即将参加一场可能决定冠军归属的国家德比。

多年以后，1981 年春天，巴萨正在为联赛冠军而战。在与领头羊马竞对决前，巴萨头号射手基尼被歹徒绑架了，遭关押将近一个月后才被解救。巴萨在联赛冠军争夺中毫不意外地失败了。

克鲁伊夫作为教练的归来，让巴萨恢复了自信。巴萨摆脱了对皇马的畏惧，因为巴萨选择了一种能够战胜一切对手的踢球方式。巴萨的运势也就此改变，这是最不可思议的。比如，做客皇马比赛的前几天，罗马里奥的父亲在巴西被绑架，巴萨球迷都以为噩梦即将重现，但并没有，巴萨在伯纳乌战胜了皇马，这和之前的运势完全不同。

克鲁伊夫的巴萨连续两年在联赛最后一轮反超皇马拿到西甲冠军，而 1992 年在温布利球场，巴萨夺得了队史第一个欧冠冠军。那一天我也以为会是今生唯一一次，年长的球迷都在对年少的说："你们好好看看吧，这辈子再也看不到了。"

事实证明，我们都错了，克鲁伊夫建立了拉马西亚青训营，他还播下了一颗种子，在一个来自桑佩多尔的瘦小男孩身上生根发芽。他最终成为俱乐部层面的最佳，就是那个赢得了一切的人，那个带出世界最佳球员并打破了所有足球传奇纪录的人。毫无疑问，没有克鲁伊夫，就没有瓜迪奥拉。

最重要的是，梅西出现在了这里。如果说来自瑞士的甘伯创建了巴萨俱乐部，来自荷兰的克鲁伊夫改变了巴萨的运势，那么来自阿根廷的梅西则将巴萨和拉马西亚的影响扩散到了全球。

中国、美国、印度、摩洛哥，世界上每一个角落的人，都享受着这支球队的成功时刻。巴萨不总是赢球，但始终都不只是一家俱乐部。时代在推进演变，但巴萨会一直坚守自己的座右铭。曾经，巴萨作为一个特殊的实体在一个特殊的地区经历了特殊的历史，而现在，巴萨在非凡的世界中经历着更辉煌的时刻。

圣地亚哥 · 希门尼斯 · 布兰科

《阿斯报》副总监，
驻巴塞罗那记者站主任，
1968 年生人，
1989 年起跟队报道巴萨。

目录

红蓝风云

红蓝之王

红蓝传奇·巨星

ents

红蓝传奇·名帅

红蓝传奇·主席

红蓝典藏

红蓝风云

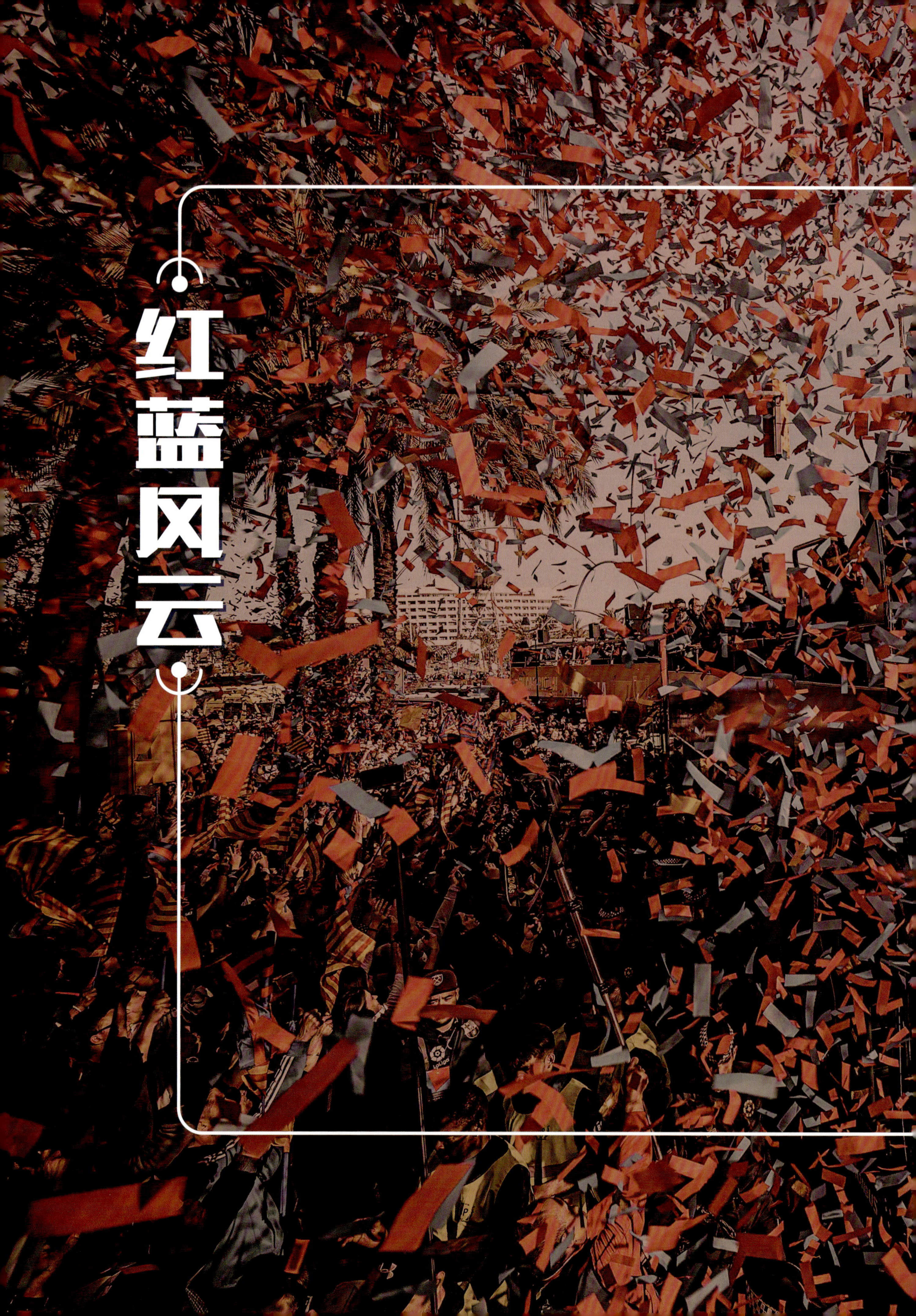

001
MONBUS

梦之队

武一帆

1899 年，一则刊登在地方报纸的小广告吸引了十几个年轻人聚集到巴塞罗那的健身房，在瑞士人甘伯的组织下成立了一家足球俱乐部。100 多年后，这家原本只是水手、柜员和学生组成的业余休闲团体，发展成为世界上最有影响力的体育机构之一，十几万会员遍布全球，所获荣誉不计其数。而构建出这宏大史诗的，是智慧超群的俱乐部领导者，是个性十足的传奇教练，是来自五湖四海的超级球星。而他们都有一个共同的名字——巴萨人。

20 世纪初，巴塞罗那作为西班牙最重要的口岸城市，吸引了大批西欧人旅居于此，足球这项新兴运动也在此生根发芽。甘伯作为时代先驱，花费了近 30 年时间，投入巨大热情和财力，帮助新生的巴萨成长为影响力遍及全西班牙的大俱乐部，并逐渐树立起加泰罗尼亚民族精神的旗帜。尽管动荡的政局和紧随而至的内战给西班牙足球制造了灭顶之灾，但巴萨人在战后艰难的时局中将希望的火种保留了下来。

进入 20 世纪 50 年代，巴萨开始以强者身份进入国家锦标的竞争行列。尤其是接纳流浪球星库巴拉和教练“银狐”道西克之后，巴萨在技战术方面获得极大提高。10 年间，巴萨取得了 3 次联赛冠军，5 次国家杯赛冠军。其中尤其以 1951—1952 赛季取得的联赛、杯赛和拉丁杯“三冠”成就最为耀眼。1960 年，球队在铁帅埃莱尼奥 · 埃雷拉的率领下蝉联联赛冠军并杀进欧冠半决赛，本土球星路易斯 · 苏亚雷斯获评金球奖。巴萨的国际影响力获得极大提高。

巴萨始终没有忘记回馈球迷的使

↑ 2009 年，巴塞罗那加冕“六冠王”后展示全部 6 个奖杯，左起依次为：国王杯、欧洲超级杯、世俱杯、欧冠、西班牙超级杯、西甲奖杯。

↘ 巴塞罗那球迷为球队摇旗呐喊。对他们来说，巴萨不只是一家俱乐部，还象征着加泰罗尼亚的荣耀。

命。球队的主场最早设址于工厂街，一些观众坐在高墙上，屁股对着人行道，巴萨球迷从此有了“cule”（加泰语：屁股）的称号。1922 年起，会员数突破 1.2 万人的巴萨搬进新家莱斯科茨，一座容量达 3 万人的大球场。同时，曲棍球、橄榄球和篮球等项目也发展起来。至 1957 年，巴萨又搬进新家诺坎普，一座可容纳近 10 万名观众的庞大球场。此外，包括拉马西亚训练中心等附属建筑也先后落成。甘伯将巴萨打造成一家综合体育社团的梦想在一步步实现。

新球场看台上的巴萨球迷见证了一个又一个难以忘怀的夜晚，见证了克鲁伊夫、马拉多纳、莱因克尔等巨星的到来和离去。白金汉、米歇尔斯和克鲁伊夫的加盟，在 20 世纪 70 年代为巴萨确立了“全能足球”的风格，并植根于本地青训，培养出一代代足球精英。直到克鲁伊夫被任命为主帅之前，巴萨尽管从不缺少球星，但始终与称霸欧洲差了一步。一场突如其来的更衣室“叛变”让主席努涅斯下定决心清洗阵容，并请来了才华和魅力兼备的克鲁伊夫重组球队。巴萨从此开启了一个梦幻时代。

20 世纪 90 年代开始，巴萨在西甲勇夺四连冠，并在 1992 年终于实现欧冠梦想。那支被称为“梦之队”的团体中，包括科曼、瓜迪奥拉、斯托伊奇科夫、罗马里奥、大劳德鲁普和苏比萨雷塔等传奇球员。世纪之交，随着努涅斯主政时代结束，巴萨迎来挣扎时期。菲戈转投皇马极大打击了俱乐部信心，高价引进的球员并未打出期待的水平。但是，在另一个荷兰人里杰卡尔德的带领下，被称为“梦二”的强大球队诞生了。罗纳尔迪尼奥、埃托奥和德科携手为球迷捧回了阔别数载的联赛奖杯，并在 2006 年再度斩获欧冠冠军。

拉波尔塔成为主席后，巴萨的商业价值进一步提升，会员也达到 14 万人的历史新高。尽管“梦二”随着一场内讧消散，但一股更为强势的后浪随即到来。并无丰富执教经验的瓜迪奥拉在上任后的第一年，便率队成为前无古人的“六冠王”，让所有人领略到“巴萨风”的美感和威力。尽管在 2010 年欧冠半决赛受挫，但巴萨转年又一次站在欧洲之巅。“梦三”给足球世界带来的冲击和影响延续至今。

更重要的是，从两个接连的梦幻时代走出了足球历史上最伟大的球员——阿根廷人利昂内尔·梅西。他以卓绝的球技征服了整个世界，将球迷的审美趣味提高到了新的层面。巴萨在“瓜时代”结束后，凭借梅西、内马尔和苏亚雷斯的“MSN 组合”再一次横扫欧洲，在 2015 年再获“三冠王”。尽管随着梅西离去，巴萨一度陷入经济和竞技的双重困境，但新一代球员站了出来。他们继承了前辈的衣钵，必能将巴萨精神延续下去，创造另一个梦幻时代。

大事记

1899

瑞士人甘伯在西班牙巴塞罗那当地杂志上发布公告，呼吁组建一支足球队。甘伯在这一年与来自瑞士、英国和加泰罗尼亚地区的其他11人创立了以城市命名的巴塞罗那足球俱乐部。

1902

巴塞罗那足球俱乐部夺得加泰罗尼亚锦标赛前身马卡亚杯的冠军，这是巴萨队史第一个冠军。在首场国家德比中，巴塞罗那3：1击败马德里足球俱乐部。

1910

巴塞罗那俱乐部正式批准新队徽设计方案，此后俱乐部队徽的演变始终沿用这一样式。5月26日，巴萨在国王杯决赛中3：2击败马德里西班牙人，拿到俱乐部历史上第一个西班牙全国赛事冠军。

1922

5月20日，巴萨新主场莱斯科茨球场正式落成。

1929

巴萨在首届西甲联赛中夺得冠军。

1930

巴塞罗那俱乐部创始人甘伯去世。

1935

加泰罗尼亚本地人苏尼奥尔担任巴萨主席。一年后西班牙内战爆发，国内联赛停摆，苏尼奥尔遇害。

1937

巴萨前往北美参加巡回赛，赚取收入助力俱乐部战后重建。

1939

6月29日，巴萨再次在莱斯科茨球场比赛，俱乐部开启重建工作。塞萨尔·罗德里格斯、巴索拉和拉马雷茨等人陆续加盟。

1945

巴萨收获队史第二个西甲冠军，这标志着巴萨走出内战后的困境。

1949

巴萨在决赛中2：1击败里斯本竞技，夺得拉丁杯冠军，这是俱乐部历史上第一个洲际赛事冠军。

1950

传奇射手库巴拉加盟巴萨。

1952 巴萨在1951—1952赛季的西甲、大元帅杯（国王杯）、拉丁杯、埃娃·杜阿尔特杯和马丁尼·罗西杯（巴萨组织的俱乐部友谊赛）五项赛事中，全部夺冠。

1954 路易斯·苏亚雷斯·米拉蒙特斯加盟巴萨，他在效力巴萨期间获得了金球奖。

1957 9月24日，诺坎普球场正式落成，巴萨在落成典礼纪念赛中4：2击败华沙军团。

1961 巴萨在欧冠决赛中2：3负于本菲卡，与冠军失之交臂。库巴拉离队，路易斯·苏亚雷斯·米拉蒙特斯转会国际米兰，俱乐部进入低潮期。

1968 1月17日，新一任主席德卡雷拉斯在就职典礼中提出“不只是一家俱乐部”，巴萨的这一口号正是由此得来。

1973 克鲁伊夫加盟巴萨。

1974 在主帅米歇尔斯和王牌球星克鲁伊夫的带领下，巴萨时隔14年重夺西甲冠军。在俱乐部成立75周年庆典上，巴萨公布官方队歌《巴萨之歌》。

1978 努涅斯当选巴萨主席。

1979 巴萨在优胜者杯决赛中加时4：3险胜杜塞尔多夫，夺得冠军。这是巴萨首次在欧足联赛事中夺冠。

1982 马拉多纳加盟巴萨。马拉多纳只为巴萨效力了两个赛季，1984年转投那不勒斯。

1985 巴萨时隔11年重夺西甲冠军。第30轮比赛巴萨客战巴拉多利德，巴萨门将乌鲁蒂在第88分钟扑出点球，力保巴萨2：1获胜，锁定冠军。

1988 克鲁伊夫出任巴萨主帅，“梦之队”时代开启。

1989

5月10日，巴萨在优胜者杯决赛中2：0击败桑普多利亚，队史第三次夺得该项赛事冠军。

1992

5月20日，凭借科曼在加时赛的一锤定音，巴萨1：0战胜桑普多利亚，夺得队史首个欧冠冠军。

1994

巴萨实现西甲四连冠。

1998

在主帅范加尔的带领下，巴萨夺得西甲和国王杯冠军，时隔39年再度收获国内双冠王。

1999

11月29日，巴萨喜迎百年庆典，俱乐部在诺坎普球场举行了盛大的庆祝仪式。1998—1999赛季，巴萨的足球、篮球、手球和曲棍球一线队均收获国内联赛冠军。

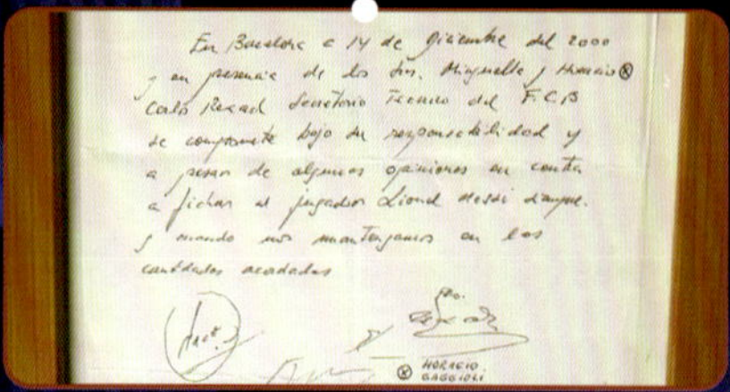

2000

9月17日，梅西在父亲的陪伴下抵达巴塞罗那。12月14日，巴萨技术总监雷克萨奇在一张餐巾纸上草签协议，承诺签下梅西。

2003

拉波尔塔当选巴萨主席，他领衔的董事会敲定了罗纳尔迪尼奥和德科等人的加盟，并任命里杰卡尔德为巴萨主帅。

2004

10月16日，梅西在巴萨对阵西班牙人的比赛中替补德科登场，完成巴萨一线队正式比赛首秀。

2005

巴萨时隔六年重夺西甲冠军。

2006

巴萨成功卫冕西甲，并在欧冠决赛中2：1击败阿森纳，队史第二次夺得欧冠冠军，“梦二”时代达到顶点。在与联合国儿童基金会签署协议后，巴萨一线队球衣首次拥有胸前标志。

2008

巴萨连续两个赛季“四大皆空”，罗纳尔迪尼奥和德科离队，里杰卡尔德离任。瓜迪奥拉出任巴萨主帅，布斯克茨上演一线队首秀，梅西接过10号球衣，“梦三”巴萨正式起航。

2009

5月27日，凭借埃托奥和梅西的进球，巴萨2：0战胜曼联，夺得队史第3个欧冠冠军。巴萨在这一年收获西甲、国王杯、欧冠、西班牙超级杯、欧洲超级杯和世俱杯这六项赛事的冠军，成就六冠王伟业。

2010 拉波尔塔离任，罗塞尔成为巴萨主席。11月29日，巴萨在对阵皇马的国家德比战中5：0大胜，皮克赛后做出了经典的“五指山”庆祝手势。

2011 5月28日，锋线三叉戟佩德罗、梅西和比利亚各入一球，巴萨在欧冠决赛中3：1击败曼联，收获队史第四个欧冠冠军。

2012 瓜迪奥拉离任，比拉诺瓦成为巴萨主帅。

2013 巴萨以100个积分夺得西甲冠军，追平西甲历史单赛季最高积分纪录，也创下了队史西甲单赛季最高积分纪录。

2014 1月23日，以内马尔转会涉嫌违规为导火索，罗塞尔辞去巴萨主席一职，巴托梅乌接任。4月25日，比拉诺瓦病逝。5月19日，巴萨宣布恩里克成为新一任主帅。苏亚雷斯加盟巴萨，与内马尔和梅西组成“MSN组合”。普约尔退役，巴尔德斯离队。

2015 哈维宣布赛季末离队。6月6日，巴萨在欧冠决赛中凭借拉基蒂奇、苏亚雷斯和内马尔的进球3：1战胜尤文图斯，夺得队史第五个欧冠冠军。巴萨在2015年收获西甲、国王杯、欧冠、欧洲超级杯和世俱杯五个冠军。

2017 欧冠1/8决赛，巴萨在首回合0：4负于巴黎圣日耳曼的情况下，次回合在诺坎普6：1取胜，完成史诗级逆转。恩里克离任，埃内斯托·巴尔韦德出任巴萨主帅。内马尔离开巴萨，加盟巴黎圣日耳曼。

2018 巴萨夺得西甲和国王杯双冠，伊涅斯塔离队。

2020 埃内斯托·巴尔韦德中途下课，塞蒂恩接任。欧冠1/4决赛巴萨2：8负于拜仁，惨败出局。8月19日，科曼出任巴萨主帅。巴托梅乌辞去巴萨主席一职。

2021 拉波尔塔再次当选巴萨主席。梅西离队。科曼离开巴萨帅位，哈维接任。

2022 巴萨连续使用“财政杠杆”缓解危机，夏窗签下莱万多夫斯基等新援。皮克宣布退役。

2023 1月，巴萨在西班牙超级杯决赛中3：1击败皇马，夺得两年来第一个冠军。巴萨时隔四年再夺西甲冠军。布斯克茨、阿尔瓦离队。诺坎普球场整修工程开启，巴萨主场将暂时移至巴塞罗那奥林匹克体育场。

大事记

2023再启航

梁宏业

经过漫长的赛季，巴塞罗那时隔四年重夺西甲冠军。2023 年这次夺冠，原因必然是多方面的，没有哪一个方面可以决定冠军归属。巴萨能在联赛第 34 轮过后就提前锁定西甲冠军，靠的是攻防两端的出色表现。

世界杯前建立优势

引进莱万多夫斯基等众多强援的巴萨，在赛季尚未开始时就是夺冠大热，但球队的最大竞争对手皇马却有着自身优势：阵容稳定、打法成熟。皇马是之前一个赛季的欧冠和联赛双冠王，尽管夏窗动作不大，但球队打法早已成型。而且安切洛蒂执教的皇马有一大特点，那就是赛季初状态稳定。2021—2022 赛季哈维中途接手巴萨，凭借冬季的强力引援曾在下半赛季打出一波高潮，甚至在国家德比客场 4 ∶ 0 大胜皇马，但联赛争冠没有增加半点悬念，因为皇马在积分榜上领先太多。

巴萨本赛季能够最终拿下联赛冠军，一个重要原因就是，在球队还没有完全磨合成型时，仍能和皇马齐头并进，并未被皇马甩下。世界杯前，皇马阵中即将参加世界杯的球员们有些许分心，巴萨在 14 轮比赛过后还领先皇马两分，结束第一阶段赛程。要知道巴萨在第一回合国家德比中还输给了皇马，实际上联赛第一阶段巴萨只输了这一场比赛，总共只丢了 4 分。

巴萨在第一阶段能够大捞积分的直接原因是攻击力大有改观，这是后梅西时代巴萨的一大改进。2021—2022 赛季，不管是科曼带队还是哈维带队，球队暴露的显著问题就是有攻势，但进球少，缺少一锤定音的射手。下半赛季奥巴梅扬加盟后，情况才略有改观。2021—2022 赛季巴萨队内射手榜，奥巴梅扬和孟菲

2022—2023 赛季巴萨西甲战事

2022.8.13 西甲第 1 轮

巴塞罗那	0 : 0	巴列卡诺

红牌：90+3' 布斯克茨（巴塞罗那）

巴塞罗那阵容（433）：特尔斯特根/阿劳霍、埃里克·加西亚、克里斯滕森（60'塞尔吉·罗伯托）、阿尔瓦（82'奥巴梅扬）/加维（60'弗伦基·德容）、布斯克茨、佩德里（72'凯西）/拉菲尼亚（60'安苏·法蒂）、莱万多夫斯基、登贝莱

2022.8.21 西甲第 2 轮

皇家社会	1 : 4	巴塞罗那

6' 伊萨克/1' 68' 莱万多夫斯基、66' 登贝莱、79' 安苏·法蒂

巴塞罗那阵容（433）：特尔斯特根/阿劳霍、埃里克·加西亚、克里斯滕森、巴尔德（64'拉菲尼亚）/加维（85'凯西）、弗伦基·德容（85'塞尔吉·罗伯托）、佩德里/登贝莱（72'阿尔瓦）、莱万多夫斯基、费兰·托雷斯（64'安苏·法蒂）

2022.8.28 西甲第 3 轮

巴塞罗那	4 : 0	巴拉多利德

24' 64' 莱万多夫斯基、43' 佩德里、90' 塞尔吉·罗伯托

巴塞罗那阵容（433）：特尔斯特根/孔德、埃里克·加西亚、阿劳霍（61'塞尔吉·罗伯托）、巴尔德/佩德里、布斯克茨（76'凯西）、加维（61'弗伦基·德容）/拉菲尼亚（61'安苏·法蒂）、莱万多夫斯基、登贝莱（82'费兰·托雷斯）

2022.9.3 西甲第 4 轮

塞维利亚	0 : 3	巴塞罗那

21' 拉菲尼亚、36' 莱万多夫斯基、50' 埃里克·加西亚

巴塞罗那阵容（433）：特尔斯特根/孔德、埃里克·加西亚（55'塞尔吉·罗伯托）、阿劳霍、巴尔德（64'阿尔瓦）/加维、布斯克茨、佩德里（63'弗伦基·德容）/拉菲尼亚、莱万多夫斯基（74'安苏·法蒂）、登贝莱（63'费兰·托雷斯）

2022.9.10 西甲第 5 轮

加的斯	0 : 4	巴塞罗那

55' 弗伦基·德容、65' 莱万多夫斯基、86' 安苏·法蒂、90+2' 登贝莱

巴塞罗那阵容（433）：特尔斯特根/贝列林、阿劳霍、皮克、巴尔德（78'马科斯·阿隆索）/加维（57'佩德里）、布斯克茨、弗伦基·德容/拉菲尼亚（72'安苏·法蒂）、孟菲斯·德佩（57'莱万多夫斯基）、费兰·托雷斯（57'登贝莱）

2022.9.17 西甲第 6 轮

巴塞罗那	3 : 0	埃尔切

34' 48' 莱万多夫斯基、41' 孟菲斯·德佩

红牌：14' 贝尔杜（埃尔切）

巴塞罗那阵容（433）：特尔斯特根/孔德、埃里克·加西亚（59'贝列林）、阿劳霍、巴尔德/凯西（46'加维）、弗伦基·德容、佩德里/登贝莱（60'拉菲尼亚）、莱万多夫斯基（72'费兰·托雷斯）、孟菲斯·德佩（59'安苏·法蒂）

2022.10.1 西甲第 7 轮

马洛卡	0 : 1	巴塞罗那

20' 莱万多夫斯基

巴塞罗那阵容（433）：特尔斯特根/巴尔德、皮克、克里斯滕森、阿尔瓦（80'塞尔吉·罗伯托）/加维、布斯克茨、凯西（67'佩德里）/登贝莱（80'费兰·托雷斯）、莱万多夫斯基、安苏·法蒂（67'拉菲尼亚）

2022.10.9 西甲第 8 轮

巴塞罗那	1 : 0	维戈塞尔塔

17' 佩德里

巴塞罗那阵容（433）：特尔斯特根/巴尔德（77'塞尔吉·罗伯托）、皮克、马科斯·阿隆索、阿尔瓦（85'埃里克·加西亚）/加维、布斯克茨、佩德里（63'弗伦基·德容）/拉菲尼亚（63'）、莱万多夫斯基、费兰·托雷斯（63'安苏·法蒂）

2022.10.16 西甲第 9 轮

皇家马德里	3 : 1	巴塞罗那

12' 本泽马、35' 巴尔韦德、90+1'（点）罗德里戈/83' 费兰·托雷斯

巴塞罗那阵容（433）：特尔斯特根/塞尔吉·罗伯托、孔德、埃里克·加西亚、巴尔德（60'阿尔瓦）/佩德里（83'凯西）、布斯克茨（60'加维）、弗伦基·德容/拉菲尼亚（60'费兰·托雷斯）、莱万多夫斯基、登贝莱（73'安苏·法蒂）

斯·德佩以各线打进 13 球并列榜首，而在联赛中，孟菲斯·德佩打进 12 球，奥巴梅扬打进 11 球，名列前二，近些年巴萨的最佳射手从来没有这么寒酸过。梅西自 2008 年接过巴萨 10 号球衣，到 2021 年夏天离队，他的赛季进球数从未低于 31 球，联赛进球数从未低于 23 球，在这段时期内，梅西只在 2015—2016 赛季让队内最佳射手称号旁落，被好友苏亚雷斯占据。

莱万来到巴萨后，从某种程度上弥补了梅西走后巴萨缺乏进球的短板。莱万来到巴萨后似乎并不需要特别适应，在赛季初的联赛 7 连胜中，莱万在其中 6 场比赛中连续进球，打进 9 球，巴萨更是在其中 5 场比赛中打进三四球。巴萨在 9 月国家队比赛日后第一次进入低谷，但球队并没有在联赛中掉队。当时，巴萨在士气上遭到重击，希望在欧冠有所作为的巴萨再次小组出局，队内三大主力后卫阿劳霍、孔德和克里斯滕森连续受伤。

这段时间，哈维的帅位甚至都遭到质疑，但莱万在联赛中起到了定海神针的作用。在欧冠赛场输给拜仁后，莱万在联赛对马洛卡的比赛中凭借个人能力打进唯一进球。而在巴萨主场 3 ∶ 3 战平国际米兰小组出线几近无望，并且输掉国家德比后，莱万在对比利亚雷亚尔的比赛中梅开二度并助攻一球，帮助球队 3 ∶ 0

↑ 巴萨时隔 4 年重夺西甲冠军，全队与西甲奖杯合影庆祝。

↓ 西甲第 2 轮，巴萨客场 4 ∶ 1 击败皇家社会，夏窗刚刚加盟的莱万多夫斯基梅开二度，展现出极佳的适应能力。

2022.10.20 西甲第10轮

巴塞罗那 3：0 比利亚雷亚尔

31’ 35’ 莱万多夫斯基、38’ 安苏·法蒂

巴塞罗那阵容（433）：特尔斯特根/塞尔吉·罗伯托（70′贝列林）、孔德（78′皮克）、马科斯·阿隆索、阿尔瓦/加维、弗伦基·德容（70′布斯克茨）、佩德里/费兰·托雷斯、莱万多夫斯基（75′登贝莱）、安苏·法蒂（75′拉菲尼亚）

2022.10.23 西甲第11轮

巴塞罗那 4：0 毕尔巴鄂竞技

12’ 登贝莱、18’ 塞尔吉·罗伯托、22’ 莱万多夫斯基、73’ 费兰·托雷斯

巴塞罗那阵容（433）：特尔斯特根/塞尔吉·罗伯托、孔德（63′马科斯·阿隆索）、埃里克·加西亚、巴尔德/加维（34′凯西）、布斯克茨、弗伦基·德容/登贝莱（77′巴勃罗·托雷）、莱万多夫斯基（63′安苏·法蒂）、佩德里（63′费兰·托雷斯）

2022.10.29 西甲第12轮

瓦伦西亚 0：1 巴塞罗那

90+3’ 莱万多夫斯基

巴塞罗那阵容（433）：特尔斯特根/巴尔德、孔德（74′皮克）、埃里克·加西亚（42′马科斯·阿隆索）、阿尔瓦/佩德里、布斯克茨（56′加维）、弗伦基·德容/登贝莱（56′费兰·托雷斯）、莱万多夫斯基、安苏·法蒂（57′拉菲尼亚）

2022.11.5 西甲第13轮

巴塞罗那 2：0 阿尔梅里亚

48’ 登贝莱、62’ 弗伦基·德容

巴塞罗那阵容（433）：特尔斯特根/巴尔德、皮克（85′克里斯滕森）、马科斯·阿隆索、阿尔瓦/佩德里、布斯克茨（68′加维）、弗伦基·德容/登贝莱（68′拉菲尼亚）、莱万多夫斯基、费兰·托雷斯（61′安苏·法蒂）

2022.11.8 西甲第14轮

奥萨苏纳 1：2 巴塞罗那

6’ 大卫·加西亚/48’ 佩德里、85’ 拉菲尼亚

红牌：31’ 莱万多夫斯基（巴塞罗那）、45+4’ 皮克（巴塞罗那未出场替补）

巴塞罗那阵容（433）：特尔斯特根/巴尔德、克里斯滕森（74′加维）、马科斯·阿隆索、阿尔瓦/佩德里（89′沙迪·里亚德）、布斯克茨、弗伦基·德容/登贝莱（78′拉菲尼亚）、莱万多夫斯基、费兰·托雷斯（78′安苏·法蒂）

2022.12.31 西甲第15轮

巴塞罗那 1：1 西班牙人

7’ 马科斯·阿隆索　73’（点）何塞卢

红牌：78’ 阿尔瓦（巴塞罗那）、80’ 维尼修斯·索萨（西班牙人）

巴塞罗那阵容（433）：特尔斯特根/塞尔吉·罗伯托（82′巴尔德）、克里斯滕森、马科斯·阿隆索、阿尔瓦/加维（52′布斯克茨）、弗伦基·德容（82′孔德）、佩德里/拉菲尼亚（62′登贝莱）、莱万多夫斯基、安苏·法蒂（62′费兰·托雷斯）

2023.1.8 西甲第16轮

马德里竞技 0：1 巴塞罗那

22’ 登贝莱

红牌：90+2’ 萨维奇（马德里竞技）、90+2’ 费兰·托雷斯（巴塞罗那）

巴塞罗那阵容（433）：特尔斯特根/孔德、克里斯滕森、阿劳霍、巴尔德（81′马科斯·阿隆索）/佩德里、布斯克茨（81′塞尔吉·罗伯托）、弗伦基·德容（58′凯西）/登贝莱、安苏·法蒂（58′费兰·托雷斯）、加维（73′拉菲尼亚）

2023.1.22 西甲第18轮

巴塞罗那 1：0 赫塔费

35’ 佩德里

巴塞罗那阵容（433）：特尔斯特根/塞尔吉·罗伯托（77′马科斯·阿隆索）、孔德、克里斯滕森（46′埃里克·加西亚）、巴尔德（46′阿尔瓦）/佩德里、布斯克茨、加维/登贝莱、安苏·法蒂、拉菲尼亚（62′凯西）

2023.1.28 西甲第19轮

赫罗纳 0：1 巴塞罗那

61’ 佩德里

巴塞罗那阵容（433）：特尔斯特根/孔德、埃里克·加西亚、阿劳霍、马科斯·阿隆索（46′阿尔瓦）/加维、布斯克茨、弗伦基·德容/拉菲尼亚（88′凯西）、安苏·法蒂（81′巴尔德）、登贝莱（26′佩德里）

2023.2.1 西甲第17轮

皇家贝蒂斯 1：2 巴塞罗那

85’（乌龙）孔德/65’ 拉菲尼亚、80’ 莱万多夫斯基

红牌：90+5’ 威廉·卡瓦略（皇家贝蒂斯）

巴塞罗那阵容（433）：特尔斯特根/孔德、克里斯滕森、阿劳霍、巴尔德/佩德里（90′凯西）、布斯克茨、弗伦基·德容/拉菲尼亚（80′安苏·法蒂）、莱万多夫斯基、加维（84′费兰·托雷斯）

2023.2.5 西甲第20轮		
巴塞罗那	3：0	塞维利亚

58' 阿尔瓦、70' 加维、79' 拉菲尼亚

巴塞罗那阵容（433）：特尔斯特根/孔德、克里斯滕森、阿劳霍（80'马科斯·阿隆索）、阿尔瓦（83'巴尔德）/佩德里、布斯克茨（8'凯西）、弗伦基·德容/拉菲尼亚（84'费兰·托雷斯）、莱万多夫斯基、加维（80'安苏·法蒂）

2023.2.12 西甲第21轮		
比利亚雷亚尔	0：1	巴塞罗那

18' 佩德里

巴塞罗那阵容（433）：特尔斯特根/孔德、克里斯滕森、阿劳霍、巴尔德/凯西（89'阿尔瓦）、弗伦基·德容、佩德里/拉菲尼亚（81'费兰·托雷斯）、莱万多夫斯基、加维

2023.2.19 西甲第22轮		
巴塞罗那	2：0	加的斯

43' 塞尔吉·罗伯托、45+1' 莱万多夫斯基

巴塞罗那阵容（433）：特尔斯特根/孔德、埃里克·加西亚、克里斯滕森、巴尔德/塞尔吉·罗伯托、弗伦基·德容（69'凯西）、加维/费兰·托雷斯、莱万多夫斯基（74'拉菲尼亚）、安苏·法蒂（86'安赫尔·阿拉尔孔）

2023.2.26 西甲第23轮		
阿尔梅里亚	1：0	巴塞罗那

24' 比拉勒·图雷

巴塞罗那阵容（433）：特尔斯特根/塞尔吉·罗伯托（76'巴勃罗·托雷）、克里斯滕森、埃里克·加西亚（67'阿劳霍）、阿尔瓦（67'马科斯·阿隆索）/弗伦基·德容、布斯克茨（76'安赫尔·阿拉尔孔）、凯西（46'拉菲尼亚）/费兰·托雷斯、莱万多夫斯基、加维

2023.3.5 西甲第24轮		
巴塞罗那	1：0	瓦伦西亚

15' 拉菲尼亚

红牌：59' 阿劳霍（巴塞罗那）

巴塞罗那阵容（433）：特尔斯特根/孔德、克里斯滕森、阿劳霍、巴尔德/塞尔吉·罗伯托（81'埃里克·加西亚）、布斯克茨、弗伦基·德容（46'凯西）/拉菲尼亚（87'安赫尔·阿拉尔孔）、费兰·托雷斯、安苏·法蒂（61'马科斯·阿隆索）

2023.3.12 西甲第25轮		
毕尔巴鄂竞技	0：1	巴塞罗那

45+1' 拉菲尼亚

巴塞罗那阵容（433）：特尔斯特根/塞尔吉·罗伯托（83'安苏·法蒂）、孔德、克里斯滕森、巴尔德/弗伦基·德容、布斯克茨、加维（90+4'安赫尔·阿拉尔孔）/拉菲尼亚（83'马科斯·阿隆索）、莱万多夫斯基、费兰·托雷斯（68'凯西）

2023.3.19 西甲第26轮		
巴塞罗那	2：1	皇家马德里

45' 塞尔吉·罗伯托、90+2' 凯西/9'（乌龙）阿劳霍

巴塞罗那阵容（433）：特尔斯特根/阿劳霍、孔德、克里斯滕森、巴尔德/塞尔吉·罗伯托（77'凯西）、布斯克茨、弗伦基·德容/拉菲尼亚（83'费兰·托雷斯）、莱万多夫斯基、加维（90+1'安苏·法蒂）

2023.4.1 西甲第27轮		
埃尔切	0：4	巴塞罗那

20'　66' 莱万多夫斯基、56' 安苏·法蒂、70' 费兰·托雷斯

巴塞罗那阵容（433）：特尔斯特根/孔德、阿劳霍（78'巴勃罗·托雷）、马科斯·阿隆索、阿尔瓦/塞尔吉·罗伯托、埃里克·加西亚、加维（68'凯西）/费兰·托雷斯、莱万多夫斯基、安苏·法蒂（84'亚历克斯·加里多）

2023.4.10 西甲第28轮		
巴塞罗那	0：0	赫罗纳

巴塞罗那阵容（433）：特尔斯特根/孔德、埃里克·加西亚、阿劳霍、巴尔德/塞尔吉·罗伯托（46'凯西）、布斯克茨、加维/拉菲尼亚（75'阿尔瓦）、莱万多夫斯基、安苏·法蒂（68'费兰·托雷斯）

2023.4.16 西甲第29轮		
赫塔费	0：0	巴塞罗那

巴塞罗那阵容（433）：特尔斯特根/塞尔吉·罗伯托（18'埃里克·加西亚）、孔德、阿劳霍、阿尔瓦（68'费兰·托雷斯）/加维、布斯克茨、凯西（68'安苏·法蒂）/拉菲尼亚（87'巴勃罗·托雷）、莱万多夫斯基、巴尔德

大胜，继续紧追皇马。莱万在前10轮联赛中打进11球，是21世纪西甲唯一在前10轮联赛进球上双的球员。第一阶段过后，巴萨和皇马都打进33球，而丢球方面，巴萨只丢5球，皇马则已经丢了14球。如此状态，为巴萨世界杯后扩大领先优势埋下伏笔。

最佳防线=11个1：0

本赛季巴萨在比分上有一个特点——1：0非常多，34轮战罢锁定冠军时，巴萨已拿到11场1：0胜利。世界杯前的第一阶段巴萨拿下3个1：0，世界杯后的第二阶段则拿到了8个。锁定冠军时巴萨的85个联赛积分，有33分是1：0胜利创造的，贡献率超过1/3。巴萨能拿下这么多1：0胜利，与坚固稳定的防线有直接关系，34轮联赛后巴萨只丢了13个球。联赛第一阶段，巴萨凭借莱万的稳定发挥，以进攻能力和皇马齐头并进，而在第二阶段，巴萨则是靠着卓越的防守能力，在耐力长跑中把皇马甩开，最终拿下了冠军。

上半赛季巴萨欧冠小组赛出局，是因为三大主力后卫阿劳霍、孔德和克里斯滕森连续因伤缺阵，之后巴萨又在长时间内遭遇中前场重要球员伤停，包括缺阵三个月之久的登贝莱，以及缺阵近两个月的佩德里，莱万还因停赛和受伤缺席了4场比赛。在如此不利局面下，巴萨还是进一步扩大了和皇马之间的积分差距，后防的稳定功不可没。

世界杯后巴萨迎来的第一个挑战，就是莱万因为在世界杯前对阵奥萨苏纳的比赛中被罚下后，做出了羞辱裁判的手势，被禁赛3场。这对巴萨锋线来说是个巨大的打击。不过，在莱万不在的3场比赛中，巴萨却拿下了3场1：0胜利，这引起了舆论的注意。客场对马竞的关键一战，巴萨在前30分钟打出了压倒性优势和赛季最佳表现，登贝莱完成破门。之

↖ 西甲第 16 轮，巴萨 1 ∶ 0 客胜马竞。主队的马科斯·略伦特起脚射门，阿劳霍飞身封堵。凭借坚固的防守，巴萨在多场比赛中 1 ∶ 0 战胜对手。

↑ 已成长为后防领袖的阿劳霍（左），以及 2022 年夏窗加盟巴萨的克里斯滕森（中）、孔德（右）在巴萨的西甲夺冠赛季中表现突出。巴萨在欧战状态不佳，与这三名球员连续因伤缺阵有直接关系。

↓ 2022 年 7 月的一场季前热身赛，巴萨 1 ∶ 0 战胜皇马，这场比赛是莱万加盟后的首秀。巴萨在 2022—2023 赛季中与 1 ∶ 0 的缘分，或许在那时就已注定。

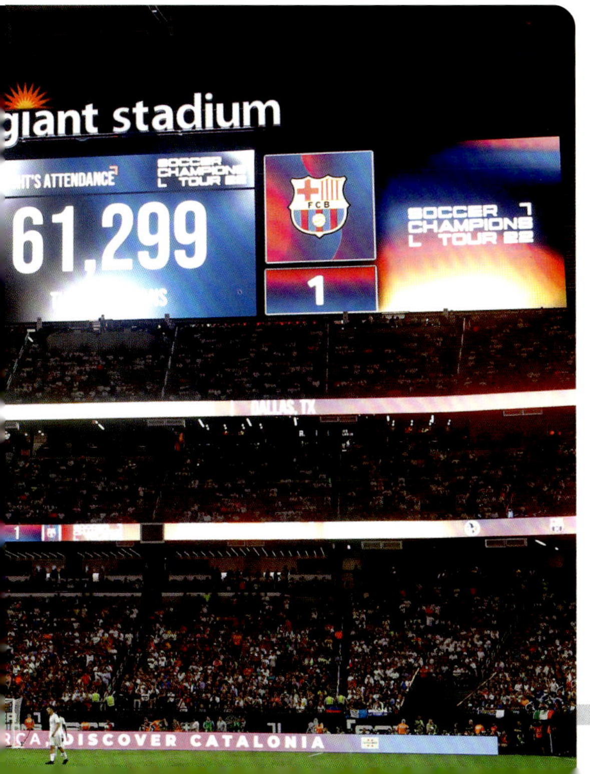

后的 60 分钟内，马竞发起反扑并完全控制场面，但巴萨凭借阿劳霍、克里斯滕森和孔德充满韧性的防守，没让马竞进球，巴萨展现出凭借顽强防守拿下焦点比赛的特点。

莱万回归前，波兰人在锋线上的最佳搭档、“过人王”登贝莱就受伤了，而且伤了三个月，这对巴萨和莱万来说都是一个不小的打击。屋漏偏逢连夜雨，登贝莱在 1 月底受伤，2 月中旬佩德里又在欧联杯比赛中受伤。在连续失去队内速度最快、过人技术最好的球员，以及最能提供进攻灵感的球员后，巴萨进攻的犀利程度直线下降。巴萨前 14 轮打进 3 球或 4 球的比赛有 7 场，占比 50%，第二阶段截至第 34 轮的 20 场比赛中，这样的比赛只出现了 4 次，占比 20%。在进攻端难以打出传统巴萨风格时，巴萨还能把积分优势扩大 12 分，除了皇马表现不稳定外，巴萨防线变成拿分利器，自然是重要原因。

后梅西时代，巴萨从之前一个赛季的双冠王皇马手中夺下西甲冠军，这是个巨大的成就。梅西不在巴萨的日子里，巴萨的足球似乎变得“正常”，不再指望梅西这样一名超级球星解决所有问题，而是从后场到前场寻求平衡。这个没有梅西的冠军，味道还真有点不一样。

2023.4.23 西甲第 30 轮

巴塞罗那 1 ∶ 0 马德里竞技

44’ 费兰 · 托雷斯

巴塞罗那阵容（433）：特尔斯特根/孔德、阿劳霍、马科斯·阿隆索（61′埃里克·加西亚）、巴尔德/加维、布斯克茨、弗伦基·德容（78′凯西）/拉菲尼亚（90+2′安苏·法蒂）、莱万多夫斯基、费兰·托雷斯（61′佩德里）

2023.4.26 西甲第 31 轮

巴列卡诺 2 ∶ 1 巴塞罗那

19’ 阿尔瓦罗 · 加西亚、53’ 弗兰 · 加西亚/83’ 莱万多夫斯基

巴塞罗那阵容（433）：特尔斯特根/孔德、阿劳霍、马科斯·阿隆索（57′阿尔瓦）、巴尔德/加维（79′巴勃罗·托雷）、弗伦基·德容（79′埃里克·加西亚）、佩德里（68′凯西）/拉菲尼亚、莱万多夫斯基、费兰·托雷斯（57′安苏·法蒂）

2023.4.29 西甲第 32 轮

巴塞罗那 4 ∶ 0 皇家贝蒂斯

14’ 克里斯滕森、36’ 莱万多夫斯基、39’ 拉菲尼亚、82’（乌龙）吉多 · 罗德里格斯

红牌：33’ 埃德加·冈萨雷斯（皇家贝蒂斯）

巴塞罗那阵容（433）：特尔斯特根/孔德、阿劳霍、克里斯滕森（59′马科斯·阿隆索）、巴尔德/弗伦基·德容（59′安苏·法蒂）、布斯克茨、佩德里（73′凯西）/拉菲尼亚（73′登贝莱）、莱万多夫斯基、加维（83′拉明·亚马尔）

2023.5.2 西甲第 33 轮

巴塞罗那 1 ∶ 0 奥萨苏纳

85’ 阿尔瓦

红牌：26’ 埃兰多（奥萨苏纳）

巴塞罗那阵容（4231）：特尔斯特根/孔德、阿劳霍、克里斯滕森（52′埃里克·加西亚）、巴尔德（76′阿尔瓦）/弗伦基·德容、布斯克茨（76′费兰·托雷斯）/拉菲尼亚（52′登贝莱）、佩德里、加维（36′安苏·法蒂）/莱万多夫斯基

2023.5.14 西甲第 34 轮

西班牙人 2 ∶ 4 巴塞罗那

73’ 普阿多、90+2’ 何塞卢/11’ 40’ 莱万多夫斯基、20’ 巴尔德、53’ 孔德

巴塞罗那阵容（433）：特尔斯特根/孔德、阿劳霍（63′阿尔瓦）、克里斯滕森（74′马科斯·阿隆索）、巴尔德/弗伦基·德容、布斯克茨、佩德里（89′凯西）/拉菲尼亚（62′登贝莱）、莱万多夫斯基、加维（75′安苏·法蒂）

2023.5.20 西甲第 35 轮

巴塞罗那 1 ∶ 2 皇家社会

90’ 莱万多夫斯基/5’ 梅里诺、72’ 瑟洛特

巴塞罗那阵容（433）：特尔斯特根/巴尔德、孔德（46′马科斯·阿隆索）、克里斯滕森、阿尔瓦/凯西（63′费兰·托雷斯）、布斯克茨（84′埃里克·加西亚）、弗伦基·德容/拉菲尼亚（63′安苏·法蒂）、莱万多夫斯基、登贝莱（86′巴勃罗·托雷）

2023.5.23 西甲第 36 轮

巴拉多利德 3 ∶ 1 巴塞罗那

2’（乌龙）克里斯滕森、22’（点）拉林、73’ 冈萨洛 · 普拉塔/84’ 莱万多夫斯基

巴塞罗那阵容（433）：特尔斯特根（46′伊尼亚基·培尼亚）/塞尔吉·罗伯托（46′凯西）、克里斯滕森、马科斯·阿隆索、巴尔德/弗伦基·德容、埃里克·加西亚、巴勃罗·托雷（63′登贝莱）/拉菲尼亚（63′费兰·托雷斯）、莱万多夫斯基、加维（76′安苏·法蒂）

2023.5.28 西甲第 37 轮

巴塞罗那 3 ∶ 0 马洛卡

1’ 24’ 安苏 · 法蒂、70’ 加维

红牌：14’ 阿马特 · 恩迪亚耶（马洛卡）

巴塞罗那阵容（433）：特尔斯特根/巴尔德（17′塞尔吉·罗伯托）、孔德、克里斯滕森、阿尔瓦（81′马科斯·阿隆索）/弗伦基·德容、布斯克茨（85′埃里克·加西亚）、加维/登贝莱（84′费兰·托雷斯）、莱万多夫斯基、安苏·法蒂（79′拉菲尼亚）

2023.6.4 西甲第 38 轮

维戈塞尔塔 2 ∶ 1 巴塞罗那

42’ 65’ 贝加/79’ 安苏 · 法蒂

巴塞罗那阵容（433）：特尔斯特根（63′伊尼亚基·培尼亚）/塞尔吉·罗伯托、克里斯滕森（46′加维）、孔德、马科斯·阿隆索/弗伦基·德容、埃里克·加西亚（72′巴勃罗·托雷）、凯西/拉菲尼亚（63′登贝莱）、莱万多夫斯基、费兰·托雷斯（63′安苏·法蒂）

← 在2022年6月的巴萨会员特别大会上，拉波尔塔向会员们对“杠杆”策略进行说明。拉波尔塔对这一举措给出如此形容：“如果这些经济杠杆获得通过，那我们就能从ICU（重症加强护理病房）里出来了。”

↓ 撬动杠杆的巴萨，花费约1.5亿欧元买入莱万多夫斯基（左图右）、孔德（中图）与拉菲尼亚（右图）三位强援，这三名球员在巴萨的西甲夺冠赛季中都发挥了重要作用。

杠杆撬动冠军

梁宏业

巴塞罗那夺得后梅西时代的首个联赛冠军，这是拉波尔塔二度当选巴萨主席后的首个联赛冠军，同时也是哈维担任巴萨主帅后的首个联赛冠军。我们可以看到，冠军的种子埋在2022年夏天——良好的运作和竞技规划，帮助巴萨扭转颓势。

杠杆求生，巴萨走出泥潭

在巴萨受困于经济的时代，如何才能在西甲财政公平政策的限制下完善阵容，是球队需要面临的第一个难题。如果不能在经济上突破，那球队就无法进行引援操作。巴萨选择卖出俱乐部现有财产和未来电视转播权求生，这就是被称为“经济杠杆”的操作。

巴萨在2022年先后4次出售俱乐部资产，前两次出售了未来25年西甲转播权的25%权益，获得了超过5亿欧元，随后两次又出售了多媒体工作室49%的权益，获得两亿欧元。7

亿欧元的直接收入不仅抹平了上赛季的亏损，突破了政策上的束缚，也让巴萨在夏季转会市场上能有所作为，获得可以操作的空间。

巴萨“割肉卖血”换取现金谋求在竞技上的突破，这一做法有多重原因。根据拉波尔塔为上届主席团做的财政统计，在他接手时，巴萨的负债已经达到13亿欧元，按照俱乐部足球总监阿莱马尼的话说：“任何企业有如此高的负债都已经破产了。巴萨的确可以卖掉球场、卖掉所有球员，但那时候的巴萨已经不是巴萨了。”巴萨绝地求生的操作，是为了继续保证品牌价值，并试图通过良好的竞技表现，提高品牌价值获得增值盈利。

另一方面，拉波尔塔在自己再次当选巴萨主席的第一个完整赛季，主要任务就是做审计，查清楚前任巴托梅乌到底留下了什么烂摊子。所以科曼和哈维执教的2021—2022赛季，被拉波尔塔定义为过渡赛季。但会员们选拉波尔塔当主席，不是为了年年都过渡，拉波尔塔必须做出成绩来证明自己。在给前任“结账”后，他急需拿出成绩，所以他开启了巴萨的“杠杆时代”。

冗员走人，新援给力

巴萨足球总监阿莱马尼，是拉波尔塔再次竞选巴萨主席时的核心成员，被认为是巴萨管理层“三驾马车”之一。从建队规划上来看，阿莱马尼绝对是立了大功。

要建立一支争冠球队，首先要有一个可行的规划，在规划中，大家似乎更在乎引进了什么球员。但在引进球员之前，巴萨必须做的是卖掉球队不需要的球员。阿莱马尼在一个夏天就办妥了19名球员离队的手续，算上冬季转会去马竞的孟菲斯·德佩、去里斯本竞技的贝列林以及退役的皮克，巴萨在一个赛季内走了22名球员。在这些人中，有巴萨长年想卖掉却因为工资过高而难以实现的，比如乌姆蒂蒂和库蒂尼奥，还有当年巴托梅乌从尤文换来的高工资球员皮亚尼奇，以及高薪替补门将内托。阿莱马尼最神奇的一笔交易，是将之前免费加盟的奥巴梅扬，在2022年夏窗以1200万欧元的价格卖给切尔西，巴萨几乎空手套白狼赚了1200万欧元。

在清理掉大量被竞技部门认为难以发挥作用的球员后，巴萨引进了莱万多夫斯基、拉菲尼亚、孔德、克里斯滕森、凯西、马科斯·阿隆索等人。其中，莱万、孔德和拉菲尼亚一共花

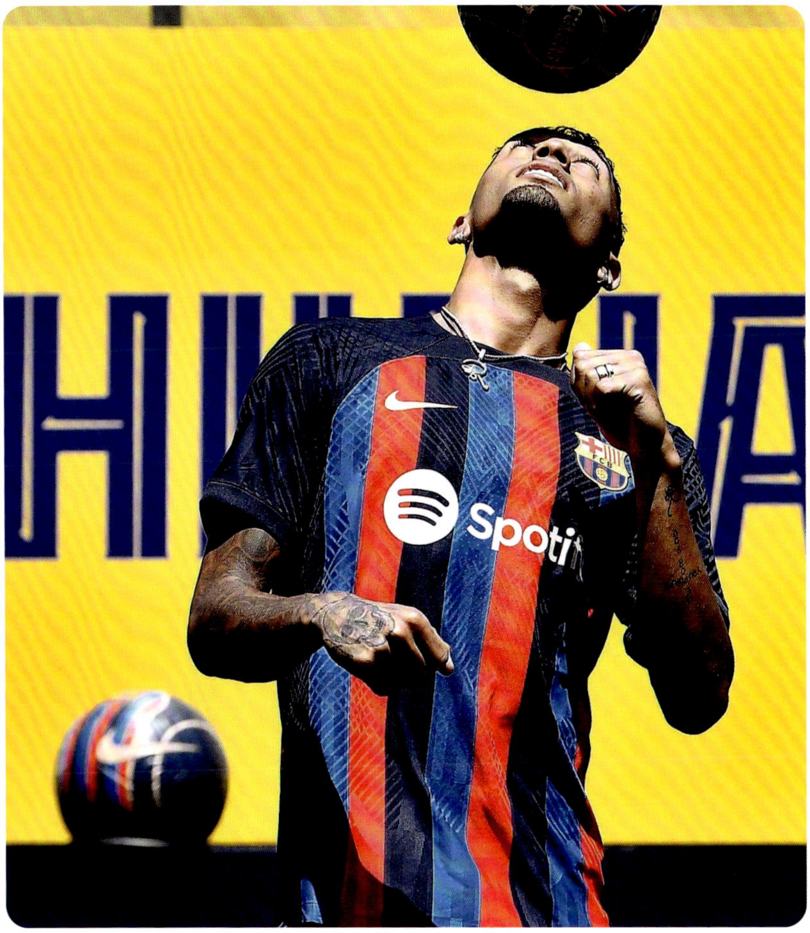

← 自由身加盟巴萨的凯西与马科斯·阿隆索虽未成为绝对主力，但都有不俗表现。联赛次回合国家德比的天王山之战，凯西打入绝杀进球（上图）。马科斯·阿隆索则成为防线的首席“补丁”（下图）。

→ 拉波尔塔与巴萨足球总监阿莱马尼（右）同西甲奖杯、西班牙超级杯奖杯合影。巴萨赢得这两个冠军，转会市场上运筹帷幄的阿莱马尼功不可没。在赛季末宣布即将离任之后，阿莱马尼又撤回这一决定，选择留在巴萨。

了俱乐部约1.5亿欧元，而克里斯滕森、凯西和马科斯·阿隆索都是自由身加盟巴萨。考虑到巴萨在送走球员时还收入近4000万欧元，巴萨夏窗实际净投资约为1.1亿欧元。这1.1亿欧元的夏窗投资，对于一支欧洲豪门球队来说并不是天文数字，而且与巴萨撬动杠杆得到的7亿欧元相比也占比不高。由此可见，这7亿欧元主要是用来支付短期负债、补偿上赛季亏损以及预算新赛季支付球员工资。

巴托梅乌时代，巴萨出现大幅度亏损的主要原因，就是三笔上亿欧元（登贝莱、库蒂尼奥和格列兹曼）的转会都没有达到预期效果。2022年夏窗巴萨引进的球员，则基本都有不错的表现，莱万在2022—2023赛季西甲联赛中总共打进23球，在射手榜上超出金球奖得主本泽马4球，收获西甲金靴。身价高达5800万欧元的拉菲尼亚尽管一度掉出主力阵容，但整个赛季打进10球，贡献12次助攻，其中，西甲中打进7球，贡献7次助攻，是巴萨的队内助攻王和第二射手。

自由身加盟的克里斯滕森，与身价5000万欧元的孔德，都成为巴萨金字招牌般防线中的绝对主力。凯西虽然没能成为绝对主力，但在下半赛季球队中场大面积减员时能够顶上。他的最高光表现，就是在联赛次回合国家德比，对阵皇马的天王山之战中打进绝杀球，凯西的这粒进球直接决定了西甲冠军的归属。马科斯 · 阿隆索则成为左后卫和中卫的第一替补人选。可以说，阿莱马尼在夏季引进的球员中，唯一不及格的就是夏季买来、冬季送走的贝列林，但因为免费引进贝列林，而且是最低工资，所以巴萨也并没有什么损失。

“巧妇难为无米之炊”，历来都是教练行业的铁律。哈维最终能率队夺冠，最为重要的原因就是阿莱马尼在夏天给哈维找到了“米”，这是巴萨后梅西时代摆脱厄运、触底反弹不能忽视的基础性因素。

2022—2023全战线巴塞罗那球员数据

号码	球员	联赛			国王杯			西班牙超级杯			欧冠			欧联杯			总计		
		出场	进球	助攻	出场	进球	助攻	出场	进球	助攻	出场	进球	助攻	出场	进球	助攻	出场	进球	助攻
1	特尔斯特根	38	0	0	3	0	0	2	0	0	5	0	0	2	0	0	50	0	0
13	伊尼亚基·培尼亚	2(2)	0	0	2	0	0	0	0	0	1	0	0	0	0	0	5	0	0
36	特纳斯	0	0	0	0	0	0	0	0	0	0	0	0	0	0	0	0	0	0
2	贝列林	3(2)	0	0	2	0	0	0	0	0	2	0	0	0	0	0	7	0	0
3	皮克	6(2)	0	0	0	0	0	0	0	0	4(2)	0	0	0	0	0	10	0	0
4	罗纳德·阿劳霍	22(1)	0	2	4	1	0	2	0	0	1	0	0	2	0	0	31	1	2
15	克里斯滕森	23(1)	1	1	2(1)	0	0	2(1)	0	0	3	0	0	2(1)	0	0	32	1	1
17	马科斯·阿隆索	24(13)	1	0	5(2)	0	0	1(1)	0	0	5	1	0	2(1)	1	0	37	3	0
18	阿尔瓦	24(10)	2	3	2	0	2	1	0	0	2	0	1	1	0	0	30	2	6
23	孔德	29(1)	1	3	4	0	1	2	0	0	3	0	1	2	0	1	40	1	6
24	埃里克·加西亚	24(9)	1	0	3(2)	0	1	1(1)	0	0	4(2)	0	1	0	0	0	32	1	2
28	亚历克斯·巴尔德	33(3)	1	6	4(1)	0	0	1	0	0	4(3)	0	0	2(1)	0	0	44	1	6
35	沙迪·里亚德	1(1)	0	0	0	0	0	0	0	0	0	0	0	0	0	0	1	0	0
5	布斯克茨	30(2)	0	4	5(1)	0	0	2(1)	0	0	4	0	1	1	0	0	42	0	4
6/30	加维	36(6)	2	4	5(2)	0	1	2	1	2	5(1)	0	0	1	0	0	49	3	7
8	佩德里	26(4)	6	1	1	0	0	2	1	0	5	0	0	1	0	0	35	7	1
19	凯西	28(21)	1	1	5(1)	1	2	2(2)	0	0	6(3)	1	0	2	0	0	43	3	3
20	塞尔吉·罗伯托	23(8)	4	1	3(1)	0	0	2(1)	0	0	3	0	2	2(1)	0	0	33	4	3
21	弗伦基·德容	33(4)	2	4	2	0	0	2	0	0	4(2)	0	0	2	0	0	43	2	4
29	马克·卡萨多	0	0	0	0	0	0	0	0	0	1(1)	0	0	0	0	0	1	0	0
32	巴勃罗·托雷	8(7)	0	0	2	0	1	0	0	0	3(2)	1	0	0	0	0	13	1	1
34	阿尔瓦罗·桑斯	0	0	0	0	0	0	0	0	0	1(1)	0	0	0	0	0	1	0	0
40	亚历克斯·加里多	1(1)	0	0	0	0	0	0	0	0	0	0	0	0	0	0	1	0	0
7	奥斯曼·登贝莱	25(9)	5	7	2	2	0	2	0	0	6(1)	1	2	0	0	0	35	8	9
9	莱万多夫斯基	34(1)	23	7	3	2	0	2	2	1	5	5	0	2	1	0	46	33	8
10	安苏·法蒂	36(25)	7	3	5(5)	2	0	2(2)	1	0	6(4)	0	1	2(2)	0	0	51	10	4
11	费兰·托雷斯	33(19)	4	2	4(1)	0	0	1(1)	0	0	5(4)	3	1	2(2)	0	0	45	7	3
14	孟菲斯·德佩	2	1	0	1	0	0	0	0	0	1(1)	0	0	0	0	0	4	1	0
17	奥巴梅扬	1(1)	0	0	0	0	0	0	0	0	0	0	0	0	0	0	1	0	0
22	拉菲尼亚	36(11)	7	7	5(2)	2	2	2(1)	0	0	5(1)	0	2	2	1	1	50	10	12
38	安赫尔·阿拉尔孔	4(4)	0	0	1(1)	0	0	0	0	0	0	0	0	0	0	0	5	0	0
41	拉明·亚马尔	1(1)	0	0	0	0	0	0	0	0	0	0	0	0	0	0	1	0	0

注：括号内为替补出场次数。

哈维 Xavi

舵手不畏风浪

梁宏业

哈维没有辜负所有巴萨人的期待。他被看作下凡的天使，临危受命执教巴萨。在第一个完整执教的赛季，他就帮助巴萨时隔 4 年重夺联赛冠军。哈维也成为俱乐部历史上第 5 位作为球员和主帅都为巴萨拿到联赛冠军的人，前四位是萨米铁尔、克鲁伊夫、瓜迪奥拉和恩里克。

红蓝档案

哈维

Xavier Hernandez Creus

生日	1980.01.25
国籍	西班牙

哈维归来，家有家规

巴萨夺冠后，副主席尤斯特盛赞哈维的贡献：“哈维重新让更衣室成为一个家。”这是哈维回到巴萨后做的第一件事——巴萨更衣室必须团结有力量，不能形成多个派别，各自为战。2022—2023 赛季第一场正式比赛前，哈维给全队讲话的最后一句就是：“你们准备好组成一个大家庭了没有？”

哈维刚回到巴萨时，对更衣室的无组织、无纪律感到惊讶，这不是他熟悉的巴萨。所以他最先推进的工作，就是恢复更衣室的纪律和团结。管理好一个大家庭就需要纪律，哈维上任后，更衣室的涣散消失了，哈维恢复了瓜迪奥拉时代坚持的训练和比赛后所有人一起吃饭的惯例。这不是为了团建，而是为了职业球员的健康饮食，在最合适的时间内补充身体消耗。训练的迟到问题未再

出现，甚至球员前往客场的着装都有了严格的管理。哈维对老球员也不会网开一面，2021—2022 赛季哈维中途接任后，人们惊奇地发现，皮克取消了去马德里观看自己公司主办的戴维斯杯比赛的行程。

更衣室内部有人表示："哈维恢复了那些曾被遗忘的习惯和路线，一切都快速恢复，时间表问题、饮食问题、着装问题，巴萨更衣室混乱而缺乏秩序的时代结束了。大家都对纪律有了更深刻的理解，更衣室里，球员们像一家人。成就属于教练，哈维团结了球队，他让球队的利益超出了每个人的自我中心主义。集体主义始终都在履行着自己的使命，就像对奥萨苏纳时阿尔瓦的进球，所有的方向都一致——都是哈维的方向。"

任人唯亲？做不到！

哈维回到巴萨后，不少人都在关心，他该如何与曾经朝夕相处的老队友共事。毕竟现在哈维的角色变了，作为教练和领袖的哈维，已经不是过去的队长哈维。对于皮克、布斯克茨、阿尔瓦、特尔斯特根这些老队友，哈维该如何管理？

哈维在更衣室内拥有绝对权威的重要原因，就是绝不任人唯亲，这在 2021—2022 赛季就有体现。当赛季冬季，想参加世界杯但无球可踢的阿尔维斯希望回到巴萨，巴萨也缺一个右后卫。哈维支持老队友回归，但和阿尔维斯有言在先，只和他签约半年，是否续约要看阿尔维斯的表现能否有说服力。阿尔维斯有过不错的表现，比如对马竞时的一传一射，但也让哈维失望过，同样是在对马竞的比赛中被罚下。赛季末段，阿尔维斯表现得无组织、无纪律，舍弃自己的位置助攻上前，让登贝莱或阿达马 · 特劳雷替自己防守。阿尔维斯的表现没能说服哈维，哈维对老队友没有网开一面。

与阿尔维斯一样的还有皮克，2021—2022 赛季结束后，哈维就警告皮克：新赛季他不是球队主角，请自行决定出路。这让皮克大为光火，即便皮克找到主席拉波尔塔诉苦也无济

执教生涯

2019—2021	萨德	胜率 65.7%
2021—	巴塞罗那	胜率 61.1%

巴塞罗那执教生涯集体荣誉

西甲冠军

2022—2023

西班牙超级杯冠军

2022—2023

↖ 临危受命的哈维，在回归巴萨执教后立即整顿纪律，更衣室自此不再涣散。

↗ 西甲联赛第 13 轮，皮克上演职业生涯谢幕战，被换下时他与哈维拥抱致意。出任巴萨主帅后，哈维并未袒护这位状态不复当年的老队友。

→ 训练场上，巴萨队内气氛融洽。哈维的回归，让全队拥有了大家庭的氛围。

← 面对凶险的舆论攻势，哈维多次在发布会上进行回击，确保球队在平稳的环境中备战。

→ 执教巴萨的第一个完整赛季，哈维帮助球队夺回西甲冠军。在庆祝仪式上，哈维手举奖杯（左图），深受爱戴的他被球员们高高抛起（右图）。

于事，最终只能选择在世界杯前退役。

而对于老队员，哈维并非都持排斥态度，布斯克茨就是明显的例子。虽然巴萨队长已经宣布赛季结束后离队，但哈维直到最后一刻都在试图说服布斯克茨留队。哈维对于塞尔吉·罗伯托也是一样，哈维知道塞尔吉·罗伯托在更衣室内的积极作用，他不顾主席团的反对，坚持让塞尔吉·罗伯托续约留在队中。

在用人和管理上，哈维甚至都不给拉波尔塔留太多面子。著名经纪人门德斯是拉波尔塔好友，在拉波尔塔再度当选巴萨主席后，门德斯希望利用巴萨这个大平台，让自己代理的球员崭露头角。但哈维认为，阿达马·特劳雷不具备在巴萨效力的水准，坚持把这位门德斯代理的球员退给狼队。门德斯希望鲁本·内维斯可以来巴萨接替布斯克茨的位置，却被哈维一口回绝，因为他认为鲁本·内维斯位置不合适，水平也不够。拉波尔塔只能告诉门德斯，这是教练的选择，自己也插不上手。

四中场出击，巴萨更稳定

很少有人能像哈维这样，在欧洲赛场还没有取得成绩，就被巴萨球迷以“一代宗师”的身份迎接到巴萨主帅的位置上。没有人怀疑哈维的传控足球，主席拉波尔塔在哈维回归时如此定义：“这是克鲁伊夫、瓜迪奥拉的传承人，是最忠于巴萨风格的主帅。”不过从 2022—2023 赛季的情况来看，哈维的这支巴萨，还是和此前瓜迪奥拉的巴萨略有差别。当然，没有梅西的巴萨，也的确不可能和拥有梅西的巴萨完全一样。

在世界杯前的赛季第一阶段，哈维一直坚持打巴萨传统的 433 阵形，但哈维一直无法解决的问题是，队内两名水平最高的边锋登贝莱和拉菲尼亚都更擅长踢右路，放谁到左路都会影响发挥，两名边锋同时上场，只能起到“1+1 < 2”的效果。

世界杯后，哈维开始同时派出四名中场球员出阵，这是巴萨在下半赛季表现更稳固、高效的原因。第一阶段由布斯克茨、加维和佩德里组成的三中场，一个大问题是控制能力不够，下半赛季弗伦基·德容进入主力阵容，与布斯克茨、加维和佩德里一同出战，哈维终于找到了更理想的搭配。上半赛季德容未能进入主力阵容，与此前夏窗巴萨逼迫德容离队有关，但荷兰人坚持留在巴萨。世界杯上德容表现出色，他重新被定义为不可转卖的球员，成为巴萨中场最重要的球员之一。

哈维的这一调整，也同时解决了两个边锋都登场，但起不到预期作用的问题，既然登贝莱和拉菲尼亚都不善于打左边锋，那干脆不要左边锋。巴萨的布阵，更倾向于不对称的锋线布局，左边路进攻更多交给了助攻型边后卫亚历克斯·巴尔德，鉴于右后卫是偏中卫属性且不经常助攻的孔德，所以哈维的这个调整，目的还是从大局上找到平衡。

巴萨本赛季最大的特点就是稳定。

相比 2021—2022 赛季那支能 4 ∶ 0 大胜皇马、毕尔巴鄂竞技，4 ∶ 2 大胜马竞，但也可以 1 ∶ 2 输给巴列卡诺、0 ∶ 1 输给贝蒂斯的巴萨，本赛季的巴萨在稳定属性上得到极大提升。根据国际足联测算球队稳定性的“Elo 指数”，2021—2022 赛季巴萨波峰波谷间差值系数为 100，而本赛季只有 40。也就是说，从数字上来看，巴萨本赛季在稳定性上有了 60 个指数的提高。本赛季的巴萨更有耐心也更有耐力，34 轮过后，巴萨上下半场最后 15 分钟的进球数为 29 个，其他时间内进球数为 35 个，上下半场最后 15 分钟内丢球数为 4 个，其他时间内丢球数为 9 个。从这个角度看，巴萨的进攻内力绵绵不绝，而防守时也更“扛揍”。

另一方面，从前 34 轮的数据来看，巴萨场均传球数和短传数都是近 5 年来最低，长传数则是近 5 年来第二高。巴萨联赛场均传球 549.4 次，比上一季的 565.5 次还要少，而此前三年，巴萨场均传球数从未低于 600 次。巴萨联赛场均短传 261.5 次，比上一季的 268.6 次还低，而此前三年这个数据从未低于 300。长传次数上，巴萨场均 53.6 次，高于上一季的 51.3 次，只比巴尔韦德带队的 2018—2019 赛季场均 55.2 次少。

怪不得有人会为巴尔韦德和科曼鸣不平——别的教练长传多了就是“不尊重巴萨传统、不配在巴萨执教”，哈维长传多了就没事。但需要考虑到，没有梅西的巴萨很难与有梅西的巴萨对比，毕竟梅西是最能在密集防守中找到空间突破或者射门的专家，没有这样的球员，巴萨不能浪费反击的战术机会。

舆论风波能摆平

其实在赛场之外，哈维还发挥着本不应由他发挥的作用，那就是对抗舆论中不利于巴萨的风向，在外部环境上来维护巴萨的稳定。这一点，哈维更像瓜迪奥拉。

这赛季，马德里媒体曾炮制出“加维犯规太多，应该多吃牌甚至被罚下”的论调，哈维用一番话就把这个舆论攻势化解：“加维是一位有侵略性的球员，他在西班牙队的时候，大家不是很喜欢这一特点吗？怎么回到巴萨后，这就变成缺点了？是因为效力的球队不同吗？”

冬季转会窗后，加泰罗尼亚本地媒体上出现了安苏 · 法蒂要离队的新闻，哈维斥责“自己人”不帮忙，在不该谈论转会的日子里谈论这一话题。而在漫长的“内格雷拉案”过程中，哈维也保证了球队并未受其影响。

必须承认的是，巴萨虽然夺得了西甲冠军，但俱乐部并未完全摆脱经济上的危机。周围的风浪依然很大，随时要把巴萨这艘船掀翻。风雨飘摇中的巴萨依然稳定前行，是因为有哈维在掌舵，这绝非易事。

布斯克茨 Sergio Busquets

“梦三”最后的大师

梁宏业

哈维没能说服布斯克茨再留一个赛季，2023 年 5 月 10 日，布斯克茨宣布会在赛季结束后离开巴萨。布斯克茨是那支为巴萨夺得六冠王的瓜迪奥拉“梦三”阵中，最后一位离开巴萨的球员。

中后场绝对核心

时至今日，仍有人会将皇马的“典礼中场”，与“哈白布”组成的巴萨梦幻中场做对比，把布斯克茨与哈维、伊涅斯塔放在一起。布斯克茨可能是那支创造一个时代的巴萨中场组合中，声名最不显赫的一个。伊涅斯塔有“油炸丸子”的招牌过人，有“脑后长眼”的传球，有在斯坦福桥绝杀切尔西的惊天破门，有 2010 年南非世界杯决赛的一击制胜，而哈维则被认为是西班牙历史上最好的中场，是西班牙和巴萨传控时代的最佳代言人。那布斯克茨呢？

瓜迪奥拉在 2008 年夏天出任巴萨主帅，当赛季就开始重用自己此前在青年队带过的布斯克茨。当人们把梅西、哈维和伊涅斯塔当成拉马西亚代言人时，却经常忽略布斯克茨。布斯克茨的父亲是巴萨前替补门将卡洛斯 · 布斯克茨，但儿子不想让人们总

是以为他凭借父亲的关系进入球队，他的球衣上一直印着自己的名字塞尔吉奥，而非布斯克茨这个姓。

为巴萨一线队出战的第一个赛季里，布斯克茨就出场了41次，出场时间近3000分钟，分享了绝对主力后腰亚亚·图雷不少时间，以至于亚亚·图雷在赛季结束后向瓜迪奥拉讨说法。无法得到绝对主力保证的亚亚·图雷选择离开巴萨去了曼城，瓜迪奥拉很清楚，布斯克茨未来将成为巴萨队内的重要一员。

如果梅西是巴萨历史上最辉煌时期的前场绝对核心，那么布斯克茨就一直默默承担着中后场绝对核心的角色，直到为巴萨效力的最后一个赛季。布斯克茨是瓜迪奥拉设计的经典后场六边形站位中，站在六边形中间的那

俱乐部生涯

2008—2023	巴塞罗那	722场18球

国脚生涯

2009—2022	西班牙队	143场2球

巴塞罗那生涯统计

赛季	联赛		国内杯赛		欧战		其他		总计	
	出场	进球	出场	进球	出场	进球	出场	进球	出场	进球
2008—2009	24	1	9	0	8	2	—	—	41	3
2009—2010	33	0	4	0	10	0	5	1	52	1
2010—2011	28	1	5	0	12	0	1	0	46	1
2011—2012	31	1	8	0	10	1	3	0	52	2
2012—2013	31	1	4	0	8	0	2	0	45	1
2013—2014	32	1	5	1	9	1	2	0	48	3
2014—2015	33	1	4	0	10	0	—	—	47	1
2015—2016	35	0	5	0	9	0	4	0	53	0
2016—2017	33	0	5	0	8	0	2	0	48	0
2017—2018	31	1	7	0	10	0	2	0	50	1
2018—2019	35	0	6	0	12	0	1	0	54	0
2019—2020	33	2	2	0	7	0	1	0	43	2
2020—2021	36	0	6	0	6	0	2	0	50	0
2021—2022	36	2	2	0	12	1	1	0	51	3
2022—2023	30	0	5	0	5	0	2	0	42	0
总计	481	11	77	1	136	5	28	1	722	18

2022—2023赛季西甲数据

出场	20	长传成功率	78%
首发	28	创造绝佳机会	4
助攻	4	场均关键传球	0.8
预期助攻	3.66	场均铲断	1.9
场均传球	64.5	场均解围	1.0
传球成功率	88.7%	对抗成功率	56%
场均长传	3.8	争顶成功率	48%

↖ 一边带球一边冷静观察场上形势，是布斯克茨的标志性动作。

↗ 2015年欧冠决赛前，布斯克茨与伊涅斯塔、哈维（右起）一同出席发布会。“哈白布”象征着巴萨的一个时代。

→ 瓜迪奥拉在场上向布斯克茨面授机宜。由于父亲曾为巴萨效力，布斯克茨不愿让人误会自己凭关系获得机会，故选择将名字塞尔吉奥印在球衣上。

巴塞罗那生涯集体荣誉

西甲冠军

2008—2009、2009—2010、2010—2011
2012—2013、2014—2015、2015—2016
2017—2018、2018—2019、2022—2023

国王杯冠军

2008—2009、2011—2012、2014—2015
2015—2016、2016—2017、2017—2018
2020—2021

西班牙超级杯冠军

2009、2010、2011、2013
2016、2018、2022—2023

欧冠冠军

2008—2009、2010—2011、2014—2015

欧洲超级杯冠军

2009、2011、2015

世俱杯冠军

2009、2011、2015

巴塞罗那生涯主要个人荣誉

西甲赛季最佳阵容

2015—2016

欧冠赛季最佳阵容

2014—2015

个人。他是巴萨攻防转换的主轴，可以选择给进攻按下暂停键，把球回传给中卫，也可以选择将球分给两个边后卫展开边路进攻，或是将球直接交给跑出空位的哈维或者伊涅斯塔，让球队进入进攻状态。

在无球状态下，布斯克茨还是巴萨中后场的第一传球接应点，当所有人不知道该做什么的时候，就可以选择把球交给布斯克茨，让他去选择。布斯克茨有出色的脚下技术，却更多进行脑力输出。梅西的足球不需要理解，但你如果不理解布斯克茨的足球，就无法理解巴萨经典时代的传控。

布斯克茨不显山不露水，更多是因为他的位置职责，如果有人只喜欢看精彩刺激的进球和突破，那他应该不会对布斯克茨感兴趣。布斯克茨更像是陈年的红酒，入口后会带给你从青年到壮年直到最后老去的所有回忆，这是一位有足够韵味、让你回味无穷的球员。瓜迪奥拉总是鼓励哈维和伊涅斯塔更多插上进球，但从来没有鼓励布斯克茨，瓜迪奥拉甚至说过，“一个后腰就是后腰，不需要前插至禁区参与进球。”当梅西率领球队在禁区内外围攻对手时，布斯克茨要凭借自己特有的位置感，站在最可能被对手断球打出反击的位置，成为巴萨的第一道屏障。

智者知进退

布斯克茨还是一位在场内场外鲜少有争议的球员，非要说的话，他曾引发的最大争议可能就是2009—2010赛季欧冠半决赛对阵国际米兰时，被莫塔侵犯倒地后偷瞄裁判的一幕。在瓜迪奥拉把布斯克茨提到一线队后，就再也没有人对布斯克茨的主力地位产生过质疑，从瓜迪奥拉、比拉诺瓦，到马蒂诺、恩里克、塞蒂恩、科曼、哈维，都是如此。同样的情况也发生

↖ 面对皇马中场克罗斯的逼抢，布斯克茨从容不迫地出球。

→ 巴萨时隔4年重夺西甲冠军，布斯克茨作为队长高举奖杯庆祝（上图）。伴着联赛冠军结束巴萨生涯，布斯克茨可以圆满告别（下图）。

在西班牙国家队，从博斯克、洛佩特吉到恩里克，布斯克茨一直都是绝对主力。他在巴萨和西班牙队的离队时机甚至都一样，都是以队长和绝对主力身份主动选择告别。

在选择离开的时机这方面，布斯克茨十分明智，这种超常的理性，就如同他在场上干脆果决的出球。他没有像西班牙队前任队长拉莫斯一样，被新任主帅告知不会再入选国家队，也不像俱乐部队友皮克一样，在被告知不再重要后才选择挂靴。这一方面，同样是以智慧著称的哈维，似乎都没法与他相比。2014 年巴西世界杯，哈维在小组赛首轮后就被博斯克放在替补席，而在恩里克回归巴萨执教的赛季，哈维也被恩里克安排为拉基蒂奇的替补。

尽管这次，哈维一直说服布斯克茨留下，但布斯克茨还是选择离开。这可能是最好的离队时机，作为巴萨队长，布斯克茨手举联赛冠军奖杯，以最体面的方式告别。也许，他还看到了下赛季巴萨需要面对的潜在危机，即使他留下，也很难帮上哈维。

2023 年 7 月就年满 35 岁的布斯克茨，共为巴萨一线队出场 722 次，在巴萨历史上仅次于梅西和哈维。而在夺冠榜上，算上 2022—2023 赛季西甲冠军，布斯克茨曾 32 次帮助巴萨夺冠，仅次于梅西的 35 次，和伊涅斯塔的 32 次持平。这样的出场和夺冠数据，已经证明了布斯克茨的竞技水准和职业素养。

布斯克茨的志向，不同于想做生意的皮克，他有着和哈维一样的未来规划。布斯克茨很可能会成为一名教练，或许未来的巴萨，又可以拥有一位像瓜迪奥拉、恩里克和哈维一样的前队长作为主帅。

红蓝档案

约尔迪·阿尔瓦

Jordi Alba Ramos

生日	1989.03.21
国籍	西班牙
身高	1.70米
位置	左后卫

← 左路疾驰下底横传，这是“偏科生”阿尔瓦在进攻中最擅长的支援方式。

↘ 2022—2023 赛季西甲第 37 轮，巴萨主场 3 ∶ 0 战胜马洛卡，这是阿尔瓦的巴萨生涯告别战。被换下场时，阿尔瓦难抑泪水。

阿尔瓦 Jordi Alba

飞翔名辅

杨健

2012 年夏天加盟巴塞罗那时，阿尔瓦正好与“梦三”和瓜迪奥拉错过，但他仍成为巴萨队史最出色的左后卫之一。阿尔瓦 9 岁就进入拉马西亚青训营，以欧洲杯冠军身份回归巴萨。红蓝生涯拿到 18 个冠军，恰好与其在巴萨始终不变的号码一致。

相比荣誉等身的队友们，加盟之初的阿尔瓦虽然墙外开花，却在墙内憋屈：资历更老、身体更强壮的阿德里亚诺更受马蒂诺和恩里克赏识，直到巴西人突遭重伤，憋屈了许久的阿尔瓦，才终于成为雷打不动的首发。尽管出道至今，阿尔瓦始终以“偏科”著称，但相比因身体条件导致的天然防守短板，出现在对方半场的巴萨 18 号，始终是球队进攻体系中最可靠的成员之一。

不同于同期另一位左闸标杆马塞洛，并不喜欢卖弄脚下技术的阿尔瓦，停球、传球、射门之间，都是扎实的基本功。无论身处前场左侧任何位置，一脚毫不拖泥带水的平快球横抽，总能让对方禁区兵荒马乱。整个巴萨生涯，阿尔瓦总共送出了 91 次助攻。

尽管身材不高，但脚头颇硬、射程可观的阿尔瓦，需要亲自解决战斗时，从来当仁不让。2012 年欧洲杯决赛无情“捡尾刀”时，阿尔瓦就让意大利人格外扎心。他对意大利球队的克星本色，在俱乐部也从来不含糊：加盟首季欧冠 1/8 决赛面对 AC 米兰，首回合 0 ∶ 2 落败的巴萨回到主场虽然早早 3 ∶ 0 领先，却迟迟无法杀死比赛。92 分 06 秒，巴萨发动攻势，阿尔瓦当时处于左后卫位置上，92 分 17 秒阿尔瓦破门，他当时已经跑到了 AC 米兰小禁区左侧。11 秒时间内，阿尔瓦冲刺了 78 米。

在那个阶段，阿尔瓦可能是巴萨队内最疲劳的球员，他在之前一年的夏天以主力球员身份参加了欧洲杯和奥运会，但仍然能在补时阶段左路“起飞”。“他是飞鸟还是小飞机？他是阿尔瓦！”《每日体育报》感叹道。

阿尔瓦加盟之前，梅西与阿尔维斯的右路通道，曾是巴萨最犀利的武器。但伴随着“二爷”的老去直至远走，自此没有靠谱正牌右闸的巴萨，体系不断向左偏移。在和梅西并肩作战的日子里，阿尔瓦一共为其送出了23次助攻，在巴萨面对铁桶阵无计可施时，两人全无雕琢痕迹的配合，总能给死局带来活路。2016—2017赛季，巴萨常规时间最后一分钟绝杀皇马，梅西破门后脱下球衣向整个伯纳乌示威，但让梅西舒舒服服推死角的，舍阿尔瓦其谁？

赶上西班牙队最辉煌4年尾巴的阿尔瓦，绝非靠着团队混冠军，硬仗从不脚软。而在国家德比，面对更高更快的贝尔，阿尔瓦始终“不虚”，他也顺理成章进入了巴萨队长序列。马蒂厄、迪涅、菲尔波等多位队友，在阿尔瓦面前只能担任替补，或另谋其他位置。然而，2018年成为阿尔瓦状态的拐点：欧冠1/4决赛对阵罗马的次回合，他在退防时突然刹车，连带乌姆蒂蒂失位，造成了哲科的开场破门。而转年的“安菲尔德奇迹”，更让阿尔瓦遭受打击，面对同样以助攻见长的阿诺德，拳怕少壮的定律让刚过而立的阿尔瓦无所适从。在萨拉赫的夹攻之下，开场未几就头球解围失误酿成丢球的阿尔瓦，成了全队最大“爆点”。

2021年夏天，梅西含泪告别，而阿尔瓦似乎也成了多余的人。疫情期间巴萨更衣室领袖们在降薪问题上与管理层拉锯，常年带伤作战、状态每况愈下的红蓝18号，继续担任着球迷出气筒。随着二队小将亚历克斯·巴尔德从应急成为优先选项，主力位置朝不保夕的阿尔瓦，离队始终在毫厘之间。国际米兰曾希望租借这位西班牙老将，但两侧防线格外骨感的巴萨，还是选择让阿尔瓦继续“传帮带”。

效力巴萨最后一季，由于球队减员潮加剧和体能储备耗尽，阿尔瓦在下半赛季的一些场次有过高光表现，巴萨三球大胜塞维利亚的比赛，贡献传射的他似乎又回到了巅峰期。相比处理球相对简单粗糙的巴尔德，阿尔瓦的比赛阅读力和经验，仍是巴萨屈指可数的财富。各项赛事19次首发打进2球、助攻6次，和名哨拉奥斯在加泰德比斗嘴染红，阿尔瓦的告别赛季，效率和话题性一样不缺。然而和梅西一样，阿尔瓦的告别突然而仓促，和母队11年的缘分就此告一段落。阿尔瓦的出场数据名列巴萨队史第9位，身前大多是“梦三”旧将。略有迟来却同样不失伟大，阿尔瓦离开时也足够光明磊落。

俱乐部生涯

2009—2012	瓦伦西亚	110场6球
2012—2023	巴塞罗那	459场27球

国脚生涯

2011—	西班牙队	91场9球

巴塞罗那生涯统计

赛季	联赛		国内杯赛		欧战		其他		总计	
	出场	进球	出场	进球	出场	进球	出场	进球	出场	进球
2012—2013	29	2	4	1	9	2	2	0	44	5
2013—2014	15	0	5	0	4	0	2	0	26	0
2014—2015	27	1	6	1	11	0	—	—	44	2
2015—2016	31	0	3	1	9	0	2	0	45	1
2016—2017	26	1	6	0	6	0	1	0	39	1
2017—2018	33	2	5	1	8	0	2	0	48	3
2018—2019	36	2	6	0	11	1	1	0	54	3
2019—2020	27	2	3	0	5	0	1	0	36	2
2020—2021	35	3	5	2	7	0	2	0	49	5
2021—2022	30	2	2	0	11	1	1	0	44	3
2022—2023	24	2	2	0	3	0	1	0	30	2
总计	313	17	47	6	84	4	15	0	459	27

巴塞罗那生涯集体荣誉

西甲冠军

2012—2013、2014—2015、2015—2016
2017—2018、2018—2019、2022—2023

国王杯冠军

2014—2015、2015—2016、2016—2017
2017—2018、2020—2021

西班牙超级杯冠军

2013、2016、2018、2022—2023

欧冠冠军

2014—2015

欧洲超级杯冠军

2015

世俱杯冠军

2015

巴塞罗那生涯主要个人荣誉

西甲赛季最佳阵容

2014—2015

欧冠赛季最佳阵容

2014—2015

2022—2023赛季西甲数据

出场	24	场均长传	2.1
首发	14	长传成功率	57%
助攻	3	创造绝佳机会	12
预期助攻	6.72	场均关键传球	1.6
场均传球	51.1	场均铲断	1
传球成功率	86.6	场均解围	0.6

红蓝档案

马克—安德烈·特尔斯特根

Marc-Andre ter Stegen

生日	1992.04.30
国籍	德国
身高	1.87米
位置	门将

← 特尔斯特根佩戴队长袖标出战。布斯克茨、阿尔瓦离队之后，特尔斯特根有望成为巴萨队副，并在大部分比赛中担任场上队长。

→ 西班牙超级杯半决赛，巴萨点球战胜皇家贝蒂斯，闯入决赛，特尔斯特根扑出点球后振臂怒吼。点球大战中特尔斯特根两次扑点，之后的决赛，巴萨 3 ： 1 战胜皇马，夺得冠军。

特尔斯特根 Marc-Andre ter Stegen

首功新领袖

梁宏业

巴塞罗那时隔 4 年重夺西甲冠军，这当然是全队集体努力的结果，而在巴萨众将中，门将特尔斯特根在这个赛季的表现冠绝欧洲。“1 ： 0”是巴萨的夺冠关键词，西甲联赛中贡献 26 次零封的特尔斯特根，在巴萨的夺冠历程中当居首功。

莱万在参加劳伦斯奖颁奖典礼时说：“这个赛季巴萨在联赛中的成绩，是属于特尔斯特根的。”看上去莱万是在谦虚，如果仔细分析，会发现莱万的话并不夸张。西甲 34 轮比赛过后，巴萨只丢了 13 个球，提前 4 轮夺冠。38 轮比赛后，特尔斯特根的零封场次定格在 26 场，这一数据追平了五大联赛的单赛季零封纪录。看一看特尔斯特根的扑救成功率和场均丢球数，这两项数据分别为 82% 和 0.48，加上零封场次，三项数据都位列五大联赛榜首（只统计出场至少 4 次的门将）。考虑到锁定联赛冠军后巴萨有所懈怠，如果只看前 34 轮，特尔斯特根的数据更为夸张——扑救成功率 88%！而从前 34 轮被射门次数与丢球的比例上看，巴萨平均被射门 22.5 次才会丢一球，位列五大联赛第一，远超身后的拉齐奥和尤文图斯。

特尔斯特根在 2020 年和 2021 年接受过两次膝关节手术，右膝关节的老伤曾让他无法发挥全部实力，也曾让俱乐部怀疑过德国门将是否还适合继续镇守巴萨球门。2021—2022 赛季西甲联赛，特尔斯特根丢球 34 个，只有 11 场比赛零封对手。哈维在 4 月份曾表示：“马克早就知道自己需要比去年表现得更好，他和门将教练付出了巨大的努力。我们了解他，我们曾经是队友，我知道他是个重视方

俱乐部生涯

2010—2014	门兴格拉德巴赫	127场0球
2014—	巴塞罗那	377场0球

国脚生涯

2012—	德国队	32场0球

巴塞罗那生涯统计

赛季	联赛		国内杯赛		欧战		其他		总计	
	出场	进球	出场	进球	出场	进球	出场	进球	出场	进球
2014—2015	0	0	8	0	13	0	—	—	21	0
2015—2016	7	0	7	0	10	0	2	0	26	0
2016—2017	36	0	1	0	9	0	0	0	46	0
2017—2018	37	0	0	0	9	0	2	0	48	0
2018—2019	35	0	2	0	11	0	1	0	49	0
2019—2020	36	0	2	0	8	0	0	0	46	0
2020—2021	31	0	4	0	5	0	2	0	42	0
2021—2022	35	0	1	0	12	0	1	0	49	0
2022—2023	38	0	3	0	7	0	2	0	50	0
总计	255	0	28	0	84	0	10	0	377	0

巴塞罗那生涯集体荣誉

西甲冠军

2014—2015、2015—2016、2017—2018
2018—2019、2022—2023

国王杯冠军

2014—2015、2015—2016、2016—2017
2017—2018、2020—2021

西班牙超级杯冠军

2018、2022—2023

欧冠冠军

2014—2015

欧洲超级杯冠军

2015

世俱杯冠军

2015

巴塞罗那生涯主要个人荣誉

西甲赛季最佳阵容

2022—2023

萨莫拉奖（《马卡》报评选的西甲最佳门将）

2022—2023

欧冠赛季最佳阵容

2014—2015、2018—2019

欧足联年度最佳阵容

2018

2022—2023赛季西甲数据

出场	38	零封	26
首发	38	失误致丢球	0
失球	18	禁区外防守	23
扑救	84	场均传球	32.3
扑救成功率	82%	传球成功率	82.4

法的人，也知道他是个完美主义者。这个赛季他展现了杰出的水准，如果让我说，他现在就是世界最佳门将，而且他还最适合我们的传控足球。对于我来说，马克守门让我非常放心。”

在巴萨的联赛夺冠庆典上，特尔斯特根说：“能和这些从未夺过联赛冠军的年轻人一起庆祝夺冠，感觉很特别。”特尔斯特根如今已是巴萨队内的领袖，在皮克选择退役后，特尔斯特根成为球队四位队长之一，而这并非通过更衣室投票产生。特尔斯特根是队内为数不多拿过欧冠冠军的老将，他也非常喜欢帮助年轻球员，成为队长之一顺理成章。

一个巴萨更衣室内部的声音说道：“特尔斯特根对于成为队长这件事很重视。他在更衣室内起到领袖的作用，他经常帮助年轻人，喜欢更衣室内有良好的气氛，也喜欢和队友们交谈，尤其是后卫。”一位教练组成员则透露：“特尔斯特根尤其喜欢与埃里克·加西亚、阿劳霍、孔德和克里斯滕森交谈，他喜欢和后卫们一起探讨，找出最稳固的防守方法。‘防守是一门艺术，应该热爱防守，救下一球和打进一球的价值是一样的。’他曾对阿劳霍这样说。”

特尔斯特根在接受采访时表示，现在巴萨的更衣室气氛非常棒，“这就是我们想要的团队，无论是年轻球员，还是有资历的球员，大家都有发表意见的权利，所有人都一样重要。年轻人能感到自己被尊重、被信任，在队内能找到属于自己的位置”。特尔斯特根2014年夏天来到巴萨时，队内的等级划分极为清晰，梅西、苏亚雷斯和内马尔都是各自位置的世界最佳，其余的西班牙球员几乎都是世界冠军，那时候，更衣室内的情况非常不同。

一位教练组成员透露：“最近几年更衣室走了很多人，留下了真空，有些球员需要更进一步，其中就有马克。我们的感觉是，这些球员作为一个团队做得不错，让更衣室有了大家庭的感觉。哈维也是这么想的。”如今布斯克茨和阿尔瓦离队，特尔斯特根很可能会在新赛季成为第二队长。而考虑到可能担任队长的塞尔吉·罗伯托更多时候出任替补，特尔斯特根或许将在大部分比赛中戴着队长袖标出战，成为场上队长。

红蓝档案

罗伯特·莱万多夫斯基

Robert Lewandowski

生日	1988.08.21
国籍	波兰
身高	1.85米
位置	中锋

俱乐部生涯

2005	华沙德尔塔	19场4球
2005—2006	华沙军团二队	14场4球
2006—2007	普鲁什库夫火炬二队	2场6球
2006—2008	普鲁什库夫火炬	66场38球
2008—2010	波兹南莱赫	82场41球
2010—2014	多特蒙德	187场103球
2014—2022	拜仁慕尼黑	375场344球
2022—	巴塞罗那	46场33球

国脚生涯

2008—	波兰队	140场78球

巴塞罗那生涯统计

赛季	联赛		国内杯赛		欧战		其他		总计	
	出场	进球	出场	进球	出场	进球	出场	进球	出场	进球
2022—2023	34	23	3	2	7	6	2	2	46	33

莱万多夫斯基 Robert Lewandowski

世界级"开瓶器"

梁宏业

引进莱万，是巴塞罗那拿下联赛冠军的最关键因素之一。莱万的到来解决了之前让科曼和哈维都束手无策的问题：有攻势、难进球。这是巴萨在梅西时代从未遇到的问题，后梅西时代巴萨拥有莱万，填补了梅西走后留下的真空。

2022 年夏天的午后，哈维正带着两个孩子在公园玩耍，他突然接到足球总监阿莱马尼的电话，后者让哈维立即打开视频会议软件，因为莱万要直接和他对话。哈维回忆称："莱万的视频电话很快就打进来了，我先是对他问好，然后告诉他，他愿意来巴萨是我们的荣幸。"

2021—2022 赛季是梅西离开巴萨的第一个赛季，在这个赛季中，巴萨出现了锋线进球难的问题，孟菲斯·德佩与奥巴梅扬是队内联赛射手榜前两名，分别打进 12 球和 11 球，而在梅西身穿 10 号球衣的 13 个赛季里，阿根廷人在联赛的进球数从未低于 23 球。哈维回忆道："梅西走后，我们缺一个世界级球星。谁能成为这个顶梁柱？这时候，莱万出现了。拉波尔塔告诉我们，莱万想在巴萨结束自己的职业生涯。"

莱万要来，对巴萨而言可谓天上掉馅饼。莱万经纪人扎哈维和拉波尔塔是老相识，当扎哈维得知巴萨需要中锋时，就给拉波尔塔发了消息，告知莱万愿意来，这是巴萨没想到的。莱万是 7 次德甲金靴奖得主，2 次当选世界足球先生，巴萨并不清楚莱万在拜仁遭遇了什么，莱万在公开场合只是说："我的确可以在拜仁再踢两年，但我感觉在这里对足球的热情越来越低，妻子也对去巴塞罗那的事很上心，她从媒体上看到了很多报道，一直问我有没有消息，但直到最后一天前我都告诉她，没有任何消息。”

莱万加盟后，似乎完全不需要适应，从西甲第二轮起，他 6 场比赛打进 9 球，10 场打进 11 球，成为 1996 年的罗纳尔多之后，第一位在个人西甲生涯前 10 场就进球上双的球员。

莱万带着第一阶段 14 轮比赛打进 13 球的数据去参加世界杯，但从世界杯赛场回来后，莱万在第二阶段的 24 轮比赛中只打进了 10 球。当然，这期间有三场莱万停赛未出场，还有一场因伤缺席，但如此成绩还是与第一阶段差得比较远。西甲没有德甲的近一个月冬休，世界杯的体能消耗以及背部老伤，都是莱万效率降低的原因。但最重要的，可能还是他最喜欢的搭档登贝莱和佩德里长期伤停，2023 年莱万第一次和佩德里、登贝莱同时登场，还是 4 月 29 日巴萨 4 ∶ 0 战胜皇家贝蒂斯的比赛。

经过一个赛季的相处，哈维对莱万赞赏有加，“莱万是个能和球迷相处得很好的球员。可能外界感受不到，但莱万是名改变了我们意志的球员，这方面他有点像罗纳尔迪尼奥和梅西，他周围的一切都在向好的方向成长”。莱万在队内是名很喜欢说话、喜欢和大家进行战术交流的球员，他尤其喜欢和年轻球员聊天。在更衣室内，他和德国人特尔斯特根、荷兰人弗伦基 · 德容、丹麦人克里斯滕森以及队长之一的塞尔吉 · 罗伯托走得最近，但和所有人都处在同一频率。莱万关心球队成绩和比赛水准，也希望更衣室内有好的气氛。

巴萨欧冠小组出局时，莱万的言论曾被认为是对哈维的攻击，当时莱万的建议是：“在面对某些局势的时候，需要用更智慧的方式，在足球世界里，有时候你需要知道如何赢下比赛，这就是我们面临的问题。”而哈维完全接受莱万的建议，巴萨主帅说：“莱万是对的，他说的不是比赛风格的问题，莱万想表达的是，我们要踢得有竞争力。我们在欧冠没有打出竞争力，缺乏经验，这和我们的足球哲学无关。”而当人们要求莱万评价哈维时，波兰人说：“哈维曾是一名杰出的球员，但他现在懂得区分球员和教练的角色，看他的一言一行，我就知道我们在正确的道路上。”

第 34 轮 4 ∶ 2 客胜西班牙人之后，巴萨锁定了联赛冠军，此役莱万首开纪录并完成双响。这就是莱万的特点，在莱万的 23 个联赛进球中，有 8 个首开纪录，波兰前锋可谓强力“开瓶器”。

凭借 23 个联赛进球，莱万收获西甲金靴，这是他第 8 次成为五大联赛最佳射手。整个赛季各项赛事打进 33 球的莱万，也成为第 5 位来到巴萨的首个赛季就打进 30+ 进球的射手，此前只有克兰克尔（36 球）、基尼（30 球）、罗马里奥（32 球）和罗纳尔多（47 球）能做到。

巴塞罗那生涯集体荣誉

西甲冠军

2022—2023

西班牙超级杯冠军

2022—2023

巴塞罗那生涯主要个人荣誉

西甲最佳射手

2022—2023

西甲赛季最佳阵容

2022—2023

2022—2023赛季西甲数据

出场	34	预期助攻	5.29
首发	33	场均传球	22.4
进球	23	传球成功率	78.1%
预期进球	24.28	场均过人	0.9
场均射门	4.0	过人成功率	54%
场均射正	1.7	对抗成功率	47%
助攻	7	争顶成功率	53%

← 西甲第34轮，巴萨4 ∶ 2客胜西班牙人，锁定联赛冠军。莱万在首开纪录后庆祝进球。

↓ 西甲第 8 轮，巴萨 1 ∶ 0 小胜维戈塞尔塔，莱万在禁区内完成了一脚高难度射门。莱万的到来，让巴萨在禁区内拥有了强力得分点。

红蓝档案

佩德里

Pedro Gonzalez Lopez

生日	2002.11.25
国籍	西班牙
身高	1.74米
位置	中前卫 进攻型中场 左边锋

俱乐部生涯

2019—2020	拉斯帕尔马斯	37场4球
2020—	巴塞罗那	109场16球

国脚生涯

2021—	西班牙队	18场0球

巴塞罗那生涯统计

赛季	联赛		国内杯赛		欧战		其他		总计	
	出场	进球	出场	进球	出场	进球	出场	进球	出场	进球
2020—2021	37	3	6	0	7	1	2	0	52	4
2021—2022	12	3	1	1	8	1	1	0	22	5
2022—2023	26	6	1	0	6	0	2	1	35	7
总计	75	12	8	1	21	2	5	1	109	16

佩德里 Pedri

劳模后浪

杨健

“当时佩佩 · 梅尔是拉斯帕尔马斯的主帅，他同时打电话给我们和皇马，说手下有个非比寻常的年轻人。”时隔多年，时任巴萨体育总监普拉内斯仍然为彼时的当机立断感到得意。放下电话后，巴萨迅速敲定了这个还没在西乙完成完整赛季的男孩，这个在 2002 年世界杯华金罚丢点球几个月后，才在特内里费出生的天之骄子，旋即成为巴萨一员。

在巨星纷至沓来的巴托梅乌时代，没花几个转会费的佩德里，起初无疑是小透明。然而在他来到诺坎普报到后，很快就获得了满堂彩。科曼虽然在巴萨帅位逗留不长，却是最先察觉弟子天赋的那一个。在佩德里如愿完成首秀后，荷兰人私下找到普拉内斯：“我不会再让他下场了，他就是首发，我没法形容他多么棒！”

在西班牙队，佩德里同样飞速进步。2019 年 9 月佩德里第一次穿上西班牙队球衣，代表 U17 国青队出战。一年后他就跳级到 U21，又过了半年，他进入成年队的出场名单，三个月后他就成为西班牙队征战欧洲杯的绝对主力。

从 2020 年 8 月到 2021 年 8 月，佩德里完成了足球历史上几乎前所未有的连续征途：代表巴萨一队西甲出场 37 次，欧冠出场 7 次，国王杯 6 次（3 次加时），西超杯 2 次（2 次加时）。在西班牙队，欧洲杯出场 6 次（3 次加时），世预赛 3 次，友谊赛 1 次。加上国青队比赛和分外让人心疼的奥运会征程，全赛季出场定格在 73 次的佩德里，平均 4 天半就要踢一场。按照五大联赛豪门主力球员每个赛季通常 40 多场的出勤，佩德里相当于在一年内踢了别人近乎两年的量。加盟巴萨之初还水灵清秀的帅小伙，陡然成了眼窝深陷的“过劳族”。

虽然在奥运会决赛，佩德里输给

巴塞罗那生涯集体荣誉

西甲冠军	2022—2023
国王杯冠军	2020—2021
西班牙超级杯冠军	2022—2023

巴塞罗那生涯主要个人荣誉

欧洲金童奖	2021
科帕奖	2021
西甲赛季最佳阵容	2021—2022、2022—2023

2022—2023赛季西甲数据

出场	26	场均长传	4.3
首发	22	长传成功率	85%
助攻	1	场均关键传球	1.7
预期助攻	5.32	创造绝佳机会	11
进球	6	场均过人	1.3
预期进球	4.91	过人成功率	61%
场均传球	54.1	场均抢断	1.5
传球成功率	87.6%	对抗成功率	55%

← 2022—2023赛季西甲第10轮，巴萨3：0战胜比利亚雷亚尔，佩德里在比赛中观察场上形势。在这个赛季中，佩德里在前场拥有了更多的发挥空间。

↓ 2021—2022赛季西甲第30轮，巴萨凭借佩德里的制胜球1：0战胜塞维利亚。佩德里的进球过程十分精彩：连续晃过两人之后，禁区前沿劲射破门。

了上一代巴萨赢家阿尔维斯，但他已然是汹涌澎湃的后浪。自进入一队以来，佩德里始终是一众中场球员中最为全能的。当然，也正是“样样通”，让佩德里不但数据不显眼，也在过多的职责中略显迷失了自我。2021—2022赛季巴萨中场三人组中，高位逼抢的任务几乎全部交给了佩德里。防守时，佩德里要和对方拼刺刀；攻防转换时，他又要回到后场协助出球；当“站着踢”的锋线面对防守无所适从时，佩德里还得来到禁区前沿参与进攻梳理。往复跑上几趟，累到大汗淋漓、眼眶通红的佩德里，已经跟不上全队节拍。外界对任劳任怨的他，反倒扣了顶“体能欠佳”的帽子。

“不敢冒险的人，永远喝不到香槟。”这句谚语，或许是对本赛季佩德里转型的最佳描述。冬窗后，巴萨原本人员最丰富的锋线连续减员，孟菲斯·德佩出走，登贝莱受伤，在布斯克茨和弗伦基·德容同时出战、凯西随时顶上的情况下，佩德里得到了更充裕的发挥空间，可以专心站在禁区前，随时参与最后一传甚至最后一击。

“哈维曾告诉我，我这个赛季的目标是攻入10个进球。我的运气也还不错，可以在合适的时机和位置碰到球。我个人最喜欢的为巴萨打入的进球，是上赛季对阵塞维利亚那场比赛中的远射破门。”尽管本赛季仍难言健康，但更靠近球门的佩德里，打入了生涯新高的7个进球。仅用103场比赛，佩德里就为巴萨打入16个进球，前辈伊涅斯塔实现这一数据用了196场。

过去两年，佩德里承担了太多超越年龄的负荷，而他已经竭尽全力在场内场外都向榜样看齐。一个小细节可以证明佩德里的责任感：加维考取驾照前，佩德里一直是加维的“专职司机”，加维领取欧洲金童奖时的穿搭，也是佩德里建议的。

然而，佩德里最大的敌人既不是业内的热望，也不是强悍的对手，而是总在关键时刻出现的伤病。欧战多次成为巴萨新核梦魇：2021—2022赛季欧冠小组赛，“积劳成疾”的佩德里在对垒拜仁时肌肉撕裂被迫休战，急匆匆复出后，又在面对本菲卡时旧疾复发，一直缺席到了来年1月对垒皇马的西超杯。不愿屈服于伤势的佩德里赛季第3次复出时，是在欧联杯遭遇法兰克福，再度因伤退场的他得到了赛季报销的通知。本赛季佩德里不但错过了欧联杯与曼联的次番战，主场国家德比也只能缺阵，迎来个人首个联赛冠军，其实仍有莫大遗憾。

“这是艰难的一天，但球迷们的鼓舞让我好受不少，相信没有我，巴萨也能在未来几周持续表现出色。”暂别球队的佩德里，仍不忘在社交媒体上为队友助威。伤病，或许是给历代巴萨中场的试炼方式，这一点哈维可以“现身说法”：2005—2006赛季，冬季魔鬼赛程来临前在训练中遭遇重伤的哈维，一直到赛季末才复出，欧冠决赛更是枯坐板凳90分钟，但这并不妨碍哈维成为“梦三”最不可或缺的核心之一。如今，在相似的考验面前，轮到佩德里淬火重生了吗？

加维 Gavi

拉马西亚武状元

杨健

18 岁时的“哈白布”在做什么？哈维正望着人生标杆瓜迪奥拉暗自羡慕，挤掉里克尔梅成为首发的伊涅斯塔惴惴不安，而布斯克茨甚至还在二队等待机会。但对于新科欧洲金童奖和科帕奖双料得主加维而言，在迎来成人礼之前，这个习惯吐着舌头踢球的安达卢西亚男孩肩头，承载的是巴塞罗那乃至整个西班牙的热切期望。

在加维不足两年的爆发式成长之初，他的定位不过是科曼夏季热身时填充一队的见习生，即便在完成西甲首秀的 2021 年 2 月，球迷更关注的也是同期首秀即助攻的莫里巴。比起顶着“新博格巴”头衔、未成年便已名扬各类足球经理游戏的莫里巴，加维看似缺乏存在感，却拥有宝贵的品性：坚韧、耐心和投入。莫里巴漫不经心的失误让诺坎普响起嘘声，而在有限出场时间里每球必争的加维，则逐渐得到了挑剔的巴萨球迷的认可。夏季，莫里巴狮子大开口的续约要求，让科曼提携的双星，人生轨迹就此迥异：出走的莫里巴水土不服，回炉再造；后发先至的加维，则正式完成越级。

粗看一眼加维，身板不算突出、小技术仍需雕琢，在同龄人中似乎并不出挑。然而，在气质一向文艺甚至有些文弱的拉马西亚，加维却以罕见的强硬著称。在红蓝军团重建的年代，敢打敢拼的加维显然是激活巴萨中场的那条“鲇鱼”。小鬼当家的巴萨，时常触及最多派上 4 名二队球员的红线，但无论科曼还是继任者哈维，都选择让尼科、亚历克斯 · 巴尔德等人暂时受委屈，而加维不但不在被“降级”之列，甚至还成了巴萨中场出勤率愈发靠前的球员。在被过度压榨的佩德里多次因伤缺勤后，保持老中青“三代同堂”的巴萨中场，用加维的斗志大幅提升了活力和强度。

从填充出场阵容，到轮换出场，再到锁定主力，2022 年的加维终于成为巴萨阵中不可或缺之人。从国家德

红蓝档案

加维

Pablo Martín Paez Gavira

生日	2004.08.05
国籍	西班牙
身高	1.73米
位置	中前卫 进攻型中场 左边锋

俱乐部生涯

2021—	巴塞罗那	96场5球

国脚生涯

2021—	西班牙队	19场3球

巴塞罗那生涯集体荣誉

西甲冠军

2022—2023

西班牙超级杯冠军

2022—2023

巴塞罗那生涯统计

赛季	联赛		国内杯赛		欧战		其他		总计	
	出场	进球	出场	进球	出场	进球	出场	进球	出场	进球
2021—2022	34	2	1	0	11	0	1	0	47	2
2022—2023	36	2	5	0	6	0	2	1	49	3
总计	70	4	6	0	17	0	3	1	96	5

巴塞罗那生涯主要个人荣誉

欧洲金童奖

2022

科帕奖

2022

2022—2023赛季西甲数据

出场	36	场均关键传球	1.1
首发	30	创造绝佳机会	6
助攻	4	场均抢断	1.3
预期助攻	3.81	对抗成功率	48%
进球	2	场均犯规	2.1
预期进球	3.17	场均被犯规	2.0
场均传球	32.1	黄牌	10
传球成功率	87.5%	红牌	0

↖ 2022 年金球奖颁奖典礼，获得科帕奖的加维发表获奖感言。加维的好友佩德里（右）作为之前一年的得主，为加维颁奖。

→ 西甲第 16 轮，巴萨 1 ∶ 0 客胜马竞，球风硬朗的加维凶悍贴防马竞球员巴勃罗·巴里奥斯。

比到连番欧战，加维更经历了多个角色的自我试炼。生涯处子季，加维平均能在 90 分钟里完成 80 次传球，成功率超过 83%，贡献 2 球 5 次助攻的他在直塞球和创造进球机会等方面，甚至可以达到西甲前十的水平。在预期进球和实际得分的转化上，他也能位居中场球员之首。当然，令人咋舌的联赛 10 黄 1 红，见证了加维的血性，却也突显了他稍显鲁莽。

本赛季，加维毫无悬念升格首发。由于巴萨仍面临西甲严苛的财务审查，才穿了半年多 6 号的加维又不情愿地换回 30 号，但他的才华，伴随着收获欧洲金童奖而再度井喷。在不少业内人士看来，成名更早、冠军更多的拜仁小将穆西亚拉似乎更配得上领奖，但加维旋即在世界杯处子秀，就用攻防一体的表现堵上了专家的嘴。

恩里克治下的斗牛士军团在世界杯高开低走，但加维是鲜少被批评的那个。关于他的球风之争，哈维也给出定论："加维是一位有侵略性的球员，他在西班牙队的时候，大家不是很喜欢这一特点吗？怎么回到巴萨后，这就变成缺点了？"频繁犯规和吃牌，让加维被皇马系媒体封了个"加维米罗"的绰号，但加维本人却不以为意。视伊涅斯塔和维拉蒂为偶像的他，仍将自己定位为传统中场。

冬窗过后，连遭减员潮的巴萨前场几近坍塌，加维临危受命出任左边锋。超级杯面对皇马，加维在这个位置上打出了生涯最精彩一战：上半场接到莱万传球，面对库尔图瓦冷静射门得分，随后投桃报李助攻莱万扩大比分，下半场在中场抢回球权，策动并助攻了巴萨的第 3 个进球。正如 16 年前的梅西一样，这场比赛注定是加维的定义之战。"他拥有一切：球技、勇气、巨大的影响力。他有着影响到整支球队的灵魂，他才 18 岁，不会停下来，他没有上限。"目睹爱徒一飞冲天，哈维的激动溢于言表。

18 岁的加维，已经是超越生理年龄的成熟球员，骨子里却仍是个涉世未深的大男孩。在红毯上，插着兜的他会眼巴巴地望着师兄佩德里求解围，面对热情的女球迷送上的小纸条，巴萨少年羞涩而扭捏。而西班牙公主的"驸马爷"流言，更让他破圈成为公众人物，甚至他在西班牙队签名会上迟到，都会被媒体一通大惊小怪。很难想象，有些"社恐"的加维，会在球场上如此生猛。但从无心插柳的救兵，到屡屡打脸的"关系户"，再到无法更完美的世界杯首秀，这位拉马西亚优等生，面前是花团锦簇的腾飞之路。

红蓝之王

QATAR
AIRWAYS

梅西的爱只与灵魂有关

梁宏业

2023年夏天，对那些热盼梅西回归巴塞罗那的球迷而言是充满遗憾的。梅西渴望“回家”，巴萨却没有能力让他顺利实现这个愿望。梅西果决选择了迈阿密国际。人们愿意相信，重逢终将到来，但可能是以其他形式。其实，重逢未必那么重要，因为曾经的拥有已经如此美好。

那几周时间里，人们热衷讨论梅西是该回归巴萨，还是接受传闻中沙特人四五亿欧元的天价年薪，或是前往梅西家人青睐的迈阿密。这个讨论中，我们似乎找不到一个根本的标准和逻辑，因为这些选择本就是从不同角度出发的。从职业球员“生意归生意”的角度看，梅西没理由考虑巴萨，巴萨最多只能为梅西提供税前2500万欧元年薪，远低于美国人的，更抵不上沙特人的1/10。如果完全从金钱角度考虑，这是个荒谬的问题。正如本泽马告别皇马时哽咽说道：“我儿时的梦想就是加盟皇马并在这里退役，但在我职业生涯中出现了一个很大的机会……”本泽马的想法才是正常职业球员的想法。

但梅西还是想为巴萨踢球，据说他甚至愿意不拿钱或者拿西甲最低薪资。可惜，西甲的制度不允许梅西拿最低工资，最低只能拿其在巴萨上一份合同的25%，正好是2500万欧元。但即便这个数字的合同，巴萨仍无法立刻提供给梅西。

也许我们应该从2021年8月8日梅西洒泪告别巴萨开始，发现梅西渴望回归的原因。还有2022—2023赛季最后阶段，诺坎普的球迷场场在喊着一个不在场球员的名字，而在另一座城市里，梅西却被巴黎圣日耳曼球迷狂嘘。尽管梅西单赛季法甲献上了进球、助攻双16次的成绩，但球队在更衣室庆祝夺冠时，他只是坐在角落里看着大家。他在那里并没有归属感，似乎只是寄人篱下随时准备出走的客人，正像他所穿的30号球衣，一个更应该属于青年队球员的号码，一个看上去是为了避免抢主人风头的号码。从第一天开始，他在巴黎就是个客人。

有人感叹世事无常，命运多舛，但我们看到的是一个想去把握命运的梅西。卡塔尔世界杯前，西班牙媒体在争论阿根廷队到底是不是夺冠热门时，马德里评论员说道：“阿根廷队有梅西又怎样？他已经35岁了，他要夺世界杯早夺了，在他31岁的时候、27岁的时候。如果他27岁都没得到，现在35岁了凭什么得到？”也正如阿根廷队主帅斯卡洛尼在世界杯前心事重重问梅西：“现在对我们期望很高，我很怕让大家失望。”而梅西告诉斯卡洛尼：“我们只管做好自己的事，去争取夺冠，至于结果，有什么可多想的？”

然后我们看到的是，梅西突破比他小15岁的新生代第一中卫格瓦迪奥尔创造进球，在决赛中和比他小11岁的新生代球王姆巴佩较量。梅西是超乎大家想象的，当你认为他已经没有25岁的爆发力，需要把球传出去时，他带球突破过人了。当你觉得他该把球传给更合适的人射门时，他一脚洞穿城池，将阿根廷队带出死局，就像他对墨西哥队的那个神奇进球一样，他永远比任何人更能掌握局势，更能掌握自己的命运。

巴萨的局面，对梅西来说就是另一场看似没有出路的困局。在西甲财政公平政策的限制下，巴萨要签下梅西就需要先卖人，而卖人就需要时间，可能是很长的时间。巴萨是准备给梅西一份合同，但这份合同可能是无效的，因为很可能最终巴萨没能卖出足够的人，没能凑到足够的钱签下梅西。

形势又回到了两年前让梅西失望的那个夏天。心疼梅西的球迷和他的家人都不想让他去冒再次受到伤害的风险，想让梅西早做决定，不要选择巴萨，避免巴萨和拉波尔塔再次让他失望。梅西做出了选择，为了自己和家人不再被捉弄，为了不承受巴萨“被迫卖人”的道德负担，为了家人更舒心的生活环境，他不再等待巴萨虚无缥缈的邀请，也没有去沙特享受天价年薪，而是去了待遇对他这个级别球员来说不算出格的迈阿密。回不了巴萨，他就想离开欧洲，远离聚光灯，更多为家人而活，为快乐而活，是时候超越足球了。

梅西与巴萨之间的联系并不会就此断裂。热爱梅西的巴萨球迷们相信，梅西就是巴萨，他是巴萨的化身，梅西就是自己人，两年前原本就不该迫使梅西离家。梅西和巴萨的情感关系已经深入骨髓，这是灵魂上的联系。

最终，梅西没能回到巴萨，没有人可以责怪他。梅西无法在球场上告别巴萨，对双方来说都是个遗憾，谁的人生又能没有遗憾呢？但遗憾不能剥夺双方一起经历过的那么多喜怒哀乐，对于很多人来说，梅西是属于巴萨的，梅西就是巴萨，巴萨人的心也是属于梅西的。

红蓝档案

利昂内尔·梅西

Lionel Andres Messi

生日	1987.06.24
国籍	阿根廷/西班牙
身高	1.70米
位置	前锋/进攻型中场

俱乐部生涯

2004—2021	巴塞罗那	778场672球
2021—2023	巴黎圣日耳曼	75场32球

国脚生涯

2005—	阿根廷队	175场103球

注：数据截至2023年6月15日在北京工人体育场对阵澳大利亚。

巴塞罗那生涯统计

赛季	联赛		国内杯赛		欧战		其他		总计	
	出场	进球	出场	进球	出场	进球	出场	进球	出场	进球
2004—2005	7	1	1	0	1	0	—	—	9	1
2005—2006	17	6	2	1	6	1	0	0	25	8
2006—2007	26	14	2	2	5	1	3	0	36	17
2007—2008	28	10	3	0	9	6	—	—	40	16
2008—2009	31	23	8	6	12	9	—	—	51	38
2009—2010	35	34	3	1	11	8	4	4	53	47
2010—2011	33	31	7	7	13	12	2	3	55	53
2011—2012	37	50	7	3	11	14	5	6	60	73
2012—2013	32	46	5	4	11	8	2	2	50	60
2013—2014	31	28	6	5	7	8	2	0	46	41
2014—2015	38	43	6	5	13	10	—	—	57	58
2015—2016	33	26	5	5	7	6	4	4	49	41
2016—2017	34	37	7	5	9	11	2	1	52	54
2017—2018	36	34	6	4	10	6	2	1	54	45
2018—2019	34	36	5	3	10	12	1	0	50	51
2019—2020	33	25	2	2	8	3	1	1	44	31
2020—2021	35	30	5	3	6	5	1	0	47	38
总计	520	474	80	56	149	120	29	22	778	672

巴塞罗那生涯主要个人荣誉

金球奖
2009、2010、2011、2012、2015、2019、2021
世界足球先生
2009、2010、2011、2012、2015、2019
欧洲足球先生
2008—2009、2010—2011、2014—2015
欧洲金靴奖
2009—2010、2011—2012、2012—2013 2016—2017、2017—2018、2018—2019
西甲最佳射手
2009—2010、2011—2012、2012—2013 2016—2017、2017—2018、2018—2019 2019—2020、2020—2021
西甲最佳球员
2008—2009、2009—2010、2010—2011 2011—2012、2012—2013、2014—2015
世俱杯金球奖
2009、2011
阿根廷足球先生
2005、2007、2008、2009、2010、2011、2012 2013、2015、2016、2017、2019、2020、2021
劳伦斯年度最佳男运动员
2020

注：2010年至2015年，国际足联的世界足球先生与《法国足球》的金球奖合并，称为国际足联金球奖。从2016年开始，这两个奖项又重新分开评选。

纪录之王

1 2009—2010赛季的梅西，是历史上唯一同一赛季获得金球奖、世界足球先生、西甲金靴、欧洲金靴和欧冠金靴的球员。

3 梅西曾三度同一赛季包揽西甲金靴和助攻王：2011—2012赛季50球15助、2017—2018赛季34球12助、2019—2020赛季25球21助。

8 梅西巴萨生涯共8次夺得西甲金靴，其中6次同时成为欧洲金靴，均为历史最多。

13 梅西是唯一连续13个赛季俱乐部进球30+的球员（2008—2009赛季至2020—2021赛季）。

19 梅西在2012—2013赛季对19个西甲对手全部取得进球，且是历史上唯一连续19轮（第11轮至第29轮）对19个不同对手进球的球员。

21 2012—2013赛季，梅西连续21场西甲比赛破门，打进33球，创造西甲连续进球场次纪录。

24 2012—2013赛季，梅西连续15个西甲客场破门，打进24球，创造单赛季西甲连续客场进球场次纪录以及客场进球纪录。

26 梅西在对阵皇马的国家德比中打进26球，历史第一，包括西甲18球、欧冠2球、西班牙超级杯6球。

35 梅西在2011—2012赛季打进35个西甲主场进球，创造西甲单赛季主场进球纪录。

35 梅西巴萨生涯共夺得35个正式比赛冠军，是获得冠军最多的西甲球员。

38 巴萨生涯共对38个西甲对手进球，创西甲历史之最。

38 梅西在西甲38次通过直接任意球破门，历史最多。

43 塞维利亚是梅西进球最多的对手，巴萨生涯43次面对该队打进38球，其次是对马竞43场32球。

48 梅西巴萨生涯共48次单场打进3+球，包括41次“帽子戏法”、6次“大四喜”和1次“五子登科”。

50 梅西在2011—2012赛季打进50个西甲进球，是单赛季进球最多的西甲金靴，也是欧洲金靴奖1967—1968赛季创办以来，单赛季进球最多的获奖者。

73 梅西是单赛季俱乐部进球纪录保持者，2011—2012赛季他一共打进73球，包括西甲50球、欧冠14球、国王杯3球、西班牙超级杯3球、欧洲超级杯1球和世俱杯2球。

91 梅西是单一自然年进球纪录保持者，2012年他在俱乐部和国家队各项正式比赛一共打入91球，包括巴萨79球、阿根廷队12球。此外，他还代表巴萨在友谊赛打进5球。

303 梅西巴萨生涯共奉献303次助攻，队史第一，领先第二名哈维119次。

474 梅西代表巴萨参加520场西甲比赛打进474球，是西班牙联赛历史上进球最多的球员。

542 梅西代表巴萨正式比赛出场778次取得542场胜利，均为历史最多。

672 梅西共为巴萨打进672个正式比赛进球，超过贝利为桑托斯打进的643球，成为代表单一俱乐部进球最多的球员。

巴塞罗那生涯集体荣誉
西甲冠军
2004—2005、2005—2006、2008—2009
2009—2010、2010—2011、2012—2013
2014—2015、2015—2016、2017—2018
2018—2019
国王杯冠军
2008—2009、2011—2012、2014—2015
2015—2016、2016—2017、2017—2018
2020—2021
西班牙超级杯冠军
2005、2006、2009、2010
2011、2013、2016、2018
欧冠冠军
2005—2006、2008—2009、2010—2011
2014—2015
欧洲超级杯冠军
2009、2011、2015
世俱杯冠军
2009、2011、2015
头球
24
球
0.86
球 / 场
任意球
50
球
点球
82
球
禁区外
运动战
67
球
禁区内
运动战
473
球
94.5
分钟 / 球
303
助攻
左脚
557
球

adidas

2003年，梅西一家人回到阿根廷罗萨里奥度假，左起为梅西大哥罗德里戈、妹妹玛莉娅、父亲豪尔赫、母亲塞利娅、侄子托马斯和二哥马蒂亚斯。

778场比赛，672粒进球，542场胜利，303次助攻，48个帽子戏法，35个冠军，8个西甲金靴，7个金球奖……梅西在巴塞罗那的成就，或许可以用一连串数不到尽头的纪录来概括浓缩。但梅西在巴萨的21年，又远比这些冰冷的数字丰富多彩。让我们从梦的起点开始，直到最终暂时的分别，重读这段光阴的故事。

章节撰稿 ➲ **梁宏业**

追梦人

1987—2003

梅西小时候不幸患有生长激素缺乏症，在父母为他寻医四处奔走的过程中，梅西既像是意外又像是命中注定般和巴塞罗那结缘。从此，一段伟大的传奇故事拉开了序幕。

为医药费背井离乡

梅西这个姓氏来自19世纪意大利马塞拉塔省，当时众多的移民乘船前往新大陆寻找更好的生活，其中一条搭载移民的船名为安赫洛·梅西号。在100年后的新大陆，准确地说是1987年6月24日凌晨6点，阿根廷罗萨里奥，一位29岁的钢铁公司部门主管和小他两岁的妻子迎来了他们的第3个孩子，重3千克身高47厘米的利昂内尔·梅西来到了这个世界。

父亲豪尔赫是当地钢铁公司的小主管，母亲塞利娅则是线圈作坊工人，和当时大多数的阿根廷家庭一样，单靠夫妻二人的工资无法维持整个家庭的生活。豪尔赫和塞利娅从小便在他们生活的罗萨里奥南城认识，两人于1978年走入婚姻殿堂。梅诺蒂率领阿根廷队第一次夺得世界杯冠军，让阿根廷人暂时忘记了取代庇隆上台的军政府的残酷。1982年，阿根廷政府发动了最后遭到失败的马岛战争，梅西的二哥马蒂亚斯在马岛战争结束9天后降生。

而就在梅西出生当天，豪尔赫所在的建筑遭到炸弹袭击，阿根廷当时正处于内战边缘，民选总统阿方辛向军队妥协签署大赦法，不再追究军政府时代军人对人民所犯的罪行，这遭到了人民的激烈抗议。在恶性通货膨胀将中产阶级贫穷化的年代，梅西一家人努力用双手改变着生活，他们的房子，是父亲豪尔赫和祖父欧塞维奥利用周末时间在自家300平方米的土地上建起来的。

梅西10个月大的时候，刚刚学会走路就发生了第一次意外，当时小梅西自己跑到马路上找父亲和两个哥哥玩，幸亏路上没有汽车和自行车驶过，只是虚惊一场，梅西摔倒后尺骨骨折，但很快就痊愈了。梅西第一次生日就得到了叔叔们送的纽维尔老伙计队服，但这对梅西来说太早了。

3岁的时候，梅西喜欢上了玩弹球和收集卡片，4岁生日时，父亲送了梅西第一个小足球。直到有一天，梅西放弃了赢小朋友们的弹球游戏，决定参加父亲和哥哥们的游戏，从此以后，梅西再也无法摆脱令他着迷的足球。父亲豪尔赫回忆说："当看到他的表现时，我们简直呆若木鸡，之前他从来没踢过球。"

外祖母塞利娅（与梅西母亲同名）是第一位打开梅西足球道路大门的人，我们经常看到梅西双手指天的庆祝动作，都是梅西献给外祖母的。梅西从小就是同龄人中最瘦弱的一个，大家都不赞成让梅西去踢球，怕别人踢他，欺负他，全家只有外祖母是梅西的坚定支持者。

梅西5岁以后，外祖母每次带梅西的两个哥哥去当地的格兰多利俱乐部训练时，都会带上梅西一同前往。梅西的启蒙教练阿帕里西奥已经在当地训练了成百上千的孩子，包括梅西的两个哥哥。回忆起第一次训练梅西，他讲道："我当时正差一个人凑成1986年世界杯队的阵容，我手里拿着球衣不知道怎么办。我看到看台前有个小孩正在那拿着球向看台踢，我脑子一转，觉得这个孩子可以派上用场。

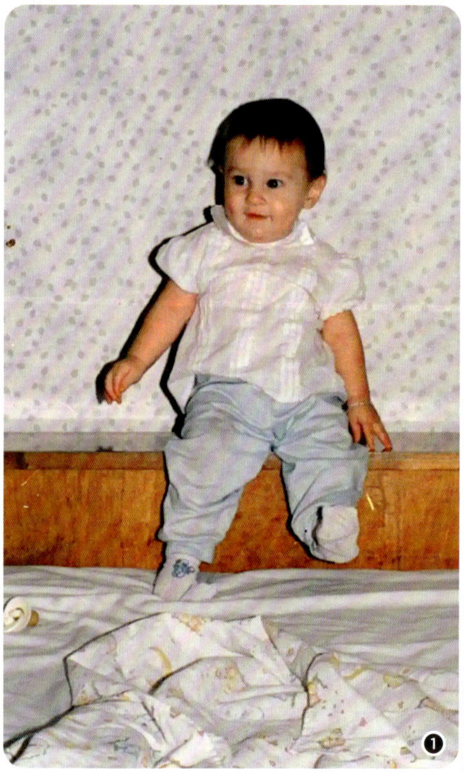

1. 一岁的梅西。
2. 梅西的母亲和外祖母都叫塞利娅，小时候全家人害怕小梅西受伤，不想让他踢球，只有外祖母一直支持梅西。
3. 梅西与妻子安东内拉从很小的时候就相识，是一段青梅竹马的佳话。

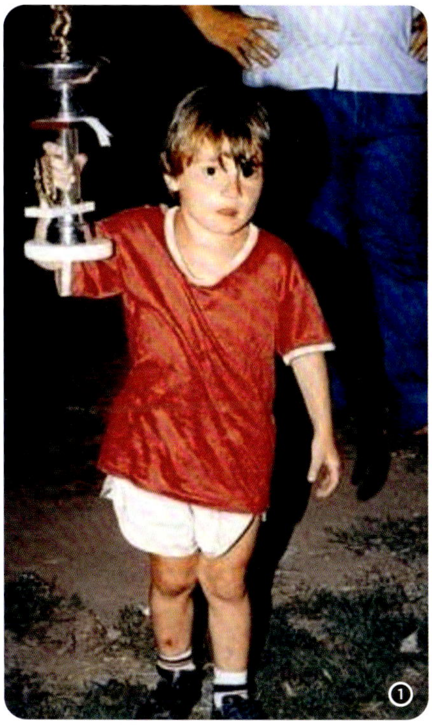

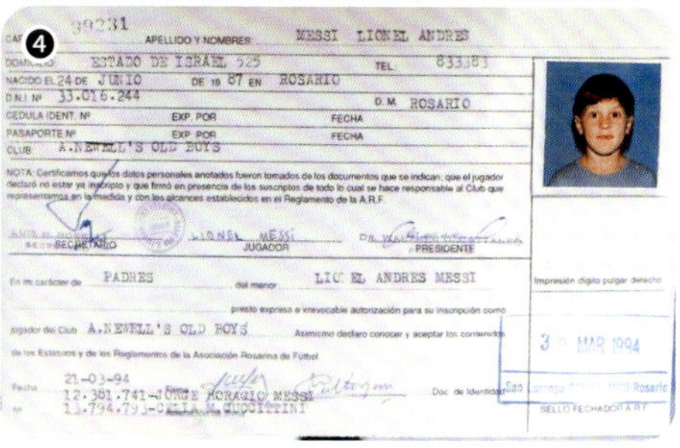

APELLIDO Y NOMBRES MESSI LIONEL ANDRES
DOMICILIO ESTADO DE ISRAEL 525 TEL. 833383
NACIDO EL 24 DE JUNIO DE 19 87 EN ROSARIO
D.N.I. Nº 33.016.244 D.M. ROSARIO
CEDULA IDENT. Nº EXP. POR FECHA
PASAPORTE Nº EXP. POR FECHA
CLUB A.NEWELL'S OLD BOYS

SECRETARIO JUGADOR PRESIDENTE

En mi carácter de PADRES del menor LIONEL ANDRES MESSI presto expresa e irrevocable autorización para su inscripción como jugador del Club A.NEWELL'S OLD BOYS
Impresión digito pulgar derecho
3 0 MAR 1994
SELLO FECHADOR A.R.F.
Fecha 21-03-94

1. 梅西从小就习惯了当冠军的感觉。
2. 从梅西（二排右二）小时候效力的球队可以看到，他比队内其他孩子明显更加瘦小。后排右边的老者，是给了梅西第一次比赛机会的阿帕里西奥。
3. 梅西效力纽维尔老伙计少年队时就已经颇有大将风范。
4. 梅西在纽维尔老伙计少年队踢球时的参赛证。那时梅西还不到 7 岁。

但我不知道他会不会踢，我就去问他外祖母，我对她说：‘借我用用。’她想让这个孩子上场，之前已经跟我说过很多次让我试试他，跟我历数了这个孩子有多好，但我不愿意，因为他太小了，别人都是大孩子。最后我跟她说：‘我把他放上去，如果别人踢他，我就把他换下来。’”

但是，阿帕里西奥再也没有换下梅西的机会了，“第一次传球传到他右脚，他看着球过来，什么都没发生，因为他是个左脚将。第二次触球他用左脚，过了一个、两个、三个，我在场边大喊‘快传’，因为我怕别人踢他，但他还是带呀带，我忘了他是不是把球打进了，我只记得从没见过有人能这么过人。我对自己说，我再也不可能把他换下来了”。梅西在阿帕里西奥手下并没有训练太长时间，在他不到 7 岁的时候，经过 8 场比赛和近一个月的试训，他成了纽维尔老伙计青训营中的一员。

随后麻烦也来了，梅西在 9 岁半的时候身高只有 1.27 米。豪尔赫把儿子带到同是罗萨里奥球迷的施瓦茨施泰因医生的诊所，后者还记得第一次见梅西的日子——1 月 31 日，因为那是他的生日。经过了一年多的各种检查，梅西被确诊为生长激素缺乏症，按照施瓦茨施泰因医生的解释，这种病并不是遗传疾病，而是只有两万分之一概率的偶然性疾病。治疗这种疾病需要每天注射生长激素，最长治疗期可达到 6 年，每年的医疗费达到 1.2 万欧元。

普遍认为，这是梅西当年背井离

乡来到巴塞罗那的根本原因，但施瓦茨施泰因医生声称："这并不属实，梅西的父亲有社会保险，此外还有钢铁行业基金会的帮助，他们有能力支付梅西的治疗费用。梅西离开阿根廷并不是因为这个。此外，就算梅西一家没有社会保险，阿根廷自从 1991 年开始就建立了儿童缺乏生长激素基金，治疗完全是免费的。"

但梅西的父亲讲述了不同的故事，社保中心和钢铁协会拒绝支付两年的治疗费，纽维尔老伙计俱乐部一开始同意支付，后来付款总是拖，"我们总是上门要钱，直到有一天我妻子说：'我再也不去要钱了。'这就是事情的全部"。

施瓦茨施泰因在听完梅西父亲的版本后，最终承认："问题的关键不是谁出钱，而是梅西的足球要在什么地方发展。首都的人会很嫉妒，一个出自纽维尔的天才球星，在阿根廷想获得成功就要去首都的球队，比如，巴蒂斯图塔出自纽维尔，但到了博卡青年后才成名。阿根廷球员想成名，必须要到布宜诺斯艾利斯的两家球会（博卡和河床）。"当时河床俱乐部在罗萨里奥新开了训练营，梅西的父亲找到河床教练，尽管河床愿意接收梅西，但前提是梅西必须带着纽维尔的解约合同前来，他们并不想在当地惹麻烦。

另一件趣闻是，当地媒体称生长激素为"魔药"，当孩子的父亲们听说梅西得益于这种"魔药"后，纷纷要求给自己的孩子注射这种激素。但施瓦茨施泰因医生说："这种药对不缺乏生长激素的孩子没有用。我坚持认为应该谨慎使用这种药，尤其是因为其经济成本太高。梅西当时患有这种病，从 1998 年开始治疗时，他只有 1.27 米，到了现在，他已经有 1.70 米，如果没有接受治疗，梅西长不了这么高。"

餐巾纸上签下梅西

梅西 13 岁时就已经有经纪人找上门来，前纽维尔和河床后卫巴苏阿尔多代理了梅西几个月，但他没能把梅西带到河床，从此之后，梅西的父亲就拒绝再请经纪人。直到以色列经纪公司驻阿根廷的两名代表找到豪尔赫，他们自称与 AC 米兰、皇马和巴萨都有密切联系，作为证明，当时他们已经把新秀德佩德里斯运作到了米兰青年队。这两人并非吹牛，他们的确认识加吉奥利——巴塞罗那著名经纪人明格利亚在南美区的助手。明格利亚后来回忆说："我收到了梅西的录像带，他们再三向我保证这个孩子的确值得关注。因此我给雷克萨奇（时任巴萨技术总监、青训负责人）打了电话，他是我非常好的朋友。"

雷克萨奇回忆说："我一开始以为明格利亚说的是个十八九岁的年轻人，当他告诉我只有 13 岁时，我都惊了。这必须是个超现象级球员，才能让我们如此感兴趣。招加泰罗尼亚以外的球员入队不符合俱乐部政策，更别说是个欧盟以外的孩子。但他们向我保证，这绝对是个不一般的球员，我最后同意让他来巴萨试训。"

就这样，2000 年 9 月 16 日，梅西和父亲登机前往欧洲。一天后，梅西一家到达巴塞罗那。梅西的父母在结婚前就想移民澳大利亚，因此来巴塞罗那对他们是很有吸引力的。尽管如此，梅西在前往巴萨试训前，全家还是进行了家庭会议，原则是只要有一个人反对离开阿根廷，就放弃这次试训机会，但最终全家人都支持梅西回到欧洲发展。

在接下来一个星期的试训中，梅西征服了巴萨所有梯队教练，他在一场少年队比赛中一人打进 5 球，还被取消了 1 球，但父亲还是履行了打进 6 球就为梅西买件新运动服的承诺。此时，雷克萨奇正在悉尼奥运会现场考察球员，由于西班牙队最后打到了决赛（输给喀麦隆队），雷克萨奇的回程时间被推迟，梅西的试训时间也被延长。直到 10 月 2 日下午 5 点，决定梅西命运的时间到了，雷克萨奇想看看梅西和高年龄组球员比赛的表现。

"我当时刚和人吃了顿饭，到的时候比赛已经开始 5 分钟，一般从看台走到教练席只要三四分钟，但我用了 15 分钟，因为途中我被他的表现惊呆了，停下来看。当我坐在教练席上时，

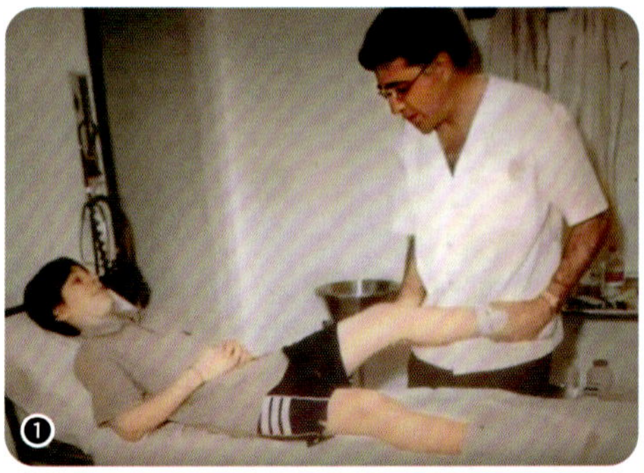
①

②

③

我已经做出了决定，我告诉青年队的教练：‘我们必须现在就签下他。’他很灵巧，速度快，可以在全速带球时过人。要发现他的优点，那些我们现在都了解的优点，并不困难，而他只有 13 岁。有的球员需要队友的配合才能出彩，而他不用。人们总是说我是梅西的发现者，但我总是回答——就是当时有个火星人坐在那，也能看出梅西是非常与众不同的。”

梅西和父亲高高兴兴地回到了阿根廷，问题集中在了雷克萨奇这个关键点上，他后来回忆说：“当时的困难有四个。一、梅西是外国人，法律不允许他参加青年队比赛。二、他很小，有可能因为受伤、不成熟和心理因素无法成为巴萨球员，我们怎么办？三、他的父母怎么办？我们还要为他们找工作。四、他还有生长激素缺乏症，还需要治疗。”但雷克萨奇还是决定冒险签下梅西。

俱乐部内部对雷克萨奇这一决定并不理解，但作为巴萨历史上战功赫赫的本土前锋和之前克鲁伊夫的副帅，雷克萨奇对质疑的回答很简单：“我想要谁就要谁！”由于争议太大，主席加斯帕特不得不过问此事，雷克萨奇回答主席，的确有必要冒险签下梅西。直到后来梅西正式签约加盟，俱乐部还让雷克萨奇做出书面保证，而他只写了一句话：“梅西是惊人的。”

雷克萨奇解决俱乐部内的争议用了两个月时间，梅西的经纪人有些等不及了，他们在巴塞罗那蒙锥克山下的网球中心约见了雷克萨奇，对巴萨技术总监说：“不是威胁你呀，我们已经开始联系皇马了。”雷克萨奇回忆说：“他们不相信我，也不相信巴萨，他们要我写书面凭证，我的态度很明

1. 少年梅西接受医生治疗。
2. 巴萨技术总监雷克萨奇在一张餐巾纸上草签了梅西，这个故事日后被反复传播，成为一段美谈。
3. 2001 年，梅西在巴萨少年队的临时参赛证。
4. 当年签下梅西的见证人之一加吉奥利，展示那张被小心保存的餐巾纸“文物”。当时，雷克萨奇在这份有点类似保证书的协议上写道：“2000 年 12 月 14 日，巴塞罗那，在明格利亚和加吉奥利的见证下，巴塞罗那俱乐部技术总监雷克萨奇，在此同意，在他任下，不管遇到什么反对意见，只要我们开出约定的金额，就可以签下球员利昂内尔·梅西。”

④

确，这个孩子逃不掉了。我当时拿了张餐巾纸写上，按照规定的条件，保证签下梅西，然后签上我的名字给了他们。”2001 年 2 月 15 日，梅西一家来到巴塞罗那，俱乐部为豪尔赫在青训基地找了份闲职，支付 700 万比塞塔的工资，这实际是给梅西的工资，因为 13 岁的梅西只能申请奖学金，无法领取工资。

沉默的天才少年

加盟巴萨后，梅西第一张参赛证上的照片是笑容满满的，但这种笑容在往后半年里很难见到，因为前几个月在巴塞罗那的一切对梅西来说都糟糕透顶。2001 年 3 月 6 日，梅西正式加入巴萨，加泰罗尼亚足协为他办理了一张临时参赛证，而纽维尔老伙计则拒绝为梅西开具国际转会证明。因此梅西只能代表巴萨少年 B 队参加地区比赛，无法代表符合梅西年龄段的少年 A 队参加全国比赛，同时由于他是外国人，按照西班牙足协的规定，无法参加一切全国性比赛。

4 月 21 日，梅西在一场比赛中被对手踢断了左腿腓骨，这是梅西职业生涯的第一次重伤，直到 6 月 6 日，梅西才伤愈复出。但复出后仅过了一个月，梅西的左踝关节水肿，不得不再度休息数周。梅西来到巴萨的第一个赛季，一共只踢了两场正式比赛和一场友谊赛。唯一的好消息是，经过诊断，医生决定以身体训练和饮食控制的手段，来代替注射生长激素，帮助梅西成长。

在学习和生活方面，梅西一家遇到了更大的不适应。梅西对学习不感兴趣，但他从不找老师的麻烦，坐在自己的角落里干自己的事。而妹妹玛莉娅则在暑期度假回国后，再也不愿意重新踏上西班牙的土地。父母征询梅西的意见，是想留在罗萨里奥还是去巴塞罗那，梅西坚定地选择了巴塞罗那。就这样，父亲豪尔赫带着三个儿子在巴塞罗那生活，母亲塞利娅则带着女儿留在阿根廷。从此，远隔重洋的分居生活，成了梅西一家多年来的常态。

8 月 20 日，梅西结束暑假回到巴塞罗那，由于国际转会证明还没有到，梅西只能参加一些锦标赛和友谊赛。梅西没有别的办法，只能把劲都用在训练和友谊赛中，这种态度得到了梯队教练的肯定。梅西的运气在年底和 2002 年初开始变好。首先在 12 月，豪尔赫和俱乐部签署了第二份合同。2 月份，国际足联判决西班牙足协可以注册梅西，在梅西来到巴萨一年后，才正式参加了加泰罗尼亚地区联赛。在 4 月 27 日至 5 月 7 日于意大利比萨举行的小大师杯上，巴萨战胜国际米兰、切沃、布雷西亚，打平尤文图斯，最终在决赛战胜帕尔马夺冠，梅西开始成为人们议论的话题。

“一开始，我们还以为他是哑巴呢。”那时的巴萨少年队队长法布雷加斯回忆说，“后来得益于在意大利的生活和一起玩电子游戏，我们才发现他会说话。”球队当时的中锋巴斯克斯喜欢称梅西为“侏儒”，而梅西回敬的阿根廷俚语却没人能听懂。巴斯克斯回忆说：“梅西每天来到更衣室就坐在自己的角落里，换衣服，一个词也不说。在意大利才开始活跃起来。”当时的教练比拉诺瓦也认为，是意大利的生活让梅西融入了球队，“他在场上可一点不内向，看他踢球就像看到了马拉多纳。”

2002—2003 赛季对梅西来说是辉煌的赛季，他参赛 31 场打进 38 球，比主力前锋巴斯克斯还多 5 球，完成了 3 次帽子戏法和 1 次大四喜，帮助球队夺得了两项锦标赛冠军。当时梅西是队内最矮小的球员，只有 1.62 米，体重 55 千克，与当时身高就有 1.91 米的皮克相差甚远。梅西唯一缺席的是西班牙全国锦标赛，他和弗兰克 · 松

戈奥因为是外国人的缘故，缺席了这项比赛，但他们和队友们一起庆祝了球队夺冠。

亚历克斯·加西亚是执教梅西的梯队教练之一，他讲述了一段特别的故事："梅西当时是队内的小弟弟，大家都很保护他，因为对手老踢他。皮克和巴斯克斯对他的保护最多。他背井离乡和父亲生活在一起，我能理解他的乡愁，但我问了他几次有什么困难，他从来都是回答没什么可担心的。15 岁的里奥已经知道自己想要什么了，他和家人都牺牲了很多，他不想错过摆在面前的机会。"

加西亚回忆道："那时候他就已经有了自己的风格，街头足球的风格——过人。我们试图让他融入巴萨的风格，那就是尽可能每个人都参与传球，在中场控球，进入球场 3/4 区域后，每个人再发挥自己的天赋。当时最后一场联赛，梅西和西班牙人球员撞在一起，短暂昏迷，诊断结果是梅西面部骨折，我们虽然 3 ：1 战胜西班牙人夺得联赛冠军，但两周后还有加泰罗尼亚杯的比赛，我们都为梅西而担心。医生告诉我们，两个月前一队的普约尔也受过和梅西类似的伤，之后戴了保护面具上场比赛，也许梅西也可以试试。"

梅西最后戴着面具上场了，但踢了没一会儿，他就跑到加西亚面前，把面具扔了过去。加西亚有点着急："我当时跟他说：'你要是摘下面具，我就把你换下来，不光我要受法律制裁，你也要。'但他跟我说：'就一会儿。'然后，梅西 5 分钟内打进两球，半场比赛我们 3 ：0 领先。我在中场休息的时候告诉他：'你为球队能做的都做了，下半场你坐在替补席上。'"

← 刚到巴塞罗那时的梅西参观球场，这里很快将成为他升起梦想的舞台。

↑ 一位超新星在拉马西亚崭露头角。

↓ 梅西（前排左一）效力巴萨青年队时的全家福，后排右二和左三是我们现在非常熟悉的法布雷加斯和皮克。梅西当时由于在比赛中脸部受伤，戴上了一副面具参加比赛。

unicef
FCB

未来的主人翁

2003—2008

梅西巴塞罗那梯队生涯

2000—2001	U14B队	2场1球
2001—2002	U16B队	10场9球
2002—2003	U14A队	31场38球
2003—2004	U19B队	3场1球
2003—2004	U19A队	19场29球
2003—2004	巴塞罗那三队	10场5球
2004—2005	巴塞罗那二队	22场6球

注：只统计正式比赛。

← 2005年5月1日，梅西在对阵阿尔瓦塞特的西甲比赛中吊射破门，打入巴萨生涯正式比赛处子球。进球后他跳到助攻他的老大哥罗纳尔迪尼奥背上庆祝。

一颗超新星的光芒很快照亮了欧洲足坛。加入巴萨一线队后，梅西以火箭般的速度蹿升。未及弱冠，这位来自阿根廷的小个子就用天才的表演，迅速征服了所有巴萨球迷。梅西短时间内接连复刻马拉多纳最经典的两个进球，已经预示了他无可限量的星途。

巨龙首演开启巨星时代

2003年11月16日，波尔图巨龙球场举行揭幕典礼，波尔图请来巴塞罗那打揭幕战。由于当天是国家队比赛日，巴萨大多主力无法出战，最终以0∶2负于主队。葡萄牙人有幸见证了梅西第一次代表巴萨一队参赛，比赛第74分钟，梅西身穿14号球衣替下费尔南多·纳瓦罗，以16岁4个月零23天的年纪，成为巴萨队史上代表一队出场第三年轻的球员。

这是个让人难以置信的赛季，赛季开始后巴萨教练组就决定把梅西和皮克升入巴萨青年A队，梅西在这个赛季接连完成了从青年A队到巴萨三队和二队的跳跃。梅西首先代表青年A队打到圣诞节，此后到5月份又参加了青年组国王杯的决赛，最终11场比赛打进18球，包括内尔哈锦标赛决赛对皇家贝蒂斯的半场吊射，并最终率队夺冠。

梅西从2003年11月份开始，同时代表青年A队和巴萨三队比赛，巴萨三队当时14场比赛积9分，濒临降级，梅西加入后10场比赛打进5球，帮助球队成功保级。从2004年3月开始，梅西升入巴萨二队，虽然为球队出场5次仅获胜1场，但梅西已经在对赫罗纳的比赛中被评为最佳球员，证明自己可以适应大年龄组的比赛。

尽管梅西距离巴萨一队只差一步，但这时候低三个等级的巴萨青年B队又需要梅西的帮助，时任青年队教练胡安·卡洛斯回忆："要是别人被要求降组打比赛肯定会不高兴，但梅西没有。"当时巴萨、西班牙人和普雷米亚正在争夺2003—2004赛季这个级别的联赛冠军，只要西班牙人战胜巴萨，夺冠就指日可待，但梅西登场扳平了比分，两周后巴萨夺走了冠军。赛季末，豪尔赫和巴萨磋商梅西的第一份职业合同，双方差距很大，但最终达成了协议，因为阿森纳已经利用加斯帕特后期管理的混乱，抢走了法布雷加斯，巴萨经不起更大的打击。

2004—2005赛季是梅西正式进入巴萨一队的第一个赛季，尤其是2004年10月，梅西完成了第一次西甲出场、第一次在诺坎普出场和第一次在国王杯出场。10月16日，加泰罗尼亚德比，梅西在完场前8分钟换下德科，在西班牙人的主场完成效力巴萨一队的正式比赛首秀，一个时代开始了。

2005年5月1日，巴萨对阿尔瓦塞特的联赛中，梅西替补出场后接到小罗的助攻吊射破门，打进个人巴萨一队处子球，在此之前他有一粒相似的进球因越位被裁判取消。梅西获得了良好的起步环境，当年巴萨时隔5

年再次夺得西甲冠军，同年6月，梅西和巴萨签下了第一份一队球员合同，毁约金为1.5亿欧元，与当时队内的两位超级巨星小罗和埃托奥一样。

世青赛英雄出少年

当年的阿根廷青年队主帅托卡利回忆："当时有人给了我一盘录像带，是在巴塞罗那踢球的小伙子，我很喜欢，但我知道有时候这种录像带是经纪人提供的……等我带U17队打完在芬兰的比赛后回来，所有人都说这个孩子特别好，我和格隆多纳（时任阿根廷足协主席）商量了一下，决定征招这个小伙子，并组织了两场对巴拉圭和乌拉圭的友谊赛。"这个"小伙子"就是梅西，送录像带的人是当时阿根廷队主帅贝尔萨的副手比瓦斯，他和梅西同为罗萨里奥人，因此对梅西特别感兴趣。

然而，阿根廷足协发给巴萨的第一份招人传真，甚至写错了梅西的姓名，他们把"Lionel Messi"拼写成了"Leonel Mecci"。当时巴萨以有国王杯比赛为由，拒绝了阿根廷足协的请求。此前，西班牙U16队主帅梅内德斯曾向梅西发出邀请，被梅西礼貌拒绝，虽然梅西已经在西班牙居住了3年，但坚持自己是阿根廷人。

2004年6月29日，梅西第一次代表阿根廷国字号（U20）登场，比分已是3：0时，托卡利派上梅西，最终比分为8：0。托卡利回忆说："赛后，我接到了佩克尔曼（阿根廷国青队前主帅，后来给了梅西国家队首秀的阿根廷队主帅）的电话，他问我：'你从哪找的这个孩子，很棒，下场对乌拉圭他是主力吗？'"但对乌拉圭队的比赛，梅西还不是主力，赛后《奥莱报》评价说："梅西与众不同，他打进了两球，还参与了第4球，是4：1战胜乌拉圭的球星。"

直到2005年1月的南美青年锦标赛对秘鲁的比赛，梅西才第一次成为主力，托卡利解释说："这是1985年龄段的比赛，他是1987年的，在那个年龄段，两年通常意味着很大差距，我不想把责任放在他的肩上，他还需要被照顾。"梅西最终打进5球，是赛事第二射手，帮助阿根廷队获得了世青赛资格。赛事最佳射手哥伦比亚人罗达列加说："毫无疑问，我比梅西要好。"梅西无意制造争议，回答说："没什么好说的，我为球队尽力。"

2005年世青赛第一场比赛，梅西因为赛前有小伤的缘故不是主力，令人吃惊的是，阿根廷队竟0：1败给了美国队。从第二场对埃及队开始，梅西成为主力，阿根廷队连克埃及队、德国队和哥伦比亚队杀入八强。1/4决赛的对手是欧洲冠军和上届世青赛亚军西班牙队，这被认为是一场提前上演的决赛，梅西和巴萨队友法布雷加斯的对决也成为比赛一大看点。比赛很胶着，直到第70分钟比分还是1：1，但此后西班牙队开始注意力不集中，阿根廷队凭借梅西的1次助攻和1个进球3：1淘汰了西班牙队。

半决赛是经典的阿根廷队与巴西队的南美超级德比，比赛开始8分钟，梅西禁区外世界波首开纪录，雷纳托在下半场扳平了比分，但最终萨瓦莱塔利用梅西的突破，禁区内补射淘汰了巴西队。决赛在阿根廷队和尼日利亚队之间进行，赛前梅西已经获得了赛事最佳球员的奖杯。决赛第38分钟，梅西左路带球40米杀入禁区被阿德莱耶放倒，梅西亲自主罚点球首开纪录。第52分钟，奥布克一度扳平比分，但第73分钟，阿圭罗再次制造点球，梅西操刀帮助阿根廷队最终捧杯。梅西个人包揽了赛事最佳球员和最佳射手（6球）两项荣誉。

国际巨头为梅西开战

2005—2006赛季，世界最大的两家体育用品公司阿迪达斯和耐克，为了争夺梅西闹上了法庭。经过判决、上诉、再判决，最终在这场球星争夺战中，阿迪达斯公司获胜，梅西成为阿迪达斯全球最著名的代言人之一。阿迪达斯公司伊比利亚体育市场部总监费尔南多·索拉纳斯接受采访回忆了当时的情况。

"事情要从头说起，在2003年，我们就开始和梅西的父亲，也就是他的经纪人豪尔赫接触。那时候梅西和耐克有合同，他穿耐克品牌的服装，但这不是形象权合同，仅仅是服装和球鞋的赞助合同。当时豪尔赫告诉我，

2005年夏天的世青赛，梅西带领阿根廷队夺冠，这是他的天才第一次被全世界广泛认识。

他不想改换门庭，因为两年前耐克就开始赞助梅西，在梅西14岁的时候。但我一直没和他切断联系。”2003年梅西只有16岁，那时候阿迪达斯就想为了个孩子从耐克那里抢人吗？“为了保证投资，我们只相信教练、球探的话，所有人都说梅西是青年人中的珍宝，前途不可限量，我们也不想错过。”

时间到了2005年，索拉纳斯回忆道：“当时梅西和耐克的合同已经到期，梅西继续穿耐克的装备，因为耐克是巴萨的赞助商。豪尔赫想等过了世青赛再看，耐克和梅西在世青赛开赛前两天签了意向合同，但过了几个月都没有谈拢，这时候，我们开始插手，给了梅西一个感兴趣的经济条件和面向2006年世界杯的宣传计划。在2006年1月，我们终于和梅西签署了一份到2010年6月30日的合同。”

据报道，阿迪达斯的出价是耐克的5倍，达到每年100万美元，尽管索拉纳斯以商业机密为由，拒绝透露具体数字。随后，梅西因为穿着阿迪达斯的球鞋参加了国王杯对萨拉戈萨的比赛，被耐克告上法庭。经过上诉后，法官将梅西判给了阿迪达斯。

索拉纳斯认为梅西的商业价值在于“他是新鲜的空气，他在场上就像动画人物”。有人认为内向的梅西商业价值不高，但索拉纳斯指出：“简单恰恰就是梅西的优势。很多球星好像生活在另一个世界，距离我们很远，里奥的腼腆，反而拉近了和球迷的距离。此外，梅西能体现我们‘没有不可能’的口号，他身体并不强壮，13岁远渡重洋来到巴萨青年队并取得成功，这是个完美的例子。真实就是梅西最大的卖点。”

梅西的主要市场在哪呢？“梅西在拉美、西班牙、亚洲都很有市场，特别是在日本，因为梅西个头很小。这个逻辑听上去很蠢，但事实就是这样，日本人能从一个灵巧的小个子身上找到认同感。另外，随着这几年巴萨和切尔西的比赛，梅西在英国市场的影响力也与日俱增。”

穆里尼奥输球的借口

2005—2006赛季，梅西本该起飞，却摔倒了。赛季开始时，梅西遭遇了很大的困难，因为外援的身份让他无法出场，当时队内已经有了三名非欧盟外援小罗、埃托奥和马克斯。巴萨施展浑身解数，和西班牙足协达成协议，梅西可以以“类似本土球员”身份出场。西班牙足协拟了一份修改方案，球员只要在某队青训系统连续踢球5年或者待够10年，都可以视作本土球员而不受外援规定限制。

但时任西职联副主席特瓦斯，第一次对梅西和巴萨“放铲”（特瓦斯成为西职联主席后，严格执行财政公平政策，间接导致巴萨在2021年无法和梅西续约；2023年，同样是因为财政公平规则，巴萨无法签回自由身的梅西），他组织西职联反对足协的规则改动生效，“规则改变不能适用于已经开始的赛季”。这让巴萨加速了梅西加入西班牙籍的过程，最终在9月28日梅西正式加入西班牙国籍，可以参加后面的比赛。

尽管因为身份问题无缘赛季初的5场联赛，但梅西在甘伯杯比赛中还是大放异彩，那场比赛的对手尤文图斯的主帅卡佩罗非常看好梅西，赛后意大利人公开说：“我从来没见过这个年龄的球员有这样的水平，有这样的个性、速度，太让我喜欢了。我看他踢了20分钟就找到弗兰克（里杰卡尔德），他是我执教AC米兰时的球员，我对他说：‘弗兰克，你能把他租借给尤文一年吗？’18岁的球员在9万名观众的注视下，能有这样的表现和水平并不正常。”

在获得西班牙国籍后，梅西迅速攀升，甚至有取代久利成为巴萨主力右边锋的势头，然而一次重伤减缓了梅西迅速蹿红的势头。2006年2月

← 梅西出道后一直被人们拿来和马拉多纳比较，这是一种巨大的压力，但同时也是对梅西的最高肯定。

→ 2005 年，小罗获得国际足联世界足球先生，埃托奥获得 FIFA 先生铜球奖，梅西则收获了欧洲金童奖。

22 日，这个被英国和西班牙媒体渲染成复仇的日子。之前一个赛季，切尔西和巴萨在欧冠 1/8 决赛相遇，首回合巴萨 2 ∶ 1 取胜，次回合回到主场的切尔西开场 19 分钟连进三球，随后小罗梅开二度把总比分追平，但特里在下半场打入了 4 ∶ 2 的进球，最终切尔西淘汰了巴萨。西班牙媒体不服特里最后的进球，认为此前卡瓦略对巴尔德斯有犯规；赛后，小罗和里杰卡尔德还与斯坦福桥的保安发生冲突……这一切，都让一年后双方的再次相遇充满火药味。

在斯坦福桥的首回合比赛，梅西身穿 30 号球衣首发出场，在很多人眼里，他还只是个孩子，他能顶住这么大的压力吗？比赛哨响，切尔西左后卫德尔奥尔诺的噩梦开始了。第 31 分钟，他的飞踹直接蹬到了梅西的左腿上，没有警告，没有抗议，比赛继续。6 分钟后，他重复了一个同样粗野的动作，结果被罚下场。发生了什么？梅西在前场与罗本肩碰肩争球，罗本还领先一个身位，但到了底线时被梅西超越，这时候冲出一辆蓝色“火车”，把梅西应声撞倒在地。梅西翻滚起来，裁判果断对德尔奥尔诺出示红牌。

场面随即陷入混乱，罗本、古德约翰森和边裁争论，德科和小罗围攻德尔奥尔诺，普约尔险些和罗本动手，特里和挪威主裁判海于格吵架。此后的比赛，梅西一次又一次送上让队友直接面对空门的妙传，但不是没人包抄到位，就是打偏。莫塔和特里分别打进乌龙球，最后是埃托奥接马克斯的助攻锁定了比赛胜局。

穆里尼奥在斯坦福桥的 49 场不败纪录终结了，他没有吞下这个苦果，而是把责任推给梅西和裁判：“我对德尔奥尔诺的红牌是否失望？你们看没看比赛？撤销德尔奥尔诺的红牌，给梅西禁赛，这些有用吗？比赛结果不会变了。梅西在演戏，加泰罗尼亚是文化之地，你们都知道，我去过那里的剧院很多次，水平相当高，梅西真会找好的学。”

埃托奥给穆里尼奥的回应则是：“说梅西演戏的人，自己都赤身裸体。”里杰卡尔德说：“梅西浑身被踢了个遍。”但梅西仅仅说道：“我看到防守球员铲得很猛，不怀好意，因此我跳起来了，（德尔奥尔诺）没有铲到我。我膝盖被踢破了，大腿上也有伤，脚上也有。我浑身都有伤，但我不疼，因为我们赢了，这是场让人印象深刻的比赛。”

梅西被媒体称为“天才受洗”，人们把他和 1958 年世界杯的贝利相比，与 1979 年世青赛的马拉多纳相比，与 1969 年对阵本菲卡的克鲁伊夫还有乔治 · 贝斯特相比。但 3 月 27 日在诺坎普对切尔西的次回合，梅西在抢罗本球时手捂左膝痛苦倒地，“之前和加拉的一次对抗中，我感觉一阵刺痛，但我想继续，但那个动作后我感觉无法坚持了”。里杰卡尔德在诺坎普 9 万名观众面前抱住了梅西的头安慰他，梅西右大腿二头肌拉伤 4 厘米，直到巴黎的欧冠决赛前才伤愈，但里杰卡尔德不想冒险，把梅西放在了看台上，孤独的梅西赛后拒绝了下看台领自己的奖牌。

德尔奥尔诺事后谈起梅西说：“每场比赛总有那么个球员，你越想不到，他就让你越痛苦。梅西并不是个挑衅的前锋，有这种前锋和后卫，但他不是，他什么都不说。当时的情况是，梅西面前有一个可以进入禁区的通道，我必须阻止他。然后他开始在地上打滚，我被罚下了。梅西很狡猾，让人感觉那是一个很严重的铲球，但实际上什么都不是。梅西夸张了，毫无疑问。”

梅西的优点是什么？德尔奥尔诺对其他后卫有什么建议呢？巴斯克人说：“他带球好，速度快，球像是粘在脚上。防守他很难，非常困难，尤其是他状态好的时候。他是打右路的左脚球员，当他内切突破时，你很难防住他。他对任何后卫都是真正的大麻烦。我也不知道有什么防住梅西的建议。”

那个赛季，巴萨夺得了联赛和欧冠双冠王，是那个时代最好的球队，大家记住了小罗，记住了埃托奥，但似乎忘记了差不多受伤半个赛季的梅西。

连过五人和“上帝之手”

经过2006年的辉煌，巴萨开始走下坡路，在2006—2007赛季巴萨能够争夺的6个冠军中，最后只收获了1个西班牙超级杯冠军。最让梅西痛苦的是，本来在冬季看似已经稳拿的联赛冠军，最终也被卡佩罗率领的皇马奇迹般夺走。卡佩罗从来没有在诺坎普的正式比赛中战胜过巴萨，无论是带领AC米兰、尤文图斯还是皇马。2007年3月10日，他无限接近打破这个尴尬纪录，皇马三次领先巴萨，但都被梅西扳平了。梅西完成了在重要比赛中的首个帽子戏法，也是12年来首次有人在西班牙国家德比完成帽子戏法。

而在一个月后的国王杯半决赛中，梅西连过五人打进赫塔费一球，一个可以比肩马拉多纳1986年世界杯“世纪进球”的作品。西班牙电视台在2007年4月18日的现场直播中，如此评论梅西的进球：“梅西过了赫塔费4名球员，然后把门将也过了，这是个伟大的进球，毫无疑问是本赛季的最佳进球。我不想比较，但这个进球让我想起迭戈·马拉多纳1986年世界杯对英格兰队的杰作，这不是两个相同的进球，不是两个相同的球员，我们也不想说梅西是马拉多纳，但这让我想起了那个进球。”

马拉多纳打进“世纪进球”时25岁，已经是世界知名球星，那时梅西还没有出生，而梅西打进这个进球时才19岁，进入巴萨一队和阿根廷国家队还不到两年。第二天《马卡》报的标题为：《20年10个月26天后，梅西复制了马拉多纳的进球》。被梅西盘过的球员之一哈维尔·帕雷德斯说：“我唯一的希望就是，30年后，不要在电视上看到自己。”赫塔费主帅舒斯特尔则发表了争议讲话：“我们应该踩他，即使吃牌，也不能让他这么过人。”

两个进球的具体对比为：梅西用时12秒，马拉多纳用时10.8秒；梅西跑了60米，马拉多纳跑了62米；梅西触球13次，马拉多纳触球12次；梅西盘过5人，而马拉多纳盘过了6人。梅西事后说：“我在电视上看过马拉多纳的进球，但我从不认为我的进球和马拉多纳的一样。我当时看到前面有空当就过人了，后面有两人在追我，我想找个同伴打二过一，但是没有人，我只能自己过了，幸运的是球进了。”

如果说埃托奥是梅西没有发现的那个队友，那巴尔达诺则是马拉多纳没有发现的队友。巴尔达诺说：“迭戈跟我保证过，他当时好多次想把球传给我，但总是遇到阻挡，最后改变了主意。可是我觉得他从来都没想过传球。”1986年马拉多纳的教练比拉尔多则说：“让我吃惊的是从启动到射门，梅西一直保持着力量。马拉多纳变换节奏，但梅西总是一个节奏。”

当晚梅西和父亲还有好友萨瓦莱塔，一起去了常去的一家阿根廷烤肉馆吃晚饭，但由于守候的球迷太多，没能成行。梅西表示自己当晚并没有兴奋得睡不着觉，第二天面对话筒，他说：“我把这个进球献给迭戈，我希望他能早日康复。”当时马拉多纳正在医院内与死亡抗争。

马拉多纳康复后，第一次公开露面是在一档电视节目中，他说：“那些拿两个进球比较的人都是夸张。我的

← 2007年4月18日，国王杯半决赛首回合，巴萨主场迎战赫塔费，梅西在第29分钟从中场开始摆脱防守，最终连过五人打进一个堪比马拉多纳“世纪进球”的单刀球。

↑ 梅西复刻了马拉多纳的“世纪进球”后，《马卡》报和《每日体育报》都做了头版报道。《马卡》报模拟了梅西的进球路线图，称之为“马拉多纳式进球”“献给迭戈的诗”。《每日体育报》则用胶片影格的方式复现了梅西的进球过程，标题简洁有力：《10号之神归来》。

↗ 2007年6月9日，梅西在对阵西班牙人的比赛中门前用手将球拍进球门，复制了马拉多纳的另一个经典进球“上帝之手”。

进球比梅西的更美，另外我是在世界杯上面对 11 个英格兰队球员，打进了一个对世界冠军队的球。而梅西是在西班牙国王杯中打进的，这不一样。”看到梅西进球后的第一感觉呢？“与我的进球没任何关系。”比赛环境虽不相同，但动作却很相似？“不，不，完全没有关系。这种进球我在训练中进过几百万个，就是没人拍摄下来。”

争议没有结束。在 6 月 9 日巴萨主场对西班牙人的联赛中，梅西在第 43 分钟用手打进扳平球，当时西班牙著名解说员迈克尔 · 罗宾逊在直播时评论道：“梅西在同一个赛季里用马拉多纳的方式，打进了两球，一个是对赫塔费，一个是对西班牙人。”马拉多纳在很久之后才承认：“‘上帝之手’是迭戈之手，是为了抢英国人晋级的门票。”而梅西赛后就承认：“我很高兴，进球让我们扳平，这个进球没有别的用处。”

C 罗动了梅西的奖杯

到了 2007—2008 赛季，梅西已经成为巴萨的绝对球星。科学家们也开始研究梅西这个现象：梅西平均每秒步频为 4.5 次，超过在 2007 年创造百米世界纪录的牙买加短跑名将鲍威尔的 4.4 次。西班牙在呼唤梅西夺得金球奖，在这之前，梅西已经夺得过意大利《体育战报》杂志颁发的“雏鹰奖”，一个奖励 21 岁以下新秀的奖项，他成为第一个获此殊荣的阿根廷人，以及罗纳尔多和瓜迪奥拉之后第 3 个获得该奖的巴萨球员。最终在 2007 年的金球奖评选中，梅西以 255 分获得铜球奖，落后 C 罗 22 分，卡卡以 444 分夺得金球奖。卡卡说：“梅西今年没有夺得任何重要奖杯，没赢得联赛冠军，也没赢得欧冠冠军，我想这是对他不利的一点。”

而在苏黎世举行的国际足联年终颁奖典礼上，梅西以 504 分超过 C 罗的 426 分，成为卡卡（1047 分）之后的第二名。有趣的是，当主持人念出了梅西和 C 罗的名字后，两人同时站起前去领奖，首次穿上礼服的梅西显得有些拘谨，C 罗先问候了布拉特和贝利，然后领取了第二名的奖杯，布拉特提醒说：“梅西，这是给梅西的。”主持人重复了一遍获奖人，女主持尴尬地对 C 罗说：“你想拿这个奖，但是搞错了。”

梅西一家人都来到了苏黎世歌剧院，父亲豪尔赫表示他根本就没想过梅西能走得这么远：“老实说，我赌的是罗德里戈（梅西的哥哥），他曾是个很好的前锋，在纽维尔老伙计成长，后来在科尔多瓦中央效力。因为摩托车事故，他伤停了一年，现在我把他带到西班牙看看能不能找到球队。”

罗德里戈，这位梅西的大哥谈起自己和弟弟的差别时说：“梅西有的特点我不具备，他的主观意愿非常强烈，他为达到成就付出了非常大的努力，而我没有这么大的主观动力，我比他懒多了。”是谁给梅西这么多足球的激情？豪尔赫说：“我从来不是那种不惜一切代价让儿子成为冠军的父亲，是我岳母带他去踢球的，不是我。我踢球的时候就很爱足球，起床睡觉都想着足球，可能这感染了里奥。”

一个钢铁工人是怎么变成足球经纪人的？豪尔赫说：“我必须保护那些因为利益想伤害他的人，有的人看起来值得信任，实际上是罪犯。这种人在世界上有很多。”爸爸和儿子之间的关系如何？“我尽量做到不凌驾于他之上，他需要和同龄人在一起。我不想让儿子想：这个人老管着我。我们经常聊足球，但几乎从不谈钱和合同。”

罗德里戈谈起弟弟的生活说：“我们刚来巴塞罗那时无聊至极，很痛苦，天天就是打游戏和看电影。但慢慢就好了，我们也会出去吃饭。晚上出去玩？他不喜欢，但我喜欢，他只喜欢出去喝点东西聊聊天。他很疼爱我 3 岁的儿子阿古斯丁，还有前一年刚出生的女儿。他也喜欢吃我老婆做的鸡肉。”

钱有没有改变一家人的生活？罗德里戈说：“我们没有过着奢侈的生活。我们还没有放弃在罗萨里奥的房子。在巴塞罗那，梅西有一个小罗那样的别墅，200 平方米，双层，四个卧室，一个花园，一个游泳池。我们的生活方式没有变，但人们总以为我们变了，其实恰恰相反，是他们变了，他们以另一种方式看我们。里奥挣的钱我们先给存起来，为了将来他和他的家庭不会遇到困难。”

FINALE 2009

闪亮的日子

2008—2013

← 2008年夏天，梅西和阿圭罗带领阿根廷队夺得北京奥运会男足金牌。

↓ 瓜迪奥拉发明让梅西打“假9号”位置，对梅西和他自己乃至整个足坛都影响深远。

→ 2009年5月27日，身高只有1.70米的梅西头球攻破曼联球门，帮助巴萨2:0赢得欧冠冠军。进球后梅西亲吻球鞋庆祝的画面，成为那场决赛的经典回忆。

瓜迪奥拉执教巴萨的4年，是他和梅西互相成就的4年，也是巴萨历史上最伟大的4年。瓜帅把梅西从右边锋改造成“假9号”，让梅西的天赋得到了最大程度的释放，反过来梅西也让瓜帅的理念得到升华。梅西以不可阻挡的姿态，成为足球历史上最恐怖的“纪录收割机”。

瓜帅成就最强大梅西

2008年夏天，是巴塞罗那俱乐部最冒险的一个夏天，巴萨决定用还是新星的梅西取代曾经的世界最佳小罗，让没有一线队执教经验的瓜迪奥拉出任巴萨主帅。毫无疑问这是双份的冒险，但在那个时候没人能想到，梅西和瓜迪奥拉这两个名字，最终会以无比光辉灿烂的方式写进足球历史。

瓜迪奥拉一上任就对球队“三巨头”小罗、埃托奥和德科下了逐客令，小罗被租去AC米兰，德科去了切尔西，而埃托奥因为此前的重伤找不到东家只能留在队内。梅西虽然失去了两位好友，但从小罗那里继承了10号球衣，他被主席拉波尔塔和新帅瓜迪奥拉视作球队新的旗帜，尽管当时很多人怀疑梅西是否能重现小罗的辉煌。

带着北京奥运会的金牌，梅西回到了巴萨，拉波尔塔曾威胁控告阿根廷足协，以让梅西从中国回到巴萨备战新赛季，但瓜迪奥拉体谅梅西为国夺冠的心情，特许梅西奥运会后才回到球队。

梅西在这个赛季展现出惊人的进球天赋，瓜迪奥拉时代的第一个联赛进球就是梅西在对桑坦德竞技的比赛中打进的。那时候，梅西还不是球队的中锋，依旧担任着边锋角色，但在为别人做嫁衣的时候，他也开启了自己的疯狂进球模式。梅西在整个赛季51场比赛中打进38球，贡献了19次助攻，进球数超过了埃托奥的36球，首次成为队内最佳射手。

梅西能在瓜迪奥拉手下走上历史最佳的道路，有两个原因。一是瓜迪奥拉严格的球队饮食规范，这结束了此前梅西不停受伤的历史，在此后4年内“小跳蚤”没有再受过肌肉伤病。另一方面则是瓜迪奥拉对梅西的开发，以及此后大家耳熟能详的让梅西打“假9号”的创造。

赛季中，瓜迪奥拉发现梅西来到中路时和哈维、伊涅斯塔一起配合得更好，为此他曾要求埃托奥去打边锋，还一度造成喀麦隆人的不满。但让梅西正式打中路的“假9号”位置，很久都没有真正成为一条“政策”。如今，终于到了这个重要的日子，“假9号”梅西诞生了。

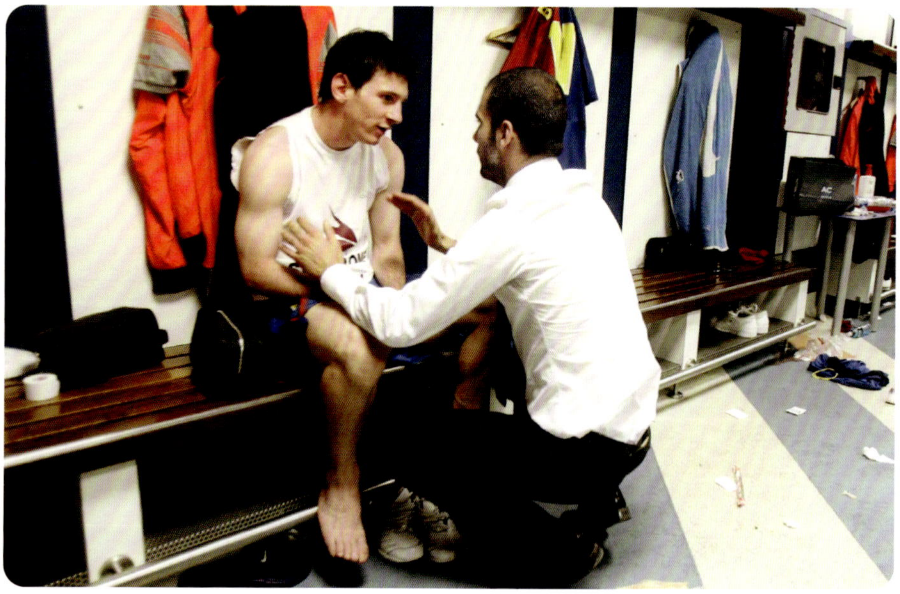

淘汰的那支巴萨，赛前被问到如何防守梅西时，弗格森相信法国人埃夫拉能防住梅西，“埃夫拉上赛季做得很好。梅西很快，需要一名速度快的人防守他”。

但在罗马的决赛中，梅西并未出现在右边锋的位置和埃夫拉对位，瓜迪奥拉再次安排梅西踢“假 9 号”。埃托奥首开纪录后，梅西在下半场头球扩大比分，巴萨无论在场面还是比分上都完胜曼联。直到两年后，两队在欧冠决赛中再次相遇前，弗格森才指出了 2009 年那场决赛曼联所遭遇的问题：“梅西经常回到中场，这让我们出现混乱。我们丢了很多球，不知道如何抢回球。”

梅西在帮助巴萨夺得西班牙历史上首个“三冠王”的同时，也把自己的名字刻在了国际足坛的历史上，他赢得了自己的第一个国王杯冠军，也以主角身份夺得了完全属于自己的西甲和欧冠奖杯。

尽管这个赛季，巴萨在各项赛事势如破竹，但胡安德·拉莫斯半途接手的皇马一直紧咬巴萨，在第 34 轮的国家德比前，皇马仅落后巴萨 4 分，冠军悬念仍在。这场比赛前，瓜迪奥拉决定让梅西改变位置，梅西后来回忆说：“国家德比一天前，瓜迪奥拉叫我去体育城，他告诉我要改变站位，他正在和比拉诺瓦看皇马的比赛录像，他决定尝试一些新的战术。这对皇马来说是全新的，那时候，他们对我们研究得很透，（换位后）他们的两名中卫不知道是否该出来盯我，如果不出来，那我会获得全面的自由，回到中场和队友组织进攻。”

梅西详解道：“如果他们出来，那么埃托奥和亨利就会找到空间，就像我们打进的第一个球一样。这种变化令皇马意料不及，我们当时拥有很多控球人，永远在中场多一人。在那之前，我没有打过中锋，但我了解这个位置，这意味着我要从很后的位置插上进入禁区，而不是做一个真的 9 号，这对我来说不是个大的改变，我踢了很多年边锋，知道这个位置意味着什么。”

最终那场比赛，巴萨在伯纳乌 6 ∶ 2 大胜皇马，梅西和亨利都梅开二度，梅西还贡献 1 次助攻，哈维则助攻 4 次，皇马被瓜迪奥拉的花式变阵打蒙了。赛后，瓜迪奥拉透露了这个战术的秘密：“我们将梅西放在中路，是因为我看了第一回合比赛后，我发现皇马的双后腰喜欢压上紧逼。我让梅西和俩小个（哈维和伊涅斯塔）占据那个位置，是为了在这个区域取得优势。如果他们的中卫被吸引出来，亨利就有机会了。”

5 月 13 日是西班牙两大杯赛之王巴萨和毕尔巴鄂之间的国王杯决赛，梅西再次成为主角，他打入了反超进球，把比分改写为 2 ∶ 1，随后又助攻博扬扩大比分，最后又是他创造了禁区前任意球，哈维将比分锁定在 4 ∶ 1，巴萨时隔 11 年再度拿到国王杯冠军。三天后，巴萨因为皇马输给比利亚雷亚尔而提前三轮获得西甲冠军，剩下的只有在罗马的欧冠决赛了。

5 月 27 日的罗马，巴萨要面对的是上赛季欧冠冠军曼联，梅西也要面对此后他多年的对手 C 罗。在这个赛季的中途，C 罗斩获了金球奖和世界足球先生，而梅西在两项评比中都是第二。不过，曼联传奇主帅弗格森忽视了此前瓜迪奥拉在国家德比让梅西打“假 9 号”的战术变化，他的认识似乎还停留在上赛季被曼联在半决赛

六冠王+金球奖=时代最佳

2009—2010 赛季伊始，对于梅西和巴萨来说一切都像上赛季一样顺利，尽管因伤未能参加西班牙超级杯首回合比赛，但在次回合比赛中，梅西先是挑射得分，随后又站在点球点上罚进一球，巴萨以总比分 5 ∶ 1 战胜毕尔巴鄂夺冠，这也是巴萨一年内夺得的第 4 个冠军。而站在梅西身后，看着他罚点球的就是新加盟巴萨的瑞典人伊布。伊布加盟巴萨时虽然拿到了队内最高年薪，但那只是暂时的，随着巴萨和梅西续约，梅西重新成为巴萨顶薪球员。

8 月 28 日在摩纳哥的欧洲超级杯上，巴萨面对顿涅茨克矿工，对手已经把比赛拖进了加时赛，还有 5 分钟

梅西在历任巴萨主帅时期表现

主帅	主帅任期	梅西出场	梅西进球	梅西助攻	冠军数量
里杰卡尔德	2003—2008	110	42	26	5
瓜迪奥拉	2008—2012	219	211	91	14
比拉诺瓦	2012—2013	35	42	12	1
罗拉	2013	15	18	4	0
马蒂诺	2013—2014	46	41	15	1
恩里克	2014—2017	158	153	73	9
巴尔韦德	2017—2020	124	112	47	4
塞蒂恩	2020	24	15	19	0
科曼	2020—2021	47	38	16	1

即将进入点球大战，此时，梅西助攻佩德罗打进了全场唯一进球，巴萨拿到一年内的第5个冠军。几天后，梅西众望所归地成为欧足联俱乐部年度最佳球员和最佳前锋。12月6日，梅西在22岁的时候斩获了第一个金球奖，得到理论最高的480分中的473分，远远领先最大竞争对手C罗的233分，开启了金球奖四连冠的神奇之旅。稍后，他一并拿下了国际足联的世界足球先生奖项。

12月19日的阿联酋扎伊德球场，是梅西和巴萨在2009年的最后一个挑战，他们在世俱杯决赛中迎战来自阿根廷的大学生队，当梅西在第110分钟用胸口打进反超比分的一球后，成就了巴萨110年历史最辉煌的时刻，人类历史上第一支一年内拿齐六大冠军的球队诞生了！最终在这个赛季，梅西53场比赛打进47球助攻12次，其中西甲34球追平了罗纳尔多1996—1997赛季在巴萨创造的单赛季进球纪录，梅西也以此首次夺得西甲金靴和欧洲金靴奖。

2010—2011赛季，是梅西在巴萨再次冲击巅峰的赛季，在刚过去的南非世界杯中，由马拉多纳和梅西率领的阿根廷队被德国队4∶0击溃。在那个时代，阿根廷队只能给梅西带来创伤，只有巴萨才能给梅西带来快乐。曾经批评梅西演戏，并在2009—2010赛季带领国际米兰在欧冠淘汰巴萨的穆里尼奥，现在已经来到皇马。但在首场面对穆氏皇马的比赛中，巴萨就5∶0大胜，梅西为新队友比利亚助攻两球。而在此前对阿尔梅里亚的联赛中，梅西完成帽子戏法，带领球队8∶0血洗对手，创造了西甲1959年以来的最大分差纪录。

2011年1月10日，梅西领取了首届金球奖和世界足球先生合并后的国际足联金球奖。然而梅西这次得奖惹来了巨大争议，因为按照金球奖的传统，世界杯年金球奖往往会颁给世界冠军队成员，西班牙人认为在世界杯决赛中进球的伊涅斯塔应该是最终赢家，而“三冠王”球队国际米兰中场斯内德同时也是世界杯亚军荷兰队成员，是伊涅斯塔的最大竞争对手。结果却是梅西夺得了金球奖，第2名和第3名分别是巴萨队友伊涅斯塔和哈维。造成这一结果的原因是，被国际足联“招安”后的金球奖不像此前那样单由专业足球记者投票，还有各国国家队队长和教练，而占有2/3权重的他们更倾向于选择梅西当最佳球员。

← 2009年夏天，巴萨功勋前锋埃托奥转会国际米兰，和瑞典“神塔”伊布互换东家。自视甚高的伊布在更衣室和梅西互相问好，瑞典人本以为加盟后会担任男一号，但巴萨的战术已确立以梅西为绝对核心，伊布度过了一个不太愉快的赛季后与瓜迪奥拉彻底闹翻，很快就回到意甲加盟AC米兰。

↑ 在瓜迪奥拉执教巴萨的4年间，梅西保持着超高水平的发挥，神奇地连续4年夺得金球奖。

→ 2011年5月28日，巴萨在欧冠决赛再遇老对手曼联，梅西又一次扮演关键先生，他在第54分钟远射破门，重新为球队取得领先，最终巴萨3∶1取胜，梅西拿到职业生涯第3个欧冠冠军奖杯。

不过，梅西此后的表现再次证明自己的确是这个时代的最佳球员。欧冠半决赛再次与死敌皇马相遇，梅西在伯纳乌梅开二度，其中第二球是从拉斯·迪亚拉、阿隆索、拉莫斯、阿韦洛亚和马塞洛的包夹下打进的神奇进球。随后，巴萨提前两轮夺得西甲冠军。5月28日，巴萨在欧冠决赛再次面对两年前的老对手曼联，而且这次还是在温布利举行，相当于曼联主场作战。

赛前，媒体一直渲染梅西此前从未在英格兰的土地上进过球，但比赛第54分钟，梅西晃过朴智星和埃夫拉起脚射门，角度并不刁钻，但足以擦着费迪南德的身体飞向大门，足以让门将范德萨够不到皮球。这是梅西整个赛季的最后一粒进球，是他出战55场比赛的第53球，此外梅西还贡献了23次助攻。这也是他本赛季的第12个欧冠进球，连续3个赛季成为欧冠最佳射手，追平了盖德·穆勒和帕潘曾经创造的纪录。欧冠单赛季12球，也追平了范尼在2002—2003赛季创造的纪录。

瓜迪奥拉在决赛后评论梅西："这是我见过的最好球员，也是我未来会见到的最好球员。如果没有梅西，我们还能保持高水平的竞技状态，但不会有质的提升。我们有能力，我们有天才，我们有梅西。我只希望梅西不会厌倦赢，我们有能力让梅西在场上感到舒服，因为只要梅西感到舒服了，他就不会失误。"

曼联主帅弗格森曾说，2009年罗马决赛时，梅西后撤担任"假9号"让曼联陷入混乱，如今，他毫无条件地承认梅西的能力，"实际上，我们从来没能控制住梅西，尽管我们之前对他已经很警觉。我们也没能控制住巴萨的中场"。被评为决赛最佳球员的梅西则说道："这是一场值得回忆的比赛。这支球队太可怕了。我想今天来看，我们还不能察觉到我们做了什么。我们想继续赢。今天我们超越了对手，配得上赢得比赛。现在我们要度假了。不过，我还要去参加美洲杯，等我们回来的时候，一切又会和往常一样。现在我们要想想怎么庆祝这个冠军。至于下赛季的准备工作，我们之后再想。"

奇迹年，91球破世界纪录

2012年对梅西来说是最疯狂的一年，他在这一年内几乎打破了所有纪录，有些纪录至今还无人能及。

2011—2012赛季初，梅西的巴萨先后战胜皇马和波尔图，斩获西班牙超级杯和欧洲超级杯，梅西再次获得欧洲最佳球员称号（2011年起，此奖不再称作"欧足联俱乐部年度最佳球员"，而更名为"欧足联欧洲最佳球员"，成为真正意义上的"欧洲足球先生"）。12月，巴萨在世俱杯决赛中4∶0战胜内马尔的桑托斯，梅西梅开二度。1月9日，梅西以几乎近50%的得票率连续第3年夺得金球奖，成为克鲁伊夫、普拉蒂尼和巴斯滕之后，第4位三

← 2011—2012赛季伊始，梅西在西班牙超级杯次回合对皇马梅开二度，帮助巴萨3 ： 2主场取胜，总比分5 ： 4夺冠。上半场结束前，梅西在禁区内突破C罗的防守，面对卡西利亚斯轻巧挑射破门，将比分改写成2 ： 1。

↓ 2012年，梅西以91球打破了盖德·穆勒尘封40年的自然年进球纪录（85球）。纪录被破后，穆勒大度地祝贺了梅西，梅西也回赠一件写有感谢话语的巴萨10号球衣。现在这件球衣被拜仁博物馆收藏，据悉这是那里唯一与拜仁无关的展品。

夺金球奖的球员。3月7日，欧冠1/8决赛对勒沃库森的比赛中，梅西一人打进5球，成为首位欧冠联赛单场打进5球的球员。

3月20日，主场对格拉纳达的比赛，梅西完成帽子戏法，自己在巴萨的总进球数达到234球，超越塞萨尔·罗德里格斯的232球成为队史最佳射手。4月3日，对AC米兰的欧冠1/4决赛中，梅西打进两粒点球，单赛季欧冠打进14球，追平了米兰射手阿尔塔菲尼尘封近50年的纪录，直到两年后才被C罗以17球打破。

在2011—2012赛季，梅西一共打进了50个联赛进球，打破了罗马尼亚人杰奥尔杰斯库在1976—1977赛季创造的47球欧洲联赛单赛季进球纪录，而50球100分（西甲的进球系数为2分）也是欧洲金靴奖历史上的最高纪录。当赛季巴萨最后一场比赛，梅西在3 ： 0击败毕尔巴鄂竞技的国王杯决赛中打进第2球，成为在一个赛季内所有决赛都有进球的球员，并且把新的单赛季进球纪录锁定在73球。

2012年夏天，巴萨经历换帅，比拉诺瓦顶替瓜迪奥拉成为主帅，梅西的进球速度有增无减。10月27日对巴列卡诺梅开二度，其中第一球是他职业生涯的第300个进球。11月11日客场对马洛卡，梅西再次独中两元，以76球一举超越贝利的75球自然年进球纪录。11月20日对莫斯科斯巴达，梅西又一次梅开二度，追平范尼的欧冠正赛进球记录，仅次于皇马传奇劳尔的71球，梅西还追平了劳尔创下的在欧洲19个不同城市都有进球的纪录。

12月9日，梅西在对贝蒂斯的比赛开场25分钟就梅开二度，就此打破了尘封40年的足坛自然年进球纪录。联邦德国前锋盖德·穆勒在1972年创造了自然年85球的吉尼斯世界纪录，而梅西在2012年截至对贝蒂斯的比赛已经打入86球。纪录被打破的穆勒事后也对梅西表达了祝福："梅西是个巨人，是个不可思议的球员，我的纪录保持了40年，现在被梅西这位世界最佳球员打破了，我为他高兴。我希望他的纪录也可以保持40年。"梅西则把一件写有"送给盖德·穆勒，带着我的尊重和崇敬，一个拥抱"的球衣寄送给了"轰炸机"。

随后对巴拉多利德的比赛，梅西又进球了，将单个自然年的进球纪录锁定在91球，将穆勒此前的纪录提高了6球。2013年1月7日，梅西毫无悬念地再次成为金球奖得主，成为当时唯一四夺金球奖的球员。5月5日对贝蒂斯的联赛中，梅西下半时出场5分钟就打进反超进球，最终梅开二度帮助球队4 ： 2获胜，收获了连续21场联赛进球的纪录。

梅西2012 奇迹年

年龄	24岁
身高	1.70米
体重	65.76公斤
出场	72
进球	91
助攻	22

巴塞罗那	63场	79球
西甲	39场	59球
欧冠	12场	13球
国王杯	10场	5球
西班牙超级杯	2场	2球

阿根廷队	9场	12球
世界杯预选赛	5场	5球
国际友谊赛	4场	7球

QATAR
AIRWAYS
LFP

恋曲2015

2013—2017

经历四大皆空的沉沦后，梅西和内马尔、苏亚雷斯组成了可能是足球历史上最好的“三叉戟”。“MSN 组合”率领巴萨重回巅峰，再次拿到欧冠、西甲和国王杯“三冠王”。

马蒂诺时代的沉沦

2013—2014 赛季，比拉诺瓦因病辞去了巴萨主帅的职位，时任主席罗塞尔为球队找来了一位冷门接班人，那就是梅西的阿根廷罗萨里奥老乡马蒂诺。不过，马蒂诺一上任似乎就遭遇了挫折，因为梅西不承认外界传闻的找马蒂诺来执教巴萨是他的主意。

马蒂诺告别阿根廷的球迷和媒体时，被问到了很多关于他和梅西的传闻，比如梅西的父亲是马蒂诺的崇拜者，梅西全家都非常支持马蒂诺执教巴萨等。马蒂诺说道：“他们的意见肯定是有影响的，但我也不知道具体情况是怎么样的。我敢肯定，梅西和豪尔赫（梅西父亲）在队内是有分量的，相信他们和俱乐部谈过，俱乐部肯定也咨询过他们的意见，以至于最终我能成为巴萨的主帅。具体影响有多少，我也不知道，但我要感谢他们，同样感谢所有阿根廷的足球人、媒体，还有纽维尔老伙计的球迷们，他们很高兴我能成为巴萨的主帅，他们给了我很大支持。”

然而打完对拜仁的季前友谊赛后，梅西出现在混合区说道：“我和马蒂诺没有任何关系，我也不需要为此解释什么，签下马蒂诺是主席罗塞尔和俱乐部的工作。我的确在此前说过他好像是个很好的教练，但我也没有必要为此多解释什么。”梅西还补充说：“我根本就不认识他，没有和他正面说过话，也从来没见过他，我也不认识恩里克，另一个这两天被多次谈到的人。但我认为签下马蒂诺当主帅很好，他来到这里是为了成为球队的一员，增加球队的实力，他已经在纽维尔和巴拉圭队展示了自己的能力，但愿我们能一切都好。”

这个赛季对于梅西来说是令人失望的。马蒂诺似乎不懂巴塞罗那的规矩，赛季初就换下“绝对不能动”的梅西，让梅西生气，第一场国家德比对皇马还剥夺了梅西的“假 9 号”位置，让他去打右边锋，以至于梅西几乎消失，其表现受到媒体严厉批评。梅西的运气也不好，一个赛季三次受伤，最后一次是 11 月对贝蒂斯的比赛中拉伤大腿肌肉，缺阵长达两个月。

尽管梅西的状态并不好，在马蒂诺手下踢得也不舒服，但他还是在一个赛季打进了 41 球，是队内二号射手桑切斯进球数（21 球）的几乎两倍。梅西当赛季的最高光时刻，是在客场 4 ∶ 3 战胜皇马的国家德比中完成帽子戏法，以 21 球超过迪斯蒂法诺（18 球）的国家德比进球纪录。

除了教练不合自己胃口外，梅西也要面对俱乐部的不配合。这个赛季罗塞尔引进了被看成梅西接班人的内马尔，俱乐部副主席法乌斯在赛季中公开叫嚣，不该给梅西每 6 个月就续约一次。这迎来了梅西坚决的反击：“法乌斯先生对足球一窍不通，他以为要像管理公司一样管理巴萨，但巴萨不是企业。巴萨是世界上最好的俱乐部，也需要世界上最好的领导。”

最终法乌斯改口说道：“世界上最好的球员就应该得到最高的年薪。这个话题已经以愉快的方式结束了，正如梅西也说过很多次。我当时的讲话并不带有恶意，我想梅西的讲话也没有恶意。梅西是世界上最好的球员，不要管那些个人奖项怎么说（金球奖给了 C 罗），他还将是世界上最好的球员，并且在今后 5 年内身披巴萨的球衣。我们必须对梅西满意，因为没有梅西，我们俱乐部在竞技层面的盛世、经济上的腾飞，还有在全世界球迷中的影响力都是不可能的。”

最终，巴萨在这个赛季未能夺得联赛、欧冠和国王杯中的任何一个冠军，是 5 年来巴萨首次未能夺得任何一个重要冠军。所幸，梅西在飞往阿根廷备战世界杯时，在巴塞罗那机场和巴萨签下了续约到 2018 年的合同，年薪为税后 2000 万欧元，也是截至当时足球历史上的最丰厚合同。

MSN 时代的崛起

在马蒂诺带队度过了一个失望的赛季后，巴萨选择前队长恩里克接替阿根廷人成为新帅，并引进苏亚雷斯、拉基蒂奇、布拉沃和特尔斯特根这样的实力派球员。这是一个足以进入历史的赛季，但赛季之初并不顺利，在

↙ 马蒂诺下课后，路易斯·恩里克在2014年夏天走马上任。个性刚烈的恩里克在赛季初期一度与梅西产生矛盾，不过后来，两人放下芥蒂，将帅同心的巴萨最终收获巨大成功。

→ 2014—2015赛季欧冠半决赛首回合，梅西比赛尾段4分钟内梅开二度，帮助巴萨主场3：0完胜拜仁，他的第二个进球成为球迷百看不厌的经典：他在右路拿球佯装内切，突然左脚一扣直接把博阿滕晃倒在地，接着以一记四两拨千斤的挑射攻破拜仁城池。博阿滕的滑稽摔倒动作，更是在视频网站上激发了无数的“二次创作”。

伯纳乌的首回合国家德比中，巴萨1：3迎来联赛首败，梅西的不佳表现再度惹起争议。事实上，梅西是打了封闭出场的，他此前在对埃瓦尔的比赛中扭伤了脚踝，所以才有恩里克询问梅西是否需要被换下休息一事，而当时踢得兴起的梅西并未理会恩里克。结果，梅西不得不在国家德比带伤打封闭出战，这似乎为此后梅西和恩里克之间的冲突埋下了伏笔。

2014年圣诞节，恩里克给所有南美球员多放了两天假，但布拉沃和马斯切拉诺都跟其他球员一样提前归队，只有梅西、内马尔和阿尔维斯享受了多出来的两天特别假期。梅西归队后第一次训练就和恩里克发生了争吵，只是因为在对抗训练中，客串裁判的恩里克做出了一次不利于梅西一方的判罚。真正让两人险些动手的是做客皇家社会之后，那场比赛恩里克雪藏了梅西、内马尔、阿尔维斯、皮克、拉基蒂奇等5位球员，尽管梅西、内马尔和阿尔维斯下半时出场，但并未扳平比分，巴萨0：1落败。赛后梅西和恩里克在更衣室内大吵了一架，对于是否确有其事，恩里克说：“在更衣室、球场上的事就留在那里。我不承认也不否认。”

而在1月5日三王节，巴萨全年唯一的公开训练，梅西也没来，这导致梅西和恩里克矛盾公开化。事后，媒体曝出恩里克要求俱乐部给梅西纪律处分，但俱乐部的反应是很快炒掉了支持恩里克的体育总监苏比萨雷塔。虽然梅西和恩里克的关系已经跌至冰点，但在哈维和马斯切拉诺的斡旋下，两人都愿意放下争执，为了俱乐部的成绩努力。

有意思的是，在梅西和恩里克发生冲突后，球队的表现反而越来越好。梅西主动把中锋位置让给苏亚雷斯，自己回到出道时的右边锋位置，不过这并未影响梅西的表现，阿根廷人当赛季出场了57次打进58球，是巴萨出场次数最多也是进球最多的球员。

2015年5月30日的国王杯决赛中，梅西中场右路拿球后连过4人打进一球，帮助巴萨3：1战胜毕尔巴鄂夺冠，那粒进球的精彩程度堪称梅西职业生涯最佳进球之一。而在巴萨3：0战胜拜仁的欧冠半决赛首回合中，梅西晃倒博阿滕的进球也被评选为当赛季欧冠最佳进球。下半年的欧洲足球先生三甲角逐中，梅西获得49票成功当选，第2名苏亚雷斯获得了3票，第3位的C罗只有2票。

梅西的压倒性优势，离不开巴萨队史第2次三冠王的伟大成就。“MSN组合”整个赛季打进122球，梅西一人进了58球。梅西相信，“MSN组合”是最强三叉戟组合，“我很幸运。这么多年来，我和很多出色的前锋一起踢过。我当初和罗纳尔迪尼奥联系紧密，我还和埃托奥、亨利、佩德罗、比利

西甲历史射手榜

排名	球员	球队	时期	出场	进球
1	梅西	巴塞罗那	2004—2021	520	474
2	C罗	皇家马德里	2009—2018	292	311
3	萨拉	毕尔巴鄂竞技	1940—1955	277	251
4	本泽马	皇家马德里	2009—2023	439	238
5	乌戈·桑切斯	皇家马德里	1981—1994	374	234

注：乌戈·桑切斯曾先后效力马德里竞技、皇家马德里和巴列卡诺三支西甲球队，分别在西甲打进54球、164球和16球。

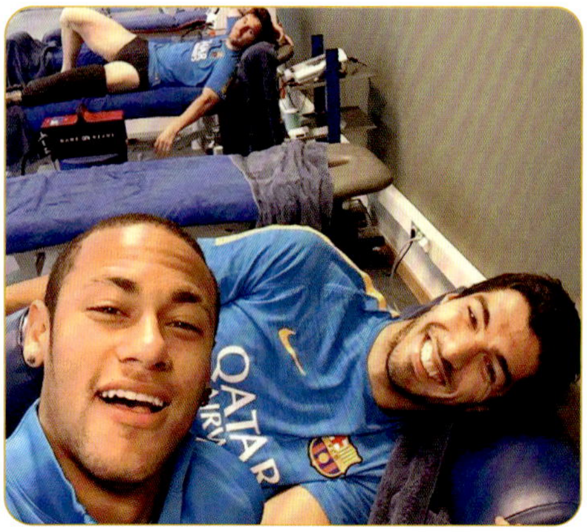

亚以及桑切斯一起踢过。但我必须要说的是，要想拿出比内马尔和苏亚雷斯更好的阵容，那是十分困难的，他们都是可以各自主宰比赛的顶级球员”。

梅西对两位搭档赞不绝口：“今年只是我们三个一起合作的第一年，我们之间还可以踢得更默契，可以共同进步，而且我们把这看成是团队配合。我之前就说过，以内马尔的水平，以他的拿球能力和身体条件，完全可以成为世界最佳球员。苏亚雷斯也一样，他的触球、视野、跑动能力、对比赛的直觉，简直令人难以置信。我们每个人都可以奉献不同的东西，然后让每个人都变得更好。”

MSN组合巅峰三年

赛季	梅西	苏亚雷斯	内马尔	MSN
2014—2015	58球	25球	39球	122球
	27助	21助	7助	55助
2015—2016	41球	59球	31球	131球
	23助	22助	20助	65助
2016—2017	54球	37球	20球	111球
	16助	16助	21助	53助

自律梅西重夺金球

在2015—2016赛季之初，梅西再次遭遇伤病问题。在诺坎普对阵升班马拉斯帕尔马斯的比赛，仅仅开场3分钟，巴尔特拉后场长传，梅西右路插入禁区利用速度抹过一名后卫，但正要准备左脚射门时，补防的中卫比加斯抬脚封堵梅西，左膝向外扭做推射动作的梅西因此扭伤了左膝关节，倒地疼痛不起。比赛中断后，巴萨队医进场为梅西检查了膝关节，与此同时，穆尼尔已经开始热身准备替换梅西，但梅西还想坚持，又回到了场上。

此时，巴萨获得任意球直接攻门机会，作为主罚手的梅西还是将机会让给了内马尔，因为他的左脚已经使

← “MSN组合”的不少合影中，梅西都并未站在“C位”，由此不难察觉他的谦逊以及对两位搭档的赞赏。

→ 2016—2017 赛季国家德比次回合，梅西在第 92 分钟绝杀皇马，进球后他脱下球衣向伯纳乌的客队球迷看台展示。

不上力。恩里克和队医布鲁纳在场边焦急地看着梅西，询问他是否可以坚持，梅西向教练席压了压手，表示不用担心。但第 9 分钟，梅西回到后场接应，用左脚触球传球后，果断摘下了队长袖标向场下走去。很明显，他已经无法坚持了。

梅西的受伤让球迷们痛心疾首，他下场后直接去了医院做检查，后来从医院一瘸一拐走出。随后，巴萨发布了官方通报，梅西左膝关节内侧边韧带断裂，需要休战七八周。幸运的是，在梅西错过的 8 场比赛中，巴萨赢下了 7 场，球队在苏亚雷斯和内马尔的带领下依然势如破竹。在没有梅西的日子里，巴萨反而带着领先皇马三分的优势，迎接在伯纳乌的首回合国家德比。

尽管上个赛季的“三冠王”已经让恩里克和梅西冰释前嫌，但巴萨主帅还是很小心维持他和梅西的关系，他答应梅西，如果是按计划恢复，那么梅西会在国家德比首发。但在比赛前一周，巴萨医疗组告知恩里克梅西的伤势还没有彻底恢复，所以恩里克在赛前耐心告知梅西必须要改变计划，最终梅西只在巴萨已经 3 ∶ 0 领先的情况下出场踢了 30 多分钟。接下来梅西很快找回状态，三天后对罗马的欧冠小组赛，梅西完成梅开二度并有一次助攻。

作为巴萨的进攻核心，梅西率领巴萨在 2015 年夺得了 5 个冠军，其中包括第 2 次夺得赛季“三冠王”，这一年没人能和梅西较量。梅西丝毫不给任何人接近金球奖的机会，就在颁奖典礼前一周，梅西先是在对西班牙人的国王杯比赛中梅开二度并助攻两球，此后又在对格拉纳达的联赛中完成帽子戏法。自 2015 年 9 月受伤复出后，梅西再次回到了最佳状态，一个无可匹敌的状态。

2016 年 1 月 11 日，众望所归，梅西第 5 次捧起金球奖。这位此前两年未能踢出最佳状态的球员重回巅峰，再次被认为是世界上最好的球员。

梅西夺取金球奖没有悬念，但在金球奖前得主卡卡宣布梅西获奖时，苏黎世会展中心大厅内的气氛还是令人动容，梅西致辞说道：“这对我来说是特别的时刻，我能重新站到这里，重新夺得金球奖。这两年看着克里斯蒂亚诺（C 罗）赢得了两次金球奖，这一刻难以想象。当我还是小孩子的时候，我梦想了很多。首先我要感谢投我票的人，也要感谢我的队友们，就像我一直所说的，没有他们，这一切都不可能。最后我要感谢足球，感谢它给我的快乐时光和艰苦的时光，这一切让我成长起来。”

梅西认为，巴萨之所以成为“五冠王”，首先是因为“MSN 组合”的关系融洽，“我们三个人无论在场内还是场外关系都很好，这是关键。我们都希望球队变好，球队的利益超越一切”。谈到内马尔时，梅西说道：“从他来俱乐部的第一天，他一直在说我的好话。我感到很高兴，一位朋友、一名队员能一直以这种方式谈论我。”

在没有瓜迪奥拉陪伴的情况下，梅西再次夺得了三冠王、五冠王以及金球奖，最关键的是没有瓜迪奥拉约束的梅西学会了自律。2012 年创纪录打进 91 球后，梅西的状态开始下滑，主要原因是受伤，客场对巴黎时大腿肌肉受伤，主场对巴黎和客场对拜仁时带伤出场，这加重了他的伤势，也让巴萨最终被拜仁两回合总比分 7 ∶ 0 斩落马下。

梅西的身体失去活力和他的饮食习惯有很大关系。瓜迪奥拉执教梅西的 4 年，除了被对手踢伤踩伤，梅西几乎没有伤病。这是因为瓜迪奥拉对球员的饮食非常注意，不仅为球队请了营养专家，还要求球员们在训练和比赛后一起留在俱乐部吃饭，这样就可以控制他们的饮食，让他们多吃鱼、蔬菜等有助于肌肉恢复的食品，少吃

不易消化的工业食品或垃圾食品。

但瓜迪奥拉一走，就没人管梅西了。雷克萨奇曾在出席私人宴会时，开玩笑回答人们对那两年梅西状态不好的疑问："可能他比萨吃得太多了。"这句玩笑话反映了很多问题，梅西是出了名的爱吃烤肉和比萨，而这些红肉和精制面粉食品不易消化，会导致发胖。在阿根廷队队友德米凯利斯的介绍下，梅西去了几次意大利，看过波佐医生后，饮食和作息规律都正常了，自己还请了体能训练师，在家里加练。在一次广告拍摄过程中，到了午饭时间，梅西告诉场地助理只要鱼、米饭和蔬菜，人们很惊讶梅西已经如此"挑食"。梅西的这一巨大改变，大大延长了他的职业生涯巅峰乃至整个职业生涯。

最终，梅西在受伤两个月的情况下全赛季打进了 41 球贡献 23 次助攻，"MSN 组合"联手打进 131 球，打破了他们上一赛季创造的纪录，帮助巴萨拿下了西甲和国王杯的双冠王。

最后一次和巴萨续约

2016 年夏天，梅西的精神状态不太好。率领阿根廷队连续第三次杀入大赛决赛，结果却是连续两年在美洲杯决赛点球输给智利队，作为队长的他还在点球大战中射失了点球。梅西先是宣布退出阿根廷队，在决赛后 10 天，梅西又接到坏消息，他和父亲都因"偷税漏税"罪名被西班牙法院判处 21 个月监禁，但梅西因属"初犯"可以完全不坐牢。梅西决定换个环境，他虽然拒绝了皇马的邀请，但明确告诉巴萨，他想去的是曼城，并准备将这个消息公之于众，向巴萨球迷解释自己为什么要离开，主要是因为税务官司缠身，而且马德里电视台也在抓住机会丑化他。

巴萨当然不同意，梅西想要转会离开的唯一办法是曼城支付 2.5 亿欧元违约金，但梅西和曼城都认为这笔转会费是不合理的，曼城希望在 1.5 亿的价位达成协议，但巴萨并不给任何谈判的机会。要想留住梅西，光靠违约金的阻拦是不够的。巴萨主席巴托梅乌和第一副主席梅斯特雷得知这个消息后，首先火速飞到迈阿密的一家酒店和梅西父亲面谈，但得到的答复是梅西自己想离开。

巴托梅乌和梅斯特雷回到巴塞罗那后，将梅西要走的消息通知了主帅恩里克，当天下午则又来到梅西在巴塞罗那的家里，和他长谈了三小时，巴萨主席终于看到了一丝曙光。而梅西的队友、好友以及邻居苏亚雷斯也在为这事焦急，他在两位主席走后，带着梅西去吃晚饭，并进行了一番长谈。第二天，苏亚雷斯故技重施，又带着梅西去吃饭，并说服梅西不要一个人闷头待在家里胡思乱想，去球场上和队友们踢踢球，精神马上就好了。这就是梅西当时提前回到球队开始赛季前集训的原因，实际上并不是因为梅西想做出表率性的行为，而完全是苏亚雷斯在努力帮助梅西留在巴萨。

↙ 2016 年 6 月 2 日，梅西和父亲在巴塞罗那出席逃税案听证会。这起官司成为梅西当时寻求转会离开西班牙的诱因之一。

↑ 2016 年 1 月 11 日，国际足联金球奖颁奖典礼在瑞士苏黎世举行，C 罗与梅西妻子安东内拉握手，坐在旁边的梅西和内马尔神情各异。

↘ 2017 年 11 月 25 日，梅西正式和巴萨续约到 2021 年，这是双方签下的最后一份续约合同，据媒体披露税前年薪超过了一亿欧元。

整个 2016—2017 赛季，巴塞罗那都在讨论梅西的续约问题，梅西在 2014 年和巴萨续约到 2018 年，现在已接近合同年。但从赛季一开始，梅西似乎就有着太多新的选择，在夏季和梅西传出"绯闻"的曼城和巴萨分在了欧冠同一小组，梅西昔日恩师瓜迪奥拉是这支球队的主帅。

巴塞罗那媒体指责瓜迪奥拉在挖巴萨的墙角，瓜迪奥拉说："我重申一遍，我没有给梅西打过电话，我希望他能在巴萨结束职业生涯，我希望他

还能踢很多年，最后在巴萨退役，因为没有比巴萨更适合他踢球的地方。但也可能有一天，他想离开西班牙去别的地方踢球，可能是因为想让他的孩子学英语，或者换个喜欢的环境，那时肯定有五六家大俱乐部想签下他。这件事还没有发生，如果发生也是因为他自己的决定。”

与此同时，梅西继续用表现证明自己依然是足坛上最有威力的球员。在欧冠前两轮比赛，他就完成了两次帽子戏法，其中包括 4 ： 0 大胜曼城一役。

2016 年 11 月，《马卡》报曝出梅西拒绝和巴萨续约，再次引起轩然大波。虽说《马卡》报的新闻标题有些耸人听闻，但报道的内容却是无法否认的，那就是梅西和巴萨迟迟未开始续约谈判。到了次年 1 月，尽管巴萨第一副主席梅斯特雷公开说，梅西的续约会在 2017 年第一个季度完成，但希望梅西留下的球迷们，却被俱乐部总经理格劳的话吓到了，格劳说：“梅西是世界上最好的球员，我们希望梅西可以在巴萨退役，希望梅西能获得终身合同。但在给梅西续约的时候，我们也要保持头脑冷静，要按照常识常理办事。我们给球员们开的工资不能超过总收入的 70%。我们希望把所有的好球员都留下，但我们也要有选择的。”

俱乐部另一位执行层成员格拉塔科斯，则在几天后的国王杯抽签后说：“如果没有伊涅斯塔、内马尔和队友们，梅西也不可能这么好。”之后格拉塔科斯很快被解除了俱乐部代表的职务。当时的情况是，巴萨在和内马尔以及苏亚雷斯续约后，财政状况已经非常紧张，比如内马尔的团队在续约后高调表示，内马尔拿到了足球世界的最高年薪。按照“惯例”，巴萨必须拿出一份比内马尔更高的合同给梅西。

当然，梅西在球场上的表现仍然是无可指摘的，这个赛季，梅西没有受到太多伤病困扰，出场 52 次打进 54 球，其中联赛打进 37 球，拿到个人第 4 个欧洲金靴奖。巴萨在这个赛季欧冠的 1/4 决赛被尤文图斯淘汰，联赛最终落后皇马 3 分屈居亚军，但在赛季最后一场比赛中，梅西再次把国王杯决赛变成了只属于他的个人表演。第 30 分钟，梅西和内马尔在禁区前打出二过一配合，梅西禁区前巧妙吊射首开纪录。这是一场完全由梅西主导的比赛，阿拉维斯摆出五后卫阵形，中场犯规多，但对梅西依然没有太大作用。巴萨的 3 个进球和梅西都有关，打进 1 球，助攻 1 球，并参与策划 1 球，最终巴萨 3 ： 1 获胜。

直到赛季结束后，巴萨于 7 月 5 日才终于宣布和梅西完成续约，双方签约到 2021 年，这是梅西和巴萨签下的第 8 份合同。俱乐部主席巴托梅乌说：“我们很高兴可以和梅西达成续约协议，此前我就相信梅西肯定会续约，现在他会和我们继续在一起 4 年，这对所有巴萨人来说是个好消息，对于足球世界来说也一样。”

然而，直到 2017 年 11 月底，梅西才在这份已于 4 个月前就被宣布的合同上正式签字，因为当年 8 月出了件让巴萨意想不到的大事——巴黎圣日耳曼掏了 2.22 亿欧元违约金，直接挖走了刚和巴萨续约的内马尔。巴萨之前为梅西准备的合同违约金为 3 亿欧元，但在经历内马尔被挖后，巴萨认为 3 亿欧元的防火墙已经远远不够，要把违约金改为 7 亿欧元。巴托梅乌在梅西签字当天，主要就是谈了改违约金的事，“我们一开始在续约时谈定的违约金是 3 亿欧元，但市场上发生的一些事，让我们必须做出一些修正，让梅西的违约金符合梅西的水平和地位。”

梅西和巴萨签下的这份合同，实际上成为日后双方最终分手的一个诱因，因为这份合同过于庞大。梅西的税前年薪超过 1 亿欧元，税后超过 5000 万欧元，而且为了避免梅西再次被西班牙财政部找麻烦，巴萨还为梅西补缴了 2400 万欧元的税款。

穿越漩涡

2017—2020

2017 年夏天，三冠主帅恩里克和梅西的好友兼搭档内马尔都离开了巴萨，随之而来的是一段风平浪静却又暗流涌动的时期。梅西重新成为球队最依赖的得分手和领袖，巴萨也在国内赛场保持稳定的表现。但在竞争更激烈和更充满偶然性的欧冠赛场上，巴萨和梅西迎来了一次又一次沉痛的打击。

MSN 没了，最强梅西归来

2017—2018 赛季，巴萨迎来巨变。恩里克在带队三年后选择离开，埃内斯托·巴尔韦德成为巴萨主帅。而内马尔也在 8 月初突然选择离队，在恩里克时代诞生的“MSN 组合”宣告解体。在三个赛季内，“MSN 组合”贡献了 364 个进球，堪称历史上最恐怖锋线组合。

梅西的“未来接替者”内马尔离去后，人们发现梅西并没有变得孤独，巴萨也没有那么依赖内马尔。梅西在巴萨阵中的作用越来越重要，30 岁的他丝毫没有衰老和状态下降的意思。梅西从赛季伊始即打出极佳状态，欧冠首场就报了上赛季被尤文图斯淘汰的仇，3 ：0 大胜对手，梅西梅开二度并奉献一次助攻。

尤文主帅阿莱格里认为，两队的差距仅仅是巴萨有梅西，而尤文没有梅西而已。“梅西就是那个能制造差别的人，而迪巴拉不是。梅西三次射门进了两球，还有一次击中门柱，这就是说，让梅西接近禁区，即便没进球，那也几乎是个进球。他们有梅西，这改变了一切。很可能如果他们没有梅西就不会进球。”阿莱格里说。

此前巴萨曾和尤文三次交手，梅西从未攻破过布冯把守的大门，但这次梅西终于做到了，布冯成为第 136 位被梅西攻破球门的门将。同时梅西还打进了他在欧战的第 100 和 101 球，这些进球中除了三个欧洲超级杯进球外，其他都是在欧冠正赛中打进的。而在随后巴萨 6 ：1 大胜埃瓦尔的比赛中，梅西代表巴萨第 4 次完成大四喜，年过三十的他打出了自己最佳的赛季开局表现，联赛 5 场打进 9 球，破了 2011—2012 赛季 5 轮 8 球的纪录。

对于梅西表现为何这么好的解释是，内马尔离去和苏亚雷斯状态下滑，让梅西重新成为锋线上的绝对主角。恩里克时代巴萨中场组织不力，被强队压制时，内马尔的长途奔袭反击成了巴萨的最后一根救命稻草，就连梅西都愿意在中场为内马尔长传。但进入巴尔韦德时代，球队整体阵形组织紧凑，传球有预案并且速度快而准，可以把对手压在半场内，梅西之前要在中场就开始突破过人，为内马尔送长传，现在队友们能把球送给禁区前的梅西，梅西可以想办法直接射门了。

另外，“MSN 时代”的反击战术也非常消耗梅西体能，他往往要从中场开始就带球突进或者无球跑动冲刺，梅西起动的速度并不慢，但长途奔袭不是他的特点，而是亨利、C 罗和内马尔这些球员的特点，如今梅西只需要在短距离内完成自己最擅长的起动变速，这也是为什么梅西看起来体能更好的原因。评论员马尔蒂尼说道：“梅西是个比较特别的球员，他主要依赖自己的天赋而不是爆发力，我们知道很多优秀的球员在丧失爆发力后都会变得平庸，但梅西并不依靠爆发力，这种踢法可以让他再踢上很多年。”

在 2016—2017 赛季失去联赛冠军后，巴萨在新赛季从联赛第 4 轮就开始领跑，直到确定获得联赛冠军后，才在第 37 轮对莱万特时输掉了赛季第一场联赛，将西甲的不败纪录提高到 43 场。梅西也以 34 球拿下自己第 5 个欧洲金靴，巴萨更是夸张地以领先马竞 14 分、领先皇马 17 分的成绩夺冠。

但另一方面，巴萨在欧冠的表现却不尽如人意。作为历史最佳球员，梅西在巴萨一队 16 个赛季只拿到 4 个欧冠冠军被认为是个遗憾。巴尔韦德时代被认为是巴萨和梅西最后一次有实力问鼎欧冠的时代，巴萨此时在西班牙国内没有对手，但在欧冠的征程中却屡屡出现事故。

巴萨在2017—2018赛季力压尤文拿到欧冠小组第一后，1/8决赛遭遇孔蒂执教的切尔西，梅西两回合打进3球、助攻1次，帮助球队4：1淘汰对手，特别是次回合主场3：0战胜切尔西一役，梅西的表现再次惊艳众人。当梅西断下法布雷加斯的脚下球，然后连续突破两人助攻登贝莱后，前曼联中卫费迪南德作为英国转播方评论嘉宾在演播室疯狂跳了起来。

切尔西主帅孔蒂认为，两队的差距只有梅西："梅西是个超级超级顶级球员，他打进了三球，还助攻了登贝莱，他参加配合，对抗积极。他就是我们和巴萨之间的区别，他对我们来说是个毁灭者。我没有安排人盯人，因为我说过一个人盯防不够，最少要三个人。他是世界最佳球员，一个赛季能打进60球以上的球员，防守他很困难。巴萨还有很多其他伟大的球员，但最终都成为梅西的配角。我对梅西说了什么？我是在祝贺他。"

两次被梅西穿裆进球的切尔西门将库尔图瓦赛后说道："我觉得我们的表现不应该被淘汰，但我们出现了致命的个人失误。首先是我，梅西的第一个进球，我反应慢了，我感觉那么小的角度，他不会选择射门，所以我合腿晚了被穿裆。"梅西打进的第3球还是穿了库尔图瓦的裆，比利时人说："我之前和梅西交手过很多次，不止一次被梅西以这种方式破门。我不得不承认，守门员的弱点就在两腿之间，这是个遗憾。"

问题出现在对罗马的欧冠1/4决赛次回合，当时罗马和塞维利亚被认为是当届欧冠八强中最弱的两支球队，巴萨能抽中罗马算是幸运签。首回合的比赛似乎也印证了这个预判，罗马对梅西的过度紧张制造了乌龙球：开场38分钟，拉基蒂奇、伊涅斯塔和梅西打出连续配合，伊涅斯塔突入禁区横传，德罗西在梅西射门前先出一脚打进乌龙球，1：0。

罗马的确防住了梅西，但没能防住进球。巴萨凭借对手两个乌龙球以及皮克和苏亚雷斯的进球，主场4：1大胜对手。但在次回合，巴萨却被罗马3：0翻盘，布斯克茨带伤出场，队长伊涅斯塔缺乏状态，主帅巴尔韦德调整不果断，直到第81分钟才做出换人成为巴萨被淘汰的主要原因。欧冠出局是巴萨最大的痛，在随后的国王杯决赛中，巴萨5：0大胜塞维利亚，梅西打进一球、助攻两球，是巴萨拿下国内双冠王的最大英雄。巴萨夺得国王杯四连冠，平了毕尔巴鄂的纪录，梅西也追平了毕尔巴鄂传奇射手萨拉5次在国王杯决赛进球的纪录。

只有梅西还在战斗

2018—2019赛季的巴萨与之前一个赛季极其相似，伊涅斯塔离开球队前往日本联赛后，梅西成为巴萨的第一队长。31岁的梅西在场上仍然保持着世界最佳的状态，巴萨也在联赛第10轮5：1大胜皇马后就一直领跑西甲。有意思的是，梅西并没有参加这场比赛，他因为手臂骨裂休战了5场比赛，尽管如此，在前9轮联赛中，梅西便打进7球，维持着诺坎普之王的决定性作用。

巴萨当赛季提前3轮就拿下西甲冠军，最终领先马竞多达11分，甩开皇马更是19分之远，绝对的碾压级优势。这也是梅西巴萨生涯第10次西甲夺冠，超过9次的伊涅斯塔和8次的皮克、布斯克茨，成为队史夺得西甲冠军次数最多的球员。而在西甲历史上，只有皇马的皮里（11次）和亨托（12

↖ 2017—2018赛季欧冠1/8决赛次回合，梅西在诺坎普开场三分钟首开纪录，他小角度面对库尔图瓦穿裆球破门，下半场他在禁区另一侧用左脚再次射穿库尔图瓦裆下，帮助巴萨3：0大胜切尔西。

→ 2018—2019赛季欧冠半决赛次回合，巴萨做客利物浦被4：0大翻盘，在队友们一个个状态萎靡之际，梅西仍然孤军奋战，但面对对方多人围追堵截终究无力回天。

← 2017年6月1日，梅西在北京的活动中留下了一张经典的“魔改”素材。有网友把梅西的影子换成一只“山羊”（GOAT，同时又是英文“历史最佳”的缩写），寓意梅西是历史最佳球员。

→ 2019年9月，梅西获得国际足联世界足球先生，他在化妆间凝视奖杯的样子通过镜子倒映，与上一张灯光照出他影子的照片相映成趣。

↘ 2019年金球奖颁奖典礼，由上届得主莫德里奇亲手把金球奖颁给梅西。“魔笛”在接受采访时表示：“能把金球奖颁给梅西，我为此感到自豪。梅西配得上金球奖。我们虽然是竞争对手，但不是敌人。体育和足球不仅关乎胜负，同样要尊重队友和对手。梅西是历史最佳球员之一，我对他所做的一切表示祝贺。当你没能赢得奖项，你也应该出现在那里，因为这样的夜晚大家都在为足球庆祝。”

次）比梅西更多。这个赛季的梅西依旧高产，出场50次打进51球并奉献22次助攻，不仅以36个联赛进球拿下个人第6个西甲金靴，并且以12个欧冠进球被评为欧冠赛季最佳前锋。

然而，最让梅西失望的依旧是巴萨在欧冠赛场上的沉沦。再次拿下欧冠冠军一直是梅西职业生涯后期的心愿，特别是梅西接过队长袖标后感觉责任重大，他在甘伯杯后的赛季全队亮相仪式上，就特别提到了球队的主要目标就是“要把这么美妙的欧冠奖杯带回诺坎普”。他在首场欧冠小组赛对埃因霍温就上演帽子戏法，展现出对欧冠冠军的强烈渴望。

淘汰赛开始后，梅西依旧是拖着巴萨在前进，1/8决赛对里昂的次回合，尽管梅西状态不好，但还是贡献了两个进球和两次助攻，帮助球队5 ：1力克对手晋级。赛后西班牙媒体讨论比赛最佳球员时，评论员马诺洛说道：“最佳球员是状态不好的梅西。”另一位评论员说：“要注意的是，梅西今天的状态很差。”评论员达尼也说：“今天的比赛肯定不是梅西生涯中最好的1000场比赛之一。”但他们都不得不承认：即便是这么没状态的梅西，还是最有决定性的球员。

1/4决赛对阵曼联，巴萨结束了此前三个赛季都倒在1/4决赛中的厄运，尤其是在次回合，梅西在开场20分钟内连进两球，帮助巴萨主场3 ：0大胜，两回合总比分4 ：0淘汰曼联晋级，同时，梅西也结束了自己6个赛季未能在欧冠1/4决赛进球的怪圈。

直到半决赛首回合巴萨主场3 ：0击败利物浦，梅开二度的梅西依然是如有神助，利物浦主帅克洛普赛后承认自己是梅西的崇拜者：“在这个时刻，梅西是不可阻挡的。我们无法防守一个直接任意球，这是一个伟大的进球，梅西是世界级的球员。第二个球并不是梅西的最佳进球之一，但表现出了他的特点。他总是在需要的时候拿出最好状态。在比赛前我们就知道他是最佳球员，比赛中我们又看到了，我一点都不吃惊。”

克洛普所说的“无法阻挡的任意球”，是梅西在比赛第82分钟的进球，当时罚球点距离球门29米远，但梅西还是坚定地选择直接射门，球从左侧绕过人墙直飞球门左上死角，门将阿利松已经像口香糖一样舒展，但距离封住这个死角还差了一只手的距离。这个进球是梅西为巴萨打进的第600球，被欧足联评为该赛季欧冠最佳进球。

主场击败利物浦后，巴萨的形势一片大好，联赛冠军已经揣在兜里，国王杯打进了决赛，欧冠距离进入决赛似乎只有一步之遥，而这一切都是拜梅西所赐。西班牙媒体甚至要求当时就把金球奖发给梅西，评论员胡安马对梅西评价道："无论金球奖给谁，无论世界杯怎么样，梅西已经成为足球历史上的最佳球员，今天梅西的表现只是另一次佐证。"

但在安菲尔德的次回合比赛，利物浦就像一年前的罗马一样，4 ∶ 0翻盘巴萨，梅西在这场比赛中分别给库蒂尼奥、阿尔瓦和苏亚雷斯送出过三次单刀球直塞，但队友们的射门都被阿利松扑出，他自己全场5次射门则被阿利松扑出了两次，另有两次擦门而出的远射。

在巴萨0 ∶ 3落后、总比分打成平手，全队都放弃抵抗认输时，梅西一个人在前腰位置突破利物浦三人防守制造了任意球，当时西班牙的评论员们高喊道："现在是梅西一个人在面对整个世界。"而当巴萨0 ∶ 4落后，只要再进一球仍能晋级时，利物浦却只需完成一个简单的任务——盯住梅西就行了，因为其他巴萨球员已经放弃了抵抗。最终，这个赛季巴萨只获得了联赛冠军，尽管梅西在国王杯决赛上打进一球，球队还是1 ∶ 2输给了瓦伦西亚。

"加时绝杀"夺第6个金球

2019年9月23日，梅西在意大利布雷西亚的国际足联年度颁奖典礼上，领取了世界足球先生奖项。然而

梅西的获奖却颇有争议，因为在过去一个赛季中，梅西的确是欧洲金靴，并且在 50 场比赛中打进 51 球，还贡献了 22 次助攻，但从集体荣誉上看，梅西效力的巴萨只拿到了西甲冠军，而主要竞争对手范戴克则率领利物浦拿到了欧冠冠军。

有舆论认为，范戴克的集体成绩高于梅西的个人成绩，荷兰人更应该获奖。但从国际足联评选的机制和过程看，梅西获奖又是意料之中的。世界足球先生评选按照国家队主帅投票、国家队队长投票、球迷投票和记者投票综合评选，而梅西在其中三项都拿到了第一，只有在记者投票中拿到了第二，在总得分上击败了范戴克。

而到了 12 月 1 日颁发的金球奖，梅西再次战胜范戴克，夺得个人第六个金球奖。这是因为梅西在投票截止前两个月的出色表现，让记者们又忘记了范戴克，而为梅西每周的表现折服。梅西第 6 次加冕金球奖，成为史无前例第一人。此次梅西夺得金球奖，在集体荣誉层面只有一个西甲冠军，而且计票得分只比排名第二的范戴克多 7 分。但有意思的是，与以往的金球奖相比，这次梅西夺得金球后，争议其实并不多。

往年，金球奖或者世界足球先生颁奖过后，常常容易产生争议甚至是阴谋论，比如 2018 年莫德里奇拿到金球奖后，C 罗家人公开对此表示不满，C 罗在尤文图斯的队友基耶利尼也表达了异议，认为是皇马施加影响力不让 C 罗得奖。但谈到梅西获得金球奖时，基耶利尼认为也没什么好说的："所有候选人都完成了一个伟大的赛季，这就像从纳达尔和费德勒之间选一个最好的，这是很困难的。但我们是幸运的，尤文拥有最佳之一（指第三名的 C 罗）。"

9 月颁奖的世界足球先生确实存在争议，毕竟通常来说，国家队主帅和队长不像记者们那样常年关注各大联赛，他们的投票更容易出现"印象票"或者"人情票"。但三个月后，就连记者们也倒戈了，梅西在一项纯记者投票决出的奖项中也获得了最佳。尽管领先优势并不大，但依然说明，梅西就是更多人眼中那一年的世界最佳球员。

另外，我们不得不赞叹的一点是，目前个人奖项的评比竞争更文明了，不但上届获奖者莫德里奇为梅西颁奖，连他小声对梅西说的"祝贺你，你配得上这个奖"，都被梅西胸前的麦克风收录。和梅西竞争最激烈的范戴克也非常体面，不管在欧冠决赛后还是颁奖典礼后都表示："只要梅西还在踢球，他就是世界最佳。"既然前任和最大竞争者都如此觉得，他们的支持者也就少了几分再争辩的气势。

↑ 梅西效力巴萨期间 6 次夺得欧洲金靴奖：2009—2010、2011—2012、2012—2013、2016—2017、2017—2018 以及 2018—2019 赛季。

↗ 梅西效力巴萨期间 6 次夺得金球奖：2009、2010、2011、2012、2015 以及 2019 年。而 2021 年梅西加盟巴黎圣日耳曼后获得的个人第 7 座金球，也主要归功于他离开巴萨前的表现。

金球奖缺少争议，还表现在记者们对不同意见的尊重。比如代表西班牙投票的《阿斯报》主编阿尔弗雷多只把梅西选在第三位，前两位是范戴克和 C 罗，但他却为梅西当选鼓掌："梅西的不断进球和神奇的表现在投票中起到了极大的影响力，我为他的名字重新出现在这里而鼓掌，因为他的名字让这个本身就很伟大的奖项更伟大。"

金球奖这样一个在团体项目中评选最佳个人的奖项，本身就具有其天生的矛盾之处，它是一个评判个人年度表现的奖项，但又必须以团队成绩为重要依据，有时候得奖者身兼二者，但更多时候并没有这么巧，这恰恰是足球的魅力所在，并非个人表现最佳的球员总能夺得冠军。

评奖中，出现两者矛盾时往往令人很难抉择。利物浦主帅克洛普承认梅西是世界最佳球员，但他认为论年度表现应该把奖项颁给自己的弟子范戴克。实际上，无论是赞同梅西第6次夺得金球奖的人还是不赞同的人，其争议并不在于梅西是不是世界最佳球员，而在于在过去一年梅西是否应该得奖。就像西班牙评论员希罗·洛佩斯所说："克鲁伊夫那个时代大概有近10年，全世界都认为克鲁伊夫是世界最佳球员，但金球奖也不是年年颁给克鲁伊夫，只颁给他三次。"

金球奖中国唯一评委骆明在《梅西是如何"加时绝杀"范戴克的？》一文解释说："金球奖投票截止是11月8日。显然，10月份的表现对金球奖归属有不小影响。10月的5场比赛，梅西4场有进球，另一场也有助攻，帮助原本风雨飘摇的巴萨登顶西甲、欧冠接近出线。这一波效应，无疑对梅西冲击金球发挥了关键作用。"

其实，如果金球奖的评选机制改为每周评一次，最终看谁夺得的周冠军最多来定年度冠军，那梅西恐怕会年年夺冠。范戴克可能只有在利物浦夺得奖杯时才会超越梅西，而梅西几乎每周都有神奇表现。

虽然梅西拿到了个人第6个金球奖，但2019—2020赛季并不是梅西春风得意的赛季，球队的运转不好，受到梅西信任的主帅巴尔韦德，因为在西班牙超级杯半决赛中被马竞淘汰而被解职，塞蒂恩成为巴萨新帅，而这并不是一位能得到梅西认同的教练。这还是个多事之秋的赛季，因为疫情席卷全球，西甲停摆了三个月，欧冠八强之后的淘汰赛也放到了葡萄牙，改为赛会制比赛。

梅西在西甲停摆前就对巴萨的状态感到不满，他自我批评道："如果我们这么踢，是拿不到欧冠冠军的。"但塞蒂恩总是态度乐观，坚持说巴萨有能力夺得欧冠冠军，相信巴萨的实力。不过，梅西随后直言："可能塞蒂恩理解错了，我从来没有怀疑球队的能力，我说的是如果球队一直这么踢下去，是很难夺得欧冠冠军的。很幸运的是，我踢了欧冠这么多年，我知道欧冠的竞争有多激烈。"

在巴萨1：2输给奥萨苏纳，彻底失去联赛夺冠的希望之后，梅西再次对球队进行了尖锐的批评："我们没有想到以这种方式结束了联赛的争夺，但这场比赛就像我们的整个赛季。我们是一支不稳定的球队，孱弱，对手总是可以在比赛紧张感上战胜我们，可以轻易进球，我们丢了很多不该丢的球。我早就说过，如果我们这么踢是很难夺得欧冠冠军的，现在证明我们连联赛冠军都夺不了。如果我们没有改变，我们连那不勒斯都赢不了。现在欧冠我们要从头开始，只需要4场比赛，我们就可以夺得大家都非常期待的冠军。但要实现这个目标，我们需要改变很多很多，要自我批评，不能想着我们丢掉联赛冠军是因为裁判的问题。"

梅西一直没有认同塞蒂恩及其教练组的执教能力，在巴萨2：2打平塞尔塔的比赛中，塞蒂恩的副帅萨拉维亚曾利用补水时间想向梅西布置一些战术，但梅西对他说道："你想干什么，你这个蠢货。"赛后，根据当地媒体透露的消息，塞蒂恩斥责了某些球员的失误，而梅西作为队长让塞蒂恩说话放尊重点，塞蒂恩直接告诉梅西不愿意听可以走，但遭到了梅西的嘲笑。

最终，塞蒂恩和梅西在主席巴托梅乌的劝解下同意放下争执，因为巴萨在8月份还有最重要的欧冠淘汰赛要打。遗憾的是，巴萨迎来了队耻级别的失败，他们在一场决胜负的1/4决赛中被拜仁8：2击溃，创造了队史在欧冠的最大惨败。

告别的年代

2020—2021

经历一个失望的赛季后，33 岁的梅西在 2020 年夏天做出了要离开巴萨的决定，但被巴萨用“违约金”绑住而未能成行。梅西虽然留下了，但由于疫情冲击，巴萨的财政状况遭到毁灭性打击，俱乐部管理层动荡不止，球队实力不可避免遭到削弱。最终在 2021 年夏天，巴萨由于财政原因无法和梅西续约，这位巴萨队史乃至足球历史最伟大的球员，不得不含泪离开巴萨。

7 亿欧元违约金强留梅西

在遭受俱乐部欧冠历史上最惨痛失利后，主帅塞蒂恩被解职，俱乐部曾经的传奇球员科曼成为新帅。科曼在上任两天后就找到梅西谈话。得到科曼要和自己会面的消息后，梅西中断了假期，火速回到自己在巴塞罗那南部的卡斯特费家中。但会谈后，加泰罗尼亚电台传出消息，梅西没有向科曼承诺自己肯定会留在巴塞罗那，而是告诉巴萨新帅：“我认为自己距离离开巴萨的日子更近了。”

梅西对自己是否会留在巴萨产生怀疑，这成为当天西班牙体育媒体的头条消息。记者在找巴萨证实这条消息时，俱乐部只是说：“我们不评论私下谈话。梅西目前和巴萨有合同，梅西的违约金是 7 亿欧元，我们认为梅西今夏不会离开巴萨，也不可能离开巴萨。”这实际上证实了加泰罗尼亚电台的消息。在和科曼对话后，梅西并没有犹豫，而是决心离开，他在随后的采访中透露，自己给俱乐部主席巴托梅乌发过信息和邮件表明去意，并寻求对话，但巴托梅乌并未理睬。

8 月 25 日上午，接近梅西的人士给阿根廷两家最重要电视台的 4 名记者发了一条信息，明确表示：“里奥已经通知巴萨，他要离开俱乐部，以使用合同中免费解约条款的形式。”就在这一天，巴萨也确认收到了梅西的传真。根据梅西方面的解释，发传真是为了从法律角度把梅西的决定通知巴萨，这是一种最正式宣告决定的方式。

随后，梅西的父亲、经纪人豪尔赫也从阿根廷火速赶往巴塞罗那，和巴托梅乌商谈梅西离队事宜，但巴萨主席断然拒绝放人。豪尔赫坚持梅西可以自由走人，但被告知这是不可能的，自由走人的最后限定日期是 6 月 10 日，条款已经过期了，巴萨方面认为，6 月 10 日之后的日子只适用于谈续约。

双方的争议在于，梅西方面认为在上一次和巴萨续约的合同中规定，梅西在每个赛季结束后 10 天内可以通知俱乐部，然后以自由身离队，而且梅西认为巴托梅乌亲口向自己许诺过，每个赛季后自己有决定去留的权利，他现在就要巴托梅乌履行承诺，按照合同约定同意自己以自由身离开巴萨。但巴萨方面认为，合同中规定的告知巴萨的最晚时间是 6 月 10 日，而梅西这次是在 8 月底才通知俱乐部，所以已经超时，在法律上是无效的，如果梅西要走，就必须支付 7 亿欧元的违约金。

不过，梅西方面认为，2019—2020 赛季受到疫情影响有其特殊性，赛季实际上是在 8 月 23 日（欧冠决赛日）才结束，梅西方面在 8 月 25 日通知俱乐部要离开，符合合同的要求，梅西有权利自由离开，况且梅西如果 6 月 10 日前就通知俱乐部要离开，那时候欧冠淘汰赛还没踢，会影响军心，梅西也是为了球队着想，所以在 8 月底欧冠赛事彻底结束后才通知俱乐部。这样的解释并不被巴萨所接受。也就是在豪尔赫和巴托梅乌会谈后，阿根廷媒体得到消息，梅西大概率会留队，因为在法律上梅西自由离队得不到支持，而且梅西不会选择和巴萨打官司闹上公堂。

从梅西转会闹剧的整个过程来看，这并不是一次预谋许久的行动，而更像是梅西临时起意。梅西是在和科曼会谈后，才给瓜迪奥拉打电话询问加盟曼城的可能；他也没有在 6 月 10 日自由离队条款截止日前通知俱乐部，需要对此条款根据该赛季具体情况进行延期。梅西的确对球队的表现和潜力感到不满，对于俱乐部引进格列兹

↙ 2021 年 4 月 17 日，巴萨在国王杯决赛中 4 ：0 击败毕尔巴鄂夺冠，梅西以队长身份举起了个人第 7 个国王杯冠军，以及巴萨生涯的最后一个奖杯。

→ 2021 年 3 月，巴萨举行主席大选，梅西带上儿子亲自到票站为拉波尔塔投票。

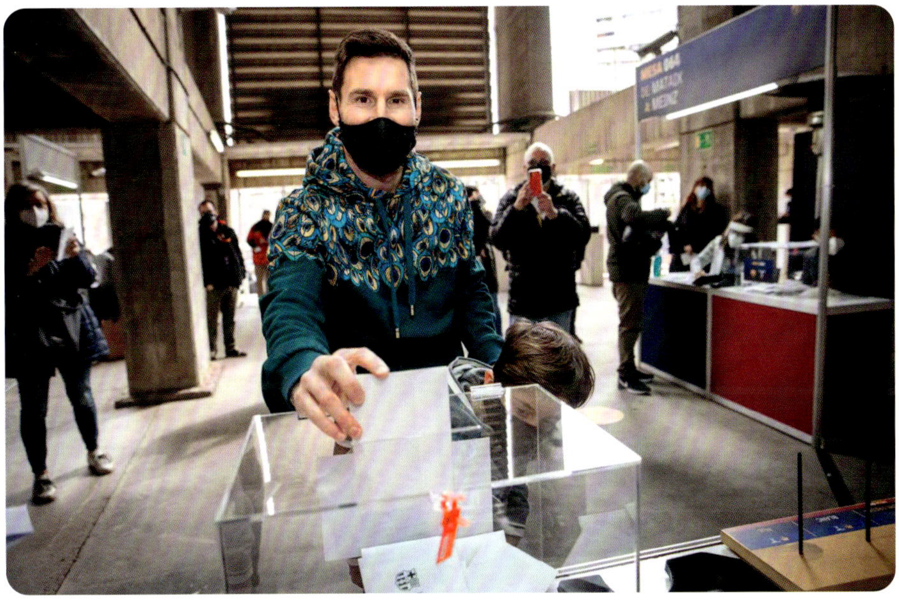

曼而不是买回内马尔感到不满，也对俱乐部炒掉自己信任的巴尔韦德、聘用自己认为没能力的塞蒂恩感到失望。梅西对俱乐部的运作能力感到怀疑，但并非早就下定决心要离开巴萨。

梅西最终晚了一个星期还是回到巴萨参加训练，实际上科曼并不是梅西担心的又一个塞蒂恩，荷兰教头依然以梅西为核心，尽管这支巴萨被定义为“过渡的巴萨”，但最终打出的成绩并没有舆论普遍预期的那么差。梅西虽然在上半赛季只收获 11 个联赛进球，但下半赛季和球队的年轻人以及科曼的打法磨合成型后打进了 19 球，引领巴萨拿到 45 个联赛积分中的 41 分，险些在下半赛季翻盘夺冠。而且巴萨还有些出人意料地拿下了国王杯冠军。梅西在 4 ：0 大胜毕尔巴鄂的国王杯决赛中梅开二度，当选比赛最佳球员，还以 7 次夺冠的成绩，成为西班牙足球历史上夺得国王杯冠军次数最多的球员。

在巴萨这个“过渡赛季”中，还出现了一桩奇怪的事件，那就是梅西和巴萨在 2017 年续约的天价合同被媒体曝光，这似乎为此后梅西离队做了铺垫。2020 年 1 月 30 日，西班牙《世界报》在头版刊登了一条重磅消息，称梅西在过去 4 年和巴萨签的合同总价值为 5.55 亿欧元。如果换算成年薪，就是接近 1.4 亿欧元，税后高达 6900 万欧元，这意味着梅西的年薪是 C 罗（3100 万欧元）或者内马尔（3000 万欧元）的两倍以上，或者说 C 罗和内马尔的年薪加起来还不如梅西。

《世界报》把这份天价合同定义为“梅西奢侈的合同导致巴萨的毁灭”。这份总价值高达 5.55237619 亿欧元的合同包括：梅西的固定年薪、梅西肖象权的使用、有条件支付的奖金，还有签字费和忠诚奖。其中签字费高达 1.15 亿欧元，忠诚奖金为 7800 万欧元。尽管巴萨在此前 4 个赛季没能夺得奖金最高的欧冠冠军，但《世界报》认定梅西已经拿到合同中 92% 的钱，也就是说梅西最近 4 年从巴萨拿到了 5.1 亿欧元。根据西班牙税法，扣除个人所得税和社会保险，梅西最终到手的是 2.9 亿欧元的税后收入。而在同一周内，巴萨刚刚披露俱乐部长期负债 11.73 亿欧元，短期负债 7.3 亿欧元，造成俱乐部资金流动性困难。

巴萨俱乐部立即发布声明，分为三部分：首先，巴萨对《世界报》公布梅西的工作合同表示遗憾，巴萨认为这份合同对梅西和巴萨来说都是隐私，而且双方都签署了保密条款；第二，巴萨表示对这次合同的泄密没有任何责任，换句话说就是否认巴萨是泄密者；第三，巴萨表示对梅西绝对支持，并且认为这次合同泄密的目的是要摧毁梅西和巴萨之间的关系。但巴萨的声明没有否认《世界报》披露的任何的合同细节，实质上变相承认了这份被披露合同的真实性。

西职联主席特瓦斯对此事评论：“巴萨目前的艰难形势并非梅西造成的，而是疫情造成的。如果没有疫情，创造历史最佳营收的巴萨，完全可以负担得起梅西的工资。”

离开，不留恶语

2020—2021 赛季，随着巴托梅乌提前辞职，拉波尔塔在竞选中获胜，重新当选巴萨主席，梅西又变得对巴萨和管理层有了希望。从未公开参加过巴萨主席大选投票的梅西，甚至带着孩子亲自来到票箱前投票。所有人都知道梅西支持拉波尔塔重新执掌巴萨，但梅西没有想到的是，他一直信任的这位主席，却最终通知他俱乐部无力和自己续约。

一切都来得那么突然，2021 年 8 月 5 日，一个周四中午，当大家都等着巴萨宣布和梅西续约的好消息时，坏消息突然来到，巴萨发出通告：“尽管巴萨俱乐部和梅西已经达成协议，双方都有着明确的意愿在今天签下续约合同，但因为经济和组织结构上的障碍（无法满足西甲财政公平政策），这份合同无法签署。在这种情况下，利昂内尔 · 梅西将不再是巴萨的一员。

西甲球员效力单一俱乐部夺冠榜

排名	球员	球队	冠军数量
1	梅西	巴塞罗那	35
2	伊涅斯塔	巴塞罗那	32
	布斯克茨	巴塞罗那	32
4	皮克	巴塞罗那	30
5	哈维	巴塞罗那	25
	本泽马	皇家马德里	25
	马塞洛	皇家马德里	25
8	阿尔维斯	巴塞罗那	23
	塞尔吉 · 罗伯托	巴塞罗那	23
	亨托	皇家马德里	23

双方都对球员和俱乐部无法完成他们的愿望感到深深的遗憾。巴萨衷心感谢球员的奉献，感谢他让俱乐部变得伟大，祝愿他在今后的个人生活和职业生涯中一切都好。”

巴萨的通告已经向梅西告别了，甚至没有留出再谈判的余地。而在24小时前，所有人都笃定周四将是梅西和巴萨签字续约的好日子。梅西周三结束了在伊维萨岛的度假回到巴塞罗那，梅西的父亲也在周四匆匆赶到巴塞罗那，目的只有一个，那就是在周四和巴萨签订梅西的续约合同。周三，西班牙媒体报道，梅西肯定会在周四续约，但这一切都没有发生。巴萨主席拉波尔塔告知梅西父亲，巴萨找不到降低薪资的方法，无法给梅西注册，所以无法续约。

拉波尔塔召开新闻发布会，解释了为何无法和巴萨历史最佳球员续约，拉波尔塔认为西职联提供的“CVC 资本”赞助方案不是巴萨能接受的解决财政公平限制的方法，因为“这将影响俱乐部未来 50 年”（CVC 协议将分走俱乐部未来 50 年每年超过 10% 的电视转播收入）。拉波尔塔还透露，俱乐部和梅西都想续约，但因为上任主席团的亏空，导致俱乐部想尽一切办法依然无法完成财政公平达标，最终只能通知梅西无法续约。说好的“梅西今天续约”变成了今天离队，众人期望的签字日突变为告别日。

2021 年 8 月 8 日，在告别发布会上，梅西走上主席台摘掉口罩后就开始流泪，到发言结束时已经泣不成声，不得不接过妻子安东内拉递上的纸巾擦了半天眼泪和鼻子。这是让所有巴萨球迷动容的一幕。在这个夏天，毫无疑问的是，梅西真的不想离开巴萨，哪怕他知道其实巴萨已经不具备竞争欧冠冠军的能力。最终，他只能接受离开巴萨的命运。

发布会上，梅西坦承：“是的，这是我职业生涯中最艰难的时刻。我之前也有过不少艰难的时刻，有过失败，但第二天我就可以重新开始训练，准备反击复仇。但这次是个终点，没法再回来了。”

梅西的发言再次展现出他不是个孬种，而是个敢于面对现实的人。他没有回避一年前发传真想走的事，在发布会上多次主动提到去年想走没走成，今年想留没留成。对于一些巴萨球迷来说，梅西一年前给俱乐部发传真要求转会，可能是他在巴萨的最大污点，但梅西在告别巴萨的最重要时刻，并没有逃避这件他可以不提也没人问的事。

梅西显然对巴萨高层深感失望。他甚至几次避免称呼拉波尔塔为主席，而是直呼其名，“正如拉波尔塔所说，我们早已达成协议，但因为联赛的规定，我无法留下，没有什么可说的了。”

有记者问梅西，是否认为巴萨尽了全力留下他。梅西没有丝毫为拉波尔塔解围的意思，直言：“我不知道。从我这方面而言，我尽了全力。但俱乐部和拉波尔塔因为西甲的规定而做不到。我听到很多有关我为何无法留下的说法，都不是真的。我要说的是，我尽了全力要留下，去年要走我也说了，今年我是想留，但没能留下。”

另一位记者想用前任主席巴托梅乌来暗比现任拉波尔塔，他问梅西：“你说对巴托梅乌非常失望？现在的感觉一样吗？”梅西没有直接回答，而是说：“非常悲伤。我没有想到会是这个结果，我爱这家俱乐部。我从来不说谎，都说实话，去年我想走，但今年不想，所以感到悲伤。”

梅西在得到主席的承诺后却没能续约，是不是更加倍感失望？梅西说道：“不，我们第一次会面是在选举时，我们一起吃饭，我很相信自己可以留在这，但最终发生了这一切，俱乐部没办法。”

还有记者问，俱乐部是不是在释放虚假希望，其实早就知道不可能给梅西注册？梅西否认：“不，并不是虚假希望。我们所有人都希望续约。我

2021年8月8日，梅西在诺坎普召开新闻发布会，正式告别效力了21年的巴塞罗那俱乐部。在发布会上，梅西情绪失控流下热泪。3天前，俱乐部主席拉波尔塔在一个本应确定续约的日子通知梅西，他只能另谋出路。

们都很坦率，至少我这方面如此。最终没能做到就是没能做到，我可以保证我从来没有欺骗球迷。”梅西还强调：“我同意降薪50%，然后俱乐部就没有再要求过我什么。至于俱乐部最后时刻要求我再降薪30%的说法，这不是真的。”

对于离队原因，除了西职联不同意他注册，梅西还两次提到俱乐部不愿意进一步负债。一位记者问到为什么不再等等，到转会窗最后时刻才分手，梅西说道：“正如主席所说，俱乐部有很高的负债，不愿意再负债，西职联也不同意注册，这是不可能办到的事，为什么还要死抓住不放？我也要寻找我的未来。”

发布会最后一个问题，仍然是针对主席拉波尔塔的，有记者问梅西是否感觉被欺骗了，梅西否认说：“不，我们做了所有可能做的事，但最后还是没能实现。从我的角度说，我一直都很坦率地面对球迷。但当一个人说得比较少的时候，别人就会说得多。为了填充报纸版面，所有人都在发表意见。但很多并不是真的。”

整个新闻发布会上，梅西都表现得适度得体，甚至表现得还像一个为巴萨利益尽力的队长，对于试图让他攻击拉波尔塔、制造巴萨混乱的诸多提问，他都委婉绕过或者否认，没有让这场发布会变成轰炸拉波尔塔的工具。但另一方面，也的确可以看出他对拉波尔塔的失望。虽然梅西只是说自己感到悲伤，没有承认拉波尔塔像巴托梅乌一样让他失望，不承认自己感到被骗，也不承认此前的续约过程是释放虚假期望，但他都强调，这只是从他的角度看而已。

在巴塞罗那生活了21年的梅西，虽然说话还带着一点点阿根廷口音，但他的说话方式已经完全加泰罗尼亚化，严谨、克制，不被别有用心的人拿来制造巴萨的矛盾，但也能让人看到他的态度。梅西也许认为拉波尔塔的解释无可挑剔，无法反驳，无法像对巴托梅乌一样直接批评，但他无法捍卫和拥抱一位最终没能留下自己的主席，这就是加泰罗尼亚人的爱与恨。

巴萨历史第一人

梅西离开了巴萨，尽管所有人都知道迟早会有这么一天，但在2021年的夏天，34岁的梅西离开巴萨，还是显得太早了。在他离开巴萨的时候，我们可以不带任何怀疑地说，他，利昂内尔·梅西，就是巴萨120多年历史上顶天立地的最伟大球员。

如果说巅峰时的巴萨统治过足坛，那么率领巴萨的那个人就是梅西。巴萨从一家欧洲一流俱乐部成为顶尖俱乐部并非是因为梅西，而是罗纳尔迪尼奥、德科、埃托奥、普约尔、哈维率领球队在2006年时隔14年再次拿到欧冠冠军，并成为欧冠和联赛双冠王，有了创造王朝的气质。梅西是那支球队的参与者，但因为一次严重伤病导致后半赛季无法出场，骄傲的梅西甚至不愿意领取欧冠冠军的奖牌。而在小罗状态直线下降并于2008年夏天离队后，梅西不但接过了巴西人的10号球衣，还成为球队真正的核心，正式开启了梅西时代。

梅西成为世界最佳，与瓜迪奥拉让他成为球队核心，并且创造性地让他担任“假9号”密不可分。这几乎改变了梅西的命运，让他突破了最多只能成为罗本、华金一类高水平边锋的天花板。在瓜迪奥拉执教的4年中，以梅西为核心的巴萨成为很多人眼中足球历史上最强大、最有观赏性的球队。

巴萨的一切都成为足球世界学习

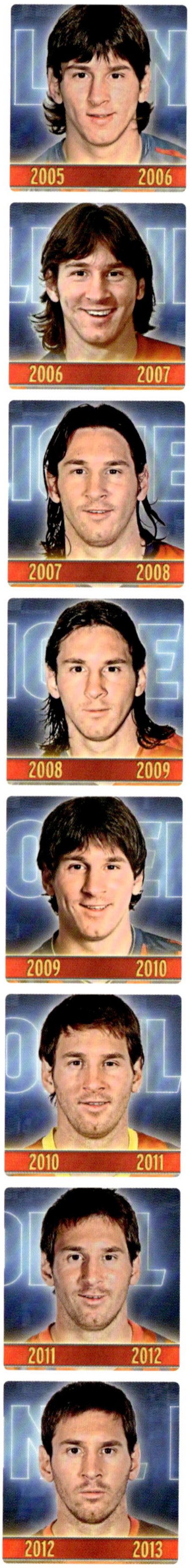

模仿的模板，从传控足球的踢法到拉马西亚对人才的培养，但鲜有人能在“假 9 号”上模仿成功，因为梅西的天赋是无法模仿的。梅西和瓜迪奥拉一起拿下了 2009 年和 2011 年欧冠冠军，这对将帅组合也成为足球世界中最经典的组合。2012 年瓜迪奥拉的离开重创了巴萨，自那之后，他们很难再踢出那种水平、那种境界的足球。

2014—2015 赛季，恩里克来到球队，打造了一支以梅西、内马尔和苏亚雷斯为旗帜的巴萨。2015 年巴萨再次夺得三冠王，这是一支更依靠三前锋个人能力，而不再那么依靠全队组织传控的球队。恩里克的三冠王更像是回光返照，此后的巴萨不断遭受 0 ： 4 巴黎、0 ： 3 尤文、0 ： 3 罗马、0 ： 4 利物浦、2 ： 8 拜仁这样惨痛的失败。梅西依然是那个每个赛季能进四五十球的梅西，但球队的整体已经明显实力下降。有梅西的巴萨只拿过 4 个欧冠冠军是巴萨的遗憾，也是梅西的遗憾。

在梅西离开巴萨时，没有人能争辩谁在巴萨比梅西更伟大，包括库巴拉也不能。梅西不仅是那支历史上最佳球队的核心球员，也让巴萨稳步成为全世界最受欢迎的球队，让巴萨从一支年营收不到 2 亿欧元的球队，逐渐成为一年进账 10 亿欧元的世界第一超级球会。巴萨从不缺乏超级球星，但罗纳尔多、罗纳尔迪尼奥、罗马里奥等众多

历年西甲金靴进球排行榜

赛季	球员	球队	出场	进球	场均进球
2011—2012	梅西	巴塞罗那	37	50	1.35
2014—2015	C罗	皇家马德里	35	48	1.37
2012—2013	梅西	巴塞罗那	32	46	1.44
2010—2011	C罗	皇家马德里	34	40	1.18
2015—2016	苏亚雷斯	巴塞罗那	35	40	1.11
1950—1951	萨拉	毕尔巴鄂竞技	30	38	1.27
1989—1990	乌戈·桑切斯	皇家马德里	35	38	1.09
2016—2017	梅西	巴塞罗那	34	37	1.09
2018—2019	梅西	巴塞罗那	34	36	1.06
1988—1989	巴尔塔扎	马德里竞技	36	35	0.97

↓ 梅西与他巴萨生涯夺得的所有奖杯合影。

→ 2022 年卡塔尔世界杯，梅西率领阿根廷队夺冠，圆了心中最大的梦想。2023 年夏天梅西与巴黎圣日耳曼合同到期后，由于巴萨在财政上仍然没有能力把他签回，梅西出于对家人生活的考虑，最终选择加盟美国球队迈阿密国际。

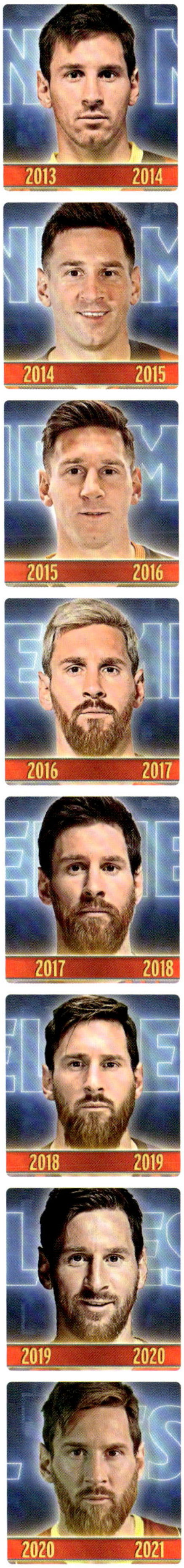

球员，都不曾达到梅西的高度，更不用提梅西从 2008 年接过 10 号之后连续 13 年的持续高水平表现。

活在梅西时代的巴萨球迷是幸福的，他们可以自豪地对子孙说，他们见过历史上最佳球员每周一次或两次的表演。如果足球场上真的有无所不能，那定义无所不能的上限也只能是梅西的表现。梅西已经离开了巴萨，但他在巴萨的传说是不朽的，无论他再为哪支球队踢球，他的名字已经和巴萨熔铸在一起，这是一个不可磨灭的时代。梅西因为足球而光辉，同样这一次足球也因梅西而光辉。

2023 年夏天，梅西和巴黎圣日耳曼合约到期，几乎所有人都期待他重返巴萨，然而历经两年的巴萨依然没能走出财政上的困境。尽管梅西回归并不是 100% 没有可能，但经历了 2021 年的伤心和失望，梅西已经不愿意再次经历这一切。同时他也不希望俱乐部为了自己砸锅卖铁，很多球员因为自己而降薪或被卖走。最终，梅西没有回到巴萨，也不愿意加盟其他欧洲球队与巴萨为敌，他选择了迈阿密，一个家人喜欢的生活环境。

我们无法验证“梅西愿意免费为巴萨踢球”是否属实，但梅西选择迈阿密而不是沙特联赛，已经说明钱对他来说的确是次要的。梅西在宣布前途的采访中，多次提到“安宁”这个词，他想要宁静的生活，远离足坛焦点，和家人过幸福的生活。赢得世界杯冠军的他，已经完成了终极梦想，他已经经历了足球的全部，他想离开这个最现实的世界一会儿，过一会儿安宁的日子。虽然巴萨是他的梦想、激情和爱，虽然未来有一天，他也许会以其他身份回到这里，但现在，他已经不想再活在一个充满争斗的世界了。

红蓝传奇

巨星

科马马拉 Carles Comamala

文武通才

周佳骅

球员、社会活动家、作家，还是设计师？你很难用某一种身份，去界定巴塞罗那的“上古大神”——卡莱斯·科马马拉。

1889年4月17日，科马马拉出生于西班牙首都马德里，他的父亲德阿方索·科马马拉来自加泰罗尼亚的圣胡安-德拉斯阿巴德萨斯，母亲康塞普西翁·洛佩斯-德尔潘来自加纳利。

科马马拉从小就精力旺盛，在举家搬迁到巴塞罗那之后，他几乎涉猎了所有大众体育项目，包括体操、田径、游泳、曲棍球和足球。1901年，科马马拉和卡莱斯·伦特、胡利·马里亚尔等人一起，加盟了一家名为爱尔兰人的足球俱乐部。两年后，巴塞罗那俱乐部创始人甘伯正式挂靴，科马马拉作为替代者穿上红蓝战袍。在对阵萨卢特的加泰罗尼亚锦标赛中，16岁的科马马拉独中四元，率队以10∶0狂扫对手。此后近10年的时间里，他累计出场158次，打进168个进球，把自身的精湛射术展现得淋漓尽致。在他的统领下，巴萨迎来了一个黄金时代，四夺加泰罗尼亚锦标赛冠军，称雄国王杯，还在比利牛斯杯上折桂。

因为深受更衣室拥戴、组织能力强，科马马拉在效力巴萨的后期，甚至还接受好友甘伯的邀请，兼任俱乐部总监。在此之前，他就已经显露出热衷经营管理的一面——1907年11月16日，他与一些医学专业的学生一起，组建了加莱诺俱乐部。随着一些科学学院的学生陆续加入，科马马拉又在两年后将球队改名为“大学体育俱乐部”。

受制于当时的技术条件，科马马拉没有任何巅峰期的影像资料留存于后世，但通过他本人的叙述（科马马拉曾为《世界体育报》撰写专栏），你

俱乐部生涯

1901—1903	爱尔兰人	数据不详
1903—1911	巴塞罗那	158场168球（含友谊赛）
1907—1908	加莱诺（租借）	数据不详
1911—1912	大学体育	数据不详
1912	西班牙人	数据不详
1912—1913	卡苏尔	数据不详

巴塞罗那生涯统计

赛季	地区联赛		国内杯赛		友谊赛		总计	
	出场	进球	出场	进球	出场	进球	出场	进球
1903—1904	12	11	—	—	5	1	17	12
1904—1905	7	1	—	—	7	4	14	5
1905—1906	4	1	—	—	9	5	13	6
1906—1907	5	3	—	—	11	22	16	25
1907—1908	4	3	—	—	1	3	5	6
1908—1909	0	0	1	0	15	24	16	24
1909—1910	10	18	2	2	20	33	32	53
1910—1911	9	6	1	0	26	23	36	29
1911—1912	0	0	—	—	9	8	9	8
总计	51	43	4	2	103	123	158	168

注：西甲联赛1929年创立，在此之前巴萨参加国王杯和加泰罗尼亚足球锦标赛等赛事。

巴塞罗那生涯集体荣誉

国王杯冠军

1910

加泰罗尼亚足球锦标赛冠军

1904—1905、1908—1909
1909—1910、1910—1911

比利牛斯杯冠军

1910、1911

注：国王杯创立于1903年，在1932年至1936年间称作“共和国总统杯”，在1939年至1976年间称作“大元帅杯”。

比利牛斯杯在1910年至1914年间举办，由比利牛斯山地区的西班牙和法国俱乐部参赛，每届球队数量不固定，采用淘汰赛形式。五届赛事中，巴萨四次夺冠。

或许就能感知到当年的科马马拉是多么恐怖的存在：“当年的我，要比库巴拉更加强壮，因为我从来不生病，但他经常如此。有一次我趁着中场休息的时间，跑赢了一场 1500 米的比赛。之后回来踢下半场，我也仍能保持和上半场一样的节奏。”

退役之后，科马马拉依旧保持着良好的健身习惯，并积极推广各项体育运动。据不完全统计，科马马拉曾先后在加泰罗尼亚体操协会、加泰罗尼亚田径协会高级理事会、西班牙人俱乐部、庞培亚俱乐部、巴塞罗那皇家马球俱乐部和加泰罗尼亚体育教育学院担任要职。他的妻子莱昂诺尔·维多利亚·德莱赛亚出自政治世家，德莱赛亚的爷爷费德里科和伯父爱德华多都是巴斯克地区知名政治家，也都担任过毕尔巴鄂市市长，这为科马马拉加入各个体育组织帮了不少忙。

1910 年，甘伯带领巴萨彻底走出两年前的危机，为了昭示一个全新时代的到来，他向所有伙伴发出邀请，征集巴萨新队徽的设计稿。最终，一版将代表加泰罗尼亚守护神的圣乔治十字、代表巴塞罗那的盾形徽章和加泰罗尼亚区旗，以及代表巴萨俱乐部的红蓝色条纹和足球用美学思维融合创作出的设计稿脱颖而出。

在很长时间里，多才多艺且绘画能力出众的科马马拉都被认为是这版队徽的设计者。不过，后来有研究表明，设计者其实是名叫圣地亚哥·费梅尼亚的巴萨球员，这一观点得到了巴萨官方的认可。费梅尼亚还有另外两个身份：医学专业学生和漫画家。

↖ 效力巴萨期间，科马马拉（左图）深受更衣室爱戴。1910 年巴萨赢得比利牛斯杯冠军后，科马马拉坐在正中，与队友们一起同奖杯合影（右图）。

→ 在体育领域涉猎广泛的科马马拉体格强壮（大图左），退役之后一直保持着健身的习惯，1924 年参加一场传奇赛时，他的身材依然保持得不错（小图右）。

← 阿尔坎塔拉看起来体格瘦弱（左上图），但刚猛的脚力和娴熟的盘带技术（左下图），为他弥补了体格上的劣势。

红蓝档案

保利诺·阿尔坎塔拉
Paulino Alcantara Riestra

生卒	1896.10.07—1964.02.13
国籍	西班牙/菲律宾
身高	1.70米
位置	中锋

曹知远

提起脚力超凡、射门力量巨大的球星，你会想起谁？或许是大腿粗得吓人的罗伯托·卡洛斯，也或许是知名的“带刀后卫”科曼。但在遥远的20世纪初，有一位身形瘦弱的球员，却成了西班牙公认的“球网破坏者”——巴塞罗那早期神射手，保利诺·阿尔坎塔拉。

保利诺·阿尔坎塔拉 Paulino Alcantara

迷你重炮手

1896年，西班牙殖民地菲律宾爆发独立战争，那一年阿尔坎塔拉在菲律宾出生。阿尔坎塔拉的父亲是西班牙军医，母亲是菲律宾人，随着时局变化，阿尔坎塔拉一家人返回西班牙，在巴塞罗那定居。

由于父亲的职业，阿尔坎塔拉一直对医学十分感兴趣，同时他也拥有过人的足球天赋。体格瘦弱的他，在巴萨青年队成为一台“进球机器”，巴萨主席甘伯决定将他提拔至一线队。1912年2月25日，年纪只有15岁4个月18天的阿尔坎

俱乐部生涯

1912—1916	巴塞罗那	131场138球（含友谊赛）
1916—1918	波希米亚人	23场24球
1918—1927	巴塞罗那	276场275球（含友谊赛）

巴塞罗那生涯统计

赛季	地区联赛		国内杯赛		其他		友谊赛		总计	
	出场	进球	出场	进球	出场	进球	出场	进球	出场	进球
1911—1912	1	3	0	0	—	—	4	2	5	5
1912—1913	0	0	2	0	3	8	23	27	28	35
1913—1914	6	1	0	0	1	0	30	23	37	24
1914—1915	9	4	0	0	—	—	23	29	32	33
1915—1916	11	25	4	4	—	—	14	12	29	41
1917—1918	2	0	0	0	—	—	4	4	6	4
1918—1919	12	11	5	7	—	—	21	29	38	47
1919—1920	9	14	3	3	—	—	29	34	41	51
1920—1921	8	7	0	0	—	—	11	13	19	20
1921—1922	8	19	4	8	—	—	12	18	24	45
1922—1923	8	7	0	0	—	—	32	32	40	39
1923—1924	7	4	7	8	—	—	36	29	50	41
1924—1925	1	0	2	0	—	—	10	4	13	4
1925—1926	14	4	6	3	—	—	8	7	28	14
1926—1927	4	2	4	2	—	—	9	6	17	10
总计	100	101	37	35	4	8	266	269	407	413

巴塞罗那生涯集体荣誉

国王杯冠军

1913、1920、1922、1925、1926

加泰罗尼亚足球锦标赛冠军

1912—1913、1915—1916、1918—1919
1919—1920、1920—1921、1921—1922
1923—1924、1924—1925、1925—1926
1926—1927

比利牛斯杯冠军

1912、1913

↑ 较轻的体重与有力的双腿，赋予了阿尔坎塔拉出色的弹跳能力。

↓ 参加比赛时，阿尔坎塔拉习惯在腰间别上白手帕，重炮轰门时飞舞的手帕，成为赛场上独树一帜的风景。

塔拉，首次代表巴萨一线队出战就上演帽子戏法，帮助巴萨在加泰罗尼亚锦标赛中 9 ： 0 大胜。阿尔坎塔拉就此成为巴萨一线队的最年轻出场者，尽管后来有西班牙媒体对此提出质疑，但这个纪录获得了巴萨官方的认可。

这位横空出世的天才少年，很快就获得了巴萨球迷的追捧。在那个通信不发达的年代，球迷之间的口口相传和纸质媒体的一致称赞，让阿尔坎塔拉迅速成名。参加比赛时，阿尔坎塔拉习惯在腰间别上一条白手帕，这成为他在球场上的独有标志。一众球员在场上飞奔时，球迷们总是能通过这条手帕一眼认出他。

1916 年，菲律宾的社会局势逐渐安定，有意投身医学事业的阿尔坎塔拉随父母回到菲律宾。在登船的港口，不少巴萨球迷前来送别，他们舍不得这位天才少年离开。虽然进入校园学医，但阿尔坎塔拉没有放弃足球，他在学习的同时加入了波希米亚人俱乐部，继续在球场上奉献着高超的技艺。

而失去了阿尔坎塔拉的巴萨，则在两年间成绩惨淡。俱乐部给阿尔坎塔拉发送了一封电报，希望他尽快返回西班牙拯救球队，但他的父母对此表示反对。在与家人争论过后，阿尔坎塔拉登上了前往西班牙的船，一段传奇之旅就此重新起航。抵达巴塞罗那的 4 天后，阿尔坎塔拉参加了回归巴萨后的首场比赛，又一次上演帽子戏法。

作为锋线尖刀，阿尔坎塔拉射门力量大、脚头硬，但他与球迷印象中强壮有力的重炮手形象有着鲜明反差。因其身体条件一般，巴萨主帅杰克·格林韦尔曾考虑将阿尔坎塔拉放在防线，因为按照这位英国教头的设想，锋线球员应该健壮魁梧，才能够在与后卫的对抗中占据优势。格林韦尔的想法遭到了巴萨球迷的集体反对，甚至有俱乐部会员威胁称，如果不让阿尔坎塔拉踢前锋，自己就不交会费。面对反对的声音，格林韦尔选择退让，一代神射手的天赋才不至于被埋没。

由于年代久远缺乏影像资料，如今的我们很难直观了解这位重炮手进球时的风采，然而有两个典故，可以从侧面反映出阿尔坎塔拉刚猛的射门力道。

1922 年西班牙队与法国队的一场比赛，阿尔坎塔拉一脚禁区线上的大力射门，直接把球网射穿，引得全场一片惊呼。因为这脚射门，阿尔坎塔拉获得了“球网破坏者”的绰号。尽管队友特拉维索透露，当时球网原本就已有些破烂不堪，还布满了大洞，但这并不会消减人们传颂这个进球的热情。

另一个典故，则被称为“警察进球”。1919 年的一场比赛在巴萨和皇家社会之间进行，由于当时的场地管理还不够完善，一名警察在比赛期间从门线处经过，阿尔坎塔拉恰好在此时轰出一记大力射门，击中了警察。按照旁观者的描述，警察连人带球一起飞入了球门。更准确地说，警察是被球击中后倒地，翻滚进了球门。即使排除夸张的成分，阿尔坎塔拉的射门力量之大，仍然可见一斑。

1927 年，放不下医学梦想的阿尔坎塔拉做出了退役的决定，但他并没有彻底告别足坛。20 世纪 30 年代他曾在巴萨管理层任职，到了 1951 年，他还曾短暂执教西班牙国家队。

为巴萨效力了 15 个赛季的阿尔坎塔拉，进球无数——这里的“无数”既指进球数量极多，也指统计版本太多。由于阿尔坎塔拉活跃在球场的时间距今太过遥远，关于他在巴萨的进球总数，各个统计机构给出的版本均有不同。巴萨官方给出的数字是 399 场 395 球（包括友谊赛），但也另有数据认定他为巴萨打入了413个进球。阿尔坎塔拉凭借这样的进球数量，曾长期占据队史进球榜（含友谊赛）榜首，这个纪录后来被梅西打破。

萨莫拉 Ricardo Zamora

破圈门神

周佳骅

1901 年 2 月 14 日，萨莫拉出生在巴塞罗那一个宁静、温暖、富庶的中产阶级家庭，他的父亲是当地德高望重的医生，他希望儿子能好好学习，将来也像他一样救死扶伤、悬壶济世。可看似恭顺的萨莫拉，却没有遵从父亲的设想。

20 世纪 20 年代，伊比利亚半岛尚处于阿方索十三世的统治之下，当时的西班牙人为何塞利托和胡安·贝尔蒙特（两位知名的斗牛士）的极致暴力美学所沉醉，而作为“舶来品”的现代足球，尚未在西班牙形成大气候。

红蓝档案

里卡多·萨莫拉

Ricardo Zamora Martinez

生卒	1901.02.14—1978.09.08
国籍	西班牙
身高	1.86米
位置	门将

身处这样的家庭环境和时代背景，萨莫拉却对足球产生了难以割舍的情愫。从小，他就在街道上与小伙伴们一起踢球。他对门将位置的钟爱，也完全出于天性——他会想尽一切办法，捍卫自己的“城门”，哪怕为此付出流血、衣服破损的代价。每次踢完球回到家，他也免不了受到父母的数落和责骂。

久而久之，萨莫拉身上的伤口越来越多，越来越深，有些甚至到了溃烂的地步。原本还睁一只眼闭一只眼的父亲，只能勒令他立即停止踢球，并把他送到大学读书。表面上，萨莫拉接受了父亲的安排，并承诺不再踢球，但没过多久，他就与好友弗朗西斯科·阿梅特一起加入了“大学体育俱乐部”，成天与足球相伴。

俱乐部生涯

1915—1916	体育大学	4场0球
1916—1919	西班牙人	32场0球
1919—1922	巴塞罗那	36场0球
1922—1930	西班牙人	118场0球
1930—1936	皇家马德里	152场0球
1937—1938	尼斯	9场0球

国脚生涯

1920—1936	西班牙队	46场0球

执教生涯

1939—1946	马德里空军竞技	胜率51.8%
1946—1949	维戈塞尔塔	胜率43.6%
1949—1951	马拉加	胜率35.7%
1951—1952	西班牙队	胜率50.0%
1953—1955	维戈塞尔塔	胜率39.6%
1955—1957	西班牙人	胜率41.7%
1960	维戈塞尔塔	胜率不详
1961	西班牙人	胜率36.4%

注：马德里竞技（Athletic Madrid）最初由在马德里的毕尔巴鄂学生组建，1939年与国家空军合并为马德里空军竞技（Athletic Aviacion de Madrid），后来为了去掉与军队的联系，从1947年开始又改名为马德里竞技（Atletico de Madrid）。

巴塞罗那生涯统计

赛季	国内杯赛		地区联赛		总计	
	出场	进球	出场	进球	出场	进球
1919—1920	3	0	10	0	13	0
1920—1921	—	—	12	0	12	0
1921—1922	5	0	6	0	11	0
总计	8	0	28	0	36	0

巴塞罗那生涯集体荣誉

国王杯冠军

1920、1922

加泰罗尼亚足球锦标赛冠军

1919—1920、1920—1921、1921—1922

一次偶然的机会，巴萨创始人甘伯在招募球员的过程中，发现了天赋异禀的萨莫拉，他对后者的敏捷身手和出色的门线技术印象深刻，建议其投身职业足坛。然而，考虑到萨莫拉年仅 15 岁，无法立刻在球队担起重任，甘伯并未为巴萨签入这名天才。随后，同城球队西班牙人将萨莫拉招至帐下。

1916 年 4 月 22 日，一个被后世反复述说、具有划时代意义的日子——这一天，西班牙人远征首都马德里，与尚未冠名“皇家”的马德里俱乐部进行热身赛，因为原主力希韦特要留在巴塞罗那照顾自家生意，只有 15 岁的萨莫拉自动晋升为首发门将。

由于第一次离家出远门，萨莫拉害怕一个睡觉，他坚持让队友和自己同住一间房。可一旦走上球场，他就完全褪去了生活中的稚气，化身成勇敢无畏的门将。面对日后成为皇马功勋主席的圣地亚哥·伯纳乌，萨莫拉多次高接低挡，让坐进新主场的马德里球迷叹为观止。自那以后，他就牢牢把持着主力位置，并帮助球队在加泰罗尼亚锦标赛上夺冠。

不过，萨莫拉在“鹦鹉军团”的首次效力，仅维系了三年时间。因为与一位俱乐部高层产生矛盾，他选择转投巴萨。1919 年 5 月 31 日，萨莫拉迎来了改穿红蓝战袍的首秀，对手是由一战协约国（法国、英国、比利时）组成的国际纵队。在这之后，他与保利诺·阿尔坎塔拉、埃米利·萨吉巴尔瓦和何塞普·萨米铁尔一起，率队三夺加泰罗尼亚锦标赛冠军，两度捧起国王杯，缔造了巴萨历史上的首个“黄金时代”。

当时，巴塞罗那是全欧瞩目的时尚之都，萨莫拉借着这股东风，成了全民讨论的一线明星。当时，有关萨莫拉的诗文和歌曲，以及以他名字命名的鸡尾酒，开始在球迷群体中流行，这位“踢而优则演”的门将，甚至还参演了一部名为《萨莫拉最后结婚了》的影片。

1922 年，萨莫拉因薪资纠纷向巴萨申请离队，虽然一度遭到拒绝，但他最终还是以 10 万比索的转会费回归西班牙人，并得到了 5 万比索的签字费和 3000 比索的月薪。这是西班牙足球历史上，第一笔发生在两家国内俱乐部之间的“大额转会”，具有划时代意义。

令人遗憾的是，萨莫拉因为欺瞒税务部门，被禁赛一年，致使名誉扫地。不过，这样的负面事件，并不会影响萨莫拉的历史地位，在他所处的那个年代，他就是最好的门将。

↖ 萨莫拉出身于中产阶级家庭，父亲希望他成为医生，但萨莫拉对足球的痴迷和过人天赋，让他最终成为传奇门将。

→ 作为门将，萨莫拉在禁区内的统治力很强。他 1.86 米的身高在那个年代已属上乘，加之预判出色，他对高空球拿捏得非常到位。

萨米铁尔 Josep Samitier

意识流先驱

李静宜

萨米铁尔头顶光环无数，他是初代西班牙国家队元老，还是巴塞罗那足球俱乐部历史第五射手，球员时代，他为红蓝军团夺得首个西甲冠军奖杯，回归执教，又率队拿下第二个，他还在招募球队图腾库巴拉的过程中立下奇功。他如此重要，以至于去世的时候，加泰罗尼亚地区政府给予他国民葬礼待遇，通往诺坎普的一条道路，改成了他的名字。实打实的荣誉有了，我们说地位，巴萨不缺艺术家，但萨米铁尔还是独树一帜，他是红蓝史册最超现实的肖像人物，隶属于足球世界的“超现实主义”流派。

红蓝档案

何塞普·萨米铁尔

Josep Samitier Vilalta

生卒	1902.02.02—1972.05.04
国籍	西班牙
身高	1.72米
位置	进攻型中场

两战之间，超现实主义运动由兴起到顶峰，西班牙文艺界的代表人物当属达利。他是萨米铁尔社交圈中的一员，不存在谁攀附谁一说，当时萨米铁尔也是文化名流，身份性质绝不拘泥于体育名人层面。先说何为超现实主义，即超越人类潜意识、对现实的欺骗性审问，以操纵或改变对存在的连贯理解。拗口释义体现庄重，但还得简而言之：意识流。达利作品以怪诞为特点，他画梦境，画幻觉，都是形而上的感受与意识，时间可以融化、鱼口吞吃猛虎、大象与天齐平，世界扭曲倒转，一如周遭的衰颓绝望。这跟萨米铁尔有什么关系？我们这里着重谈一个词——“越界”。

不管对达利是褒是贬，但其想象力从未遭到质疑。传统美术生要被客

俱乐部球员生涯

1917—1919	国际体育	18场1球
1919—1932	巴塞罗那	504场365球
1932—1934	皇家马德里	22场12球
1936—1939	尼斯	82+场47+球

国脚生涯

1920—1931	西班牙队	21场2球

执教生涯

1936	马德里竞技	胜率31.25%
1942	尼斯	胜率不详
1944—1947	巴塞罗那	胜率56.82%

巴塞罗那球员生涯统计

赛季	联赛		国内杯赛		地区联赛		友谊赛		总计	
	出场	进球	出场	进球	出场	进球	出场	进球	出场	进球
1918—1919	—	—	0	0	0	0	1	1	1	1
1919—1920	—	—	3	0	10	0	30	2	43	2
1920—1921	—	—	0	0	12	1	33	0	45	1
1921—1922	—	—	5	2	7	0	37	22	49	24
1922—1923	—	—	0	0	10	0	48	21	58	21
1923—1924	—	—	7	5	10	14	27	41	44	60
1924—1925	—	—	8	10	12	10	17	12	37	32
1925—1926	—	—	4	8	10	7	6	3	21	17
1926—1927	—	—	7	3	14	21	25	23	46	47
1927—1928	—	—	15	21	10	16	10	13	35	50
1928—1929	13	7	7	4	4	2	6	4	30	17
1929—1930	2	3	9	7	9	2	8	8	28	20
1930—1931	1	0	3	2	4	5	12	19	20	26
1931—1932	12	11	7	1	12	14	5	2	36	28
1932—1933	0	0	0	0	6	10	4	3	10	13
1934—1935	0	0	0	0	0	0	1	2	1	2
1935—1936	0	0	0	0	0	0	1	3	1	3
总计	28	21	73	63	130	102	271	179	504	365

巴塞罗那球员生涯集体荣誉

西甲冠军

1929

国王杯冠军

1920、1922、1925、1926、1928

加泰罗尼亚杯冠军

1918—1919、1919—1920、1920—1921
1921—1922、1923—1924、1924—1925
1925—1926、1926—1927、1927—1928
1929—1930、1930—1931、1931—1932

巴塞罗那执教生涯集体荣誉

西甲冠军

1944—1945

阿根廷金杯（西班牙超级杯前身之一）

1945

↖ 萨米铁尔是加泰罗尼亚足球发展过程中，涌现出的革命式人物。

→ 萨米铁尔能将身体和技术运用到极致，给当时的足球世界注入了一股充满新意的文化浪潮。

观摹写规训，达利作品里的物品都不在一个透视面上。脱离了人物和历史相互依存的基础谈过去，那叫历史虚无主义。我们再看当时的欧洲足球大环境，主张一个分工明确、各司其职：后防任务就是保护球门，锋线主张单打独斗。在西班牙，这叫“巴斯克风格”，进攻球员全权负责赢得球权，以自己的方式破门得分。萨米铁尔不管这些死板教条，着手创造范式转变。

从后场指挥比赛，把控比赛的节奏与流程，他是最早这么干的球员之一。有的人天生就要吃足球这碗饭，比如萨米铁尔，他能像魔术师一样控球，也能像芭蕾舞演员一样盘带，从本方禁区杀到对手禁区，最终呈现一出歌剧，造福球场里的每名访客。他是加泰罗尼亚足球的革命先驱，也是西班牙足坛初代风格偶像之一，翻开西班牙足球的厚重史册，第一位中场指挥官就是萨米铁尔。他有个绰号“龙虾人”，因为总能做出匪夷所思的射门动作，招牌是“龙虾腿”，也就是我们今天说的倒勾。

今时今日司空见惯的很多东西，追根溯源，都有可能联系到萨米铁尔。他跟主体精神结盟，意识让他怎么做，他就遵从本心。总之，这位“B2B”祖师爷虽然踢的是中场位置，进球却比谁都多，你看当时欧洲的中场球员，没几个人能达到这种数据。

他干的都是掀翻教条的事情，想象力和观赏性无一不备，他带领下的巴萨，成为一种文化现象。甚至巴萨得到他的方式，在今时看来也十分超现实：创始人甘伯只用一块手表和一身三件套西装，就招募了这种革命式人物。这两样东西至今还保存在巴萨博物馆里。瑞士人甘伯本身极其厌恶金元风气，始终认为体育运动不应当遭受物质玷污。巴萨有则笑话：甘伯谈合同，总打感情牌，努力给球员灌输“热爱俱乐部”的理念，这样就能被少要些薪水。甘伯先生是伟大的梦想家，但他的理想国在足球世界实在无法成立。17 岁的萨米铁尔能够接受手表和西装，23 岁的他理所应当、也顺理成章地成了西班牙收入最高的球员。

萨米铁尔为巴萨效力 17 年，导演了俱乐部第一个黄金时代的诞生。但他的传奇远不止这些。1932 年，因与管理层的矛盾，萨米铁尔被一线队弃用后转投皇家马德里，某种意义上也是“叛逃”祖师爷。但他没太遭受仇视，你可以说那时的两支球队尚未形成仇视氛围，又或者，萨米铁尔本身就应该接受爱戴。

埃斯科拉 Josep Escola

救星教授

曹知远

论起世界足坛拥有“教授”称号的人，名声最响的或许是法国人温格，还有德国人朗尼克。而在20世纪三四十年代，有一位球技高超、球风优雅的巴萨球员享有这一称号——何塞普·埃斯科拉。在巴塞罗那俱乐部百余年的历史中，埃斯科拉并非是声名显赫的巨星，但在西班牙内战后的那段艰苦岁月里，埃斯科拉为巴萨做出了杰出贡献。

1914年8月28日，埃斯科拉在巴塞罗那出生，他的父母经营着一家帽子店。家里的生意远近闻名，埃斯科拉就在这个小康之家中成长。在那时的西班牙，足球已成为流行运动，儿时的埃斯科拉就在街区与小伙伴们一起踢球，并且很快就展露出了足球天赋。不过他最初的志向，并不是成为球员，而是成为工程师。

青少年时期，埃斯科拉一边上学一边帮家里照看生意，由于出众的足球天赋，他被桑茨俱乐部看中，进入

红蓝档案

何塞普·埃斯科拉

Josep Escola Segales

生卒	1914.08.28—1998.03.07
国籍	西班牙
身高	不详
位置	中锋/二前锋

梯队，由此走向足球之路。1934年，埃斯科拉加盟巴萨，并在为巴萨首次出战西甲联赛时就取得了进球，那时他只有20岁出头。效力巴萨首个赛季，埃斯科拉参赛33场，收获37个进球，充分展示了射手天分。

年轻的埃斯科拉很快就成为巴萨的主力，并帮助球队连续两个赛季收获加泰罗尼亚锦标赛冠军。1936年国王杯（当时名为共和国总统杯），巴萨进入决赛，对手正是皇马。比赛最后关头，曾效力于巴萨的皇马门神萨莫拉做出一次精彩而关键的扑救，帮助皇马将2：1的比分保持到了最后。这次经典扑救成了萨莫拉留给皇马的绝唱，后来被很多文章反复提及，而他扑出的，正是埃斯科拉的射门。

埃斯科拉与巴萨在这场决赛中留下了遗憾，但更艰难的局面在随后到来——西班牙内战爆发，西甲联赛停摆。战争初期，加泰罗尼亚等地区受到的影响相对较小，巴萨和其他俱乐部参加了名为“地中海联赛”的赛事，并且赢得了冠军。然而，受战争影响，巴萨在财政方面遇到了极大困难，经营举步维艰。这时，巴萨收到了来自北美的巡回赛邀请，为了拯救俱乐部，埃斯科拉与队友们远赴北美参赛。此行为巴萨带来了46万比塞塔的收入，按后来西班牙媒体的评价，这趟旅行“救了巴萨的命”。埃斯科拉作为主力，参加了全部的巡回赛比赛。

北美之旅结束后，考虑到西班牙国内的时局，不少巴萨球员没有回国，而是选择留在国外，埃斯科拉也是其中一员，他选择加盟法国塞特俱乐部。

俱乐部生涯

1932—1934	桑茨	数据不详
1934	西班牙人	数据不详
1934—1937	巴塞罗那	92场86球
1937—1939	塞特	28场18球
1940—1948	巴塞罗那	143场77球

国脚生涯

1941—1945	西班牙队	2场1球

巴塞罗那生涯统计

赛季	联赛		国内杯赛		其他		总计	
	出场	进球	出场	进球	出场	进球	出场	进球
1934—1935	18	18	5	6	10	13	33	37
1935—1936	19	13	7	8	9	17	35	38
1936—1937	14	7	—	—	10	4	24	11
1940—1941	11	8	1	2	—	—	12	10
1941—1942	9	3	8	8	—	—	18	11
1942—1943	15	8	7	6	—	—	22	14
1943—1944	18	4	4	1	—	—	22	5
1944—1945	26	16	3	3	—	—	29	19
1945—1946	19	6	1	0	1	2	21	8
1946—1947	14	9	1	0	—	—	15	9
1947—1948	3	1	1	0	—	—	4	1
总计	166	93	38	34	30	36	235	163

巴塞罗那生涯集体荣誉

西甲冠军

1944—1945、1947—1948

国王杯冠军

1942

阿根廷金杯（西班牙超级杯前身之一）

1945

加泰罗尼亚足球锦标赛冠军

1934—1935、1935—1936

地中海地区联赛冠军

1937

西班牙当局对这批球员给出了长期禁赛的处罚。但对于这位队内头号射手，巴萨不愿就此放弃，在俱乐部的争取下，埃斯科拉提前结束禁赛，再次披上巴萨战袍。

内战结束后，流失大量主力的巴萨在联赛中战绩不佳，甚至险些降级。危局之中，埃斯科拉成为英雄，1942年国王杯（当时更名为大元帅杯）决赛，埃斯科拉梅开二度，帮助巴萨 4 ∶ 3 战胜毕尔巴鄂竞技，获得冠军。在俱乐部最为艰难的日子里，这个冠军显得弥足珍贵，也极大鼓舞了全队的士气。埃斯科拉不仅在球场内贡献进球，还在球场外帮助年轻球员成长。1945 年，埃斯科拉戴上了队长袖标，以队长身份继续带领球队前行。

与众多个性十足、桀骜不驯的球星不同，埃斯科拉为人沉稳随和，容易相处，在球场上很少与对手争执，即使遭遇对方暴力犯规也仍然如此。在那个判罚尺度宽松的年代，锋线球员遭到粗暴犯规司空见惯，埃斯科拉作为各路对手的重点盯防对象，自然也没少受伤，且经常需要带伤出战。为了防止对手对自己受伤的那条腿“补刀”，埃斯科拉甚至需要故意在没受伤的腿上绑起绷带，吸引“火力”。

而在业余时间，埃斯科拉的爱好也与其他球员大有不同。从小受到良好教育的他博学多才，会弹钢琴，可以阅读法语原文名著，甚至还为电影配乐。他将这份优雅也带到了球场上，并凭借自如潇洒又不失高贵的球风，获得了“足球教授”的绰号。

1948 年，埃斯科拉在巴萨退役，彼时巴萨已经走出阴霾，一批生力军也在埃斯科拉的帮助下成长为中坚力量。作为出生于巴塞罗那的本地球员，埃斯科拉出色完成了自己的历史使命。俱乐部名宿萨米铁尔在埃斯科拉的纪念赛后，对埃斯科拉的孩子说：“你的父亲是最好的加泰罗尼亚球员，当然，比我还是要差一点。”

↖ 球风优雅的埃斯科拉（左图），加盟巴萨之后（右图前排右 1）很快就成为了锋线顶梁柱。

➔ 迫于时局，埃斯科拉（上图左 2）一度为法国塞特俱乐部效力。在巴萨的争取下，埃斯科拉回归，并在之后成为队长（下图左）。

塞萨尔·罗德里格斯 Cesar Rodriguez

只有梅西越过的巅峰

杨健

如果不是2012年梅西对垒格拉纳达上演帽子戏法，已于1995年仙逝的巴塞罗那俱乐部传奇塞萨尔·罗德里格斯，定然不会被媒体多次提及。这位保持队史射手王身份57年之久的传奇，不仅是巴萨队史首个高峰期的亲历人与缔造者，更以绵长的职业寿命和崭新的踢法，成为二战后西甲前锋的标杆。

红蓝档案

塞萨尔·罗德里格斯

Cesar Rodriguez Alvarez

生卒	1920.07.06—1995.03.01
国籍	西班牙
身高	1.72米
位置	前锋

生于莱昂的塞萨尔虽然身高只有1.72米，却双脚技术精湛，更是角球战术中接力头球的好手。罗德里格斯家族兄弟三人起先都在莱昂内莎效力，而天赋最为醒目的塞萨尔不满19岁就得到了巴萨邀约，但在正式披上红蓝战袍之前，塞萨尔却因兵役耽搁了3年，只能先在格拉纳达开始西甲生涯。而在格拉纳达的首个西甲赛季，打进26球的塞萨尔技惊四座，对阵卡斯特利翁，独揽6球的塞萨尔，就此创造了西甲单场破门纪录。

1942年，塞萨尔如愿正式成为巴萨一员，两年后，司职后卫的哥哥卡洛前来会合，兄弟联手的首个赛季，巴萨便队史第2次捧起西甲冠军，自此，这台射门机器便全力开动，11个赛季里进球数从未低于两位数。那个时代的巴萨，固然拥有门神拉马雷茨、后卫塞加拉、中场冈萨尔沃等名将，但为全队摧城拔寨的塞萨尔，才是王冠上的钻石。在效力巴萨的 13 年间，塞萨尔正好夺得 13 个冠军，尤其在 1947—1949 年间，两个赛季一口气打进 52 球的塞萨尔，在行将而立时迎来了个人数据的井喷。

在那个球员职业寿命普遍偏短的年代，塞萨尔却是“逆生长”的代名词：1950—1951 赛季，他不仅在西甲轰进 29 球，还在国王杯决赛梅开二度，为巴萨夺得了 20 世纪 50 年代的首个冠军奖杯。即便在 33 岁“高龄”，他仍旧完成了赛季进球上双的伟业。而伴随着巴萨向彼时足坛顶流匈牙利队一众名将敞开怀抱，生涯暮年终于迎来队友天团的塞萨尔，在 1952 年迎来荣誉收割季，巴萨包揽了西甲、国王杯、埃娃·杜阿尔特杯和拉丁杯冠军，在欧战尚未启动的年代，成了货真价实的全冠王。而以 35 岁高龄告别巴萨时，他又先后在莱昂内莎、佩尔皮尼昂和埃尔切度过了 5 个赛季，直到 40 岁才光荣退役。

进球如麻之外，塞萨尔的人品同样有目共睹，效力巴萨期间，球队曾在对阵穆尔西亚时得到了一个“完全不存在”的点球，而走上点球点的塞萨尔，轻轻一脚将球推向门将怀里，充分彰显了公平竞赛精神。而在巴萨突遭低迷的 1963—1964 赛季，已在萨拉戈萨执教并小有所成的塞萨尔，仍然义无反顾地返回钟爱的母队，接替前队友贡萨尔沃担任救火教练。直到 1995 年去世之前，巴塞罗那历届董事会都每月给塞萨尔发放工资，以表彰他在俱乐部成立早年的卓越功勋。

永列红蓝先贤祠的塞萨尔，球员时代最大的遗憾或许有三：一是“我生君未生，君生我已老”，待到库巴拉、齐博尔、柯奇士等猛将相继来投时，和匈牙利天团完全是两代人的他，已经进入生涯下行期，彼此搭档时间有限未能擦出更多火花；而身为巴萨队史第二射手，终其一生，塞萨尔也仅有 1948—1949 赛季一个西甲最佳射手奖杯，与本泽马并列西甲历史前十射手中最少；而 1950 年，即将而立的塞萨尔虽然入选了西班牙队世界杯大名单，却因出身巴萨而没有在巴西得到哪怕一秒钟出场。

↖ 塞萨尔·罗德里格斯连续 7 个赛季都是巴萨队内最佳射手，其中 1948—1949 赛季获得西甲最佳射手，是当时的世界最佳前锋之一。

→ 塞萨尔·罗德里格斯（左）具备一切伟大前锋的素质：技术高超、效率惊人、双足射术、长于盘带，个头不高却有出色的头球功夫。而其永不言败的态度，也令他在效力巴萨期间，成为加泰罗尼亚球迷的挚爱。

俱乐部生涯

1939—1955	巴塞罗那	351场232球
1940—1942	格拉纳达（租借）	29场26球
1955	西班牙工业（租借）	9场8球
1955—1956	莱昂内莎	15场3球
1956—1957	佩尔皮尼昂	13场4球
1957—1960	埃尔切	93场50球

国脚生涯

1945—1952	西班牙队	12场6球

巴塞罗那生涯统计

赛季	联赛		国内杯赛		其他		总计	
	出场	进球	出场	进球	出场	进球	出场	进球
1942—1943	23	13	8	3	—	—	31	16
1943—1944	26	12	4	1	—	—	30	13
1944—1945	24	15	4	6	—	—	28	21
1945—1946	26	12	2	0	1	2	29	14
1946—1947	25	9	4	3	—	—	29	12
1947—1948	19	19	2	0	—	—	21	19
1948—1949	24	28	4	2	3	3	31	33
1949—1950	23	17	2	3	0	0	25	20
1950—1951	27	29	7	4	—	—	34	33
1951—1952	24	21	7	5	3	1	34	27
1952—1953	27	13	5	4	—	—	32	17
1953—1954	15	2	7	5	—	—	22	7
1954—1955	4	0	1	0	—	—	5	0
总计	287	190	57	36	7	6	351	232

巴塞罗那生涯集体荣誉

西甲冠军

1944—1945、1947—1948、1948—1949
1951—1952、1952—1953

国王杯冠军

1951、1952、1953

埃娃·杜阿尔特杯冠军

1948、1952、1953

拉丁杯冠军

1949、1952

注：埃娃·杜阿尔特杯相当于西班牙超级杯前身，由西班牙皇家足协于1947年创办，对阵双方为西甲冠军和大元帅杯冠军，名字是为了致敬阿根廷总统夫人埃娃·杜阿尔特·庇隆。从1947年到1953年，这项年度赛事实际只举办了5届，1952和1953年因为巴萨包揽了国内双冠，奖杯直接颁予巴萨。

拉丁杯是1949年至1957年间由法国、意大利、西班牙、葡萄牙四个西南欧国家联合举办的俱乐部赛事，每赛季四国的联赛冠军参加，共举办了8届（1954年未举办），西班牙4次夺冠，次数最多，巴萨和皇马各两次。1955年欧洲冠军杯创办后，拉丁杯逐渐失去存在意义。

巴塞罗那生涯主要个人荣誉

西甲最佳射手

1948—1949

巴索拉 Estanislao Basora

右路狂飙

吴昊宇

2012年3月16日，埃斯塔尼斯劳·巴索拉在西班牙大加纳利岛去世，享年85岁，巴萨和西班牙的传奇右边锋走完了传奇一生。20世纪50年代初期席卷多个冠军奖杯的巴萨阵中，司职右边锋的巴索拉是极为重要的一环，出色的射门和盘带能力，以及精确的传中球，他被视作巴萨队史上最出色的右边锋之一。

红蓝档案

埃斯塔尼斯劳·巴索拉

Estanislau Basora Brunet

生卒	1926.11.18—2012.03.16
国籍	西班牙
身高	1.68米
位置	边锋/前锋

20世纪30年代的巴塞罗那，没有正规的足球青训学院，更没有拉马西亚这样招揽全世界英才的星工厂。出生于巴塞罗那的巴索拉，只能在街头挥洒自己的足球天赋，7岁时的他，就已经可以与一群十三四岁的孩子比赛。

虽然有着异于常人的天赋，但巴索拉的父亲始终希望儿子坚持学业，用巴索拉的话说就是：“小时候我从未想过能在足球收获成功。”20岁前，巴索拉在苏利亚和曼雷萨等当地业余俱乐部踢球，并按照父亲的指示攻读学位，直到1946年一份来自巴塞罗那俱乐部的报价送到他手上，巴索拉决定就此“投笔从戎”。

加盟巴萨后，巴索拉很快就成为绝对主力，身材矮小的他技术娴熟，控球能力出色，而且很有团队意识，除了射门了得，还有一脚准确的传中

俱乐部生涯

1943—1946	曼雷萨	数据不详
1946—1958	巴塞罗那	296场110球
1955—1956	列伊达（租借）	16场6球

国脚生涯

1949—1957	西班牙队	22场13球

巴塞罗那生涯统计

赛季	联赛		国内杯赛		欧战		总计	
	出场	进球	出场	进球	出场	进球	出场	进球
1946—1947	3	1	3	0	—	—	6	1
1947—1948	26	11	2	0	—	—	28	11
1948—1949	25	9	5	7	—	—	30	16
1949—1950	17	7	2	0	—	—	19	7
1950—1951	30	16	5	1	—	—	35	17
1951—1952	27	8	7	4	—	—	34	12
1952—1953	28	11	7	5	—	—	35	17
1953—1954	26	7	7	0	—	—	33	7
1954—1955	9	3	1	0	—	—	10	3
1955—1956	0	0	1	0	—	—	1	0
1956—1957	24	10	7	2	—	—	31	12
1957—1958	22	6	6	2	6	0	34	8
总计	237	89	53	21	6	0	296	110

巴塞罗那生涯集体荣誉

西甲冠军

1947—1948、1948—1949、1951—1952
1952—1953

国王杯冠军

1951、1952、1952—1953、1957

博览会杯冠军

1955—1958

拉丁杯冠军

1949、1952

埃娃·杜阿尔特杯冠军

1948、1952、1953

小世俱杯冠军

1957

注：小世俱杯是一项1952年到1975年在委内瑞拉举行的洲际赛事，每年由4支欧洲和南美球队参加。随着欧洲冠军杯和洲际杯的创办，小世俱杯逐渐式微并停办。

球，善于和队友们配合。20世纪50年代巴萨经历了一段辉煌时期，身穿7号球衣的巴索拉让这个号码熠熠生辉，后来的巴萨7号们几乎没人超越他的成就。

1949年，西班牙队在巴黎科隆布球场的友谊赛5∶1大胜法国队，赛后法国《队报》直呼巴索拉为“科隆布的怪物”。那是巴索拉代表西班牙队的第二场比赛，他在法国人面前展示了自己惊人的速度、技术和射门能力，短短15分钟内上演了帽子戏法。

巴索拉的出色发挥，帮助西班牙队打入1950年世界杯正赛，司职右边锋的他在那届赛事大放异彩，共计攻入4球，与绝杀巴西、帮助乌拉圭夺得冠军的吉贾等三名球员，并列射手榜第3位。“斗牛士军团”最终获得第4名的佳绩，直到2010年在南非夺冠之前，这都是西班牙队在世界杯的最好成绩。为了表彰巴索拉在巴西世界杯上的出色表现，西班牙政府授予他象征年度最佳运动员的古埃尔男爵勋章。

1958年6月，巴萨在国王杯半决赛对决毕尔巴鄂竞技，尽管巴索拉攻入两球，但巴萨还是输给老对手，无缘决赛。那场比赛后，巴索拉出人意料地宣布退役。当时，巴索拉已经不是球队绝对主力，还在1955—1956赛季被租借到列伊达踢了一个赛季，但只有31岁的他还远未到应该退役的年龄。

宣布退役后，巴索拉收到过不少欧洲俱乐部的报价，但他还是坚持离开绿茵场，几乎彻底离开了足球界，除了偶尔出席一下巴萨俱乐部的纪念活动，基本从不抛头露面。1974年巴萨俱乐部成立75周年，巴索拉被选入队史最佳11人。

加泰罗尼亚媒体人约尔迪·费内特雷斯曾这样描述巴索拉的秉性：“他在场上是优秀的球员，在场下是一个很有涵养的人，他喜欢读书和下国际象棋，私生活低调又简单。”晚年的巴索拉居住在大加纳利岛养老，据悉佩德罗、特略和昆卡等巴萨后辈都给他打过电话，请教在巴萨出任边锋的经验。

↖ 巴索拉身材不高，但盘带和射门技术都异常了得，就像一把匕首撕开对手的防线。

→ 巴索拉在进攻中果敢坚决，他的轻灵一击往往让对手防不胜防。

除了出色的守门技术，拉马雷茨俊朗的外形也为他俘虏了无数粉丝。

拉马雷茨 Antoni Ramallets

飞翔的灵猫

吴昊宇

俊朗的外表、舒展的扑救动作、敏锐的反应速度，让安东尼·拉马雷茨收获了“玉面守护神”“飞翔的灵猫”的称谓，由于在 1950 年巴西世界杯上的出色表现，他也被外界称为“马拉卡纳球场的灵猫”。作为守门员，拉马雷茨虽然风头不如很多进攻球员，但他英俊的面庞和魁梧的身材俘获了万千少女的芳心。

1924 年，拉马雷茨出生在巴塞罗那格拉西亚街区著名的圣家族教堂附近，这里也是他成长的地方。1941 年，拉马雷茨加入街区俱乐部开启了足球生涯，即便后来前往南部港口城市加的斯服兵役，他也没有放弃足球，继续在当地的海军基地队伍中参加比赛，帮助球队拿到了西班牙军队足球赛事的亚军。

红蓝档案

安东尼·拉马雷茨

Antoni Ramallets Simon

生卒	1924.07.01—2013.07.30
国籍	西班牙
身高	1.82米
位置	门将

1946 年，光荣退伍的拉马雷茨终于如愿加入自己最热爱的巴萨俱乐部。在巴萨生涯初期，拉马雷茨并非主力，一直在租借和板凳煎熬中蹉跎。直到 1949—1950 赛季中期，巴萨首发门将贝拉斯科因眼睛受伤无法比赛，才成就了拉马雷茨的上位。之后拉马雷茨再也没有将主力位置让出，并且凭借出色的表现入选了西班牙国家队，参加 1950 年巴西世界杯。

俱乐部生涯

1942—1944	圣费尔南多	数据不详
1944—1946	马洛卡	39场0球
1946—1962	巴塞罗那	387场0球
1946—1947	巴拉多利德（租借）	数据不详

国脚生涯

1950—1961	西班牙队	35场0球

巴塞罗那生涯统计

赛季	联赛		国内杯赛		欧战		其他		总计	
	出场	进球	出场	进球	出场	进球	出场	进球	出场	进球
1946—1947	0	0	0	0	—	—	—	—	0	0
1947—1948	0	0	1	0	—	—	—	—	1	0
1948—1949	1	0	1	0	—	—	—	—	2	0
1949—1950	16	0	2	0	—	—	1	0	19	0
1950—1951	20	0	7	0	—	—	—	—	27	0
1951—1952	28	0	7	0	—	—	3	0	38	0
1952—1953	27	0	7	0	—	—	—	—	34	0
1953—1954	6	0	1	0	—	—	—	—	7	0
1954—1955	29	0	3	0	—	—	—	—	32	0
1955—1956	29	0	5	0	1	0	—	—	35	0
1956—1957	29	0	7	0	—	—	—	—	36	0
1957—1958	22	0	6	0	3	0	—	—	31	0
1958—1959	28	0	8	0	1	0	—	—	37	0
1959—1960	27	0	5	0	14	0	—	—	46	0
1960—1961	26	0	3	0	13	0	—	—	42	0
1961—1962	0	0	0	0	0	0	—	—	0	0
总计	288	0	63	0	32	0	4	0	387	0

注：1959—1960和1960—1961赛季巴萨同时参加欧冠和博览会杯。

巴塞罗那生涯集体荣誉

西甲冠军

1947—1948、1948—1949、1951—1952
1952—1953、1958—1959、1959—1960

国王杯冠军

1951、1952、1952—1953、1957、1958—1959

博览会杯冠军

1955—1958、1958—1960

拉丁杯冠军

1949、1952

小世俱杯冠军

1957

埃娃·杜阿尔特杯冠军

1948、1952、1953

巴塞罗那生涯主要个人荣誉

萨莫拉奖（《马卡》报评选的西甲最佳门将）

1951—1952、1955—1956、1956—1957
1958—1959、1959—1960

拉马雷茨在那届世界杯出场四次，包括第一阶段小组赛连续零封智利队和英格兰队，帮助斗牛士军团打进四强，“马拉卡纳的灵猫”这一绰号不胫而走。拉马雷茨回忆称：“当时一位记者想用个称谓来描述我的发挥。那时很多巴塞罗那的商店橱窗里有一只肩胛骨有些突出的猫的雕塑，就好像长着翅膀那样，于是他们就用‘像插上翅膀的猫一样飞翔’来形容我在世界杯的表现。”

一届惊艳的世界杯，让媒体将拉马雷茨与传奇门神萨莫拉相提并论。而在世界杯结束后，他作为巴萨的主力门神，也拿到了以萨莫拉命名的西甲最佳门将奖项。西甲最佳门将从 1959 年开始被正式命名为“萨莫拉奖”，拉马雷茨在 1958—1959 和 1959—1960 赛季赢得了该奖头两届评选，而在此之前他已经三次当选西甲最佳门将。他与巴萨后辈巴尔德斯、马竞门将奥布拉克，是历史上当选西甲最佳门将次数最多的球员。

从 1949 年成为巴萨一门以来，拉马雷茨为红蓝军团把守城门十二载，随队拿到大大小小 19 个冠军奖杯。可惜在巴萨生涯最后一个赛季，拉马雷茨还是留下了莫大遗憾：1961 年在伯尔尼举办的欧冠决赛上，37 岁的他出现致命失误，一记乌龙球导致巴萨 2 ∶ 3 输给本菲卡，与队史第一个欧冠奖杯擦肩而过。多年以后，拉马雷茨仍对那次致命失误耿耿于怀，每次接受采访时，那场欧冠决赛都是他避而不谈的话题。

虽然结局不够完美，但拉马雷茨仍是无可否认的巴萨英雄。1962 年 3 月，巴萨在诺坎普球场为这位功勋门将举办了告别赛，最终巴萨 5 ∶ 1 大胜汉堡，拉马雷茨完美谢幕，俱乐部在赛后为他颁发了功勋奖章。

晚年接受采访时，拉马雷茨曾坦言，他并不喜欢现代足球：“我踢球那个时代更加崇尚进攻，我的身前很多时候只有两名后卫，前场却有五名进攻球员。但是现在的比赛，保证不丢球是很多球队的想法。”但即便在那个进球如麻的时代，拉马雷茨还能做到单赛季场均丢球数不超过一个，可见他的超强实力。

2013 年，拉马雷茨在家乡巴塞罗那去世，享年 89 岁。和巴索拉一样，拉马雷茨也是西班牙足球最初进入世界视野的代表人物，被认为是巴萨和西班牙历史上最优秀的门将之一。在西班牙足球界，拉马雷茨的地位大概仅低于卡西利亚斯与萨莫拉，与苏比萨雷塔伯仲之间。部分媒体甚至认为，拉马雷茨的能力堪与同时代的金球奖得主列夫·雅辛比肩。

➔ 拉马雷茨在球门前敏捷的扑救动作让他获得了“灵猫”的美誉。

红蓝档案

拉斯洛·库巴拉

Laszlo Kubala

生卒	1927.06.10—2002.05.17
国籍	匈牙利/斯洛伐克/西班牙
身高	1.76米
位置	前锋

← 库巴拉把球员生涯最美好的10年奉献给了巴萨，当他离开时，俱乐部在诺坎普为他举办了盛大的告别仪式。

↘ 20世纪50年代，正是有了库巴拉的存在，才让巴萨拥有和皇马分庭抗礼的资本。

库巴拉 Laszlo Kubala

忠于红蓝的世界公民

周佳骅

1927年6月10日，库巴拉出生于匈牙利首都布达佩斯，他的父亲帕尔·库巴拉·库尔亚斯属于匈牙利境内的少数民族斯洛伐克族，母亲安娜·什泰茨则是波兰、匈牙利和斯洛伐克混血。因为如此多元的种族文化背景，库巴拉常自称是“世界公民”。

小时候，库巴拉的家境并不富裕，他的父亲是瓦匠，母亲在工厂上班，以当时工人阶级的微薄薪资，自然无法给库巴拉锦衣玉食的生活。不过，库巴拉的童年并不缺少快乐，在约瑟夫城的卡尔瓦里奥广场，他尽情挥洒足球技艺，成为当地人尽皆知的天才少年——“库克西（库巴拉昵称）”。

差不多11岁的时候，库巴拉就

俱乐部球员生涯

1944	甘兹	9场2球
1945—1946	费伦茨城	49场33球
1946—1948	布拉迪斯拉发斯拉夫人	33场14球
1948—1949	沃绍什	32场16球
1949—1950	帕特里亚	16场9球
1950	匈牙利人	6场5球
1951—1961	巴塞罗那	256场194球
1963	多伦多城	25场18球
1963—1965	西班牙人	29场7球
1966—1967	苏黎世	13场7球
1967	多伦多猎鹰	19场5球

国脚生涯

1946—1947	捷克斯洛伐克队	6场4球
1948	匈牙利队	3场0球
1953—1961	西班牙队	19场11球

执教生涯

1961—1963	巴塞罗那	胜率53.8%
1963—1966	西班牙人	胜率40.0%
1966—1967	苏黎世FC	胜率58.8%
1968	多伦多猎鹰	胜率不详
1968—1969	科尔多瓦	胜率40.0%
1969—1980	西班牙队	胜率45.6%
1980	巴塞罗那	胜率53.8%
1982—1986	利雅得新月	胜率不详
1986	穆尔西亚	胜率33.3%
1987—1988	马拉加	胜率75.0%
1988—1989	埃尔切	胜率11.1%
1992	西班牙国奥队	胜率不详
1995	巴拉圭队	胜率42.9%

已经入选了甘兹青年队，而他当时的队友，基本都比他大四五岁。随后，他又被招进布达佩斯市青年队，与同龄的费伦茨·普斯卡什一同成长。1944 年，只有 17 岁的库巴拉，被甘兹一队主帅帕尔·绍博破格提拔。职业生涯的首个赛季，库巴拉共在匈牙利乙级联赛出场 9 次，打进 2 球。仅仅一年后，他就被传统豪门费伦茨城引进。

当时，费伦茨城拥有多名顶级前锋，包括库巴拉的直系师兄伊什特万·迈克以及传奇球星焦尔杰·沙罗希，即便面对如此激烈的竞争，年轻的“库克西”还是坐稳主力，在一年半的时间里，他共为费伦茨城出场 49 次，打进 33 球。在这之后，他的家庭和人生都出现了重大转折。

1946 年，库巴拉的父亲帕尔去世，他也收到了政府的入伍通知。恰在此时，捷克斯洛伐克的老牌劲旅布拉迪斯拉发斯拉夫人向库巴拉发出了邀请。为了更好的薪资待遇，也为了逃避兵役，他用一张假护照蒙混过关，直接来到邻国捷克斯洛伐克踢球。由于彼时匈牙利政府还没有颁布对球员留洋的禁止令，所以库巴拉能顺顺利利地完成转会，据说，费伦茨城从这笔转会中得到了 15000 福林（匈牙利货币）的转会费，尚不满 17 岁的尚多尔·柯奇士，则被当作库巴拉的接班人来培养。

在斯拉夫人，库巴拉出场 33 次打进 14 球，他也因为自身的斯洛伐克血统，获得了捷克斯洛伐克国籍。没过多久，他就被时任捷克斯洛伐克队主帅费迪南德·道西克征召进国家队（出场 6 次进 4 球），还与道西克的亲妹妹安娜·维奥拉特喜结连理，并在日后生下了三个儿子——布兰

↑ 库巴拉的才华让诺坎普的球迷如痴如醉，他就像巴萨那个年代的梅西。

科、拉斯洛和卡洛斯。

1948 年，库巴拉收到了捷克斯洛伐克政府的入伍通知，为了再次逃脱兵役，他又回到了祖国匈牙利。按照此前达成的转会协议，一旦库巴拉回匈牙利踢球，他的所属权将仍归费伦茨城所有，好在对方通情达理，库巴拉才能完全按照自己的意愿，去另一支本土俱乐部沃绍什效力。通过半年的出色发挥，库巴拉取得了沃绍什兼匈牙利国家队主帅季博尔·加洛维奇的充分信任，如愿以偿地穿上了匈牙利国家队的战袍。

1949 年 1 月，库巴拉决定与队友焦尔杰·马利克一起离开匈牙利，两人借道奥地利，最终成功入境意大利。在抵达伦巴第大区布斯托·阿尔西齐奥镇之后，库巴拉和马利克又以难民身份加入了当地的意甲俱乐部帕特里亚。

对于库巴拉的叛逃行为，匈牙利足协怒不可遏，在多次交涉无果的情况下，直接上诉国际足联，要求对库巴拉进行处罚。随后，国际足联对库巴拉处以禁赛两年的重罚，尽管帕特里亚俱乐部的高层做了多番努力，但库巴拉的“禁足令”始终没有取消，除了一些非官方性质的友谊赛之外，他几乎无球可踢。

即便遭受各种势力的打压，库巴拉依旧保持着乐天的性格，他的才华也很快引起一些顶级豪门的注意。当时，都灵队正值鼎盛时期，在取得联赛四连冠之后，该队希望签下库巴拉，来进一步壮大实力。而库巴拉也愿意为都灵踢一些表演赛，待正式解禁之后，再与“公牛”签约。可没过多久，都灵队就遭遇了苏佩加空难，而因为儿子布兰科生病，库巴拉没有随队出

巴塞罗那球员生涯统计

赛季	联赛		国内杯赛		欧战		其他		总计	
	出场	进球	出场	进球	出场	进球	出场	进球	出场	进球
1950—1951	—	—	7	6	—	—	—	—	7	6
1951—1952	19	26	7	12	—	—	2	1	28	39
1952—1953	11	7	6	5	—	—	—	—	17	12
1953—1954	28	23	3	3	—	—	—	—	31	26
1954—1955	19	14	3	5	—	—	—	—	21	19
1955—1956	25	14	2	1	—	—	1	1	28	16
1956—1957	18	9	5	5	—	—	—	—	23	14
1957—1958	21	12	6	5	—	—	2	2	29	19
1958—1959	20	9	1	0	—	—	2	0	25	9
1959—1960	12	7	5	4	3	6	3	3	15	20
1960—1961	13	10	3	3	8	1	1	0	22	14
总计	186	131	48	49	11	7	11	7	256	194

注：1950—1951 赛季库巴拉仍在禁赛期，只参加了大元帅杯和友谊赛。

征，幸运躲过一劫。

为了团结意大利的东欧难民，也为了养家糊口，库巴拉在1950年年初与大舅子费迪南德·道西克，一起组建了一支名为“匈牙利人”的俱乐部。通过这支球队，库巴拉既维持了自己的体能状态，也能通过踢友谊赛来赚取基本的生活费用。

1950年6月，库巴拉随队展开西班牙之旅，其间他不仅代表匈牙利人与皇马、西班牙人和拉科鲁尼亚交手，还遇到了为世界杯备战的西班牙国家队和由迪斯蒂法诺领衔的哥伦比亚百万富翁队。

最终，匈牙利人以三胜三负的战绩，结束了西班牙之旅，对皇马打进两球的库巴拉，被皇马主席伯纳乌看中，并收到一份待遇不菲的合同。库巴拉也非常想加盟皇马，但他为了同时安置费迪南德·道西克，向伯纳乌提出把大舅子纳入教练组的要求，对此，伯纳乌直接予以驳回。

恰在此时，观看了匈牙利人和西班牙人比赛的巴塞罗那首席球探何塞普·萨米铁尔，也向库巴拉发出了邀请，并承诺会竭力满足后者各种要求，包括让道西克出任主教练。1950年6月，双方正式签署转会协议，在经济层面，巴萨展示了很大诚意：除了提供65万比塞塔的年薪之外，还支付了一笔30万比塞塔的签字费，而在这之前，巴萨队内薪水最高的塞萨尔·罗德里格斯，年薪也只有12万比塞塔。除此之外，巴萨还向库巴拉的两个前东家——帕特里亚和沃绍什，分别支付了1200万意大利里拉和30万比塞塔的转会费。

历史资料显示，萨米铁尔是通过与西班牙元首佛朗哥的私人关系，才顺利完成了这笔签约，而在库巴拉签约之后，佛朗哥也受邀现场观看了巴萨的热身赛。据说，佛朗哥对库巴拉的球技赞赏不已，在得知后者仍处在禁赛期，且要到1951年4月才能踢正式比赛之后，他甚至威胁，如果不立即对库巴拉解禁，他就让西班牙足协退出国际足联。

不过，国际足联没有屈服于佛朗哥的压力，库巴拉只能老老实实地等待解禁。事实证明，巴萨对“库克西”的耐心和投入都是值得的——解禁后的首个赛季，库巴拉在正式比赛一共打进39球，带领巴萨在西甲、大元帅杯（国王杯前身）和拉丁杯中折桂，尤其在9：0大胜希洪竞技的联赛中独进7球，留下了名垂青史的表现。

1953年，库巴拉又在佛朗哥的特殊照顾下，拿到了西班牙护照，并被征召进了西班牙国家队。此后8年间，库巴拉累计受伤不下10次，尤其是他反复发作的膝伤，差点提前断送了他的职业生涯。但不管遇到多大的挫折，库巴拉总能从低谷中爬起，为巴萨和西班牙队持续稳定输出。

在巴萨生涯的巅峰期，库巴拉也始终保持着对红蓝色的忠诚：皇马主席伯纳乌不止一次后悔错过他，也曾尝试与库巴拉进行私人会晤，甚至直接把一张空白支票放在他面前，薪资条件任他填。但面对伯纳乌的金钱攻势，库巴拉不为所动，坚持选择留守。

➔ 库巴拉本有希望和迪斯蒂法诺（左）在巴萨并肩作战，但命运让他们一个效力巴萨，一个效力皇马，最终两人在西班牙队成了队友。

巴塞罗那球员生涯集体荣誉

西甲冠军

1951—1952、1952—1953、1958—1959
1959—1960

国王杯冠军

1951、1952、1953、1957、1959

博览会杯冠军

1955—1958、1958—1960

拉丁杯冠军

1952

埃娃·杜阿尔特杯冠军

1952、1953

来到巴萨的苏亚雷斯，被逐步打造为兼顾攻防的中场核心，在场上活动范围很大。

老苏亚雷斯 Luis Suarez

师祖司令塔

曹知远

提起路易斯·苏亚雷斯这个名字，你首先会想起谁？或许很多人的答案是乌拉圭射手。然而在巴塞罗那队史中，另一位路易斯·苏亚雷斯早在1960年就创造了历史——那一年，路易斯·苏亚雷斯·米拉蒙特斯获得金球奖，他也是迄今唯一出生于西班牙的男足金球奖获得者。

1935年出生于西班牙加利西亚的苏亚雷斯，成长于拉科鲁尼亚青训。儿时的苏亚雷斯就展现出超常的球技，他经常在海滩上踢球，小伙伴在组队时总是争抢苏亚雷斯，希望他加入到自己的队伍中。升入拉科鲁尼亚一线队之后，苏亚雷斯迅速崭露头角，巴萨很快就看中了这个年轻人，将其签下。

红蓝档案

路易斯·苏亚雷斯·米拉蒙特斯

Luis Suarez Miramontes

生日	1935.05.02
国籍	西班牙/意大利
身高	1.75米
位置	中前卫

当时巴萨主帅是意大利人桑德罗·普波，在更习惯踢进攻型中场的苏亚雷斯身上，普波看到了更多的潜质与可能性。普波将苏亚雷斯的位置后撤，安排在防守型中场的位置。在这位善于调教防守的意大利教头手下，苏亚雷斯的能力愈发全面，防守技能稳步提升。

即便如此，在加盟巴萨之初，苏亚雷斯还是经历过一段困顿时期。由于他体形瘦弱，接替普波的教练普洛特科甚至专门为苏亚雷斯安装了一个拳击速度球，希望他通过拳击运动变得强壮。坚持了一周之后，苏亚雷斯选择了放弃：“我当时都快疯了。我对教练说：‘我不会再进那个小屋了，我是来当足球球员的，不是来当拳击手的。’”话虽如此，苏亚雷斯还是通过其他训练方式，增强了身体对抗能力。

经过几个赛季的磨炼，苏亚雷斯已经成长为顶尖的全能中场，比赛风格极具创造力。他既能利用个人能力盘带过人、插上得分，也能担任中场指挥官，统领全局，用精准的传球瓦

俱乐部球员生涯

1953—1954	拉科鲁尼亚	17场3球
1954—1955	孔达尔	8场7球
1955—1961	巴塞罗那	176场80球
1961—1970	国际米兰	333场55球
1970—1973	桑普多利亚	73场13球

国脚生涯

1957—1972	西班牙队	32场14球

巴塞罗那生涯统计

赛季	联赛		国内杯赛		外战		总计	
	出场	进球	出场	进球	出场	进球	出场	进球
1955—1956	17	5	2	0	0	0	19	5
1956—1957	21	13	2	0	—	—	23	13
1957—1958	12	2	6	5	2	2	20	9
1958—1959	26	14	9	6	1	0	36	20
1959—1960	23	13	2	0	11	1	36	14
1960—1961	17	10	0	0	11	5	28	15
总计	122	60	29	12	25	8	176	80

巴塞罗那生涯集体荣誉

西甲冠军

1958—1959、1959—1960

国王杯冠军

1957、1958—1959

博览会杯冠军

1955—1958、1958—1960

巴塞罗那生涯主要个人荣誉

金球奖

1960

↓ 1960 年，苏亚雷斯获得金球奖（左图），2015 年他将这个奖杯捐给巴萨博物馆（右图）。

解对手防线，帮助队友破门。而他日臻成熟的防守技能，也为队友们提供了充足的保障，可以让库巴拉等锋线明星大胆进攻。1958 年，阿根廷教头埃莱尼奥·埃雷拉成为巴萨主帅，这也改变了苏亚雷斯的足球生涯。埃雷拉十分欣赏苏亚雷斯的能力，让全队攻防都以苏亚雷斯为核心，这进一步释放了苏亚雷斯的潜能，也让巴萨全队的竞技水准登上了又一个台阶。

埃雷拉执教的两个赛季，巴萨结束了众星云集的皇马对西甲的统治，连续两个赛季夺得冠军。而凭借在巴萨的优异表现，苏亚雷斯也在 1960 年战胜普斯卡什、乌韦·席勒与迪斯蒂法诺，赢得金球奖。对于这次获奖，苏亚雷斯自己都感到惊讶：“在他们宣布我得奖之前，我连想都不敢想。”《法国足球》对苏亚雷斯给出了这样的评价：“出众的速度、高超的节奏变化技巧、精准的控球。他是个天生的球员，本可以成为个人主义者，却将所有的天赋都服务于团队协作。”

值得一提的是，自 1956 年金球奖创立以来，此前的几位获奖者马修斯、迪斯蒂法诺、科帕都是锋线球员，苏亚雷斯则是第一位获得金球奖的正牌中场。在之后的岁月中，巴萨涌现出多名以组织进攻见长的顶级中场核心，苏亚雷斯堪称后辈大师们的“师祖”。

1960—1961 赛季，苏亚雷斯帮助巴萨在欧冠 1/8 决赛中淘汰皇马，终结了宿敌的六连冠梦想。最终闯入决赛的巴萨遗憾败给了本菲卡，屈居亚军。彼时巴萨也遭遇财政困境，不得不将苏亚雷斯出售。国际米兰以 2.5 亿里拉的创纪录身价签下了苏亚雷斯，来到意甲赛场的他则成为“大国际时代”的重要成员。在国际米兰，苏亚雷斯巩固了中场大师地位，他也因此得到了“建筑师”的绰号。拥有苏亚雷斯的国际米兰，在那个最为辉煌的年代实现了欧冠两连冠，并且三夺意甲冠军，两次夺得洲际杯冠军。

赛场上调度进攻镇定自若的苏亚雷斯，也有着自己的“小迷信”。在比赛之前用餐时，苏亚雷斯会将红酒倒至溢出酒杯，在他看来，这样的做法会为自己带来好运。1973 年，苏亚雷斯退役从教，执掌过意甲与西甲的多家球队，也曾担任西班牙国青队与成年队主帅。退休之后，苏亚雷斯并没有消失在公众的视野中，他时常接受媒体采访，发表自己对于当今国际足坛的见解。

奥利韦利亚朴实无华兢兢业业，无论踢球还是做人的品格，都让他无愧为一名伟大的队长。

奥利韦利亚 Ferran Olivella

坚守平凡的冠军队长

吴昊宇

从1953年加入巴塞罗那，到1969年退役，费兰·奥利韦利亚几乎将整个职业生涯都献给了自己热爱的俱乐部。奥利韦利亚司职后卫，十年如一日般为前场挥洒才情的巨星保驾护航，没有皮克那般锋芒毕露，只有普约尔般的兢兢业业。结束球员生涯后，奥利韦利亚在当地学校任职体育教师，一干就是34年，曾经的冠军队长脱下战袍后，始终坚守着平凡的生活。

天生的队长气质、磐石般的防守、极强的责任感、从未因为犯规被逐出球场，这些都是奥利韦利亚的标志。奥利韦利亚最初是一名门将，将两代巴萨主力门将贝拉斯科和拉马雷茨视作偶像，但为了球队的需要，他的位置前提了一些，成了一名后卫。1956—1957赛季，年仅17岁的奥利韦利亚被巴萨主帅巴尔马尼亚提拔进一线队，而此前他早已在梯队崭露头角，并代表西班牙国青队有过出战记录。

接下来十余年，奥利韦利亚从边后卫起步，到后来固定打中后卫，防守朴实又干脆，夺得2次西甲冠军、4次国王杯冠军和3次博览会杯冠军。1960年起，奥利韦利亚接过巴萨队长袖标，直到1969年光荣退役。奥利韦利亚给人的印象是谦逊、和善、稳健。巴萨生涯320场比赛，奥利韦利亚只享受过一次进球的喜悦：1960年2月巴萨8：0大胜拉斯帕尔马斯，他打入了红蓝生涯唯一一球。

20世纪50年代后期至60年代初，巴萨和皇马的对决已经有了世纪德比的味道，双方阵容都是星光夺目。奥利韦利亚曾在采访中回忆起与皇马巨星迪斯蒂法诺交手的日子："库巴拉的技术非常出色，他和梅西都可以入

红蓝档案

费兰·奥利韦利亚

Ferran Olivella Pons

生卒	1936.06.22—2023.05.14
国籍	西班牙
身高	1.74米
位置	中后卫

俱乐部生涯

1954—1956	西班牙工业	17场0球
1956—1969	巴塞罗那	320场1球

国脚生涯

1957—1965	西班牙队	18场0球

巴塞罗那生涯统计

赛季	联赛		国内杯赛		欧战		其他		总计	
	出场	进球	出场	进球	出场	进球	出场	进球	出场	进球
1956—1957	27	0	7	0	—	—	—	—	34	0
1957—1958	20	0	6	0	—	—	4	0	30	0
1958—1959	27	0	7	0	—	—	—	—	39	0
1959—1960	20	1	6	0	5	0	7	0	38	1
1960—1961	14	0	1	0	1	0	0	0	16	0
1961—1962	3	0	4	0	—	—	3	0	10	0
1962—1963	2	0	9	0	—	—	2	0	13	0
1963—1964	29	0	8	0	—	—	4	0	41	0
1964—1965	28	0	6	0	—	—	6	0	40	0
1965—1966	27	0	2	0	—	—	6	0	35	0
1966—1967	11	0	4	0	—	—	7	0	22	0
1967—1968	1	0	2	0	—	—	1	0	4	0
1968—1969	5	0	1	0	—	—	3	0	9	0
总计	214	1	63	0	6	0	37	0	320	1

巴塞罗那生涯集体荣誉

西甲冠军

1958—1959、1959—1960

国王杯冠军

1957、1958—1959、1962—1963、1967—1968

博览会杯冠军

1955—1958、1958—1960、1965—1966

小世俱杯冠军

1957

选我心中的最佳球员，但迪斯蒂法诺是我交手过的最训练有素的球员。我对付他的诀窍？学习他最习惯使用的动作。”

1964年，奥利韦利亚作为队长帮助西班牙国家队夺得欧洲杯冠军，这是2008年至2012年大赛三连冠之前，西班牙队仅有的大赛冠军荣誉。1969年，巴萨在优胜者杯决赛中负于布拉迪斯拉发，屈居亚军，33岁的奥利韦利亚在赛后做出了退役的决定。其实他的年龄并不算大，但他觉得“是时候将位置让给更年轻的球员了”。

退役之后，奥利韦利亚没有担任评论员或是经纪人等职务，而是去学习教育课程，随后进入巴塞罗那当地一所学校担任体育教师，一干就是34年，直到退休。“很多家长都跟我说，孩子在家很不听话，但我只用眼神就能让他们完全服从我。我甚至有时候要教小孩子们说话的方式，尽管我最擅长的还是体育教学。我告诉孩子们之前我父亲教导我的东西，以及我在球员生涯中所悟到的一些道理。”奥利韦利亚说。

这位昔日的巴萨和西班牙冠军队长，生前居住在巴塞罗那的卡斯特尔德费尔斯街区，梅西还在巴萨效力的时候，他们的住所仅相距一千米左右。回顾一生，奥利韦利亚在平凡中没有遗憾。“巴萨球迷为我送上的掌声是最无价的，我无法抱怨任何事情，俱乐部上下都对我很好。”奥利韦利亚朴实的话语，正是他一生最好的写照。他是巴萨和西班牙队的冠军队长，是防守迪斯蒂法诺的优秀后卫，但褪去这些光环，他的谦逊、亲和力和数十年如一日的坚持，也同样值得尊敬。

→ 奥利韦利亚的防守风格简洁干脆，身高只有1.74米的他司职中卫，总能以恰到好处的方式将对手的进攻化解于无形。

齐博尔 Zoltan Czibor

天弃之子

杨健

红蓝档案

佐尔坦·齐博尔
Zoltan Czibor Suhai

生卒	1929.08.23—1997.09.01
国籍	匈牙利/西班牙
身高	1.69米
位置	左边锋

身为20世纪50年代打遍天下的那支匈牙利国家队的重要成员，五短身材的齐博尔，拥有和身高完全不相称的球技和爆发力。他出生在一个铁路工人家庭，成年前还在火车司机和足球运动员的职业选择之间纠结不已。最终，这位以爆发力和弹跳著称的左边锋，选择了球场。他旋即和队友们开创了匈牙利足球的流金岁月：1952年奥运会金牌、1954年世界杯亚军。两届大赛征程中，速度飞快、脚下诡谲、射门刁钻的齐博尔，关键时刻甚至比普斯卡什、库巴拉等传奇队友更可靠。凭借魔法师般的脚法，齐博尔成为匈牙利国内人气最高的球星之一，彼时正前往匈牙利留学深造的中国足坛名宿年维泗就在回忆录《欣慰与悲怆》中提起，那时匈牙利街头的孩子们，念叨最多的名字除去普斯卡什和柯奇士，便是齐博尔。

在那支战无不胜的布达佩斯捍卫者队中，距离球门并不近的齐博尔，场均进球居然超过0.7个。更令人惊讶的是，代表捍卫者的最后一战，在队友受伤无法坚持的情况下，戴上手套的齐博尔还客串过门将！

1954年世界杯最佳阵容成员，居然在加盟巴塞罗那之前近两年无球可踢？对于彼时正值黄金岁月的齐博尔而言，这是一段无奈的空白。匈牙利十月事件爆发后，选择离开祖国的齐博尔，最初在罗马踢了几场非正式比赛，但发觉意大利终非久留之地，在队友库巴拉劝说下，1958年，齐博尔

俱乐部生涯

1942—1945	科马罗姆	数据不详
1945—1948	科马罗姆铁路	数据不详
1948—1950	费伦茨城	70场33球
1951—1952	切派尔	51场17球
1953—1956	布达佩斯捍卫者	80场58球
1956	罗马	数据不详
1958—1961	巴塞罗那	94场57球
1961—1962	西班牙人	12场2球
1961	欧罗巴	数据不详
1962	奥地利维也纳	1场0球
1962	巴塞尔	数据不详
1963	瑞士草蜢	3场1球
1963—1964	奥斯皮塔莱特	数据不详
1964	汉密尔顿普里莫	数据不详
1964	多伦多匈牙利	数据不详
1965	多伦多城	数据不详

国脚生涯

1949—1956	匈牙利队	43场17球

巴塞罗那生涯统计

赛季	正式比赛		非正式比赛		总计	
	出场	进球	出场	进球	出场	进球
1957—1958	0	0	2	2	2	2
1958—1959	23	11	16	9	39	20
1959—1960	18	11	10	10	28	21
1960—1961	18	11	7	3	25	14
总计	59	33	35	24	94	57

巴塞罗那生涯集体荣誉

西甲冠军

1958—1959、1959—1960

国王杯冠军

1958—1959

博览会杯冠军

1958—1960

和柯奇士双双披上红蓝战袍，这对国家队的黄金拍档，在诺坎普重新聚首。

相比已经进入生涯末年的库巴拉，齐博尔与巴萨可谓无缝衔接：加盟球队首战，他就在 6 ： 0 屠戮瓦伦西亚的大胜中收获了处子球。在那支格外华丽的巴萨，他和比自己年轻了 6 岁的路易斯 · 苏亚雷斯，是球队摧城拔寨的策源地，戏耍对方后卫从容传中，然后由 1.77 米的“金头”柯奇士一锤定音，更成了巴萨崭新的杀招。

齐博尔加盟巴萨之时，在欧冠五星连珠的皇马，已经逐步进入解体期，而正式终结他们内外霸权的，便是齐博尔和队友们。历经一季磨合，1959—1960 赛季的巴萨开始全面抢班夺权，他们先是在西甲联赛中以两个净胜球的微弱优势力压皇马，结束了对手的两连冠，随后又在同年的第二届博览会杯中 4 ： 2 击败伯明翰实现卫冕，齐博尔在 42 分钟内梅开二度，彻底摧垮了对手斗志。而立之年的齐博尔，迎来了个人荣誉的大丰收。

然而，好景不长，接下来一个赛季，西甲输掉多达 11 场的红蓝军团仅名列第四，国王杯也告出局，首次参战的欧冠成为唯一挽尊之地。欧冠 1/8 决赛，红蓝军团两回合惊险地以 4 ： 3 淘汰皇马，随后又连闯赫拉德茨克拉洛韦和汉堡两关，与本菲卡会师决赛。决赛地不是别处，恰恰是 7 年前齐博尔的伤心地伯尔尼。在这场格外吊诡的战事中，此前 4 轮两回合淘汰赛只输过 1 场的加泰巨人，在刺眼的阳光下迷失了自我，在当届金靴阿瓜斯扳平后，绰号“灵猫”的门神拉马雷茨 1 分钟后自摆乌龙，瞬间葬送了柯奇士取得的黄金开局，而当科卢纳继续扩大比分后，本届赛事从未开斋的齐博尔，在比赛还剩 15 分钟时终于破荒，然而，这并不足以改变巴萨落败的结局。

对于齐博尔而言，在欧洲俱乐部最高荣誉触手可及时猝然倒下，是人生不能承受之重。纵观足球历史，能在世界杯决赛和欧冠决赛均有进球者，除去齐博尔，不过普斯卡什、盖德 · 穆勒、齐达内、曼朱基奇和梅西 5 人而已，而仅有他和曼朱基奇，是两场决赛均抱憾而归的输家。而与身为红白格军团传奇的曼朱基奇不同，所有国字号荣耀均停留在 25 岁之前的齐博尔，未能像老战友普斯卡什那样，在欧冠“失之东篱收之桑榆”。而更令巴萨球迷无从接受的，是这届欧冠决赛后心灰意冷的齐博尔，和库巴拉一道选择了离队，但和直接远赴加拿大淘金的老大哥不同，无缝衔接巴萨同城夙敌西班牙人的齐博尔，着实让巴萨球迷神伤之后，又遭“背刺”。

↖ 齐博尔在个人西甲首秀便以进球帮助巴萨 6 ： 0 大胜瓦伦西亚。关键战役中，齐博尔从不拘泥于左边路，能够依靠细腻盘带与灵活跑位拉扯对手防线，欧冠决赛正是其个人技术的完美体现，虽然贡献不停球凌空远射的杰作，但他所在的球队再一次折戟伯尔尼，为后世留下造化弄人的无尽唏嘘。

→ 1961 年 5 月 30 日，巴萨在伯尔尼举行的欧冠决赛中 2 ： 3 惜败本菲卡。如 1954 年瑞士世界杯决赛不敌联邦德国队一样，齐博尔再度遭遇了进球却未能帮助球队捧杯的遗憾，伯尔尼又一次成为他的伤心之地。

李静宜

一山二虎，意味着其中之一总要被稍显不公地遗忘。比如加林查比照贝利，柯奇士对比普斯卡什，在后者姓氏成为最佳进球代名词的今日，与他在那支无敌匈牙利队中齐名的柯奇士，却因早逝等悲情原因，在历史长河中，成为特定群体的专属回忆。而这对奠定“无敌马扎尔人”威名、构建伟大搭档关系的老伙计，在沦为异乡游子后互为对立的职业选择，也在一定程度左右了二人的历史评价。

20 世纪 50 年代的匈牙利队保有无数震古烁今的恐怖纪录——连续 73 场至少打进 1 球，不败场次横跨 4 年零 1 个月。柯奇士是其中的喋血杀手，68 场 A 级赛收割 75 球，场均 1.103 球，是出战 43 场及以上的球员中效率最高。普斯卡什都要往后靠，“只”以场均 0.99 球（85 场 84 球）当探花。

足球世界最不缺“六边形战士”，可六边形分大小，柯奇士当然是大的。作为久经考验的强力射手，柯奇士双足犹如来复枪般精准，还是盘带好手。但最为人津津乐道的，

柯奇士 Sandor Kocsis

昂头指天外

则是身高 1.77 米的他惊人的头球招牌。体格精壮、弹跳出众并有超强滞空的柯奇士，是匈牙利的“高点”杀器，也因此赢得“金头”美誉。

1958 年，蒙受巴塞罗那“上古图腾”库巴拉感召，柯奇士携手齐博尔投奔老友。彼时巴萨正在接近西班牙内战结束后的又一个成功时代，容量 6 万人的莱斯科茨球场已

红蓝档案

尚多尔·柯奇士

Sandor Peter Kocsis

生卒	1929.09.21—1979.07.22
国籍	匈牙利/西班牙
身高	1.77米
位置	前锋

俱乐部生涯

1946	克巴尼奥伊	5场0球
1946—1950	费伦茨城	84场70球
1950—1956	布达佩斯捍卫者	176场217球
1957—1958	费罗斯青年	11场7球
1958—1965	巴塞罗那	126场82球

国脚生涯

1948—1956	匈牙利队	68场75球

巴塞罗那生涯统计

赛季	联赛		国内杯赛		外战		总计	
	出场	进球	出场	进球	出场	进球	出场	进球
1958—1959	4	4	6	11	0	0	10	15
1959—1960	9	3	0	0	4	5	13	8
1960—1961	10	4	1	1	9	6	20	11
1961—1962	20	17	2	0	6	3	28	20
1962—1963	9	2	7	3	3	4	19	9
1963—1964	19	12	6	4	4	3	29	19
1964—1965	4	0	0	0	3	0	7	0
总计	75	42	22	19	29	21	126	82

巴塞罗那生涯集体荣誉

西甲冠军

1958—1959、1959—1960

国王杯冠军

1958—1959、1962—1963

博览会杯冠军

1958—1960

← 虽以“金头”美誉流芳后世，但柯奇士可谓十八般武艺样样精通，这位无逆足射手对于倒勾好戏同样是信手拈来。

→ 1961年5月31日，欧冠决赛，先拔头筹的柯奇士拼尽全力，也未能阻止“伯尔尼悲剧”再次降临到他身上，巴萨也由此与欧冠冠军失之交臂。

不足以承载狂热球迷的渴望，在这样的背景下，可容9万余人的诺坎普于1957年9月24日开门纳客。

与此同时，巴萨和皇马的恩怨纠葛日趋白热化。皇马在欧冠赛场的连续夺魁，令巴萨几乎遭到遗忘。更大的舞台足以承载更热切的希望，时为西班牙足坛头号教练、有“狂人”鼻祖之称的埃莱尼奥·埃雷拉的到来，为巴萨终结了无法击败皇马夺冠的焦虑。1958—1959 和 1959—1960 赛季的西甲两连冠，是对这支快速、直接、富有侵略性的天才阵容最确切的褒奖。

联赛只是第一步，他们还要在国际赛场做同样的事情。而受国际足联禁赛令影响，柯奇士在联赛两连冠中存在感不强，高光多在杯赛上。在匈牙利阵中惯为主角的他，已经当了路易斯·苏亚雷斯和埃瓦里斯托们两年的陪衬。及至欧冠赛场，巴萨拨乱反正的机会，将欧洲冠军挑落下马的最佳场合，柯奇士宣告登台。

1960—1961赛季欧冠十六强，首回合，巴萨客场2∶2逼平皇马，路易斯·苏亚雷斯双响，但赢得绝平点球的是柯奇士。此役时至今日仍为皇马争议，门将何塞·比森特坚称他对柯奇士的犯规是在禁区外，其余对手控诉柯奇士在此之前已经越位。借由柯奇士千金点球打下的基础，巴萨次回合主场2∶1胜利晋级。历时5年，五连冠霸主首遭淘汰，迎来“最惨痛的失利”。这两回合较量吸引近20万名现场观众，官方称次回合诺坎普为满员状态，而希德·罗威撰写的《世纪恩怨》中称共有12万人到场见证。作为参考，当季欧冠决赛，看客不足2.7万人。

半决赛战汉堡，巴萨首回合1∶0小胜，次回合遭对手连扳两球，眼见晋级无望，“金头”绝境生辉，第90分钟冲顶扳平总比分，巴萨赢得附加赛生机。最终凭借1∶0小胜，巴萨踏上伯尔尼范可多夫球场。

又是伯尔尼，又是范可多夫。对巴萨，这场终局之战的对手是本菲卡，但对柯奇士和齐博尔，他们的对手是心魔。作为1954年“伯尔尼奇迹”的背景、“伯尔尼悲剧”的主角，匈牙利队曾在此遭遇滑铁卢噩梦。此番再次踏足伤心地，柯奇士和齐博尔拒绝进入同一间更衣室，只在走廊进行换装。柯奇士率先以标志性头球破门，齐博尔则凭杰作扩大比分。但在同胞古特曼率领的对手面前，一股熟悉的衰败感随之而来。荒诞的乌龙，无力的失球，本菲卡连进三球，柯奇士迎接宿命，坐实悲情英雄。

没有天生的豪门，巴萨亦不例外。柯奇士递上金钥匙，在巴萨危急时刻打开一扇又一扇通向胜利的大门。只不过，等到真正登堂入室，则是几十年后的故事了。

萨杜尔尼 Salvador Sadurni

暗影下的卫兵

吴昊宇

1973—1974 赛季，巴萨传奇门将萨尔瓦多·萨杜尔尼举起职业生涯第一个、也是唯一的西甲冠军奖杯，当时的他已经 33 岁，在巴萨效力了 14 个春秋。多年后他接受采访说："我原本以为直到退役都不会赢得西甲冠军了。" 20 世纪六七十年代堪称巴萨的历史低潮期，红蓝军团在国内赛场基本是陪跑角色，萨杜尔尼用一次次的扑救和坚守，守护着那支幽暗时期的巴萨。

萨杜尔尼 1941 年出生于加泰罗尼亚大区塔拉戈纳，1957 年加入巴萨青训营，之后近 20 年里，他除了 1960—1961 赛季被短暂租借到马塔罗队之外，其余时间只效力过巴萨一家俱乐部。

1961—1962 赛季，萨杜尔尼迎来在巴萨一线队的处子赛季，起初他只是作为佩苏多的替补，到了赛季后半段逐渐成为主力。一直到 1966—1967 赛季，巴萨高价签下了另一名西班牙本土门将米格尔·雷纳，此人正是后来在利物浦打出名堂、以替补门将身份经历了 2008—2012 年西班牙王朝时期的佩佩·雷纳的父亲。萨杜尔尼和雷纳，为主力位置展开了竞争。

1969—1970 赛季，英国人白金汉成为巴萨新帅，他个人更偏爱雷纳，萨杜尔尼退居替补席。转折发生在 1970—1971 赛季初的传统热身赛甘伯杯上，巴萨 0：5 惨败给莫斯科迪纳摩，作为首发门将的雷纳遭到诺坎普 8 万名观众的嘘声侍候。巴萨球迷很喜欢从自家青训成长的萨杜尔尼，他们对白金汉更换门将的做法一直不满，因此每当雷纳表现不佳，诺坎普就嘘声四起。

红蓝档案

萨尔瓦多·萨杜尔尼

Salvador Sadurni Urpi

生日	1941.04.03
国籍	西班牙
身高	1.80米
位置	门将

俱乐部生涯

1960—1976	巴塞罗那	330场0球
1960—1961	马塔罗（租借）	数据不详

国脚生涯

1963—1969	西班牙队	10场0球

巴塞罗那生涯统计

赛季	联赛		国内杯赛		欧战		其他		总计	
	出场	进球	出场	进球	出场	进球	出场	进球	出场	进球
1961—1962	9	0	1	0	—	—	2	0	12	0
1962—1963	15	0	3	0	—	—	4	0	22	0
1963—1964	22	0	8	0	—	—	1	0	31	0
1964—1965	30	0	6	0	—	—	7	0	43	0
1965—1966	8	0	1	0	—	—	5	0	14	0
1966—1967	28	0	0	0	—	—	2	0	30	0
1967—1968	28	0	8	0	—	—	1	0	37	0
1968—1969	30	0	2	0	—	—	6	0	38	0
1969—1970	5	0	0	0	—	—	1	0	6	0
1970—1971	13	0	0	0	—	—	4	0	17	0
1971—1972	5	0	0	0	—	—	2	0	7	0
1972—1973	0	0	1	0	—	—	—	—	1	0
1973—1974	30	0	7	0	—	—	2	0	39	0
1974—1975	24	0	4	0	5	0	—	—	33	0
1975—1976	0	0	0	0	—	—	0	0	0	0
总计	247	0	41	0	5	0	37	0	330	0

巴塞罗那生涯集体荣誉

西甲冠军

1973—1974

国王杯冠军

1962—1963、1967—1968、1970—1971

博览会杯冠军

1965—1966

巴塞罗那生涯主要个人荣誉

萨莫拉奖（《马卡》报评选的西甲最佳门将）

1968—1969、1973—1974、1974—1975

新赛季开始后，白金汉做了一个特别的决定，让萨杜尔尼首发出战所有主场比赛，到了客场则派雷纳上阵。接下来的两个赛季，两人继续轮流首发，但不再是按照主客场之分。直到1973—1974赛季前夕，雷纳离开巴萨加盟马竞，萨杜尔尼才重新成为雷打不动的首发门将。

那个赛季也是克鲁伊夫加盟巴萨的第一个赛季，在传奇主帅米歇尔斯的带领下，巴萨时隔14年再次称霸西甲，萨杜尔尼凭借稳定的发挥赢得萨莫拉奖。稍有遗憾的是，那个赛季巴萨在国家德比客场5：0大胜皇马，萨杜尔尼却因伤缺席了那场载入史册的比赛。

对萨杜尔尼而言，最令他难忘的一场国家德比，莫过于1968年大元帅杯决赛的“酒瓶子大战”。当时皇马基本统治国内赛事，巴萨能在伯纳乌虎口夺食，着实不可思议。那场大战巴萨1：0小胜皇马捧杯，全场高接低挡的萨杜尔尼，成了巴萨当之无愧的英雄。

出于两队的历史瓜葛，比赛的气氛剑拔弩张，终场哨响那一刻，伯纳乌看台上的啤酒瓶纷纷砸向在场地中央庆祝的巴萨球员。而队长萨杜尔尼捧起奖杯的时候，一个玻璃瓶正好砸到了奖杯上。巴萨中场富斯特则透露，他在赛后洗澡时发现腿部有划痕，很可能是被酒瓶碎片划到了。正是在那场比赛过后，西班牙当局开始禁止在球场销售玻璃瓶装饮品。

1976年，在巴萨失去位置的萨杜尔尼选择退役，俱乐部为他举办了退役仪式，感谢他多年的付出。退役后，萨杜尔尼成了银行工作人员，一直做到63岁退休，他在银行工作的时间比在巴萨守门的时间还要长。

萨杜尔尼与拉马雷茨、巴尔德斯被视为巴萨队史最优秀的三位青训门将。萨杜尔尼的特点是选位出色，头脑冷静，处理高空球也十分稳当。虽然不像拉马雷茨那般身体素质爆表，但萨杜尔尼几乎从不犯低级失误。此外，萨杜尔尼在担任替补的那几个赛季始终兢兢业业，没有半句怨言。

后来萨杜尔尼亲口证实，当年自己主力位置不稳时，曾接到过皇马的邀请，但他从未考虑离开巴萨，更不会加盟死敌皇马。《每日体育报》评论认为，巴萨一直都对萨杜尔尼有所亏欠，但他始终以忠诚和奉献回报着俱乐部。

↖ 萨杜尔尼生于低潮时期的巴萨未知幸与不幸，低潮时期的巴萨拥有萨杜尔尼则一定是莫大的幸运。

→ 身高1.80米的萨杜尔尼没有一副完美的门将身板，但他靠着出众的意识和敏捷的身手成为优秀的门将。

雷克萨奇球员时代是欧洲最好的边锋之一，与克鲁伊夫组成了巴萨攻击线的黄金搭档。

雷克萨奇 Carles Rexach

不只是梅西伯乐

吴昊宇

红蓝档案

卡莱斯·雷克萨奇

Carles Rexach i Cerda

生日	1947.01.13
国籍	西班牙
身高	1.82米
位置	边锋

提到卡莱斯·雷克萨奇，很多球迷的第一印象都是：那个用一张餐巾纸签下梅西的前巴萨总监。但雷克萨奇与巴塞罗那俱乐部的故事远不止于此。作为球员，他在巴萨效力十六载，退役后，他又在巴萨的教练席进进出出，还担任过巴萨总监、球探等重要职位。后来，年龄渐长的雷克萨奇逐步转为顾问，继续为巴萨出谋划策。从 1959 年加入巴萨青训，到 2020 年退休，雷克萨奇与巴萨的情缘历经了 60 余年，可以说，他几乎把一生都献给了巴萨。

1947 年，雷克萨奇出生于巴塞罗那，12 岁就进入了巴萨少年队。1965 年，18 岁的雷克萨奇在巴萨对桑坦德竞技的国王杯比赛中上演一线队处子秀。1967 年，雷克萨奇首次代表巴萨出战西甲，担任右边锋的他爆发力惊人，传射俱佳，是巴萨与西班牙国家队的右路利刃，被认为是 20 世纪 60 年代末至 70 年代欧洲最好的右边锋之一。

雷克萨奇 1981 年退役，除了出道之初被短暂租借到孔达尔，其余时间只效力巴萨一家俱乐部。他共为巴萨在正式比赛出场 450 次，打进 122 球。1970—1971 赛季，他以 17 个进球拿下西甲金靴。1973—1974 赛季，雷克萨奇与克鲁伊夫联手为巴萨拿下西甲

俱乐部球员生涯

1965—1981	巴塞罗那	450场122球
1965—1967	孔达尔（租借）	22场2球

国脚生涯

1969—1978	西班牙队	15场2球

执教生涯

1991	巴塞罗那（临时教练）	胜率66.7%
1996	巴塞罗那（临时教练）	胜率50%
1998	横滨飞翼	胜率44.8%
2001—2002	巴塞罗那	胜率47%

巴塞罗那生涯统计

赛季	联赛		国内杯赛		欧冠		总计	
	出场	进球	出场	进球	出场	进球	出场	进球
1964—1965	0	0	2	1	0	0	2	1
1965—1966	0	0	3	1	0	0	3	1
1966—1967	0	0	0	0	0	0	0	0
1967—1968	22	6	2	1	1	0	25	7
1968—1969	14	2	2	1	5	1	21	4
1969—1970	26	7	6	1	5	2	37	10
1970—1971	29	17	9	3	4	2	42	22
1971—1972	26	5	4	1	5	0	35	5
1972—1973	27	7	3	0	2	0	32	7
1973—1974	28	9	7	1	0	0	35	10
1974—1975	31	6	1	0	7	4	39	10
1975—1976	32	6	6	2	8	5	46	13
1976—1977	14	0	0	0	5	1	19	1
1977—1978	22	9	6	5	7	4	35	13
1978—1979	24	4	1	0	7	2	32	6
1979—1980	24	3	2	0	5	3	31	6
1980—1981	9	0	5	0	2	1	15	1
总计	328	81	59	16	63	25	450	122

巴塞罗那球员生涯集体荣誉

西甲冠军

1973—1974

国王杯冠军

1967—1968、1970—1971、1977—1978
1980—1981

博览会杯冠军

1965—1966、1971

欧洲优胜者杯冠军

1978—1979

巴塞罗那球员生涯主要个人荣誉

西甲最佳射手

1970—1971

巴塞罗那执教生涯集体荣誉

西甲冠军

1990—1991

➔ 雷克萨奇对巴萨的最大功绩，就是作为高管拍板签下了俱乐部历史上最伟大的球员梅西。

冠军，并导演了客场 5 ∶ 0 大胜皇马的经典战役。

球员时代，克鲁伊夫与雷克萨奇曾是巴萨攻击线上的黄金搭档，雷克萨奇“查理”的绰号就是克鲁伊夫取的。退役后，雷克萨奇曾担任巴萨青年队教练组成员，并于 1987 年进入一线队教练组。起初他辅佐的是名帅路易斯 · 阿拉贡内斯，后来克鲁伊夫于 1988 年接替阿拉贡内斯的位置，雷克萨奇成了昔日队友的得力助手，两人联手缔造了巴萨梦一队的辉煌，在 1992 年帮助巴萨夺得队史第一个欧冠冠军奖杯。

1991 年 2 月，克鲁伊夫因接受心脏手术短暂离开帅位，接替他带队的正是雷克萨奇。1996 年克鲁伊夫离开巴萨时，与时任主席努涅斯和雷克萨奇的关系都出现了恶化。克鲁伊夫在自传中称，雷克萨奇在自己下课前表现得非常讨厌努涅斯，但当自己离开后，雷克萨奇却成了接任者，这让克鲁伊夫觉得遭到了背叛，二人就此交恶。

雷克萨奇不顾好友感受，其实可能更多是为了俱乐部考虑，事实上他前后共 4 次站到巴萨主帅的岗位，其中 3 次是作为临时主帅。2001—2002 赛季，原先担任技术总监的雷克萨奇作为正式主帅带领巴萨征战了一个赛季，最终在西甲排名第四，欧冠半决赛则输给了老对手皇马。2002—2003 赛季范加尔二进宫，雷克萨奇于是交出帅印，继续担任技术总监。雷克萨奇曾在巴萨担任多个职位，包括主教练、助理教练、青训教练、技术总监和球探、顾问等。直到 2020 年顾问合同到期后，已经 73 岁的他才正式离开巴萨，偶尔作为评论嘉宾出现在公众视野中。

在雷克萨奇漫长的巴萨生涯中，最让人津津乐道的大概就是他拍板将梅西带到拉马西亚的故事了。“当时我在阿根廷考察年轻球员，他们第一次告诉我那个叫利昂内尔 · 梅西的男孩时，我还以为是一名十七八岁的球员，但他们说他只有 13 岁，我有些惊讶。当我亲眼看到梅西踢球时，我看得出这个男孩就是为足球而生的，他身材很矮小，却有着不可思议的能力。”

“谈判时梅西的父亲有些没耐心，但我向他保证，我们一定会签下他的儿子，我们可以先签下一张纸质协议作为保障。我叫餐馆服务员拿一张纸过来，结果他拿来的却是一张餐巾纸。我在餐巾纸上写下：‘2000 年 12 月 14 日，巴塞罗那，在明格利亚和加吉奥利的见证下，巴塞罗那俱乐部技术总监雷克萨奇，在此同意，在他任下，不管遇到什么反对意见，只要我们开出约定的金额，就可以签下球员利昂内尔 · 梅西。’然后在后面签下了自己的名字。”后来那张传奇的餐巾纸，被永久保存在了拉马西亚陈列馆里。

米格利 Migueli

稳如“泰山”

吴昊宇

普约尔之前，谁是巴塞罗那历史上最优秀的本土中后卫？除了奥利韦利亚，人们大概能想到的就是米格利了。米格利有着“人猿泰山”的绰号，尽管后来普约尔也曾被媒体称为“泰山”，但在西班牙足坛最先拥有这一绰号的是米格利，事实上他的比赛风格也和普约尔非常相似。

1951年，米格尔·贝尔纳多·比安克蒂出生在西班牙位于非洲的海外属地休达自治市，身边人更多叫他“米格利”。米格利在休达当地俱乐部青训脱颖而出后，19岁时加盟了西班牙南部球队加的斯。1973年夏天，米格利以1200万比塞塔的身价转会巴萨，打破了当时西班牙国内球员转会费纪录，和米格利同年加盟的还有克鲁伊夫。

红蓝档案

米格利

Miguel Bernardo Bianquetti

生日	1951.12.19
国籍	西班牙
身高	1.83米
位置	中后卫

虽然那个赛季巴萨夺得了睽违多年的西甲冠军，但米格利只踢了一场比赛。1973年11月，米格利在做客萨拉戈萨的西甲比赛上演巴萨处子秀，随后他不得不进入监狱服刑。因为效力加的斯后期，米格利还在服兵役，根据法令，他转会巴萨之后，必须先得到军区批准才能代表巴萨出赛，否则就犯下了擅自变更军区的罪行。

参加完巴萨生涯首战回到军区后，米格利就被关进了监狱。坊间还有传

俱乐部生涯

1970—1973	加的斯	72场5球
1973—1988	巴塞罗那	549场27球

国脚生涯

1974—1980	西班牙队	32场1球

巴塞罗那生涯统计

赛季	联赛		国内杯赛		欧战		其他		总计	
	出场	进球	出场	进球	出场	进球	出场	进球	出场	进球
1973—1974	1	0	0	0	0	0	—	—	1	0
1974—1975	29	2	4	0	6	0	—	—	39	2
1975—1976	34	5	5	0	9	1	—	—	48	6
1976—1977	25	1	1	0	7	0	—	—	33	1
1977—1978	33	2	6	1	10	1	—	—	49	4
1978—1979	28	0	2	0	9	1	—	—	39	1
1979—1980	31	2	2	1	7	0	—	—	40	3
1980—1981	20	3	6	1	2	0	—	—	28	4
1981—1982	3	0	1	0	2	0	—	—	6	0
1982—1983	31	1	6	0	6	0	6	0	49	1
1983—1984	30	0	7	0	3	1	2	0	42	1
1984—1985	32	4	8	0	1	0	4	0	44	4
1985—1986	29	0	5	0	9	0	1	0	44	0
1986—1987	41	0	0	0	8	0	—	—	49	0
1987—1988	24	0	7	0	6	0	—	—	37	0
总计	391	20	60	3	85	4	13	0	549	27

巴塞罗那生涯集体荣誉

西甲冠军

1973—1974、1984—1985

国王杯冠军

1977—1978、1980—1981、1982—1983

1987—1988

西班牙联赛杯冠军

1983、1986

西班牙超级杯冠军

1983

欧洲优胜者杯冠军

1978—1979、1981—1982

巴塞罗那生涯主要个人荣誉

西甲最佳本土球员

1977—1978、1984—1985

言称，在巴萨对阵萨拉戈萨的比赛进行期间，西班牙国家警察始终在盯着场上的米格利，准备随时逮捕他。好在米格利服刑一个月后就被释放，而在服完兵役之后，米格利接下来一个赛季终于可以名正言顺地代表巴萨比赛了。从 1973 年加盟，到 1989 年在巴萨退役，米格利共计代表红蓝军团出战 549 场正式比赛，1986 年他超过雷克萨奇，成为当时代表巴萨出场最多的球员，这一纪录直到 2012 年才被哈维超越。

米格利做过克鲁伊夫的队友，后来克鲁伊夫执教，米格利还是球队的一员。退役后，米格利一直为《世界体育报》撰写专栏，他曾在文章中回顾自己和克鲁伊夫的渊源："我刚加盟巴萨时还很年轻，克鲁伊夫已经是欧洲最佳球员之一，我们在同一年成为巴萨一员，他教过我一些前锋会使用的技巧，这对我有很大的帮助。作为教练他开启了巴萨最好的一段时光，他能激发每个人的所有潜能。"

除了克鲁伊夫，米格利还亲历了马拉多纳效力巴萨的时期。从 1982 年加盟到 1984 年离开，马拉多纳只在巴萨待了两年，其间阿根廷球王伤病连连，难称成功，不过还是结交了米格利这个好友。马拉多纳先是患上肝炎，随后又受了重伤，在巴萨两年缺席了近 7 个月比赛，米格利始终为马拉多纳送上安抚和支持。

米格利是球场上的勇者，他的防守极具侵略性且作风勇猛，更难得的是，他还能在进攻中做出贡献，职业生涯共为巴萨打入过 27 球。能体现米格利硬汉一面的代表性比赛有很多，其中最著名的是两场决赛。1979 年优胜者杯决赛，巴萨经过加时赛 4 ∶ 3 险胜杜塞尔多夫，夺得队史第一个欧足联赛事奖杯。赛前就有伤在身的米格利坚持出战，首发打满 120 分钟，结果赛后检查显示，"泰山"的右锁骨骨折。

1983 年欧洲超级杯，巴萨客场对阵当时正处巅峰期的阿斯顿维拉，首回合巴萨主场 1 ∶ 0 获胜，但次回合 0 ∶ 3 被逆转，无缘冠军。米格利在次回合下半场与对方球员相撞，嘴唇被撞破，门牙也掉了，鲜血染到球衣上，赛后他的嘴唇被缝了 8 针。米格利血染赛场的一幕，成了他职业生涯中的代表性画面，后来接受采访时，米格利坦言，他的眉额、嘴唇和耳朵都曾多次在比赛中被撞破，共计做过四次面部手术，但他从未后悔过在决赛中带伤登场，或是做出那些奋不顾身的拼抢动作。

退役后的米格利除了给媒体撰写文章，也做过艺术品经销商，在罗塞尔担任巴萨主席期间，还担任过巴萨管理层顾问。"泰山"的绰号伴随了米格利整个职业生涯，直到现在，他在《世界体育报》的专栏署名也是"泰山米格利"。

↖ 米格利的绰号是"泰山"，在防守时他经常上演"泰山压顶"的一幕。

→ 1983 年的欧洲超级杯次回合，米格利在和阿斯顿维拉球员争抢时被撞掉门牙。

内斯肯斯 Johan Neeskens

“球圣”的影子

周佳骅

如果时光可以倒流，时任巴塞罗那主席的努涅斯，还会把正值当打之年的约翰·内斯肯斯赶出诺坎普吗？

1951 年 9 月 15 日，约翰·内斯肯斯出生于荷兰北部小镇海姆斯泰德，从小就展现出超高的体育天赋，几乎每项运动，他都能信手拈来，甚至让同校的体育特长生都惊叹不已。14 岁辍学后，内斯肯斯立志成为足球运动员，他凭借不知疲倦的奔跑和积极凶狠的拼抢，被一家名叫海姆斯泰德竞技的荷乙俱乐部看中，并迅速晋升一队踢上职业联赛，从此走上了足球事业的康庄大道。

1970 年夏天，内斯肯斯被“荷兰足球教父”米歇尔斯发掘，完成了从一名荷乙年轻球员到欧洲豪门主力的进阶。刚开始时，内斯肯斯司职右后卫，他在一对一防守时所展现的韧性和狠劲，能极大地弥补“清道夫”瓦索维奇身体对抗较弱的一面，让后者专注于发挥视野好、长传准的优点。随着内斯肯斯的迅速成长，米歇尔斯看到了将他的位置前提的可能性。从 1971—1972 赛季开始，内斯肯斯被米歇尔斯固定在中场位置上，主要职责是分担克鲁伊夫的防守压力，并对敌方的持球人展开积极逼抢，以尽快恢复本队球权。

在阿贾克斯实现欧冠三连冠之后，内斯肯斯在 1974 年追随米歇尔斯和克鲁伊夫的脚步，从阿贾克斯转投巴塞罗那。但刚到加泰罗尼亚的时候，这位荷兰球星却受到当地球迷的冷遇，因为当时西甲联赛有严格的外援名额限制，内斯肯斯的到来，意味着秘鲁射手乌戈·索蒂尔无法在一队注册——要知道，在内斯肯斯到来前的

红蓝档案

约翰·内斯肯斯

Johannes Jacobus Neeskens

生日	1951.09.15
国籍	荷兰
身高	1.78米
位置	中前卫

俱乐部生涯

1968—1970	海姆斯泰德竞技	68场1球
1970—1974	阿贾克斯	193场50球
1974—1979	巴塞罗那	183场44球
1979—1984	纽约宇宙	96场17球
1984—1985	格罗宁根	7场0球
1985	南佛罗里达太阳	1场1球
1985—1986	堪萨斯彗星（室内足球）	23场1球
1987—1990	巴尔（瑞士）	23场5球
1990—1991	楚格（瑞士）	1场0球

国脚生涯

1970—1981	荷兰队	49场17球

巴塞罗那生涯统计

赛季	联赛		国内杯赛		欧战		总计	
	出场	进球	出场	进球	出场	进球	出场	进球
1974—1975	27	7	0	0	7	1	34	8
1975—1976	32	12	0	0	9	6	41	18
1976—1977	33	8	0	0	8	1	41	9
1977—1978	18	2	2	0	7	1	27	3
1978—1979	30	6	1	0	9	0	40	6
总计	140	35	3	0	40	9	183	44

巴塞罗那生涯集体荣誉

国王杯冠军

1977—1978

欧洲优胜者杯冠军

1978—1979

巴塞罗那生涯主要个人荣誉

西甲最佳外援

1975—1976

国际足联百大球星

2004

1973—1974赛季，这位绰号“Cholo”的矮个子射手，一共为巴萨打进15球，帮助球队获得14年来的首个联赛冠军。

当红蓝拥趸们得知，俱乐部高层要迫使索蒂尔腾出外援名额，并用来完成内斯肯斯的注册时，他们自然会迁怒于初来乍到的荷兰中场。但没过多久，这位天生好斗的荷兰新援，就用出色的表现征服了挑剔的加泰罗尼亚人。当时，克鲁伊夫是公认的“世界最佳球员”，而与“球圣”同名的内斯肯斯，则被球迷冠以“约翰第二”和“克鲁伊夫影子”的名号。尽管这听上去好像内斯肯斯是克鲁伊夫的附庸，但他对此欣然接受：“克鲁伊夫是世界上最伟大的球员，我并不介意成为世界上第二伟大的球员。”

不过，同时拥有“世界第一”和“世界第二”的巴萨，并未如外界所预想的那样，完成对伊比利亚乃至整个欧洲的统治。在与克鲁伊夫携手的4年间，内斯肯斯只拿过1次国王杯冠军。虽然在“球圣”出走后的1978—1979赛季，他与滕特·桑切斯、阿森西和雷克萨奇等人一起，又为巴萨捧回了一个优胜者杯冠军奖杯，但因为得罪了时任主席努涅斯，他在正值当打之年的28岁就遭到了清洗。

历史学家曼努埃尔·托马斯和记者弗雷德里克·波尔塔在合著的巴萨历史书籍中透露：1978年，巴萨做客阿利坎特，闹肚子的努涅斯跑到球场的厕所方便，因为没有手纸，他就向刚好路过的内斯肯斯求助，不知是有意装作没听见，还是想捉弄一下努涅斯，内斯肯斯不声不响走了出去。随后，努涅斯一怒之下把荷兰人卖到了纽约宇宙队。

就此结下梁子的内斯肯斯，不愿再与努涅斯治下的巴塞罗那产生任何纠葛，直到拉波尔塔取代加斯帕特（努涅斯时期的副主席）上位，他才跟随里杰卡尔德前往老东家任教，并为巴萨捧回队史第二个欧冠奖杯做出了巨大贡献。

↖ 内斯肯斯对于自己活在克鲁伊夫的阴影之下并不介怀，而是用兢兢业业的表现赢得了巴萨球迷的尊重。

→ 内斯肯斯脚下技术细腻，同时拥有钢铁般的意志和充沛的体能，属于足球世界最早的一批“B2B（禁区到禁区）”中场。

基尼在场上担任前锋，绰号“巫师”，职业生涯曾5次夺得西甲金靴。

基尼 Quini

“巫师”以德报怨

红蓝档案

基尼

Enrique Castro Gonzalez

生卒	1949.09.23—2018.02.27
国籍	西班牙
身高	1.76米
位置	前锋

周佳骅

“基尼，我主政巴塞罗那期间，最受人欣赏和喜爱的球员之一，带着对他的思念，我写下这行文字向他致哀。他除了是高水平的职业球员之外，还对我们的俱乐部无比忠诚和尊重，即使是他面临两难境地。在1981年的国王杯决赛，面对他心爱的希洪竞技，他用他的人文素养、魅力和义气征服了我们，得到了所有人的喜爱……”

2018年2月27日，基尼从希洪市中心驾车回家时突发心脏病，虽然急救人员对他进行了心脏复苏，但等到基尼抵达医院时，已经停止了呼吸，享年68岁。事后，巴萨前主席努涅斯亲手写下对故友的悼文，也重新唤起了红蓝信徒对这位足坛“巫师”的记忆。

基尼，本名恩里克·卡斯特罗·冈萨雷斯，1949年9月23日出生于西班牙阿斯图里亚斯自治区奥维耶多。他的父亲恩里克·卡斯特罗·拉维亚达，曾是当地一家兵工厂的工人，在认识他母亲玛利亚·埃莱娜之后，两人组成家庭，先后诞下三个男孩。

俱乐部生涯

1967—1968	恩西德萨	22场17球
1968—1980	希洪竞技	421场243球
1980—1984	巴塞罗那	142场77球
1984—1987	希洪竞技	78场32球

国脚生涯

1970—1982	西班牙队	35场8球

巴塞罗那生涯统计

赛季	联赛		国内杯赛		欧战		其他		总计	
	出场	进球	出场	进球	出场	进球	出场	进球	出场	进球
1980—1981	30	20	10	11	2	1	—	—	42	32
1981—1982	32	27	2	0	8	3	—	—	42	30
1982—1983	22	4	2	0	4	0	1	0	29	4
1983—1984	16	3	5	6	1	2	7	0	29	11
总计	100	54	19	17	15	6	8	0	142	77

巴塞罗那生涯集体荣誉

国王杯冠军

1980—1981、1982—1983

西班牙联赛杯冠军

1983

西班牙超级杯冠军

1983

欧洲优胜者杯冠军

1981—1982

巴塞罗那生涯主要个人荣誉

西甲最佳射手

1980—1981、1981—1982

恩里克·卡斯特罗·冈萨雷斯是家里的长子，母亲一般叫他“基尼”，他的二弟赫苏斯和三弟拉斐尔，是他幼时最好的玩伴和陪练，后来，赫苏斯和拉斐尔都成了门将，分别为希洪竞技和希洪竞技预备队效力。等到了上学的年纪，基尼被父母安排到当地一家慈幼会学校就读。很快，他就凭借超强的个人天赋，入选了名为“博斯科体育集团”的校足球队。“我从小就喜欢踢球，但当我加入慈幼会的校队，我才真正开始自己的足球生涯。”

没过多久，他和弟弟赫苏斯一起进入了博斯科·恩西德萨梯队。凭借在梯队的超高进球率，基尼在1967年被提拔进恩西德萨竞技（一队）。可一开始，他被迫改打右边锋，其优势特点完全得不到发挥。随后，皇家奥维耶多向基尼发出邀请，为他提供了先去奥维耶多韦图斯塔（预备队）练级的机会，但由于父亲仍在恩西德萨公司工作，他最终选择了留队。

经过一段时间的等待，基尼的足球生涯终于出现转机。随着何塞·莫利努埃沃出任恩西德萨竞技主教练，基尼回到他最喜欢的9号位。随后，基尼在对阵希洪竞技预备队的比赛中独进4球，并被对方的球探看中。1968—1969赛季，基尼加盟希洪竞技，此后9年，他三夺西甲最佳射手，逐渐跻身本土一线射手行列。

1980年6月，已经31岁的基尼以8200万比塞塔的转会费加盟巴萨。身穿红蓝战袍的首个赛季，基尼就以20个进球荣膺西甲最佳射手。国王杯决赛对阵旧主希洪竞技，他打进巴萨的前两球，率队3∶1捧杯，这也是文章开头努涅斯在悼文里所说的，“面临两难境地……他用他的人文素养、魅力和义气征服了我们”。

不过，基尼的巴萨生涯也绝非一帆风顺。1981年3月1日，基尼在6∶0大胜大力神的比赛中打进两球，赛后，基尼原本要去机场接妻子，但他的座驾被三名歹徒持枪劫持，随后被绑架到萨拉戈萨一个机械工厂。据悉，其中一名绑匪表示，只要家属不报警，等巴萨打完接下来做客马竞的比赛就会释放基尼，同时索要100万比塞塔赎金。

当时，巴萨正在联赛争冠的关键时期，马竞以微弱优势领跑，巴萨更衣室显然受到这次绑架事件的影响，舒斯特尔甚至提议对马竞的比赛弃权，但没有得到其他人的支持。最后巴萨做客马竞0∶1输球，失去了头号射手的巴萨，接下来4轮联赛只拿到1分，退出了争冠军团。不过马竞最终也没有夺冠，皇马后来居上在最后一轮完成了反超。

基尼被绑架25天后，经过警方持续的布局和搜救，成功把绑匪抓获，把基尼解救出来。值得一提的是，绑架基尼的匪徒被判刑10年，但基尼竟主动为绑匪说情，还放弃了索要赔偿的权利，他坚持说自己被绑票期间受到很好的对待，那些人虽然是绑匪，但他们并不是坏人。

↓ 1982年5月12日，基尼在诺坎普进行的欧洲优胜者杯决赛中打入逆转比分的进球，帮助巴萨2∶1击败标准列日夺冠。

金发飘逸，球技精湛，绰号“金发天使”的舒斯特尔曾是诺坎普的偶像级人物。

舒斯特尔 Bernd Schuster

一半是天使 一半是魔鬼

闫羽

如果一名球员，能够在巴塞罗那和皇家马德里两支西甲豪门都有过效力经验，那他多半曾是话题人物，这也是一种实力的认可。如果他还在马德里竞技踢过球，这就更显得万中无一世间罕有，而贝恩德·舒斯特尔正是这样的奇人。

一次西甲冠军，三度国王杯夺魁，还有一个欧洲优胜者杯冠军以及西班牙联赛杯冠军，这就是舒斯特尔在巴萨收获的荣耀，不算少但也不是特别多，其实并不足以反映这位中场选手的巅峰水平。1980 年联邦德国队问鼎欧洲杯，25 岁的鲁梅尼格成了最耀眼的人物，也在后来的金球奖评选中胜出，但排名第二的那位更让人有种惊喜感：时年不过 21 岁的舒斯特尔，凭着欧洲杯上 2 次出场 4 次助攻打动了不少评委。

红蓝档案

贝恩德·舒斯特尔

Bernd Schuster

生日	1959.12.22
国籍	德国
身高	1.81米
位置	进攻型中场 中前卫

同样是在 1980 年，舒斯特尔从德甲科隆转会到了巴萨。在来到西甲的第一个赛季，身为中场的德国人便打进 11 个联赛入球，迅速成为巴萨的进攻发起者和前场火力点之一。他的视野非常开阔，传球精准令对手难以防备，同时又拥有极其充沛的体能和强悍的射门能力，可谓是攻防俱佳，中场全才。

俱乐部生涯

1978—1980	科隆	76场14球
1980—1988	巴塞罗那	241场89球
1988—1990	皇家马德里	88场16球
1990—1993	马德里竞技	112场18球
1993—1996	勒沃库森	83场12球
1996—1997	国立大学美洲狮	9场0球

国脚生涯

1979—1984	西德队	21场4球

执教生涯

1997—1998	科隆福图纳	胜率31.43%
1998—1999	科隆	胜率34.29%
2001—2003	赫雷斯体育	胜率42.70%
2003—2004	顿涅茨克矿工	胜率69.77%
2004—2005	莱万特	胜率25.00%
2005—2007	赫塔费	胜率39.33%
2007—2008	皇家马德里	胜率58.67%
2010—2011	贝西克塔斯	胜率53.33%
2013—2014	马拉加	胜率30.00%
2018—2019	大连一方	胜率44.83%

巴塞罗那生涯统计

赛季	联赛		国内杯赛		欧战		其他		总计	
	出场	进球	出场	进球	出场	进球	出场	进球	出场	进球
1980—1981	23	11	5	0	0	0	—	—	28	11
1981—1982	13	8	0	0	4	2	—	—	17	10
1982—1983	28	7	12	2	5	5	2	0	47	14
1983—1984	22	7	3	2	4	1	—	—	29	10
1984—1985	32	11	8	7	2	1	—	—	42	19
1985—1986	22	10	3	1	6	1	1	0	32	12
1986—1987	0	0	0	0	0	0	—	—	0	0
1987—1988	30	9	8	3	8	1	—	—	46	13
总计	170	63	39	15	29	11	3	0	241	89

巴塞罗那生涯集体荣誉

西甲冠军

1984—1985

国王杯冠军

1980—1981、1982—1983、1987—1988

欧洲优胜者杯冠军

1981—1982

西班牙联赛杯冠军

1983

巴塞罗那生涯主要个人荣誉

金球奖评选第2名

1980

金球奖评选第3名

1981、1985

西甲最佳外援

1985

依照前巴萨中场阿莫尔的说法，在20世纪80年代初，拉马西亚青训学院的孩子都十分崇拜舒斯特尔："他的触球和出球都非常特别，传球、变向……各种动作都给我们耳目一新的感觉。"从这个层面来说，舒斯特尔虽然与克鲁伊夫打造的那支梦幻巴萨并无直接交集，但作为一代青训球员的偶像，他也算是为"梦一"时代的奠基做出了贡献。

如果没有1981年12月的那次重伤，舒斯特尔或许可以赢得更高的成就。在被毕尔巴鄂竞技后卫戈伊科切亚弄伤右膝韧带之后，德国人休养了9个月，也因此错过了1982年世界杯。不过除了伤病，性格也是影响舒斯特尔生涯走势的重要因素。由于外形俊朗，有一头闪亮的金发，德国人曾收获雅号"金发天使"，但这位"天使"却并不总是很友善。比如他曾经公开把时任巴萨主帅的乌多·拉特克称为"酒鬼"，尽管如此描述距离事实并不算远，可毕竟对上司缺乏尊重容易得罪人。

事实上在巴萨效力期间，舒斯特尔与好几任主帅的关系都有些紧张，与巴萨主席何塞普·努涅斯更是不和。两人之间最知名的事件是德国人曾被主席内部禁赛一年，整个1986—1987赛季一场比赛没踢。当然这也是事出有因，源头是舒斯特尔在1986年欧冠决赛有过出格之举。当年巴萨对阵布加勒斯特星，双方战至第85分钟依然是0：0平。此时，舒斯特尔被主帅维纳布尔斯换下，恼怒的德国人下场后便径直离开了球场，搭出租车回酒店甚至没有观看最后巴萨输掉的点球大战。

舒斯特尔就是这么有性格，但所幸这也没有彻底掩盖他的才华。在1987—1988赛季复出之后，德国人又帮助巴萨拿到了国王杯冠军。随后他转会皇马以及去到马竞也都有不少冠军收获。当然，从某种意义上来说，性格还是拉低了舒斯特尔的上限，毕竟他的国家队成就完全止于出道时的巅峰。

未满24岁的时候，舒斯特尔就曾经宣布退出联邦德国队。有传闻说他不愿意当替补，也有说法是他与联邦德国足协、国家队教练以及"拜仁系"的队友不和。而舒斯特尔后来的解释，则是矛盾的种子在1981年5月就已经种下。当时联邦德国与巴西有一场友谊赛，而巴萨第二天又有一场国王杯。原本俱乐部不准备放人，但舒斯特尔还是执意参加了国家队比赛，随后为了早点赶回西班牙，他没有参加球队会议就不辞而别。这被足协描述为违反团队纪律的行为，而舒斯特尔则认为自己一心为国却反倒要背负罪名，非常委屈。

到1984年，舒斯特尔就已经踢完了自己的最后一场国家队比赛。据说时任联邦德国队主帅贝肯鲍尔曾邀请其回归，但最终还是因为舒斯特尔当时的妻子"漫天要价"使谈判破裂。舒斯特尔成了终生无缘世界杯的明星之一，但好在他的俱乐部生涯还是留下了不少美妙瞬间。

➔ 2007年，已是教练的舒斯特尔向世人展示他球员时代的辉煌：巴萨、皇马和马竞都曾留下自己的绿茵足迹。

马拉多纳 Diego Maradona

特别的一戈

吴昊宇

尽管马拉多纳最巅峰的岁月是在那不勒斯度过，但球王登陆欧洲的第一站却是起点更高的巴塞罗那。与梅西在 13 岁的年龄就情定巴萨不同，马拉多纳与红蓝军团的牵手要曲折很多。1978 年，阿根廷人卡索斯成为巴萨副主席，他上任后就希望将马拉多纳招致麾下。

卡索斯代表巴萨第一次海外访问，就是前往自己出生的国家阿根廷，在那里他第一次与马拉多纳见面，两人很快建立了联系。尽管当时马拉多纳只有 18 岁，但天才的他早已被很多欧洲俱乐部盯上，巴萨董事会起初对签下马拉多纳不置可否，认为年轻的阿根廷人天赋尚未完全开发。巴萨能最终签下马拉多纳，与卡索斯的坚持分不开。

红蓝档案

迭戈·马拉多纳

Diego Armando Maradona

生卒	1960.10.30—2020.11.25
国籍	阿根廷
身高	1.65米
位置	进攻型中场/二前锋

在转会巴萨之前，马拉多纳差点去了英格兰的谢菲尔德联，但由于博卡青年要价极高，而且阿根廷足协也不希望本国最有天赋的新星轻易被欧洲“掠夺”，马拉多纳最终无缘加盟谢菲尔德联。一直到 1982 年夏天，始终坚持追逐马拉多纳的巴萨，终于以

俱乐部生涯

1976—1981	阿根廷青年人	166场116球
1981—1982	博卡青年	40场28球
1982—1984	巴塞罗那	58场38球
1984—1991	那不勒斯	259场115球
1992—1993	塞维利亚	30场7球
1993—1994	纽维尔老伙计	5场0球
1995—1997	博卡青年	31场7球

国脚生涯

1977—1994	阿根廷队	91场34球

执教生涯

1994	曼迪尤	胜率8.33%
1995	竞技	胜率18.18%
2008—2010	阿根廷队	胜率75.00%
2011—2012	瓦斯勒（阿联酋）	胜率47.83%
2017—2018	富查伊拉（阿联酋）	胜率63.64%
2018—2019	多拉多斯（墨西哥）	胜率52.63%
2019—2020	拉普拉塔体操击剑	胜率38.10%

← 1982年夏天，刚参加完西班牙世界杯的马拉多纳，以破世界纪录的转会费加盟巴萨，开启了旅欧生涯的第一站。

→ 1982年7月28日，巴萨新赛季阵容在诺坎普亮相，马拉多纳、金球得主西蒙森和舒斯特尔（左起）的巨星组合，让球迷们充满期待。

破世界纪录的760万美元转会费打动了博卡，22岁的马拉多纳成为巴萨一员。

加盟巴萨前，马拉多纳刚好跟随阿根廷队参加了1982年西班牙世界杯，那届杯赛上作为上届冠军的阿根廷队与比利时队进行了揭幕战，比赛地点恰好是诺坎普球场。然而马拉多纳在那届世界杯上的整体表现并不好，在位于巴塞罗那的萨利亚球场进行的第二阶段小组赛上，阿根廷队1：3输给巴西队，马拉多纳以一张红牌结束了自己的第一次世界杯之旅。

卡索斯的坚持，促成了马拉多纳转会巴萨，后来马拉多纳形容卡索斯“是自己职业生涯第二位教父”，仅次于自己的启蒙教练。事实上，马拉多纳在巴萨的开局不错，1982年9月他在对阵瓦伦西亚的比赛首秀破门，代表巴萨的前13场比赛攻入6球，诺坎普的球迷多次为他送上掌声。

然而，时任巴萨主帅拉特克风格比较保守，他并不喜欢个性张扬的马拉多纳，两人的关系较为疏远，德国人甚至在一些场合将马拉多纳称作“那个叫迭戈的家伙”。很多时候，拉特克喜欢在马拉多纳面前展示自己的权威，比如有一次马拉多纳没能准时赶上前往客场的球队大巴，拉特克便让司机驱车离开等待地点，而没有等马拉多纳上车。

1982年12月，马拉多纳被诊断出患有肝炎，不得不暂时休战，他在巴萨的良好势头被打断。在马拉多纳缺席的时间里，巴萨成绩一落千丈，被淘汰出了欧冠赛场。马拉多纳在休息了3个月后复出，此时拉特克已经因为成绩不佳遭到解雇，1978年阿根廷队世界杯冠军教头梅诺蒂走马上任。虽然当赛季巴萨最终只排名西甲

第四，但在国王杯决赛和联赛杯决赛均击败皇马夺冠，马拉多纳在伯纳乌球场打入的精彩进球，甚至赢得了皇马主场球迷的掌声。

自梅诺蒂担任巴萨主帅以来，就始终在设法迎合同胞马拉多纳的习惯。马拉多纳私生活不规律，时常外出夜夜笙歌，还经常迟到或缺席上午的训练，梅诺蒂就特意将训练调整到下午和晚间进行。1983—1984 赛季，巴萨做客马洛卡赛前，由于对俱乐部分配的球鞋不满意，马拉多纳拒绝登场，经过梅诺蒂百般劝说，他才同意首发出场，并攻入一球。后来时任巴萨主席努涅斯承认，巴萨当时为了迎合马拉多纳做了不少让步，这让俱乐部内部很多人感到不满，认为马拉多纳得到的特权过多，全队甚至要为他一个人改变训练时间。

1983 年 9 月，巴萨主场迎战西甲上赛季冠军毕尔巴鄂竞技，马拉多纳的脚踝被“屠夫”戈伊科切亚铲断。好在马拉多纳“只”休战了三个月就强势复出，1984 年 1 月复出首战，马拉多纳梅开二度帮助巴萨击败塞维利亚，让所有批评他的声音戛然而止。阿根廷人在伤愈后的 16 场比赛中攻入 11 球，却无法为巴萨带来冠军，赛季末巴萨只排名西甲第三。

虽然无缘西甲冠军，但马拉多纳和巴萨迎来了卫冕国王杯的机会，对手正好是曾让他重伤三个月的毕尔巴鄂竞技。由于马拉多纳与戈伊科切亚之间的恩怨，这场比赛开始前被疯狂的氛围所笼罩。最终巴萨 0 ∶ 1 输球，旧仇更添新恨。全场比赛，巴斯克人对巴萨施以重重压力，马拉多纳多次被伐树式铲倒，赛后忍无可忍的

巴塞罗那生涯统计

赛季	联赛		国内杯赛		欧战		其他		总计	
	出场	进球	出场	进球	出场	进球	出场	进球	出场	进球
1982—1983	20	11	5	3	4	5	6	4	35	23
1983—1984	16	11	4	1	3	3	—	—	23	15
总计	36	22	9	4	7	8	6	4	58	38

巴塞罗那生涯集体荣誉

国王杯冠军

1982—1983

西班牙联赛杯冠军

1983

西班牙超级杯冠军

1983

巴塞罗那生涯主要个人荣誉

《法国足球》荣誉金球奖

1995

《法国足球》金球奖梦之队

2020

国际足联历史最佳阵容

1994

国际足联20世纪最佳球员

2000

国际足联百大球星

2004

马拉多纳与对方球员米格尔·索拉发生冲突，两队在国王眼皮底下大打出手，马拉多纳因此被西班牙足协禁赛三个月。但马拉多纳没有执行这次禁赛，由于与俱乐部高层意见不合，加上不适应巴塞罗那的生活，马拉多纳在效力巴萨两年后，于 1984 年夏天转会那不勒斯。

由于其特立独行的个性，以及在队中的特权地位，马拉多纳在巴萨效力期间朋友并不多，但他与当时的巴萨主力中卫米格利关系很好。在马拉多纳受伤期间，米格利始终照顾马拉多纳，而马拉多纳决定转会那不勒斯之后，也第一个告诉好友米格利。米格利后来感叹："很可惜，巴萨只能拥有迭戈两个赛季。"

效力巴萨两年，马拉多纳在正式比赛出场 58 次，攻入 38 球，收获了一个国王杯冠军、一个联赛杯冠军和一个西班牙超级杯冠军。虽然因为伤病出勤率不高，但马拉多纳还是在有限的时间里，让人们发现了他日后成为球王的蛛丝马迹。

← 1983年，为了让马拉多纳在巴塞罗那找到感觉，原主帅拉特克下课后，俱乐部特意聘请了阿根廷名帅梅诺蒂前来执教。

→ 马拉多纳效力巴萨期间，和他关系最好的队友是中后卫米格利，两人常常在比赛开始前嬉戏打闹。

作为唯一曾在西班牙国家德比中上演帽子戏法的英国人，莱因克尔在 1987 年 1 月 31 日的表现绝对值得铭记。

莱因克尔 Gary Lineker

“第一梅吹”的资格证

闫羽

提到莱因克尔，当代球迷的第一反应大抵会是那个爱在社交媒体上发评论的名嘴，总是把梅西捧在天上，让人有点怀疑他究竟是不是英格兰人。其实，能成为“第一梅吹”，肯定无法只靠口吐莲花，自己首先得是个说话有分量的响当当人物。莱因克尔显然具备这样的资质，而且这位昔日世界级射手与巴萨还颇有渊源，他曾在这里留下了一段值得珍视的回忆。

关于球员时代的莱因克尔，外人眼中的“人生顶点”大概是 1986 年世界杯。在墨西哥，这位出生于莱斯特的 25 岁小伙以 6 个进球捧走了世界杯金靴。如果不是在 1/4 决赛遭遇马拉多纳的“上帝之手”，他所在的英格兰队或许还能走得更远。而这也算是莱因克尔首次在国际大舞台上充分展现自己。与许多传奇巨星不太一样，莱因克尔并非豪门出身，年少时曾随莱斯特城在英格兰顶级和次级联赛之间来回升降，到 1985—1986 赛季才转到当时的顶级联赛强队埃弗顿。

红蓝档案

加里·莱因克尔
Gary Winston Lineker

生日	1960.11.30
国籍	英格兰
身高	1.77米
位置	前锋

从现在往回看，似乎是莱因克尔在世界杯的突出表现打动了巴萨，另外时任巴萨主帅维纳布尔斯也是英格兰人，这肯定有助于双方的牵线。不过事实是莱因克尔之所以只在“太妃糖”踢了一年就被巴萨挖走，也有一些“负面因素”的影响。据称由于埃弗顿在 1986 年卫冕老英甲(英超前身)失败，主帅肯达尔便对之前引进莱因克尔的做法产生了怀疑。当巴萨前来报价，他催促俱乐部应允下来。

俱乐部生涯

1978—1985	莱斯特城	216场103球
1985—1986	埃弗顿	57场40球
1986—1989	巴塞罗那	138场52球
1989—1992	托特纳姆热刺	138场80球
1992—1994	名古屋鲸八	24场8球

国脚生涯

1984—1992	英格兰队	80场48球

巴塞罗那生涯统计

赛季	联赛		国内杯赛		欧战		其他		总计	
	出场	进球	出场	进球	出场	进球	出场	进球	出场	进球
1986—1987	41	20	1	1	8	0	—	—	50	21
1987—1988	36	16	5	2	8	2	—	—	49	20
1988—1989	26	6	4	1	8	4	1	0	38	11
总计	103	42	10	4	24	6	1	0	138	52

巴塞罗那生涯集体荣誉

国王杯冠军

1987—1988

欧洲优胜者杯冠军

1988—1989

巴塞罗那生涯主要个人荣誉

金球奖评选第2名

1986

国际足联百大球星

2004

“如果那一年我们拿到联赛冠军，我或许会在埃弗顿停留更长的时间。”多年以后，莱因克尔吐露了自己当时的想法。由于埃弗顿方面没有预先通知就答应了巴萨的报价，这也让莱因克尔一度有些自我怀疑：“这像是你不被喜欢的信号。”况且他在1985—1986赛季41场英甲就打进了30球，是联赛最佳射手。

巴萨的召唤终究是难得的发展机会，被埃弗顿“送走”的莱因克尔也就此迎来一段非凡经历。当年巴萨邀请他的诚意是很充足的，转会费280万英镑，在当时可排在巴萨队史引援第2高价的位置，仅次于1982年引进马拉多纳，然后巴萨也给了莱因克尔从未有过的欧战体验。在莱斯特城，杀进欧战几乎是不可能的任务，而埃弗顿虽然曾是老英甲冠军，但也因为海瑟尔惨案后英格兰球队被禁止参加欧战而无缘欧冠。

这种不一样的体验是非常美妙的，尤其是莱因克尔也在1989年随巴萨拿到了欧洲优胜者杯冠军。那届杯赛他出场8次打进4球，其中包括半决赛两回合的2球，可以说是球队捧杯的重要功臣之一。而在西甲，莱因克尔亦曾拿出值得一书的数据：他在加盟巴萨的第一年就成了队内最佳射手，联赛破门20次，包括1987年1月主场对皇家马德里的帽子戏法。莱因克尔是第一个能在西班牙国家德比中独中三元的英国人，也是截至目前的唯一。

2019年，当退役多年的莱因克尔被后生问到“当代哪名球员踢球与你风格相近”时，英格兰人给出的答案是阿圭罗。而回顾当年在诺坎普的神迹，莱因克尔也确实和后来的阿根廷射手有那么几分类似。对皇马的前两个进球，都是英格兰人抓住了边路队友创造的机会，一次门前包抄，一次后点补射。

第3球则是莱因克尔对自身嗅觉和速度的充分体现。门将苏比萨雷塔大脚开球，皇马后卫头球回顶失误，飞速冲向禁区的英格兰人卸下球，一脚轻搓为自己的完美演出画上句点。那个帽子戏法似乎还让莱因克尔有了顿悟的感觉，18天后他代表英格兰对阵西班牙，又在国际友谊赛中打进4球，“就在那时，我突然意识到我真的很擅长这个（破门）”。他从前的自我怀疑也就此消失。

随后的一个赛季，莱因克尔依旧是巴萨队内头号得分手，直到克鲁伊夫到来，对球队战术构架进行了改造。荷兰教头喜欢把英格兰人放在右边路的位置，这让莱因克尔有些不太适应，也是他1989年就离开巴萨的原因之一。即便如此，英格兰人还是留下了103场西甲攻进42球的数据，这也曾是英国人在西甲的最高进球纪录，直到2016年才被效力皇马的贝尔打破。

↑ 1989年欧洲优胜者杯决赛，巴萨击败桑普多利亚夺冠，踢满全场的莱因克尔也收获了自己唯一的欧战冠军头衔。

苏比萨雷塔 Andoni Zubizarreta

不用起飞的门神

吴昊宇

安多尼·苏比萨雷塔曾经是西班牙门将界的标杆，21世纪初期冒头的一代西班牙门将，无论是卡西利亚斯、雷纳，还是巴尔德斯，无一例外都曾被冠以“新苏比萨雷塔”的称谓，可见他的地位之高。在2011年被卡西利亚斯超越之前，苏比萨雷塔的西班牙国家队出场数（126场）是雷打不动的第一位。直到现在，苏比萨雷塔仍是西甲历史出场次数最多的球员，共计出战622场。

苏比萨雷塔1961年出生于西班牙巴斯克大区首府维多利亚，身材高大的他从小就是当地俱乐部的主力门将。

红蓝档案

安多尼·苏比萨雷塔

Andoni Zubizarreta Urreta

生日	1961.10.23
国籍	西班牙
身高	1.87米
位置	门将

17岁那年他加入了当时在西乙的阿拉维斯，并成为西班牙各级国青队的常客。1980年夏天，由于面临财政问题，阿拉维斯将苏比萨雷塔卖给毕尔巴鄂竞技，仅仅一年后，20岁出头的苏比萨雷塔就成了西甲主力门将。

1982—1983赛季和1983—1984赛季，苏比萨雷塔帮助“巴斯克雄狮”连续两年夺得西甲冠军，这也是该队在西甲赛场的最后荣光。1986年夏天，苏比萨雷塔以1.5亿比塞塔的身价转会巴萨，很快就将巴斯克老乡乌鲁蒂挤到了替补席。苏比萨雷塔的特点是发挥稳定、选位出色、头脑冷静、性格沉稳，加盟巴萨的第一个赛季，就拿到了象征西甲最佳门将的萨莫拉奖。

有巴塞罗那记者这样总结苏比萨雷塔的风格：“就像一张老式木桌，苏比萨雷塔没有太多华丽的装饰。他控制高空球的能力很出色，不过我们很难回忆起他飞身侧扑的画面，他被称

← 苏比萨雷塔是巴萨“梦一”时期的主力门将，1992年欧冠决赛他的神勇表现，帮助巴萨1∶0击败桑普多利亚夺得队史首个欧冠冠军。

俱乐部生涯

1979—1981	阿拉维斯	0场0球
1981—1986	毕尔巴鄂竞技	239场0球
1986—1994	巴塞罗那	410场0球
1994—1998	瓦伦西亚	184场0球

国脚生涯

1985—1998	西班牙队	126场0球

巴塞罗那生涯统计

赛季	联赛		国内杯赛		欧战		其他		总计	
	出场	进球	出场	进球	出场	进球	出场	进球	出场	进球
1986—1987	44	0	2	0	8	0	—	—	54	0
1987—1988	38	0	9	0	8	0	—	—	55	0
1988—1989	36	0	2	0	9	0	2	0	49	0
1989—1990	35	0	7	0	6	0	—	—	48	0
1990—1991	38	0	6	0	8	0	2	0	54	0
1991—1992	38	0	0	0	11	0	2	0	51	0
1992—1993	38	0	6	0	6	0	3	0	53	0
1993—1994	34	0	0	0	12	0	0	0	46	0
总计	301	0	32	0	68	0	9	0	410	0

巴塞罗那生涯集体荣誉

西甲冠军

1990—1991、1991—1992、1992—1993、1993—1994

国王杯冠军

1987—1988、1989—1990

西班牙超级杯冠军

1991、1992

欧冠冠军

1991—1992

欧洲优胜者杯冠军

1988—1989

欧洲超级杯冠军

1992

巴塞罗那生涯主要个人荣誉

萨莫拉奖（《马卡》报评选的西甲最佳门将）

1986—1987

西甲最佳本土球员

1987

赞最多的就是选位，很多时候给人感觉就是，苏比萨雷塔在哪，球就往哪飞，然后被挡出去。”

1988年克鲁伊夫成为巴萨主帅，开启了“梦一时代”，苏比萨雷塔作为主力门将见证了这段辉煌时期。在他把守巴萨球门的8个赛季里，球队赢得西甲四连冠，还收获了队史第一个欧冠冠军。1992年的温布利决赛，巴萨1∶0小胜桑普多利亚举起大耳朵杯，除了科曼的一剑封喉，也要感谢苏比萨雷塔高接低挡，力保大门不失。

从1981年上演西甲首秀，到1998年退役，苏比萨雷塔征战西甲十七载，在效力过的各支球队都是雷打不动的主力，俱乐部集体荣誉拿了个遍。生涯晚期效力瓦伦西亚，他在36岁高龄仍被《足球先生》杂志评为1997年西班牙联赛最佳门将。1998年退役时，他成为西班牙联赛历史上首位出场超过5万分钟的球员。苏比萨雷塔的国家队生涯虽略为失色，但也作为绝对主力参加了4届世界杯和2届欧洲杯，代表“斗牛士军团”的126场比赛中，完成了57场零封，接近总场次一半。

不过，苏比萨雷塔的职业生涯也并非完全辉煌，在效力巴萨和西班牙国家队晚期，他都有过“晚节不保”的黑历史。苏比萨雷塔代表巴萨的最后一场比赛，是1994年欧冠决赛，虽然0∶4惨败不能全部归咎他的发挥失常，但在全队低迷的情况下，他没能兜住下限，难免给人落下口实。

就在那场决赛后几小时，传出了克鲁伊夫希望换掉苏比萨雷塔的消息，时任巴萨副主席加斯帕特直接在球队大巴上告知苏比萨雷塔，俱乐部不会与合约即将到期的他续约，他已经不在克鲁伊夫的计划之中。8年红蓝生涯，就此画上句号。据悉，克鲁伊夫一直希望引进一名脚下技术更出色的门将，以满足他的足球理念，而脚下技术恰恰是苏比萨雷塔的短板。

在国家队，苏比萨雷塔同样在自己的最后一届大赛留下遗憾。1998年世界杯，西班牙队首战面对米卢执教的尼日利亚队，耶罗和劳尔的进球两度为西班牙队取得领先，但第73分钟出现戏剧性一幕，久经沙场的苏比萨雷塔将对手一次威胁不大的传中球扑进自家球门，士气大振的尼日利亚队5分钟后再进一球完成逆转。西班牙队最终没能小组出线，苏比萨雷塔也在此之后黯然退役。

结束球员生涯后，苏比萨雷塔没有离开足球界。2010年，他被任命为巴萨体育总监，以另一种身份参与了前队友瓜迪奥拉开创的“梦三时代”。而后来苏比萨雷塔负责签下的内马尔、苏亚雷斯、阿尔瓦、拉基蒂奇、特尔斯特根等重要球员，也在2015年创造了巴萨的又一次三冠王伟业。

但就在2015年的辉煌之后，苏比萨雷塔被迫离开了巴萨体育总监的位置。由于涉嫌违规引进年轻球员，巴萨被罚两个转会窗禁止引援，负责一线队和青年球员转会事宜的苏比萨雷塔成了第一责任人，此外他力主引进的费尔马伦和道格拉斯等球员均没有达到预期，种种因素相加，导致苏比萨雷塔不得不离职。

离开巴萨后，苏比萨雷塔还去过法甲担任马赛俱乐部的体育总监，2020年离职后，他最近一份工作是为墨西哥球队蒙特雷担任顾问。不过苏比萨雷塔家族没有和巴萨切断联系，他的大儿子马克尔自2015年起一直担任巴萨女足负责人。这些年巴萨女足进入极盛时期，几乎垄断了国内的大小冠军，2020—2021赛季，巴萨女足拿到队史首个欧冠冠军，并创下三冠王伟业，而这一切都离不开马克尔的幕后操作。

贝吉里斯坦身材矮小，但技术娴熟，头脑灵活，克鲁伊夫对他的球商称赞不已。

贝吉里斯坦 Txiki Begiristain

聪明的“西芹”

吴昊宇

球员时代的贝吉里斯坦，曾被克鲁伊夫誉为“最聪明的球员”，能在不同位置上领会“球圣”的战术意图。而在退役之后，作为巴塞罗那技术总监的他，同样以优秀的头脑,成就了“梦二”和“梦三”的辉煌。贝吉里斯坦先前是瓜迪奥拉成为巴萨主帅的引路人，如今两人又在曼城结成黄金搭档。

贝吉里斯坦 1964 年生于巴斯克大区吉普斯夸省，16 岁加入皇家社会梯队，1982—1983 赛季开始为皇家社会一线队踢球。那些年的皇家社会拥有贝吉里斯坦、巴克罗和乌法尔特等一干猛将，连年在西甲排名前列，还夺得过 1987 年国王杯冠军。贝吉里斯坦效力皇家社会的最后一战，正是 1988 年国王杯决赛，皇家社会 0 ∶ 1 输给巴萨，贝吉里斯坦和巴克罗在那场决赛后，一起转投巴萨阵中，成为克鲁伊夫麾下的重要球员。

贝吉里斯坦身材不高，效力皇家社会时司职左边锋，但在克鲁伊夫手下，他的位置频繁变换，却也恰好发挥了灵活善变的特点。贝吉里斯坦的配合能力很强，洞察力敏锐，非常擅长在场上寻找空间。在克鲁伊夫眼中，他是最能领会自己战术意图的球员：“他有着巴斯克人的勇猛和果敢，但他同时又是多才多艺的球员，我最需要的正是这样的球员。”

除了球商好，贝吉里斯坦的智商和情商也都非常高。作为巴斯克

红蓝档案

特西基·贝吉里斯坦

Aitor Begiristain Mujika

生日	1964.08.12
国籍	西班牙
身高	1.72米
位置	边锋/前锋

俱乐部生涯

1982	圣塞巴斯蒂安	9场2球
1982—1988	皇家社会	224场26球
1988—1995	巴塞罗那	313场81球
1995—1997	拉科鲁尼亚	55场5球
1997—1999	浦和红钻	76场19球

国脚生涯

1988—1994	西班牙队	22场6球

巴塞罗那生涯统计

赛季	联赛		国内杯赛		欧战		其他	
	出场	进球	出场	进球	出场	进球	出场	进球
1988—1989	38	12	5	0	9	2	52	14
1989—1990	37	10	7	0	6	1	50	11
1990—1991	33	6	7	0	8	2	48	8
1991—1992	34	7	4	0	8	2	46	9
1992—1993	37	15	7	5	7	2	51	22
1993—1994	20	7	4	0	10	2	34	9
1994—1995	24	6	2	2	6	0	32	8
总计	223	63	36	7	54	11	313	81

巴塞罗那生涯集体荣誉

西甲冠军

1990—1991、1991—1992、1992—1993

1993—1994

国王杯冠军

1989—1990

西班牙超级杯冠军

1991、1992、1994

欧冠冠军

1991—1992

欧洲优胜者杯冠军

1988—1989

欧洲超级杯冠军

1992

人，贝吉里斯坦从来到巴塞罗那的第一天，就开始努力学习加泰语，很快就可以说一口流利的加泰语，这让他很轻易就能和队友们打成一片。队友们给贝吉里斯坦取了个“西芹”的外号，意思是他可以在任何菜系里作为调味品出现。此外，能说会道的贝吉里斯坦，还成为当地电视台的常客。

球员时代，贝吉里斯坦在巴萨效力7年，1995年合同到期后他转投拉科鲁尼亚，之后还效力过日本球队浦和红钻，并在那里结束了球员生涯。在国家队，贝吉里斯坦参加过1988年欧洲杯和1994年世界杯。退役后，贝吉里斯坦定居巴塞罗那，在当地电视台担任足球评论员。1999年，贝吉里斯坦助力巴萨特竞选巴萨主席，后者承诺如果当选就任命贝吉里斯坦为技术总监，但巴萨特最终在选举中输给加斯帕特，贝吉里斯坦回到电视台继续当评论员。

2003年，拉波尔塔强势当选巴萨主席，他邀请贝吉里斯坦出任技术总监。在贝吉里斯坦的运作之下，巴萨引进了罗纳尔迪尼奥、德科和埃托奥等人，并请来里杰卡尔德担任主帅，这一系列操作最终造就了巴萨的“梦二”时代，球队连夺2004—2005赛季和2005—2006赛季西甲冠军，还一举赢下队史第二个欧冠冠军。

接下来的两个赛季巴萨一无所获，此时又是贝吉里斯坦和克鲁伊夫说服拉波尔塔，提拔二队主帅瓜迪奥拉来接替里杰卡尔德。后来的故事所有人都知道了，瓜迪奥拉带队第一年就史无前例地成为六冠王，而这一切都离不开幕后慧眼识珠的伯乐。从“梦一”到“梦二”再到“梦三”，贝吉里斯坦都是当之无愧的功臣。

2010年，随着罗塞尔取代拉波尔塔成为巴萨主席，贝吉里斯坦的总监职位也被苏比萨雷塔接替。2012年，贝吉里斯坦接受曼城邀请出任体育总监，同年瓜迪奥拉离开了巴萨帅位。4年后，在贝吉里斯坦和索里亚诺两位巴萨故人的牵线下，瓜帅终于降临伊蒂哈德，自此开启了蓝月军团的历史新篇章。

➔ 2008年6月17日，时任巴萨体育总监贝吉里斯坦（左）和主席拉波尔塔（中），出席了瓜迪奥拉上任巴萨一线队主帅的亮相仪式。

巴克罗 Jose Mari Bakero

硬派领袖

吴昊宇

虽然从未在家乡球队奥萨苏纳效力，但凭借在巴塞罗那和皇家社会取得的出色成就，何塞·马里·巴克罗始终被视为西班牙纳瓦拉大区的骄傲。巴克罗从小喜爱手球运动，还拿过多次手球青少年比赛冠军，但他最终在足球界功成名就，成为巴萨“梦一”时代的绝对领袖。

巴克罗出生在体育精英家庭，一共 11 个兄弟姐妹，他的两个兄弟也是足球运动员，哥哥圣地亚哥和他在皇家社会当过队友，弟弟霍恩则只踢过西乙，他还有一个妹妹伊齐娅是西班牙女足国脚。最终，“半道出家”、12 岁才从手球转练足球的何塞·马里·巴克罗成就最高。巴克罗 14 岁进入皇家社会青训，17 岁进入一线队。职业生涯初期，巴克罗的位置是前锋，但 1981 年的一次伤病让他的位置发生改变，伤愈后巴克罗速度不如往昔，于是选择退居中场，但他不遗余力地奔跑和拼抢，没有丝毫打折。

1987 年皇家社会赢得国王杯冠军，巴克罗是阵中重要一员，他在半决赛的巴斯克德比攻破毕尔巴鄂竞技球门，成为皇家社会打进决赛并捧杯的关键。一年后，皇家社会在国王杯决赛输给巴萨，之后巴克罗和贝吉里

红蓝档案

何塞·马里·巴克罗

Jose Mari Bakero Escudero

生日	1963.02.11
国籍	西班牙
身高	1.72米
位置	进攻型中场

俱乐部生涯

1980—1988	皇家社会	38场23球
1988—1996	巴塞罗那	347场94球
1997	韦拉克鲁斯	17场3球

国脚生涯

1987—1994	西班牙队	30场7球

执教生涯

1999	普埃夫拉	胜率15.4%
2005	马拉加二队	胜率0%
2006	皇家社会	胜率17.6%
2009—2010	华沙波兰人	胜率40.9%
2010—2012	波兹南莱赫	胜率49%
2013	胡安·奥里奇（秘鲁）	胜率24.2%

巴塞罗那生涯统计

赛季	联赛		国内杯赛		外战		总计	
	出场	进球	出场	进球	出场	进球	出场	进球
1988—1989	22	10	2	2	6	2	30	6
1989—1990	30	13	7	1	4	0	41	6
1990—1991	34	13	4	1	6	1	44	11
1991—1992	33	11	2	1	9	3	44	18
1992—1993	37	9	5	1	6	0	48	14
1993—1994	34	5	3	1	9	2	46	6
1994—1995	34	4	1	0	7	3	42	18
1995—1996	32	6	4	1	10	3	46	14
1996—1997	4	1	1	0	1	0	6	1
总计	260	72	29	8	58	14	347	94

巴塞罗那生涯集体荣誉

西甲冠军

1990—1991、1991—1992、1992—1993
1993—1994

国王杯冠军

1989—1990

西班牙超级杯冠军

1991、1992、1994、1996

欧冠冠军

1991—1992

欧洲优胜者杯冠军

1988—1989、1996—1997

欧洲超级杯冠军

1992

↖ 巴克罗是巴萨“梦一”的队长，他勇猛和不懈战斗的作风，引领着球队走向成功。

→ 1992 年 5 月 20 日，巴克罗在温布利的欧冠决赛和桑普多利亚的进攻核心维亚利（左）过招。

斯坦、雷卡尔特一同转投巴萨。当时恰逢克鲁伊夫回归巴萨，一批巴斯克球员随后成了“梦一”的重要力量，包括前两年从毕尔巴鄂加盟的苏比萨雷塔。克鲁伊夫曾表示：“巴斯克球员有着勇猛和血性的一面，他们在我的阵中至关重要。”

在“梦一”阵中，巴克罗是绝对的顶梁柱，坐镇中场的他拥有出色的技术和视野，传球能力出神入化，更让人称道的是他跑不死、混不吝的战斗属性。实际上，巴萨阵中并不缺乏天才球员，巴克罗之所以能成为队长、领袖，科曼一语道出了原因：“只要巴克罗在场，就能带给全队平衡感，所有人都会感到非常安稳。”就连脾气火爆的斯托伊奇科夫，对巴克罗也是充满敬意。

巴克罗年轻时踢过前锋，并不缺乏进攻意识和嗅觉，他在巴萨的位置靠近中场右路，类似内锋或者所谓的“边前腰”，效力巴萨 9 个赛季，巴克罗有 5 个赛季进球达到了两位数。而在这些进球中，最重要的一个莫过于 1991 年 11 月在凯泽斯劳滕主场的头球破门，《世界体育报》认为，巴克罗这个进球改变了巴萨的命运。

1991—1992 赛季欧冠第二阶段淘汰赛，巴萨与凯泽斯劳滕狭路相逢，首回合巴萨主场 2 ∶ 0 获胜，然而次回合巴萨全队形同梦游，“红魔”连进三球把总比分反超。危机时刻，巴克罗在第 90 分钟接科曼开出的定位球头槌破门，将总比分扳成 3 ∶ 3，最终，巴萨凭借客场进球优势惊险晋级。如果没有巴克罗金子般的头球，就不会有之后温布利捧杯的一幕。

1996 年克鲁伊夫离开巴萨帅位，取代他的是博比·罗布森，在英格兰老帅麾下，巴克罗从队长变成了板凳常客。“罗布森在来到球队第一天就找到我，他坦诚地对我说，我还是队长，但可能不会踢太多比赛了。”到 1996 年末，巴克罗半个赛季只踢了 6 场比赛，于是选择离开效力了 8 年半的红蓝军团。之后他加盟墨西哥球队韦拉克鲁斯踢了半年，1997 年夏天回到欧洲，在米德尔斯堡和诺维奇试训都失败后，巴克罗正式宣布退役。

退役后巴克罗当过巴萨助教，还去过波兰甚至秘鲁等地方执教，但都不成功，尤其 2006 年回到母队皇家社会，一度带队排名垫底，最终遭到解雇。2017 年，巴克罗进入拉马西亚担任青训总监，这才算稳定了下来，像阿劳霍、法蒂等年轻才俊都在他的任期内迎来了巴萨一队首秀。2021 年，巴克罗晋升为巴萨球探总负责人，昔日的“梦一”队长如今专注青训，继续为巴萨培养后备人才。

阿莫尔 Guillermo Amor

不可遗忘的青训之光

闫羽

提到1992年捧起欧冠冠军奖杯的那支巴塞罗那"梦之队"，有一位功臣比较容易被人忽略——由于累积黄牌停赛错过了在温布利的决战，吉列尔莫·阿莫尔这个名字，似乎往往都与"梦一代表人物"这个标签无关。但事实是他绝非等闲之辈，正如巴萨官网的介绍页面所写："阿莫尔是最能代表巴萨青训体系的球员之一。"

阿莫尔升入一线队的时间，恰逢"梦之队"组建初期。当克鲁伊夫到来，开始从巴萨梯队中挑选"不一样的青年才俊"，以实践自己的足球理念时，这位生于1967年的小伙子就成了荷兰人的理想目标之一。阿莫尔个头并不高大，身高不到1.75米，看起来也不是特别的强壮，却能够用灵动的身形以及精湛的脚下技术弥补短板，也能够在中场扮演不同的角色。

从某种意义上来说，这位出生于阿利坎特省贝尼多尔姆市的西班牙人，称得上是拉马西亚青训产出的"标准模板"。在其之后，如瓜迪奥拉、哈维以及伊涅斯塔等，或多或少都与这位前辈有相似之处。虽然以当今的知名度而论，阿莫尔远比不了几位"后起之秀"，但称其为榜样甚至是旗帜，也并不为过。

事实是瓜迪奥拉就曾对阿莫尔十分敬仰。在关于前者的传记《胜

俱乐部生涯

1984—1988	巴塞罗那二队	54场14球
1988—1998	巴塞罗那	421场68球
1998—2000	佛罗伦萨	37场0球
2000—2002	比利亚雷亚尔	65场1球
2003	利文斯顿	3场0球

国脚生涯

1990—1998	西班牙队	37场4球

巴塞罗那生涯统计

赛季	联赛		国内杯赛		欧战		总计	
	出场	进球	出场	进球	出场	进球	出场	进球
1988—1989	27	8	6	3	5	2	38	13
1989—1990	33	6	6	1	3	1	42	8
1990—1991	34	4	3	1	8	2	45	7
1991—1992	36	6	4	1	3	1	43	8
1992—1993	33	5	7	0	7	1	47	6
1993—1994	37	8	4	1	12	2	53	11
1994—1995	34	4	3	1	6	1	43	6
1995—1996	28	6	6	2	6	1	40	9
1996—1997	26	0	5	0	5	0	36	0
1997—1998	23	0	6	0	5	0	34	0
总计	311	47	50	10	60	11	421	68

巴塞罗那生涯集体荣誉

西甲冠军

1990—1991、1991—1992、1992—1993
1993—1994、1997—1998

国王杯冠军

1989—1990、1996—1997、1997—1998

西班牙超级杯冠军

1991、1992、1994、1996

欧冠冠军

1991—1992

欧洲优胜者杯冠军

1988—1989、1996—1997

欧洲超级杯冠军

1992、1997

巴塞罗那生涯主要个人荣誉

阿利坎特省年度最佳职业运动员

1998

利的另一种道路》中，就曾谈到阿莫尔在塑造瓜迪奥拉职业生涯中的影响力："阿莫尔体现了巴萨俱乐部灌输给球员的价值观，一直到一线队。他成了佩普（瓜迪奥拉）的大哥哥，而佩普也从此明白俱乐部不仅仅是球场或者训练设施的砖块和泥灰，更主要的是吉列尔莫和其他像他一样的人所共享的 DNA。"

在瓜迪奥拉自传《我所认识的人和足球》里，这位当今足坛的顶级名帅亦曾坦言自己在 13 岁的时候就痴迷于仿效阿莫尔。后者比他大 4 岁，两人最初并不在一起训练、踢球，但为了观察阿莫尔"如何表现自己、如何鼓励队友、如何要球、如何听从教导以及如何赢得周围人的尊重"，瓜迪奥拉会提前两小时赶到训练场，在自己的足球训练课开始前先到阿莫尔的场地"旁听"。

除了是"传奇小弟"的榜样，阿莫尔还曾是"接替球王之人"。1980 年，不到 13 岁的阿莫尔进入拉马西亚学球，而在 1982 年 9 月 23 日，他便迎来了一生中最值得铭记的时刻之一。当时为庆祝"迷你球场"，也就是巴塞罗那二队和女队前主场的落成，巴萨俱乐部特意举行了一场友谊赛，而那一年刚刚加盟巴萨的马拉多纳也有出场。当阿根廷人中途被换下，替换他登场的正是尚未年满 14 岁的阿莫尔。

比较遗憾的是，马拉多纳只在巴萨效力了两个赛季，这位在后来成为球王的人物，在巴萨留下的记忆并不算特别美妙。而曾经是马拉多纳替补的阿莫尔，作为球员也遭遇了不少憾事。停赛缺席欧冠决战肯定是最重要的一件，但这位西班牙中场错过的决赛还不止这一场——1990 年欧洲优胜者杯，阿莫尔在半决赛对尤文图斯的第二回合吃到红牌，便没有参加后来 1 ：2 输给曼联的比赛。

这个小个子并不是一名温顺的球员，他还曾与不少"死敌"，比如皇马的球员发生冲突。但好在阿莫尔也没有错过太多，其实克鲁伊夫作为教练在巴萨拿到的第一个冠军——1988—1989 赛季的欧洲优胜者杯，阿莫尔就是决赛首发。当年还不到 22 岁的他也是球队晋级决赛的功臣之一，曾在半决赛的两回合里各有一个进球。

到 1996 年 3 月，阿莫尔还攻入了巴萨在西甲的第 4000 个进球，留下了一个意义非凡的标注。而作为"梦一"时代的主要成员，阿莫尔也是那支队伍中最"持久"的。他在巴萨一线队效力 10 年，直到 1998 年才转会意甲佛罗伦萨，留下了超过 400 场的正式比赛出场数据。而在其离开之时，依照巴萨官网的说法，捧起过大大小小 17 个奖杯的阿莫尔也是当时巴萨队史赢得冠军次数最多的球员。

← 看似没有特别出众的身体素质，却能用脚下技术弥补短板，阿莫尔算得上是拉马西亚的一个"标准模板"。

→ 1994 年巴萨输给 AC 米兰的欧冠决赛，阿莫尔与马尔蒂尼展开争抢，前者的欧冠决赛记忆似乎总有遗憾。

米歇尔·劳德鲁普 Michael Laudrup

橙梦奇缘

李静宜

向乖戾的天才提问，对什么最不屑一顾？十之有九不被理会。剩下的一位大发善心——如果有的话——大概率会告诉你：与人为善。天才生具一呼百应的特权，凭才华引发追随，他人的情绪不在他们的管理范畴。但他们嗤之以鼻的情感呵护，恰恰是脆弱的天才心灵深处的最大需要。天才相惜有时效，志同道合的路走上分岔，“脆弱的”——至少在这段师徒关系中——米歇尔·劳德鲁普望向的克鲁伊夫，只觉得疲惫比恨意更磨人。

天才相交于微时

作为同时代的佼佼者，米歇尔·劳德鲁普是罗马里奥、普拉蒂尼、菲戈、劳尔等巨星口中的最佳搭档或对手。却只有一个人，仿佛从未在他身上得到完全的满足，那个人便是克鲁伊夫：“我合作过最难对付的球员之一。即便只拿出80%—90%的状态，他也是最好的，但我想要的是100%，他却几乎没有达到。”

与被红色超跑招安的斯托伊奇科夫不同，米歇尔·劳德鲁普的加盟经过深思熟虑。他与巴萨识于微时，1986是他们低谷的共同起点。巴萨又一次饮恨欧冠决赛，“塞维利亚之夜”的打击远甚于伯尔尼，是役首发的舒斯特尔，被换下后径自离场，这场不辞而别引出他的合约官司，令巴萨的避税手段见光：以肖像权收益补贴球员薪资。税务局介入追讨税款，球员要求俱乐部承担。矛盾于1988年4月28日爆发，史称“希斯皮里亚叛变”，巴萨球员逼宫，要求努涅斯辞去主席职务，主帅阿拉贡内斯站队球员，因他“别无选择”。兵变失败，14名球

俱乐部生涯

1981	哥本哈根球类	16场3球
1982—1983	布隆德比	38场23球
1983—1989	尤文图斯	152场36球
1983—1985	拉齐奥（租借）	70场12球
1989—1994	巴塞罗那	217场55球
1994—1996	皇家马德里	76场15球
1996—1997	神户胜利船	24场8球
1997—1998	阿贾克斯	30场13球

国脚生涯

1982—1998	丹麦队	104场37球

巴塞罗那生涯统计

赛季	联赛		国内杯赛		外战		总计	
	出场	进球	出场	进球	出场	进球	出场	进球
1989—1990	32	3	7	2	3	1	42	6
1990—1991	30	9	5	2	7	0	42	11
1991—1992	36	13	2	2	11	3	49	18
1992—1993	37	10	4	4	5	0	46	14
1993—1994	31	5	1	0	6	1	38	6
总计	166	40	19	10	32	5	217	55

← 1991年11月6日，米歇尔·劳德鲁普身着以米歇尔斯和克鲁伊夫的荷兰背景为灵感的橙色巴塞罗那客场球衣，他和队友们也是身着这身球衣，赢下了俱乐部队史首个欧冠冠军。

↗ 1992年5月20日，米歇尔·劳德鲁普与桑普多利亚射手维亚利在欧冠决赛场上迎来直接交锋。

↓ 1992年5月20日，对于克鲁伊夫在欧冠决赛前“享受比赛”的寄语，米歇尔·劳德鲁普认同主帅的想法，却也感叹实践难度之大：“我们根本无法摆脱阴影去享受比赛，我们太想赢了。”当巴萨终于在温布利圆梦，他终于可以在触摸奖杯的一霎尽情欢笑了。

员与主帅被清洗，巴萨只剩9将。急召图腾克鲁伊夫，是努涅斯在舆论面前的自保手段。

与此同时，米歇尔·劳德鲁普在尤文图斯遭受大小伤病困扰。1987年普拉蒂尼退役，本被寄望扛起锋线大旗的他，却在1987—1988赛季交出28场联赛0球的离奇答卷，低迷异常。入主巴萨半年的克圣找到米歇尔·劳德鲁普，双方并非一拍即合。大劳心怀顾虑，对此他使用了一种更有利于自我保存的叙事手法，譬如这支球队缺乏安定，动荡一以贯之；夺冠周期以10年计，指的是所有类型的冠军；“塞维利亚之夜”他就在现场，亲眼见证了他们罚丢所有点球……

你很难找到比“不只是一家俱乐部”更意味深长的足球口号，应承一切天赋都能在此兑现，细微可在此宏大，梦想终将在此化为现实。这是红蓝记忆的海马体，解构空间广泛，又藏着与本意相左的隐喻：巴萨以诞生奠定一座活火山，沉睡与苏醒交替，恒久暗流涌动，平静时日指向更剧烈的爆发，竞技和经营莫不如此。按下代代无穷的“梦之队”不表，巴托梅乌时代的错误，不过是历史一再重演。

米歇尔·劳德鲁普的到来，便以火山再次喷发为因。但他实际也立于悬崖，进一步不知绝处逢生还是坠入深渊，用犹豫与怀疑包裹他在缺乏希望年月里对未来的更大希冀。但克鲁伊夫是偶像，还“亲自拜访我”。树挪死，人挪活。于是他抓住了克鲁伊夫伸来的手。

伫立在语言的尽头

米歇尔·劳德鲁普生于足球世家：其父芬恩为丹麦前国脚；舅舅埃贝·斯科夫达尔曾任布隆德比、阿伯丁等队主帅，也是德波尔兄弟的教父；

巴塞罗那生涯集体荣誉

西甲冠军
1990—1991、1991—1992、1992—1993 1993—1994
国王杯冠军
1989—1990
西班牙超级杯冠军
1991、1992
欧冠冠军
1991—1992
欧洲超级杯冠军
1992

巴塞罗那球员生涯主要个人荣誉

西甲年度最佳外援
1991—1992
西班牙近25年最佳外援
1974—1999
欧足联五十周年纪念奖
2003
国际足联百大球星
2004
丹麦历史最佳球员
2006
丹麦足球名人堂
2006
斯堪的纳维亚历史最佳球员
2015

人称“小劳”的胞弟布莱恩不必多说，劳德鲁普兄弟的天赋与成就至今都为足坛罕见。米歇尔是毋庸置疑的天才，17 岁踢上丹麦甲级联赛，次年成为联赛第三射手，普通人迷茫未来的 18 岁，大劳顶着丹麦足球先生的光环，成为国家的象征。

19 岁，他拒绝利物浦，以 100 万美元加盟尤文图斯，刷新丹麦转会费纪录。意甲 6 年，大劳德鲁普实打实享受到的成功只有 1 年。但他由此名动天下，一双长腿过人如麻，凡称优雅，丹麦人必定榜上有名。你很难为他亚平宁最后两年的双腿魔咒找到一个解释，事后看仿佛注定他要和巴萨走到一处。

有关克鲁伊夫超越时代的战术哲学带给诺坎普的观念冲击，今人耳熟能详。他无须说服球员接受，因为他是克鲁伊夫。但要证明全攻全守不是一个会随白日到来消散的夜梦，改善现实境况必不可少。对于克圣，米歇尔·劳德鲁普是其理念的最佳践行者。一如当年的米歇尔斯，靠他终结

↖ 1991 年 6 月 8 日，西甲第 38 轮，巴萨在赛季收官战做客伯纳乌，米歇尔·劳德鲁普与皇马“五鹰”之一的米歇尔友好交流。虽然巴萨未能赢下这场比赛，但整个赛季头名领跑联赛的他们，夺得了最终的冠军。西甲生涯，米歇尔·劳德鲁普凭实力左右逢源，更能在告别之后令互为对立的两队球迷送上一致称赞。

→ 瓜迪奥拉球员时代对米歇尔·劳德鲁普敬佩有加，甚至不解为何丹麦中场从未获得任何世界最佳奖项的垂青。大劳离开诺坎普时，瓜迪奥拉最为不舍。被克圣足球哲学折服的二人，退役后不约而同转战教坛，图为 2010 年 10 月 3 日，大劳率马洛卡重返诺坎普，与时任巴萨主帅的瓜迪奥拉亲切寒暄。

了巴萨的 14 年无冠。

大劳在克圣手下司职“假 9 号”，调度转移之余，更是钻石中场的灵感来源。傍身技为“油炸丸子”——一项基础技能，但他玩得炉火纯青。大劳自述，这只是为了躲避铲断与自我保护。看过比赛的人都知道，无论对手怎么费尽心思，大劳总有神来之笔，构筑那条唯一的捷径，防不胜防。如果将足球比赛看作数学测验，每一次重要进攻都是一道高分大题，米歇尔 · 劳德鲁普提供的永远是最关键的步骤，他假意停顿，吸引防守，令对手误以为能够将他看穿，近身上前放铲，脚下只剩空气，大劳已经依靠原地步伐变换将球拨开，再靠“第三只眼”完成精准制导，等号随之落笔，余下的悬念只剩书写答案的方式。

他也有“缺陷”，普拉蒂尼叹其胸襟：“他就是太不自私，所以进球才那么少。”因而他对巴萨的贡献，不能用进球衡量。斯托伊奇科夫尝过甜头：“从我进那一百多球来看，我肯定米歇尔至少助攻了 50 个。”

顶住了前两个赛季的压力，克圣在这支他注入灵魂的巴萨身上收到了回报。1992 年是整个巴塞罗那的荣耀时刻，科曼惊天一脚，射回加泰罗尼亚人日思夜盼的首个欧冠冠军，随后神奇卫冕西甲。进入盛夏，奥运盛事首次到来，迈克尔 · 乔丹领衔的“梦之队”震惊世界。加泰人惊喜地发现，他们也有自己的足球“梦之队”，“梦一”由此得名，大劳则是足球版本的“‘魔术师’约翰逊”。

国王眼中的国王

1993 年，平衡打破。罗马里奥壮大了巴萨的外来务工人数（4 人），也加速了大劳和克圣走向崩坏。与外表不同，大劳内敛敏感，时至今日，他依然为从未得到的肯定而心里打结：“我做错事他责备我时，我并不会生气。而当我有出色表现，他也从不给予我赞扬。我认为这是他最大的失误之一。”他能以奔袭让时间都慢下来，凭逐风伫立在语言的尽头，唯独打动不了一名天才中的天才。去意由此而生。

克圣心知肚明，大劳越来越成为 4 选 3 中的 1（西甲“三外援”政策）。1994 年 1 月的国家德比，大劳在巴萨两球领先时替补登场，两次无私妙传成就罗马里奥的帽子戏法，诺坎普因 5 ：0 沸腾，克圣副手斯洛特跃上栏杆，向人群展示五根手指。“五指山”本就是家学渊源。那年他们携西甲四连冠，昂首奔赴与 AC 米兰的雅典决战。

大劳说过，他心中的幸运教练有两个：一是克鲁伊夫，二是卡佩罗。这场欧冠决赛印证气运较量，卡佩罗洋洋自得：“我就害怕劳德鲁普，但克鲁伊夫把他排除了，是他的错。”巴萨 0 ：4 败给了“贝卢斯科尼时代最差的米兰”，卡佩罗跻身欧冠冠军教头。大劳离队，加盟皇马。

翌年 1 月随新主迎旧主，伯纳乌的主角是三射一传的萨莫拉诺，但被谈论最多的，还是两次助攻成就“恐怖伊万”戴帽的大劳，皇马扳回一掌。丹麦人令西甲天平颠覆：前一个 5 ：0，见证王朝余晖，后一个 5 ：0，宣告王朝落幕。

很难得，大劳在一对死敌处双双收获敬重。他在结束红蓝生涯时，恨意盖过了爱，瓜迪奥拉除外，他哭着恳求丹麦人回心转意。而在他结束白衣生涯时，西班牙遍地哀鸿，更衬托一人“窃喜”——国王胡安 · 卡洛斯一世：“太好了。我终于做回西班牙唯一的国王。”

科曼 Ronald Koeman

一脚定江山

曹知远

1992年5月20日，温布利球场。巴塞罗那与桑普多利亚的欧冠决赛鏖战至加时，巴萨获得前场任意球。斯托伊奇科夫一踩，巴克罗一停，科曼快步上前起脚，球犹如出膛炮弹，笔直飞入帕柳卡镇守的球门！1：0，巴萨加时取胜！科曼这个金子般的进球，让拥有悠久历史的豪门巴萨，获得了队史第一个欧冠冠军奖杯。克鲁伊夫的“梦之队”抵达了巅峰，巴萨的历史就此被改写。

后卫射手王

为巴萨打入永载史册进球的科曼，

红蓝档案

罗纳德·科曼

Ronald Koeman

生日	1963.03.21
国籍	荷兰
身高	1.81米
位置	清道夫

是足坛有名的“带刀后卫”。作为清道夫，科曼在职业生涯700多场俱乐部和国家队比赛中，打入了252个进球（另有数据为253个），被多家欧洲媒体认定为足坛进球最高产的后卫球员。

1963年出生在荷兰的科曼，成名于荷甲赛场。1980年，只有17岁183天的科曼首次代表格罗宁根一线队出战，成为俱乐部历史第三年轻的出场者。三个赛季下来，科曼共为格罗宁根出战98场，攻入34个进球，初出茅庐就展现出极强的进球能力，尤其擅长任意球与远射。以如此优异的表现，科曼得到了荷兰国家队的召唤，并转会去了荷甲豪门阿贾克斯。1985年，退役后的克鲁伊夫成为阿贾克斯主帅，为两人之后在巴萨的合作埋下伏笔。

1986年，科曼离开阿贾克斯，转投埃因霍温，并在这里达到了职业生

俱乐部球员生涯

1980—1983	格罗宁根	98场34球
1983—1986	阿贾克斯	114场30球
1986—1989	埃因霍温	130场63球
1989—1995	巴塞罗那	264场88球
1995—1997	费耶诺德	79场23球

国脚生涯

1983—1994	荷兰队	78场14球

执教生涯

2000—2001	维特斯	胜率50.63%
2001—2005	阿贾克斯	胜率62.25%
2005—2006	本菲卡	胜率55.10%
2006—2007	埃因霍温	胜率60.32%
2007—2008	瓦伦西亚	胜率32.35%
2009	阿尔克马尔	胜率45.83%
2011—2014	费耶诺德	胜率56.78%
2014—2016	南安普敦	胜率48.35%
2016—2017	埃弗顿	胜率41.38%
2018—2020	荷兰队	胜率55.00%
2020—2021	巴塞罗那	胜率58.21%
2023—	荷兰队	胜率50.00%

*数据截至2023年5月。

巴塞罗那球员生涯集体荣誉

西甲冠军

1990—1991、1991—1992、1992—1993
1993—1994

国王杯冠军

1989—1990

西班牙超级杯冠军

1991、1992、1994

欧冠冠军

1991—1992

欧洲超级杯冠军

1992

涯的第一个巅峰。在希丁克的率领下，埃因霍温在国内外赛场所向披靡，连续夺得荷甲冠军的同时，也在1987—1988赛季拿到了欧冠冠军。埃因霍温在欧冠决赛与本菲卡鏖战至点球决胜，科曼在点球大战第一个出场命中，为球队打开了冠军之门。

在埃因霍温，科曼的进球能力得到了充分施展。身为后卫，科曼射门力量大，任意球主罚水平极高，是队内的头号任意球和点球主罚手。大力任意球是科曼最擅长的主罚方式，但他的弧线球攻门同样精准，有时也会出其不意地用贴地斩闪击门将。在为埃因霍温出战的130场比赛中，科曼收获了63个进球，以后卫身份贡献出接近每两场攻入一球的惊人效率。而在后防本职工作方面，科曼身体强壮、铲抢果断，是门将身前的可靠屏障。此外，科曼还具备精准的长传脚法，在进攻端的作用不仅仅是自己破门得分。拥有这位超级中卫，是埃因霍温登顶欧洲的关键。1988年，科曼也帮助荷兰国家队赢得了欧洲杯冠军。

出任巴萨主帅后，克鲁伊夫为球队设计出全新、极富攻击性的战术体系。在克鲁伊夫推荐下，巴萨在1989年以8.25亿比塞塔的价格签下科曼，这个身价在当时成为巴萨队史第二高引援价格，仅次于签下马拉多纳花费的11亿比塞塔。后来的事实证明，巴萨的付出是值得的。

在克鲁伊夫手下，科曼如鱼得水，加盟巴萨后立即成为球队中轴线上的“阵眼”。科曼在清道夫位置上拥有很大的自由度，防守时为后卫队友“兜底”，进攻中又可以积极插上，用传

↖ 1991—1992赛季欧冠决赛，科曼在加时赛攻入制胜任意球，帮助巴萨首夺欧冠。

→ 1991—1992赛季欧冠决赛，科曼的大力攻门，让桑普多利亚众将只能望球兴叹（上图），进球之后，科曼与队友狂奔庆祝（下图）。

球撕破防线，用势大力沉的远射威胁对手球门。

克鲁伊夫的战术思想，深深影响了科曼，这些经验让日后成为教练的科曼受益匪浅。后来出任巴萨主帅时，科曼回忆道："我从克鲁伊夫那里学到了很多经验，尤其是在'梦之队'的那段时期。在他的指导下，我不仅成了更好的球员，也成了更好的教练。我们踢的是攻势足球，并凭借这样的打法赢得了冠军，这是我们在巴萨一直追求的足球哲学。"

不过，来到巴萨之后的科曼也并非一帆风顺。1990 年 10 月 28 日的一场比赛，科曼在刚刚开场时就感到左脚踝出了问题。意志顽强的他希望坚持比赛，但之后还是因伤退场："我听到了一个清脆的响声，这让我很担心。"科曼之后接受了手术，错过了巴萨打破皇马垄断、重夺西甲冠军的辉煌征程。尽管遭遇重伤，但科曼在复出后很快就找回了状态。更衣室内，科曼也展现出卓越的领导才能，成为球队队长之一。

1991—1992 赛季，科曼在欧冠决赛中用一脚势大力沉的任意球，为巴萨换回了首个欧冠冠军。这是科曼职业生涯的代表作，但或许并非是最为精彩的进球——效力巴萨的这段时期，科曼还有两个更令人惊叹的杰作。

就在科曼重伤之前的 1990 年 10 月 3 日，巴萨在优胜者杯 1/16 决赛次回合 7 ∶ 2 大胜特拉布宗体育。那场比赛中，科曼打入了一记令人拍案叫绝的进球：在阵形中拖后的科曼，得球后面对特拉布宗体育 6 名球员的围抢，他突然轻巧将球一搓，过掉了这堵"移动人墙"，又一个箭步冲刺向前，面对出击的门将冷静挑射，用两次四两拨千斤式的绝赞技巧完成破门。

另一个杰作出现在 1993—1994 赛季欧冠半决赛，巴萨是役 3 ∶ 0 战胜波尔图。防线居中的科曼在中圈得球后立即带球插上，在距离球门 40 米处轰出一脚石破天惊的远射，尽管守门员碰到了皮球，但没能将这脚力道刚劲的射门挡在球门外。之后的欧冠决赛，巴萨 0 ∶ 4 不敌 AC 米兰，留下了遗憾，但科曼还是在那个赛季完成了一项神迹：以后卫的身份，凭借 8 个进球与鲁弗并列成为当赛季欧冠最佳射手。

冷面柔情

出众的进球能力，让科曼跻身顶级球星行列。在当时的世界足坛，科曼获得了"任意球之王"的美名。他也获得了一个另类昵称：雪花。这是当时巴塞罗那动物园明星动物的名字——一只患有白化病的西部低地大猩猩。此外，科曼也拥有"丁丁"这

巴塞罗那球员生涯主要个人荣誉

欧冠最佳射手
1993—1994

巴塞罗那球员生涯统计

赛季	联赛		国内杯赛		欧战		其他		总计	
	出场	进球	出场	进球	出场	进球	出场	进球	出场	进球
1989—1990	36	14	7	4	4	1	1	0	48	19
1990—1991	21	6	4	2	7	4	—	—	32	12
1991—1992	35	16	3	0	11	1	—	—	49	17
1992—1993	33	11	4	0	3	0	3	0	43	11
1993—1994	35	11	3	0	12	8	—	—	50	19
1994—1995	32	9	2	0	8	1	—	—	42	10
总计	192	67	23	6	45	15	4	0	264	88

↑ 脚力出众的科曼，也曾“张飞绣花”：1990—1991 赛季优胜者杯 1/16 决赛次回合，科曼用两脚四两拨千斤的处理，完成了一次绝妙破门。

← 具备领袖气场的科曼，后来成为巴萨队长之一。

→ 1992 年 5 月 20 日，科曼与队友斯托伊奇科夫共举奖杯，庆祝欧冠夺冠。

↘ 2021—2022 赛季西甲第 11 轮，巴萨客战巴列卡诺，科曼在场边面色凝重。是役巴萨 0 ∶ 1 失利，俱乐部随即宣布科曼下课。放弃荷兰队帅位回归巴萨执教的科曼，没有换回理想的结果。

个绰号，与如今的德布劳内一样，科曼也是因为长相酷似《丁丁历险记》主人公而得此名。

看似冷酷的科曼，其实有着十分感性的一面。回顾起足坛的接吻“名场面”，大家可能会想起马拉多纳与卡尼吉亚的“世纪之吻”，也可能会想起杰拉德与哈维 · 阿隆索的“情不自禁”，而在巴萨首次赢得欧冠冠军后的庆祝活动中，科曼也曾是这类桥段的主角：队友斯托伊奇科夫与科曼一同灌了一口酒，随后激情相吻。后来回忆起此事，斯托伊奇科夫笑称“后悔莫及”：“那是酒精产生的结果，现在我可不会跟他接吻。但没有人能够体会这样的感觉，这是真正的队友之吻，非常甜蜜。”

科曼将这份感性一直留存了下来。2020 年，深陷危机的巴萨寻找新帅，科曼自掏腰包支付违约金与荷兰足协解约，回归巴萨出任主帅。当时科曼在荷兰国家队的执教已经取得了成绩，橙衣军团在他的带领下走出阴霾，在连续缺席了两届大赛之后获得欧洲杯席位。只不过，科曼的救主之旅并没有取得理想的结果，危机之中的巴萨需要更多时间去调整和改变，科曼很难凭借一己之力扭转局面。2021 年 10 月，巴萨宣布科曼下课。

巴萨的执教经历对于科曼来说，充满了无奈与不甘，但这无法磨灭一个事实：用一脚重炮为巴萨带回首个欧冠冠军的科曼，仍是这家俱乐部的传奇。这一脚，踢出了巴萨“梦一队”的巅峰，让巴萨自此与欧洲之巅结缘，获得了难以估量的赢家气质，也为后来巴萨统治欧冠赛场的那段时期，奠定了厚重的基石。

斯托伊奇科夫 Hristo Stoichkov

霸道火枪手

红蓝档案

赫里斯托·斯托伊奇科夫

Hristo Stoichkov

生日	1966.02.08
国籍	保加利亚
身高	1.78米
位置	前锋

俱乐部生涯

1982—1983	赫布罗斯	32场14球
1984—1990	索菲亚中央陆军	167场113球
1990—1995	巴塞罗那	214场108球
1995—1996	帕尔马	30场7球
1996—1998	巴塞罗那	41场9球
1997—1998	索菲亚中央陆军（租借）	5场3球
1998	利雅得胜利	2场1球
1998—1999	柏太阳神	29场13球
2000—2002	芝加哥火焰	57场23球
2003	华盛顿联	24场6球

国脚生涯

1986—1999	保加利亚队	83场37球

执教生涯

2004—2007	保加利亚队	胜率44.8%
2007	维戈塞尔塔	胜率41.2%
2009—2010	马梅洛迪日落	胜率53.3%
2012—2013	利特克斯	胜率55.6%
2013	索菲亚中央陆军	胜率不详

注：2013年6月，斯托伊奇科夫被任命为索菲亚中央陆军主帅，但一个月后他就因为俱乐部债台高筑辞去帅位。后俱乐部因为债务问题几经转手，并被降入第三级联赛。2016年，俱乐部通过换壳重新升入保加利亚顶级联赛，斯托伊奇科夫成为俱乐部的老板之一，持股20%。

巴塞罗那生涯统计

赛季	联赛		国内杯赛		欧战		总计	
	出场	进球	出场	进球	出场	进球	出场	进球
1990—1991	24	14	6	2	8	6	38	22
1991—1992	32	17	2	1	9	4	43	22
1992—1993	34	20	6	1	6	2	46	23
1993—1994	34	16	6	1	8	7	48	24
1994—1995	27	9	4	5	8	3	39	17
1996—1997	22	7	6	1	7	0	35	8
1997—1998	2	0	1	0	3	1	6	1
总计	175	83	31	11	49	23	255	117

吴昊宇

“保加利亚火枪手”“巴塞罗那霸道总裁”，国际足联在官网上如此介绍赫里斯托·斯托伊奇科夫。出神入化的左脚和火爆的脾气是斯托伊奇科夫的标志，他是巴萨“梦一队”的基石，也是保加利亚队杀进1994世界杯四强的头号功臣，并因此斩获了当年的金球奖。

而在棱镜的另一面，是斯托伊奇科夫时常与裁判交恶，与队友和教练摩擦不断，哪怕退役后担任评论员，他也不消停，四处开炮。不过斯托伊奇科夫虽然性格刚烈，但也有其阴柔一面：1994年接过金球奖时，保加利亚人洒下热泪；2016年克鲁伊夫离世，每每谈到昔日恩师，他总会失声哭泣。脾气火爆的“保加利亚火枪手”，是真正的性情中人。

斯托伊奇科夫出生于战火不断的巴尔干半岛，他的个性也像火药桶般，随时可能爆发。在球场上，他是极具侵略性和爆发力的进攻球员，左脚大力轰门是他的标志；与此同时，他的脾气又如火山一触即发，吃牌和禁赛都是家常便饭。1990—1991赛季西班牙超级杯首回合，加盟巴萨后第一场国家德比，斯托伊奇科夫因对判罚不满，竟对当值主裁判阿斯皮塔特做出了踩踏动作，结果毫不意外地被红牌罚出场，并遭到长达两个月的禁赛。

1990年夏天，斯托伊奇科夫从索菲亚中央陆军加盟巴萨，这桩转会是克鲁伊夫力主促成的。之前一个赛季，斯托伊奇科夫带领索菲亚中央陆军杀入优胜者杯半决赛，虽然面对巴萨不出意外地遭到淘汰，但斯托伊奇科夫两回合攻入三球，目睹了他的神勇表现后，克鲁伊夫马上要求时任巴萨主席努涅斯签下他。经过双方俱乐部马拉松般的谈判，斯托伊奇科夫最终披上红蓝战袍，为此巴萨付出了4亿比塞塔（约270万美元）的代价，创下了当时东欧球员身价纪录。

在克鲁伊夫手下，斯托伊奇科夫成为巴萨“梦一”的绝对核心。1992年，巴萨夺得队史第一个欧冠冠军，斯托伊奇科夫在捧杯一刻激动地喊道：“你们看，保加利亚人成了欧洲冠军！”1994年巴萨再次打进欧冠决赛，拥有斯托伊奇科夫和罗马里奥的巴萨，却令人大跌眼镜地0：4惨败

← 凭借着在巴塞罗那和保加利亚国家队的出色表现，斯托伊奇科夫夺得了1994年《法国足球》金球奖。

→ 1992年12月13日，巴塞罗那在洲际杯中对阵巴西圣保罗，斯托伊奇科夫在比赛第12分钟左脚打出一记精彩的弧线球，为巴萨首开纪录。

给 AC 米兰。不过之后的美国世界杯，斯托伊奇科夫率领保加利亚队杀入四强并夺得金靴，最终荣获该年度的金球奖。

斯托伊奇科夫的成功，离不开克鲁伊夫的悉心教导和激励。回忆起恩师，斯托伊奇科夫总会提起当年那个 10 万比塞塔的赌局："他会用一种很深情的语气称我为'混蛋'，总是设法刺痛我的心，然后再去激励我。有一次我们在特内里费踢比赛，克鲁伊夫在赛前对我说，他打赌我不会在这场比赛中打进两球，赌注是 10 万比塞塔。第二天比赛，上半场劳德鲁普和戈伊科各进一球，我们 2 ：0 领先，然后克鲁伊夫下半场刚开始就把我换下场了。我质问他为什么这么做，他跟我说，他只想赢下那个赌注，让我给他付 10 万比塞塔。"

"在我加盟巴萨第一天，克鲁伊夫就抓住我的手对我说，'我现在要跟你一起工作，直到你获得金球奖的那一天'。之后他就一直在激励着我，他是天生的激励者。他教会了我一切，我应该在什么位置接球，如何更靠近对方球门，怎样给对手施加压力，还有怎样去跑位和队友们配合。刚开始在巴萨，我是左边锋，后来克鲁伊夫让我踢中锋和右边锋，他总能找到最好的位置来利用我的优势，并让整支球队运转良好。"

1994 年斯托伊奇科夫获得金球

巴塞罗那生涯集体荣誉

西甲冠军

1990—1991、1991—1992、1992—1993
1993—1994、1997—1998

国王杯冠军

1996—1997、1997—1998

西班牙超级杯冠军

1991、1992、1994、1996

欧冠冠军

1991—1992

欧洲优胜者杯冠军

1996—1997

欧洲超级杯冠军

1992、1997

奖，克鲁伊夫陪他去巴黎领奖，并亲手把奖杯颁给他。在接过金球奖的一刻，斯托伊奇科夫流下了激动的泪水。但据斯托伊奇科夫后来回忆，他在拿到金球奖后兴高采烈地回到球队更衣室，队友们都为他送上祝贺，唯独克鲁伊夫态度十分冷淡，甚至没有和他说话。第二天是比赛日，带着怨气出场的斯托伊奇科夫在对贝蒂斯的比赛中梅开二度，但克鲁伊夫的态度一如既往地冷若冰霜，他告诉斯托伊奇科夫："你现在是金球先生，所以我对你的期望理应更高。"这便是克鲁伊夫，他激励斯托伊奇科夫登上巅峰，同时提醒他不要被荣誉冲昏头脑。

1995 年 3 月起，在没有伤病和红黄牌停赛的情况下，斯托伊奇科夫在多场比赛中没有进入名单，媒体猜测他因为与克鲁伊夫发生冲突而遭到内部停赛。而克鲁伊夫对外的说辞则是："赫里斯托与我的冲突都是个人性质，与团队没有关系。"那个赛季结束后，斯托伊奇科夫第一次离开巴萨，加盟意甲的帕尔马，这似乎也证实了有关这对师徒关系出现裂痕的传闻。

不过，斯托伊奇科夫绝对流淌着红蓝的血液。皇马是巴萨的宿敌，斯托伊奇科夫从来旗帜鲜明地公开表露自己是"反马德里主义者"。退役后担任评论员，他也从不吝啬对巴萨的支持和对皇马的讽刺。他曾在采访中宣称："皇马主席门多萨曾给我开出三倍工资想要签我，他们甚至将支票簿摆到了我的面前。我接过支票簿，把它撕了个粉碎，然后我告诉他，要想我加盟皇马，除非努涅斯担任皇马主席，然后把皇马主场搬迁到诺坎普球场！"

1995 年斯托伊奇科夫离开巴萨，但在帕尔马只踢了一年，就因为无法适应意甲回到诺坎普，这时候和他有矛盾的克鲁伊夫已经离任，巴萨主帅换成了博比·罗布森，穆里尼奥给他担任翻译和助手。斯托伊奇科夫和穆里尼奥的私交很好，但在 2010 年葡萄牙人出任皇马主帅后，斯托伊奇科夫第一时间对外表示："我和穆里尼奥是很好的朋友，但既然他现在执教皇马，我只能跟他对着干了。"

不过，斯托伊奇科夫也说过，自己对皇马的球员和管理层人员没有任何个人恩怨："我在皇马有很多朋友，此刻，现在，我给皇马公关总监布特拉格诺先生打个电话，是没有任何问题的，我跟萨莫拉诺、耶罗关系也都不错。你觉得我会因为米歇尔·劳德鲁普穿上皇马的白色球衣就恨他入骨吗？不存在的。还有菲戈，他从巴萨转会去皇马时我很痛苦，但也只在那一时而已，都过去了。很多人都说斯托伊奇科夫讨厌马德里，倒也没有，我只在足球层面不喜欢马德里，在绿茵场上，仅此而已。"

巴塞罗那生涯主要个人荣誉

金球奖
1994
西甲最佳外援
1993—1994
保加利亚足球先生
1991、1992、1994
国际足联百大球星
2004

↖ 1996 年，斯托伊奇科夫从帕尔马回到巴萨，成为罗纳尔多（右一）的搭档之一。当时还在给英格兰老帅博比·罗布森当翻译的穆里尼奥，就是在那时候与斯托伊奇科夫结下了友谊。

→ 2004 年 5 月，斯托伊奇科夫回到诺坎普，与恩师克鲁伊夫（右）和雷克萨奇参加一场慈善比赛。斯托伊奇科夫与克鲁伊夫情同父子，两人虽然曾经关系不睦，但最终和好如初。

罗马里奥 Romario

好梦分水岭

李静宜

米歇尔·劳德鲁普百思不得其解的 10%，或许可以在队友罗马里奥身上找到答案。大劳是公认的最具克鲁伊夫气质的球员，但克圣本人却将历史最佳一票投给巴西“独狼”。大劳一生未获国际最佳奖项青睐，坊间有共识：丹麦中场受到国籍“拖累”。克圣深以为然，却并不从缺乏荣誉的角度出发：“如果米歇尔出生在巴西或阿根廷的贫民窟，而踢球是他摆脱贫穷的唯一途径，那他就将被视为足球历史上涌现出的最优秀天才，他具备达到

红蓝档案

罗马里奥

Romario de Souza Faria

生日	1966.01.29
国籍	巴西
身高	1.67米
位置	中锋

那种高度的一切素质，唯独少了利用足球改变命运的本能。”简而言之，要斗争。而与克圣同为寒微出身的罗马里奥，恰恰最有心得。

第一万零一种想象

大劳是顺从的天才，踢球不为了报复谁或者证明什么，他将足球视作艺术，不追求用进球体现价值。体面和谦逊固然是美德，但不总是使人向上，克圣想在优雅爱徒身上看到更多的不择手段和处心积虑。这是阶级矛盾，大劳有个当国脚的爹，家境至少是人群中的 10%，出身和眼界决定了“高级趣味”，让他以“低级”补全自我、达到 100%，大概只有重新

俱乐部生涯

1985—1988	瓦斯科达伽马	141场80球
1988—1993	埃因霍温	149场128球
1993—1995	巴塞罗那	65场39球
1995—1996	弗拉门戈	79场68球
1996—1997	瓦伦西亚	12场6球
1997	弗拉门戈（租借）	36场35球
1998—1999	弗拉门戈	94场81球
2000—2002	瓦斯科达伽马	135场132球
2002—2004	弗鲁米嫩塞	75场47球
2003	萨德（租借）	3场0球
2005—2006	瓦斯科达伽马	54场39球
2006	迈阿密	26场19球
2006	阿德莱德联（租借）	4场1球
2007	瓦斯科达伽马	19场15球
2009	亚美利加	1场0球

国脚生涯

1987—2005	巴西队	70场55球

巴塞罗那生涯统计

赛季	联赛		国内杯赛		欧战		总计	
	出场	进球	出场	进球	出场	进球	出场	进球
1993—1994	33	30	4	0	10	2	47	32
1994—1995	13	4	0	0	5	3	18	7
总计	46	34	4	0	15	5	65	39

巴塞罗那生涯集体荣誉

西甲冠军

1993—1994

西班牙超级杯冠军

1994

巴塞罗那球员生涯主要个人荣誉

世界足球先生评选第2名

1993

西甲最佳射手

1993—1994

西甲最佳拉美球员

1993—1994

世界足球先生

1994

投胎一条路。

罗马里奥不是。他有着桑巴天才一致的贫穷困境，与多数同胞类似，他在足球中建造自己的城邦，身处其中便能遗忘饥饿、哮喘与疲惫的现实生活，与多数同胞不同，他鲜少展现出那种巴西式的乐观，愤怒和咆哮占据上风，构成克圣最为欣赏的“嗜血”特质。

在里瓦尔多看来，贫民窟也分三六九等，生在政治和经济首都，承蒙机会垂青的概率，远远高于他们这

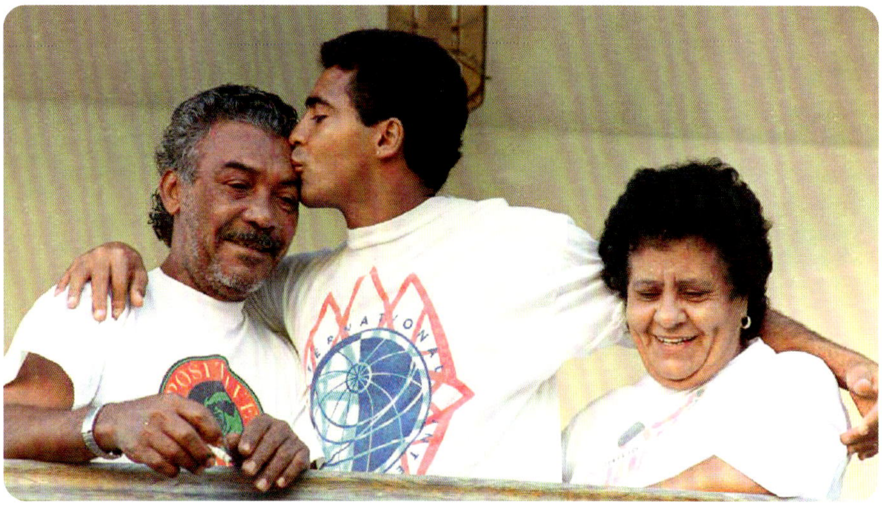

↖ 1994 年 3 月 27 日，以“禁区之王”威名征服西甲的罗马里奥，面对多人封锁成为常态，客队特内里费部署三将严密布防，但还是难以阻止罗马里奥甩开后卫，取得反超比分的进球，帮助巴萨 2 ∶ 1 取胜。

↗ 作为足球顶级天赋代言人，身材矮小的罗马里奥，总能带给人们出其不意的表现。

→ 1994 年 5 月 9 日，罗马里奥将父母揽在怀中，深情亲吻父亲埃德拜尔的额头。时年 62 岁的埃德拜尔在 5 月 2 日遭遇绑架，8 日获得释放，其间急切探寻父亲下落的罗马里奥放下心来，携父母向公众报平安。

些穷乡僻壤的乡下人。罗马里奥就生在里约热内卢的贫民窟，然后是教科书般的上升之路：身材羸弱但天赋极佳、被幸运挖掘后又因硬件条件被拒绝、带着不甘和愤怒完成自我证明、大步迈向财富与社会地位……

那片天性张扬的南美热土上，足球成了应许之地，是底层人民跨越阶级的“捷径”，被视为改变人生、从悲苦中解脱的唯一方式。惨烈的淘汰率中，罗马里奥兑现了他的改命梦，没变的或者变本加厉的，除了我行我素之外，还有他对数据的强烈痴迷。个人渴望与外界期待的双重驱使下，他在埃因霍温 5 年，留下 6 个奖杯，带走了顶级射手的口碑。1993 年夏天，加盟巴塞罗那。

时至今时，巴萨已经习惯了受巴西人的益，更习惯了受巴西人的伤，或者说全欧洲莫不如此。罗马里奥是埋下种子的人。打个简单的比方，对于劳德鲁普、瓜迪奥拉诸君，艺术是向往、是追求，是奉献终生的无上崇高；但对以“独狼”为起点的随后一众巴西天才，艺术是本能、是动机，是把血浓缩于灵感又将灵感复归于血的肆意姿态。整体足球愈发大行其是的年月，巴西人是唯一被期待的变数，你知道通向成功有一万条定式，桑巴人注定走向旷野，成为第一万零一条。与之相对的，他们追求的，多是艺术家们生来从未担忧过的“更好的生活”。

正中克鲁伊夫下怀。罗马里奥告别荷甲，来到在一年前跻身世界级的“梦之队”，穿上肩负 10 万余众（指现场）期待的红蓝间条衫，在一位划时代的足球伟人手下踢球，如鱼得水。他们都是目空一切的天才，克鲁伊夫惯于营造放心踢、安心赢的氛围，罗马里奥则是这份无从撼动的自信的代言人，从前希丁克都要从他身上汲取勇气：“他要是看到我在大战之前略微紧张过平时，就会到我跟前来，‘放松，教练，我会进球，我们会赢’。十有八九，他这样说完就真的进球，帮我们拿下比赛！你敢信？！”

靠才华鄙夷力气

巴萨赛季首战，罗马里奥完成首秀，上来一记帽子戏法，3 ：0 击退皇家社会，诺坎普偶像横空出世。有人恨被天赋二字抹杀全数付出，代表名言有莫扎特：“我每天花 8 小时练

↑ 1994 年 10 月 19 日，欧冠 A 组第三轮，罗马里奥随队造访老特拉福德，对曼联的长人森林，罗马里奥自有破解之道，跑动撕扯与传球转移之外，他多次起跳闪避，图为罗马里奥受到布鲁斯阻挡后的腾空瞬间。

→ 1994 年 5 月 18 日，巴萨的自信点燃了对手 AC 米兰的斗志，他们对红蓝军团的每名球员严密看管，尤其罗马里奥，马尔蒂尼（中后）倒地放铲，阿尔贝蒂尼（左）和德塞利两侧包夹。

琴，人们却用天才二字埋没我的努力。谁和我一样用功，谁就会和我一样胜利。”梅西大概最能感同身受。有人花 8 小时练出一身伤，有人花 8 小时练出一身军功章，但有人就是要什么都不做，心安理得地被老天爷追着喂饭吃——2013 年，罗马里奥的儿子罗马里尼奥开启职业生涯，人父“独狼”说只看爱子比赛，训练绝对不看，理由嘛，“我连自己的训练都不去”。

克圣由着他来，毕竟自己球员时代也经常在训练课消失。反正罗马里奥的比赛浑然天成，靠才华鄙夷力气，先天条件摆在那里：下盘硬重心低，大腿强有力，独一无二且招招致命。训不训练无关紧要。他是天赋无底洞，上限这种事很飘渺，有的人被期待兑现，有的人则是无从想象。“禁区之王”罗马里奥指缝泄下一丝才华，就有“牛尾巴过人”杰作问世，够观者传颂万代千秋，何须再以强训压榨出其全数能力？

罗马里奥的神力往往降临在最恰当的场合——1994年1月的国家德比，“梦之队”的标志性演出：皇马全场无从反抗，只能以定位球完成进攻。但他们又能做什么，第 24 分钟，瓜迪奥拉斜向短传，罗马里奥禁区前沿接球，旋即脚不离球完成 180 度转身，丝滑晃开盯防的阿尔科塔，皇马中卫腿未打结已该高呼万福玛利亚，“独狼”单刀对布约，外脚背轻松破网。后来大劳入替，两记神饼成就“独狼”礼帽。

那个赛季，罗马里奥共计 5 次戴帽，揭幕战与死敌之外，还有对马德里竞技一次，而且他这场还有两个进球被判无效。33 场 30 球的斩获，也令他捧走西甲最佳射手奖项。他与斯托伊奇科夫的锋线搭档有如神助，无人可挡，逾 50 球的联手战果，刺激着球迷的目光，也篡改了他们的记忆。以至于回溯“独狼”与“霹雳火”的搭档时间，都会为一年这个短暂数字惊讶。

与从善如流地顺应了巴萨式价值观的斯托伊奇科夫不同，罗马里奥从未试图融入。他不太与人讲话，所以外界惊讶性格差异如此之大，甚至一度要为出场竞争的二人，竟会成为朋友：“独狼”拳击西蒙尼染红，唯斯托赞许道：“媲美泰森的一拳”；狗仔偷拍罗马里奥儿子，斯托上去就是一拳；罗马里奥父亲在 1994 年世界杯前夕遭遇绑架，斯托为好友奔走疾呼，父亲平安获释后，“独狼”抱着“霹雳火”一通狂吻；后来给儿子选教父，罗马里奥毫不犹豫地找了斯托……

1994 年 5 月 14 日，榜首拉科鲁尼亚末轮的拱手让冠，令巴萨戏剧性卫冕西甲。四连冠，飞龙在天；0 ： 4，亢龙有悔——5 月 18 日，巴萨在欧冠决赛爆冷不敌 AC 米兰。梦境断裂，梦中人四散，连同“独狼”与“霹雳火”的友情，一并吹到风中。1994—1995 赛季开始前，拿到世界杯冠军的罗马里奥回来得很晚，比从前更沉默，对唯一的朋友斯托也是一样。他像是失了魂，斯托开玩笑：“有人说这个罗马里奥是个冒牌货。”他旗帜鲜明地拒绝燃烧，只等待被克圣亲自熄灭，5 个月后，得偿所愿。

罗纳尔多 Ronaldo

“外星人”的终极形态

闫羽

相比在巴西国家队的璀璨记录，“外星人”罗纳尔多的俱乐部经历似乎有着更多的悲情成分，比如在国际米兰留下的泪水，在皇家马德里因发福而遭受的质疑，都曾是这位巴西传奇射手的“污点”，不堪回首令人惋惜。但实际上欢笑总是多过苦恼的，毕竟叱咤足坛十几年，罗纳尔多的成就早已说明一切。在这其中，巴塞罗那效力的短暂一个赛季则称得上是浓缩的精华，时年不过 20 岁的巴西人在这里留下了最纯粹的足球表演，也是他最绚丽的青春年华。

完美的身体样本

关于罗纳尔多与巴萨，最容易让人想到的关键词，必然是那记惊天地泣鬼神的长途奔袭破门。1996 年 10 月 12 日，在巴西人加盟巴萨不过三个月之后，他在西甲对阵孔波斯特拉上演了神迹：罗纳尔多在中线附近抢下球，然后顺势向前，对方一名球员在后拉拽，一人在前方堵截，硬是闪转腾挪飞速杀向了禁区；而在禁区边缘，

他又左晃右扣闪开了两名补防对手的围剿，随后一脚侧身扫射洞穿大门。

当球从近角的缝隙滚入网窝，在场边的巴萨主帅博比·罗布森也惊得双手抱头，仿佛根本不相信这世上能有如此精彩的破门。赛后英格兰教头叹道："你可以去世界上的任何地方，但你都找不到有人能这样进球。"而当时也效力巴萨的西班牙前锋皮齐则在回忆此事时说道："对孔波斯特拉的那个进球是无可比拟的。我曾与许多伟大的球员共用更衣室，罗纳尔多无疑是我所知最好的球员。他也是那个赛季全世界最好的球员。"

速度、力量，再加上技巧的完美结合，这就是罗纳尔多在那个伟大进球中展现出的东西。就此前巴萨中场奥斯卡·加西亚也说过这样一句话："罗纳尔多浑身都是肌肉和纤维，他是个完美的身体样本。这种令人难以置信的力量再匹配高超的技巧，可以使他不可阻挡。"

毫无疑问，罗纳尔多在巴萨的起步是令人惊叹的，但或许，人们原本也不该过分惊讶，因为罗纳尔多的天赋并不是突然爆发出来，而是早就得到了行家的认可。还能想起他在1994年世界杯的"亮相"吗？虽然在那支冠军队伍之中，罗纳尔多只是个从未登场比赛"蹭奖杯"的，但冠军合照能让他"偷影"，这本身就是一种对潜力的认可。而在登陆西甲之前，罗纳尔多也已在荷甲埃因霍温有过斩获联赛金靴的经历。加盟巴萨之时，他还刷新了当时的转会费世界纪录。

如果以今天的眼光来看，1950万美元无疑算不了什么，在世界足球严重通胀之后，就算是身价上亿的球员也未必是顶级球星。然而在那个博斯曼法案出炉不久，豪门纷纷烧钱砸球星的套路才刚刚起步的年代，这个数字所代表的就是实打实的最顶尖人才。

同在1996年，比罗纳尔多稍晚转会的英格兰中锋希勒，从布莱克本到纽卡斯尔联花了后者1500万英镑，约合2300万美元。这打破了巴西人刚刚创造的纪录，却并不代表罗纳尔

↑ 1997年5月14日，20岁的罗纳尔多捧起欧洲优胜者杯，笑容灿烂满面青春。

→ 后有追兵前有堵截都拦不住，罗纳尔多在1996年10月对孔波斯特拉的西甲破门绝对是传世之作。

↑ 1997 年 3 月 20 日欧洲优胜者杯对索尔纳 AIK，罗纳尔多晃过对方门将破门。这也是他最擅长和喜爱的进球方式之一。

俱乐部生涯

1993—1994	克鲁塞罗	47场44球
1994—1996	埃因霍温	57场54球
1996—1997	巴塞罗那	49场47球
1997—2002	国际米兰	99场59球
2002—2007	皇家马德里	177场104球
2007—2008	AC米兰	20场9球
2009—2011	科林蒂安	69场35球

国脚生涯

1994—2011	巴西队	98场62球

巴塞罗那生涯统计

赛季	联赛		国内杯赛		欧战		其他		总计	
	出场	进球	出场	进球	出场	进球	出场	进球	出场	进球
1996—1997	37	34	4	6	7	5	1	2	49	47

巴塞罗那生涯集体荣誉

国王杯冠军
1996—1997
西班牙超级杯冠军
1996
欧洲优胜者杯冠军
1996—1997

巴塞罗那生涯主要个人荣誉

世界足球先生
1996、1997
金球奖
1997
西甲最佳射手
1996—1997
欧洲金靴奖
1996—1997
西甲最佳外援
1996—1997
国际足联百大球员
2004

多被比了下去。当时接近 26 岁的希勒已经在布莱克本拿到了英超冠军，是正当壮年的成名超级射手。而罗纳尔多则尚未年满 20 岁，他的高价也曾令罗布森感叹："我真不觉得我见过 20 岁的球员能值这么多。"

这里还有一段有趣的小插曲。时任巴萨俱乐部副主席加斯帕特后来透露，为得到罗纳尔多，他还曾经乔装打扮来过一出"秘密潜入"的戏码。由于埃因霍温并不是很情愿把罗纳尔多卖给巴萨，因此他们在双方协议中加入了特别时限，如果到期时球员本人仍未在合同上签字，那么转会就将被取消。

结果罗纳尔多的合同果然迟迟没有被送还，加斯帕特也因此被派到巴西队的驻地迈阿密登门拜访。到了酒店，高大的保镖将巴萨副主席拒之门外，后者不得不另寻他法。在"贿赂"一名酒店服务员之后，加斯帕特穿上制服，用托盘装着一杯可乐，假扮客房服务才来到罗纳尔多跟前，最终软磨硬泡拿到了有签名的合同。

无法阻挡的"兽群"

显而易见，罗纳尔多物有所值，值得巴萨付出高价，也值得他们为其费尽周折。由于要参加亚特兰大奥运会，当年拿到男足铜牌的罗纳尔多 1996 年 8 月 2 日才结束在巴西奥运队的比赛任务，但这并不影响他在新东家的快速闪耀。8 月 25 日西班牙超级杯首回合，巴西人开场仅 5 分钟就收获了在巴萨的首球，并在终场哨响前又完成了梅开二度。

三天过后，超级杯次回合并没有出战的罗纳尔多便斩获了自己在巴萨的首个冠军头衔，开端就满是胜利的感觉。这仿佛也是在对世人讲述：绝对的实力面前，"适应期"其实是不存在的。随后巴西人果然一发不可收拾，前 11 次西甲出场就打进 12 球。

↑ 1996 年世界足球先生评选，年仅 20 岁的罗纳尔多风头盖过了名将维阿（右）和希勒（左），以绝对优势当选。

效力一年留下 47 个进球之后，罗纳尔多便离开巴萨。这段经历很短暂，但也足够绚烂。

这其中包括对孔波斯特拉的那球，也有 10 月对瓦伦西亚的帽子戏法。

当罗纳尔多硬生生从两名后卫的关门夹击中穿过，霸气外露惊得对手连尾气都吃不上时，时任瓦伦西亚主帅的前皇马球星巴尔达诺也被气得无可奈何。赛后，他留下一句名言："罗纳尔多不是一个人，而是一群野兽。"如此描述也算十分形象，因为巴萨 9 号所到之处，确实像是被兽群践踏变得"寸草不生"，也无人能够阻挡他的脚步。

不过这句话也不够精准，因为罗纳尔多所拥有的远不止兽群般的冲击力。他的脚下技巧近乎完美，"钟摆过人"绝技独步天下，门前感觉更是世间罕有，也难怪罗布森敢放出豪言："真的能有任何人，任何地方，向我展示更好的球员吗？"

如果从成熟度来说，2002 年韩日世界杯夺冠时的罗纳尔多或许是更好的，但在巴萨仍未彻底褪去青涩的巴西人，却更显青春无瑕，活力永驻。后来那个被伤病困扰的罗纳尔多是不存在的，他也无须为防止再度受伤而转变自己的风格，能够尽情挥洒天赋，用最霸道最无解的方式碾压对手。

在那一年总计参加的 49 场俱乐部比赛里，罗纳尔多打进了 47 球，场均接近一球，而他在联赛的数据则是 37 场 34 球。巴西人初来乍到就成了西甲最佳射手，同时也是当年欧洲金靴奖的得主。而如果你觉得这些数字还不够劲爆，那不妨再配合以下纪录重看：罗纳尔多刷新了巴萨队史单人单季的进球纪录，他的成绩直到 2011 年才被梅西打破；罗纳尔多也是有史以来首位斩获欧洲金靴奖的巴西人；另外，在他之后，西甲直到 12 年后的 2008—2009 赛季，才重新出现单季联赛破门超过 30 球的选手。

1997 年 1 月底，在西甲刮起旋风的罗纳尔多还拿下了"世界足球先生"的称号。他超凡脱俗的表现征服了众多评委，使其在评选中以绝对优势压倒了维阿、希勒和萨默尔等名将。此时罗纳尔多才 20 岁 4 个月，他也就此成为该奖项最年轻的得主。

当然，个人荣誉满身的罗纳尔多也在当年留下了一些遗憾，比如他没能拿到西甲冠军。原本是前一个赛季季军的巴萨向前迈了一步，但仍旧以两分之差不敌皇马。由于要提前回国参加美洲杯，罗纳尔多在那个赛季的最后三轮西甲还都不在现场，1997 年 5 月 24 日对拉科鲁尼亚的比赛就是他的"绝唱"。但巴西人至少还是亲自为巴萨带回了一个冠军奖杯——5 月 14 日结束的欧洲优胜者杯决赛，罗纳尔多面对巴黎圣日耳曼打进了全场唯一入球。

依照罗布森的说法，巴萨与罗纳尔多的合同原本长达 8 年，前者从一开始就有意要把巴西人打造成为自己的传奇。但后来事情发生了一些变化，如今再去讨论谁对谁错已无必要，事实结果就是双方重签新约延长合作的谈判破裂，买家国际米兰也支付了足够多的买断费用——2700 万美元，罗纳尔多又一次刷新了转会费世界纪录。也许这并不足以弥补巴萨的全部损失，但至少罗纳尔多最美的青春已经留在了这里。

左脚技术近乎完美的里瓦尔多，中场组织和得分能力都很出色，有主宰比赛的能力，在巴萨稳居进攻核心的位置。

红蓝档案

里瓦尔多

Rivaldo Victor Borba Ferreira

生日	1972.04.19
国籍	巴西/西班牙
身高	1.86米
位置	进攻型中场 二前锋 左边锋

李静宜

里瓦尔多 Rivaldo
旧世纪新约

如果我们要讲述里瓦尔多的巴塞罗那故事，这则故事中的“成功”属性要退而居次。

别误会，这里绝不是要将堂堂双料先生定义为失败者。只是有对比就有高低，有些事不好脱离客体下定义，比方说“巴萨级别”的成功，在后世三次达到甚至超越过梦一般的高度之后，1997—1998 赛季的西甲和国王杯双冠荣誉便显得没那么耀眼，哪怕放在彼时，这是红蓝军团相隔 39 年才得以重见的荣耀

→ 1999 年 10 月 13 日，诺坎普主场国家德比，皇家马德里后卫群难阻里瓦尔多攻势。瓦刀此役打入 1 ∶ 1 扳平球，但独中两元的劳尔绝平，将比分最终定格为 2 ∶ 2。

俱乐部生涯

1991—1992	圣克鲁斯	27场9球
1992—1994	莫吉米林	24场12球
1993—1994	科林蒂安（租借）	24场12球
1994—1996	帕尔梅拉斯	97场60球
1996—1997	拉科鲁尼亚	46场22球
1997—2002	巴塞罗那	235场130球
2002—2003	AC米兰	40场8球
2004	克鲁塞罗	10场2球
2004—2007	奥林匹亚科斯	95场43球
2007—2008	雅典AEK	44场15球
2008—2010	本尤德科	76场42球
2011	圣保罗（租借）	46场7球
2012	卡布斯科普	21场11球
2013	圣卡埃塔诺	19场2球
2014—2015	莫吉米林	12场1球

国脚生涯

1993—2003	巴西队	74场35球

巴塞罗那生涯统计

赛季	联赛		国内杯赛		欧战		总计	
	出场	进球	出场	进球	出场	进球	出场	进球
1997—1998	34	19	9	8	8	1	51	28
1998—1999	37	24	5	2	6	3	48	28
1999—2000	31	12	5	1	14	10	50	23
2000—2001	35	23	5	1	13	11	53	36
2001—2002	20	8	0	0	13	6	33	14
总计	157	86	24	13	54	31	235	130

↓ 父亲罗米尔多的过早离世，让里瓦尔多更加重视家庭，尤其是陪伴爱子里瓦尔迪尼奥的成长。2014 年 1 月 22 日，41 岁的里瓦尔多自由加盟里瓦尔迪尼奥效力的莫吉米林。同年 2 月 21 日，莫吉米林 3 ∶ 1 马卡埃，里瓦尔迪尼奥梅开二度，里瓦尔多点射建功，上阵父子兵包办全队三个进球。

时刻。

于是里瓦尔多效力巴萨的 5 年，同后“梦三”时代的长期阵痛一般，被强行加注上“过渡”标签，在两个伟大时期之间。其上的历史尘埃要比被反复擦拭的梦之队史话厚上一层，但只要轻轻一吹，那只鬼魅华丽的神奇左脚、那次震古烁今的帽子戏法、那些揽狂澜于既倒的神性瞬间，仍能令追逐者神魂颠倒。

以父之名

众所周知，里瓦尔多出身寒微，他生于贫民窟，包括他在内，家里有兄弟姊妹 5 人，父亲在他 16 岁时因意外离世，剩母亲一人拉扯几个孩子。到此为止，这个故事和无数苦出身的巴西球星一样，励志，但并不特别。不过贫穷也有三六九等，里瓦尔多方方面面算底层中的底层：他生在累西腓，一座巴西东北部城市，他不像贝利、罗马里奥和罗纳尔多这些出身大城市的巴西传奇，要么圣保罗，要么里约热内卢——南部地区有理由为不断培养出伟大球星而自豪，但似乎不愿意接受一名北方佬也能成为明星，更别说还让他身披桑巴军团的神奇 10 号。

童年生活的困苦，镌刻在里瓦尔多的体貌上，比如营养不良导致的罗圈腿和牙齿脱落，再比如一张缺乏生动表情的阴翳面庞。穷人的孩子没有跟生活讨价还价的资格，拖着瘦弱的身躯，里瓦尔多要在累西腓的烈日下向海滩游客兜售纪念品，晚上这里就变成他的课堂，他在海滩上和朋友一起踢球，幻想自己是出身北方的济科，让马拉卡纳的观众眼花缭乱。不同的是，里瓦尔多的足球目标极为务实：挣钱，改命。成名之后，媒体忽然对他的成长之路萌生了好奇，他对此深感抗拒，无关自卑或羞耻，只是“没有经历过我的生活的人，永远不可能理解那份苦楚”。其中也有令他自豪的部分，如那些负担不起车费、令他不得不步行 15 千米参加训练的日与夜，以及由血汗孕育的荣耀。

谁也不相信，未来的里瓦尔多将凭天才技艺和骄人成就永载足球史册，包括他本人。父亲罗米尔多是唯一的例外，里瓦尔多回忆，父亲总和他们三兄弟说，总有一人会成为职业球员。他们父子形影不离，父亲的离世成了他唯一无能为力的不幸，这是里瓦尔多一生最糟糕的时刻，也差点让巴西错失传奇。他整整一个月没有再拿起足球，几乎决定放弃。母亲告诉他必须踢、必须实现父亲的梦想，

➔ 2000年10月18日，欧冠H组第4轮，巴萨做客圣西罗，AC米兰重兵布防里瓦尔多，依然难挡瓦刀上演帽子戏法，缔造3 ∶ 3绝平好戏。虽然巴萨当季欧冠征程止步于小组赛，但瓦刀在逆境之中的无敌意志令人动容。

巴塞罗那生涯集体荣誉

西甲冠军
1997—1998、1998—1999
国王杯冠军
1997—1998
欧洲超级杯冠军
1997

巴塞罗那生涯主要个人荣誉

金球奖
1999
世界足球先生
1999
西甲最佳外援
1997—1998
西甲最佳拉美球员
1998—1999
欧冠最佳射手
1999—2000
世界足球先生评选第3名
2000
国际足联百大球星
2004

➔ 冷面瓦刀的标志性进球庆祝动作：球衣蒙面，手臂高举，摇摆身躯，仿佛在用肢体语言代替笑容。

里瓦尔多听从了。“父亲从未离开过我，街头、海滩，他总是与我在一起。在成为职业球员的道路上，他帮助了我，现在我只为他踢球。”

父亲离世整三年，20岁的里瓦尔多才拿到父亲支持的圣克鲁斯递来的第一份职业合同，成了领固定薪水的职业球员，工资不多，不足以使年轻的里瓦尔多脱贫。他做出了人生第一个重大决定——搬到圣保罗，效力第二级别球队莫吉米林，大城市才有更多被看见的机会。转折发生在他将满21岁这年，1993年3月20日，他在悉尼世青赛代表巴西U20，以2 ∶ 1的比分击败加纳U20折桂。同年7月，南部圣保罗的豪门科林蒂安花25万美元将他租入麾下，他第一次站上巴甲赛场。年底，里瓦尔多上演巴西队首秀，站在邓加、布兰科等人身侧，1 ∶ 0击败墨西哥，他是制胜功臣，虽然只是友谊赛。1994年，里瓦尔多加盟科林蒂安死敌帕尔梅拉斯，成了俱乐部卫冕巴甲的绝对功臣。出身，再一次成了里瓦尔多的绊脚石，“如果我生在圣保罗或者里约，一切都会容易得多”。巴西两方足球热土，最不缺年轻的天才和盛大的梦想，里瓦尔多没有得到随队征战并加冕1994年美国世界杯的机会，虽然遗憾在2002年的韩日得到了补偿，如影随形的失落始终笼罩着他，就如他一生挥之不去对贫穷的恐惧。

1996年亚特兰大奥运会，里瓦尔多入选巴西国奥队，与尼日利亚的半决赛第66分钟，他替补大儒尼尼奥登场，10分钟后，他在中场的丢球使对手3 ∶ 2领先，最后巴西3 ∶ 4告负。两天后与葡萄牙的铜牌战，罪人里瓦尔多被彻底排除，与国家队一别便是一年多，再出现要到1997年9月。中间的美洲杯夺冠也没他的事。

→ 1998 年 7 月 12 日，法国世界杯决赛，里瓦尔多竭力防守德尚，依然难以阻止巴西队 0 ： 3 负于法国队，桑巴军团的法兰西之夏饱含遗憾与苦涩。

↘ 2002 年 6 月 30 日，韩日世界杯决赛，巴西队 2 ： 0 德国队，弥补了 4 年前的遗憾。

奥运会之前，里瓦尔多已确定加盟帕尔马，但五环降落，瓦刀因交易纠纷与意大利缘铿一面，最终被拉科鲁尼亚买下。里瓦尔多 41 场联赛打进 21 球，拉科拿到西甲季军。比爆发更可贵的，是他生平第一次感觉到被认可为真正的头号球星。实力使然，他注定属于最大的舞台。同一时间，由于巴萨主席努涅斯拒绝满足罗纳尔多的涨薪要求，“外星人”被莫拉蒂重金带到国际米兰。谁来接替大罗？一说德尼尔森，巴萨询问巴西前锋意向，立即被大胆的待遇要求吓退；一说麦克马纳曼，英格兰中场卡着关窗前一日落地巴塞罗那，却被加斯帕特放了鸽子，问副主席在哪儿？谈里瓦。这是结束正式主帅使命、改任巴萨经理的博比 · 罗布森的主张——“这孩子一年能进 18 个球，外加 7 个任意球。”于是，1997 年 8 月 15 日，欧冠报名截止日，巴萨支付 2400 万欧元的骇人解约金，将里瓦尔多带到诺坎普。

失败中觉醒

左和右，指向完全相反的方向。主体变成里瓦尔多，左和右便不再只是矛盾，而是升级成反对关系：对球迷，瓦刀的左脚象征完美，右脚象征遗憾；看评价，感叹瓦刀大器晚成者与唏嘘陨落过早者互相搏斗；看成就，他是统治世界的“3R 组合”一员，历史评价却始终矮大小罗一头。

从纯粹的体育角度出发，在被巴萨签下的一刻，里瓦尔多便成了家喻户晓的名字。加泰人知道，巴西球员如同盲盒，他们的出类拔萃毋庸置疑，但也有缺点，他们自由奔放，不受规矩束缚，在更大的惊喜与惊吓中让球迷反复体验心跳。瓦刀确实不一样：“当我来到西班牙时，人们认为我会在假期结束后飞回家乡，彻夜狂欢，无视纪律。其他球员可能是这样的，但我不是。我离开时不会与魅惑女郎结伴。我更喜欢与家人一起。现在他们都知道里瓦尔多是个什么样的人了，我履行了诺言。”瓦刀又没什么不一样，他的“问题”只不过与私生活无关。但他很快证明，罗布森的预测还是保守了。

作为巴萨辉煌起点的缔造者，传奇主席努涅斯在与红蓝教父克鲁伊夫决裂后，从阿贾克斯挖来了又一名荷兰名帅——范加尔。与巴萨情况类似，克鲁伊夫离任后，荷甲豪门同样经历了一段艰难阵痛，直到范加尔接过教鞭，率领阿贾克斯重返欧洲之巅。这一次，他的目标是带领巴萨重返巅峰。努涅斯等众高管毫不怀疑，范加尔就是接替克圣的完美之选，前者同操由米歇尔斯创造、克鲁伊夫光大的全攻全守风格，他希望范加尔和里瓦尔多的师徒组合，能够复制克鲁伊夫和罗马里奥的“梦一”成功。

在那个以克鲁伊夫的成就作为成

← 2000年1月23日，西甲第21轮，主场迎战桑坦德竞技赛前，里瓦尔多从《法国足球》总编辑热拉尔·埃尔诺手中接过金球奖奖杯。

↓ 最锋利的刀和最坚实的盾，谁更胜一筹？马尔蒂尼与里瓦尔多狭路相逢，黄金左脚说明一切。

→ 2001年6月16日，西甲第38轮，巴萨与瓦伦西亚的欧冠资格生死战，里瓦尔多（中）将比分改写为2∶1后，克鲁伊维特（左）和塞尔吉激动地紧紧拥抱瓦刀，巴西人以怒吼鼓舞球队与球迷，号召众人不要放弃。

功标准的环境中，范加尔并不想成为谁的影子，他要证明自己更强。推翻与重塑随之而来，作为“梦一”遗产的“五小虎”成了问题。斯托伊奇科夫回忆，范加尔第一次进入更衣室与球员交流，直截了当地表达了不满：“这里有太多的克鲁伊夫。”

1997—1998赛季的巴萨阵容，并没有完全贯穿范加尔的意志。欧冠征程起步哑火，小组赛垫底出局，但里瓦尔多在内战场上大杀四方，狂轰27球助巴萨夺得了自1959年以来的首个西甲和国王杯的双冠王，他们在联赛久违双杀死敌皇家马德里，里瓦尔多34场西甲攻入19球，居射手榜次席。努涅斯和范加尔确信，一个再也没有他们共同敌人克鲁伊夫的新时代，正在开启。

里瓦尔多在顶级豪门的顶级表现，终于打动了扎加洛，26岁的他身穿传奇象征的桑巴10号，踏上个人首次成年队洲际大赛征途。虽然以三球助力巴西决赛之路，更有1/4决赛贴地斩击穿舒梅切尔、梅开制胜的壮举，但巴西在决赛0∶3完败于法国，让里瓦尔多的法兰西之夏满是遗憾与悔恨。

没有比诺坎普更好的疗伤地，药方是继续爆发。1998—1999赛季，巴萨的开局极其慢热，欧冠失落也仍在继续，巴萨又一次小组出局，年末联赛近半，球队却只排积分榜第10位。瓦刀独当一面的属性再现，最后23轮猛进18球，令巴萨以11分优势力压死敌皇马，提前三轮卫冕西甲。遗憾的是，瓦刀再一次与联赛射手王失之交臂，他只与24球的最佳射手劳尔相差一球。

20世纪末的美洲杯，里瓦尔多扮演的角色是从失败中觉醒的英雄，治愈了桑巴军团错失世界杯卫冕的伤痛。他打进5球，其中决赛两射一传击败乌拉圭，令巴西完成卫冕。年底金球奖票选揭晓，里瓦尔多大比分领先第二名贝克汉姆，65分是两人之间的差距。随后的世界足球先生结果毫无悬念，这次他对贝克汉姆的票数是更惊人的543对194。世纪之交，他是这颗星球上最势不可当的球员，荣誉为证。

胸中有火焰

每段甜蜜故事总有暗流涌动的隐线，好似上帝爱看戏，那样好的故事总要有断裂，才好为更深的下坠或更大的上升做铺垫。范加尔和里瓦尔多间的风筝线崩坏，时间点更戏剧，正是《法国足球》公布金球奖得主当日——1999年12月21日。

随着范加尔时代的深入，巴萨拥趸愈发清楚，这位荷兰人的全攻全守和克圣不是一条路，克圣主张自由发挥，任凭球员挥洒才华，范加尔指令严格，要求球员恪守阵形。瓦刀被固定在了左边锋的位置，因为范加尔认为，全能妖刀短于防守效率，边路丢失球权的负面影响远远低于中路，里瓦尔多因而被禁止中路内切。这是荷兰教头基于球队利益做出的安排，前两个赛季，瓦刀完美服从，即便这完全不是他喜欢的球场位置。

低人一等的出身，让里瓦尔多自童年起便学会遇到障碍时自己解决，温饱是刚需，更好的生活是追求，在一切到来之前，个人欲望都要为成功隐忍让路。他顺理成章地习得服从，正面奔袭是他迎难而上的姿态，轻抚

般的控球如同他对生活的掌控，绝境之间，他行走自如、变向写意，瘦削颀长的身体永远在对手后卫与球之间。工兵盛行的年月里，里瓦的左路优雅独奏唤起人们内心对艺术的向往。他不是真正的前锋，却是能传球的高产射手，也是无可争议的死球专家。但内心深处，他还是怀有对 10 号位的渴望。

范加尔执教的第三个赛季，去加泰化、建立荷兰帮的巴萨在西甲赛场一路走低，第 9 轮起 7 仗输了 5 场。里瓦找到主帅，要求不再踢左边锋，他想站中间，想要扮演最习惯的古典前腰角色："如果不行，我宁愿坐板凳，宁愿不踢球。"还是当着全队的面说的。里瓦透露，范加尔在听完他的话后只瞥了他一眼，之后对巴列卡诺、对皇家社会，他都不在名单之列。

等到 2000 年 1 月 23 日，主场对桑坦德竞技赛前，里瓦领取金球奖杯。他是那场 1 ∶ 0 胜利的进球功臣，还零散挨了几阵嘘。球迷觉得他拿了奖，来了劲，跟教练起冲突，拿自己当个腕，给球队火上浇油。实际里瓦仍然谦逊，德波尔说里瓦尔多拿奖后还给巴萨队友每人赠送一块奖牌，感谢他们帮助

自己实现了梦想。这些外人看不到，里瓦也从来不说，他寡言、内向，既不善社交辞令，也从不解释自己。这些不是缺点，只是在问题到来时，会将矛盾放大。范加尔性格固执，不愿权威遭挑战，他和加泰媒体的关系尤为恶劣，时常针锋相对，抨击人像吃饭，上顿接下顿，他当时还有个翻译兼助教，名叫穆里尼奥。里瓦尔多则是一根直肠，没有弯弯绕，对上对下都一样。这样两个正负电子对撞，堪比微缩版宇宙大爆炸，从此再无你我。

巴萨球迷敬重里瓦尔多，但无法打心眼里拿他当自己人。他从不说公众想听的话，不用廉价的口头示爱为人设增值。他从不掩饰自己踢球的目的是更高的薪酬、更好的生活。

但他的足球是那样的神圣、华丽，每个动作的动机看起来又是那样的单纯，中圈爆射、倒挂金钩都像是出自本能，而非炫技，只为进球服务。优雅又凶猛的左脚，让他的右脚遭到了一些贬损性评价，除此之外，他拥有超级球星所具备的一切优秀品质。

若只选取一场比赛作为代表，必然是 2001 年 6 月 16 日的西甲收官战，那场争四对手巴萨和瓦伦西亚的刺刀之战。巴萨的 2000—2001 赛季是一出糟糕透顶的肥皂剧，里瓦尔多却为它书写了史诗级的结尾：开场 4 分钟，里瓦尔多在 27 米开外的直接任意球越过人墙，划出完美弧线，击中立柱内侧弹入网窝。巴拉哈随后扳平比分。中场前，里瓦尔多在任意球相同位置舍身腾空击出穿膛炮，巴萨球迷顶礼膜拜。下半时开场未几，巴拉哈再次扳平。蝙蝠军团只需平局便能确保第四，时间流逝，诺坎普逐渐由胶着到绝望，唯有祈祷奇迹出现。常规时间最后一分钟，德波尔探运般向禁区前搓出一脚半高球，背对球门的里瓦尔多挺胸垫高球，抬脚仰身，倒挂金钩，震碎卡尼萨雷斯的城池与认知，轰出了个人职业生涯的最佳进球，轰出了一次惊世骇俗的帽子戏法，轰出了可能比一次普通的联赛夺冠更珍重的第 4 名。

《卫报》评论员罗伯 · 史密斯赞叹天神下凡："世纪之交时，他是无法抗衡的，这场尤其如此。进球的质量无与伦比，但背景使他的表现更富传奇色彩。仅仅 18 个月零 17 天过后，关于 21 世纪最伟大帽子戏法的书本便已经合上。"

看台上的主席加斯帕特仰天挥拳，仪态风度见鬼，诺坎普自有真神。球迷感激地叫喊，只有一个名字——里瓦尔多！神明不笑，岿然如松，胸中火焰熊熊，燃烧红蓝之色。

克鲁伊维特堪称“成名要趁早”的代表人物，他在巴萨的 6 年时光，正是球队迎来光明前的暗夜，但他张扬的足球风格，在一定程度上点亮了那支处于黑暗中的球队。

克鲁伊维特 Patrick Kluivert

暗夜光与影

杨健

红蓝档案

帕特里克·克鲁伊维特

Patrick Stephan Kluivert

生日	1976.07.01
国籍	荷兰/苏里南
身高	1.91米
位置	中锋

生涯高开低走且生错了年代是什么体验？逐渐接近天命之年的克鲁伊维特，绝对有资格回答这个问题。18 岁就在欧冠决赛一剑封喉，却在 28 岁的黄金年龄结束豪门生涯、被国家队彻底放弃，且断崖式向三流球员滑坡。而这样过山车的表现，同样贯穿于荷兰人的六载红蓝岁月，他固然达成了个人荣誉和战术价值的最高峰，却也以没完没了的争议，不断站在俱乐部和球迷的对立面。

1998 年 8 月 31 日午夜时分，距离西甲转会窗关闭仅剩最后一小时，AC 米兰办公室的传真机突然沙沙作响，一份 875 万英镑的报价送到了加利亚尼面前。尽管此前一年在意甲毫无建树，尽管已经错过了欧冠报名，但在巴萨主帅范加尔的眼中，433 阵形的完美中锋，有且仅有前弟子克鲁伊维特。尽管那个赛季巴萨的 9 号战袍仍穿在巴西老将索尼·安德森身上，很显然，生涯首次身披 19 号的“K9”，才是里瓦尔多和菲戈的绝佳搭档。为给爱徒腾位置，巴萨在那个夏天先后送走了本土才俊德拉佩纳和高效替补皮齐，破旧立新绝对坚决。

“我之所以签下他，是因为他有能力为我们打入大量进球。”一手塑造荷兰帮的范加尔，对爱徒寄望极高，事实上，克鲁伊维特对于体系的加持，远胜于亲自破门。效力巴萨 6 年，克鲁伊维特单季进球破门从未超过 25 个，场均进球甚至不足 0.5 个，但他出色的支点价值，却让世纪之交头重脚轻的巴萨，拥有了一条杀伤力和观赏性兼具的顶级锋线。作为阵形最前端，克鲁伊维特既能接应菲戈、塞尔吉等人传中施展空战，也能接应瓜迪奥拉的直长传打穿对手防线，和里瓦尔多赏心悦目的踢墙配合更是一绝。

然而，在那个顶级射手当道的年代，身为全能中锋的克鲁伊维特球风并不讨喜。他能用一双大长腿将后卫戏耍于股掌之间，却也总能不可思议地错失手拿把攥的机会。他能在对垒瓦伦西亚一战时上演倒地凌空抽射和脚后跟梅开二度，却又往往在面对单刀球时弄巧成拙。克鲁伊维特经常浪费队友的机会，但他懂得感恩，最典型的例证莫过于多次接应菲戈传球破门后，荷兰人主动上前为巴萨队长做出擦鞋庆祝的动作……

加盟巴萨首个赛季，克鲁伊维特的出勤率和比赛态度都无可指摘，但接下来一季，剃了光头、凶相毕露的“K9”却成了西甲裁判的严打对象：1999 年 10 月的西班牙国家德比，克鲁伊维特因为怒骂飞铲自己的坎波被逐，又因对裁判爆粗口被停赛四场；复出不久，他又一拳打在了巴列卡诺后卫科塔脸上，虽然没有当场被逐，但仍不免被追加 5 场停赛。尽管那个赛季，欧冠打入 7 球的他让巴萨闯进了半决赛，且在接下来的欧洲杯以 5 球加冕金靴，然而，卫冕西甲功败垂成，与恩师范加尔的含泪下野，让巴萨 9 号的地位就此急转直下。

虽然此时已经有了两个儿子，但才 24 岁的克鲁伊维特，没了恩师管束愈发放飞自我：球场上，进攻权重被里瓦尔多一肩挑，而在场外，2002 年 1 月他与 4 名队友在输球后大开性派对，甚至让他失去了球鞋赞助商。2002—2003 赛季，二进宫的范加尔半途下课，完全没给恩师长脸的克鲁伊维特，面对新主席加斯帕特的降薪要求无动于衷，他向高层出示了来自意甲、英超球队的邀请信，甚至放言“如果报价合适，去皇马也不是不可能”。尽管接任的里杰卡尔德为小老弟扛了不少雷，但明眼人都看得到，已成明日黄花的荷兰人，早已不代表俱乐部的未来，而是刚加盟的罗纳尔迪尼奥封王的绊脚石。

效力巴萨最后一个赛季，严重发福、状态低迷的克鲁伊维特西甲仅入 8 球，几乎只有小罗和萨维奥拉一半，他在巴萨的最后一球，是次回合国家德比在伯纳乌扳平比分。但在拉波尔塔全面清洗荷兰帮的大背景下，这样的表现并不足以逆转“K9”的离队趋势。而比巴萨逐客令更令人心碎的是这一年的欧洲杯上，身披 10 号的克鲁伊维特出场序列排在范尼、马凯和范胡耶唐克之后，整届杯赛零出场，在板凳上百无聊赖地度过了 28 岁生日。尽管此后曾以巴萨青训总监身份重返诺坎普，但只论球员生涯，充分享受过辉煌的克鲁伊维特本不该留下这么多遗憾。

俱乐部生涯

1994—1997	阿贾克斯	101场53球
1997—1998	AC米兰	33场9球
1998—2004	巴塞罗那	257场122球
2004—2005	纽卡斯尔联	37场13球
2005—2006	瓦伦西亚	16场2球
2006—2007	埃因霍温	21场3球
2007—2008	里尔	14场4球

国脚生涯

1994—2004	荷兰队	79场40球

巴塞罗那生涯统计

赛季	联赛		国内杯赛		欧战		总计	
	出场	进球	出场	进球	出场	进球	出场	进球
1998—1999	35	15	3	1	0	0	38	16
1999—2000	26	15	4	3	14	7	44	25
2000—2001	31	18	5	2	12	5	48	25
2001—2002	33	18	0	0	17	7	50	25
2002—2003	36	16	0	0	15	5	51	21
2003—2004	21	8	2	0	3	2	26	10
总计	182	90	14	6	61	26	257	122

巴塞罗那生涯集体荣誉

西甲冠军

1998—1999

巴塞罗那生涯主要个人荣誉

金球奖评选第5名

1995

国际足联百大球星

2004

↓ 2003 年 12 月 13 日，西甲第 16 轮，克鲁伊维特（右）突破西班牙人中卫索尔德维利亚防守，并在比赛末段双响建功，助巴萨 3 ∶ 1 赢下加泰罗尼亚德比。

哈维 Xavi

最强大脑

杨健

当“4 号”逐渐淡出巴萨的常规战术体系时，老资历的巴萨球迷，定然会怀念 30 年来那些闪耀队史的名字。如果瓜迪奥拉是开山立派的 4 号位先驱，那么哈维无疑是将其发扬光大的宗师。从“梦二”有缘无分的旁观者，到“梦三”毋庸置疑的基石，哈维是呼吸机，是最强大脑，是纪录粉碎机和冠军收割者，更是天生的核心与赢家。

红蓝档案

哈维

Xavier Hernandez Creus

生日	1980.01.25
国籍	西班牙
身高	1.69米
位置	中前卫/后腰

接过学长的旗帜

“4 年后，请一定带着这个男孩过来。”1989 年，9 岁的哈维随父亲造访拉马西亚，不过他们抵达时才得知这里并不吸纳 13 岁以下的孩子。然而，看着这个男孩娴熟地将球控在脚下，

俱乐部球员生涯

1998—2015	巴塞罗那	767场85球
2015—2019	萨德	117场25球

国脚生涯

2000—2014	西班牙队	133场13球

执教生涯

2019—2021	萨德	胜率65.7%
2021—	巴塞罗那	胜率61.1%

巴塞罗那生涯统计

赛季	联赛		国内杯赛		欧战		其他		总计	
	出场	进球	出场	进球	出场	进球	出场	进球	出场	进球
1998—1999	17	1	2	0	6	0	1	1	26	2
1999—2000	24	0	4	1	10	1	0	0	38	2
2000—2001	20	2	7	0	9	0	—	—	36	2
2001—2002	35	4	1	0	16	0	—	—	52	4
2002—2003	29	2	1	0	14	1	—	—	44	3
2003—2004	36	4	6	0	7	1	—	—	49	5
2004—2005	36	3	1	0	8	0	—	—	45	3
2005—2006	16	0	0	0	4	0	2	0	22	0
2006—2007	35	3	7	2	7	0	5	1	54	6
2007—2008	35	7	7	1	12	1	—	—	54	9
2008—2009	35	6	5	1	14	3	—	—	54	10
2009—2010	34	3	3	2	11	1	5	1	53	7
2010—2011	31	3	6	0	12	2	1	0	50	5
2011—2012	31	10	7	2	9	1	4	1	51	14
2012—2013	30	5	5	0	11	1	2	1	48	7
2013—2014	30	3	5	0	10	1	2	0	47	4
2014—2015	31	2	3	0	10	0	—	—	44	2
总计	505	58	70	9	170	13	22	5	767	85

← 普约尔淡出主力阵容后，哈维在更多时候担任场上队长。作为“最强大脑”，他在球场内外都发挥着领袖作用。

↓ 在范加尔的提拔下，哈维进入巴萨一线队阵容。

↗ 2003—2004赛季次回合国家德比，小罗的妙传帮助哈维打入绝杀进球。

负责小球员招募的卡佩拉斯向哈维父亲许下了诺言。

卡佩拉斯并没有等上4年，两年后，哈维就破格进入青训营，几乎每次向上晋级都卡着年龄下限。幼儿时代就能将球稳稳接住并控在脚下的他，展现出与年龄完全不相称的老成。1997—1998赛季，正式在巴萨二队注册的哈维，在1998年3月24日加泰罗尼亚杯半决赛踢满了90分钟。尽管赛事并非西班牙官方认定，但球员本人和巴萨都以这一天作为哈维巴萨生涯的起点。代表客队莱里达打入一球的，是之后曾担任巴萨主帅的比拉诺瓦，而代班范加尔指挥比赛的则是穆里尼奥。

成年礼后刚半年，哈维被一向不吝提拔新人的范加尔在正式比赛中起用。身穿24号的哈维在超级杯对垒马洛卡的比赛中首发并打入一球，就此开启拉马西亚多位新星首秀便破门的传统。当然，在拉马西亚的7年，始终关注哈维一举一动的青训主管比拉，不止一次向范加尔力荐爱徒，师出同门的学长瓜迪奥拉在观摩了哈维的比赛后曾断言：“这个男孩早晚可以取代我。”

尽管只是勉励后来者的夸奖，但瓜迪奥拉的确成了预言家。哈维完成首秀的1998年，瓜迪奥拉便备受伤病困扰，日渐淡出首发，而哈维则一步步从小跟班升格为准主力。那一年的西甲第15轮，此前各条战线遭遇四连败的巴萨客战巴拉多利德，哈维机敏地头球破门，收获西甲处子球，助巴萨1：0成功止住颓势。然而，师徒间的自带默契旋即戛然而止，2000年夏，巴萨联赛卫冕失败，欧冠止步半决赛，范加尔卸任。但已经和铁帅形同陌路的里瓦尔多与荷兰帮们，没有一个人为上司抱不平，唯一前往机场送别的只有哈维。多年后，桃李满天下的范加尔回忆在巴萨的首次执教，第一个提起的就是这位爱徒：“就算我在巴萨有再多错误，至少有一件事是对的，那就是把哈维带到了一线队。”

一年后，瓜迪奥拉离开巴萨远走亚平宁，21岁的哈维在这支面目全非的球队中，已是数得着的老将。世青赛冠军和奥运会银牌，让初出茅庐的他欣慰，但正值世纪初最黑暗岁月的巴萨，却让年轻舵手感到挫败。费雷尔、雷克萨奇、二进宫的范加尔以及

巴塞罗那球员生涯集体荣誉

西甲冠军

1998—1999、2004—2005、2005—2006
2008—2009、2009—2010、2010—2011
2012—2013、2014—2015

国王杯冠军

2008—2009、2011—2012、2014—2015

西班牙超级杯冠军

2005、2006、2009、2010、2011、2013

欧冠冠军

2005—2006、2008—2009、2010—2011
2014—2015

欧洲超级杯冠军

2009、2011

世俱杯冠军

2009、2011

← 2004—2005 赛季欧冠小组赛，巴萨与 AC 米兰相遇，面对另一位中场大师皮尔洛的跟防，哈维从容不迫地将球传出。

↓ 2008—2009 赛季欧冠决赛，哈维摆脱朴智星的防守（左图）。两年后巴萨再度在欧冠决赛中战胜曼联，哈维与队友共同庆祝夺冠（右图）。在这两场决赛中，哈维都送出了精妙助攻。

↗ 哈维与伊涅斯塔组成的中场双核，是“梦三”巴萨统治足坛的核心要素。

之后的安蒂奇，勉强维系着巴萨欧战全勤的传统，分崩离析的荷兰帮和离心似箭的里瓦尔多，更让哈维在不算漫长的生涯起步期，就见惯了人生冷暖。不过与屡败屡战遥相呼应的，是他身边有了更多拉马西亚战友：普约尔、巴尔德斯和伊涅斯塔，一同经历忧患的同龄人，在惨烈的内卷中持续交学费，却也就此蓄满了反弹的动力。

走出黑暗的标兵

2003 年夏，律师出身的新主席拉波尔塔，从曼联那里横刀夺爱，引入了一年前的世界杯最强新人罗纳尔迪尼奥。巴萨新 10 号旋即以令人目眩神迷的脚法，让整个伊比利亚癫狂。同时，那个为“魔术师”不断送出助攻的巴萨 6 号，也一改略显匮乏的存在感，成为组织大师的全新代言人，而此时，哈维已经度过了第二个本命年。

当对巴萨了解不深的球迷，印象还停留在克鲁伊维特、萨维奥拉、戴维斯等大牌身上时，2004 年 4 月 25 日的次回合国家德比，成为哈维赢得世界级声誉的开端。在和皇马惨烈的拉锯战中，多一人的巴萨扳平后始终无法杀死比赛，被严密看管的小罗面

对人丛林立的皇马禁区，写意般送出挑传，后点心领神会的哈维停球后面对卡西利亚斯果断抽射建功——对于一向不热衷进球的哈维而言，破门这件事实属“非不能也，乃不为也”。

后半程豪取九连胜的巴萨，收获了联赛亚军，而哈维的战术乃至战略价值，则已被塞斯和阿拉贡内斯两任西班牙队主帅看重。然而，升格为国家队中场的哈维，在尚未大成的Tiki-Taka体系中稳定却不出彩，一度引发外界持续质疑。原本应在“梦二”英雄榜名列前茅的哈维，在2005年12月的队内训练中遭遇膝盖重伤。术后为加强体能，哈维在海拔1100米的山地独自复健，待到他复出时，已是整整6个月之后的西甲第35轮，德科、埃德米尔森和范博梅尔组成的中场，取代了哈维的灵秀流，成为“梦二”基石。

欧冠决赛作壁上观，之于26岁的哈维，是新一轮磨难的开始：“梦二”王朝根基尚未牢靠，一众核心便被冲昏了头。流连夜店的小罗拖着大肚腩上场，指桑骂槐的埃托奥与其持续冷战，更衣室代号“黑绵羊”的内鬼动乱，让巴萨在两年内就光速滑落。唯一令哈维聊可自慰的，是自己与伊涅斯塔珠联璧合的新双核，不仅维系着巴萨内外战存留不多的统治力，还在国家队顺势复刻，成为西班牙队再度君临欧洲的稳压阀。

就在捧起德劳内杯的那个夏天，身为欧洲杯最佳球员的哈维，与瓜迪奥拉在诺坎普二度相逢，不过此时西装革履的佩普已经是巴萨新帅。在坚决清洗了巴西帮之后，重拾4号位战术的瓜迪奥拉，将掌控全队的重任交给哈维，后者则迎来了数据井喷：西甲联赛，助攻20次的哈维仅在那场载入史册的6∶2的国家德比，就4次以手术刀直塞撕裂了皇马防线。而哈维在当赛季欧冠的七次助攻，最后一次是用速度、高度和弧度几近完美的传球找到梅西头顶，为巴萨锁定六冠征程中分量最重的欧冠奖杯。

在“梦三”时期肆意挥洒才情的哈维，已从足坛众多顶级中场之一，变成了组织者的唯一标杆。他招牌式的“转圈圈”摆脱，和魔鬼赛程中从不拉胯的强悍心肺功能，甚至不起眼的身材，都成为巴萨乃至西班牙队选材的核心要

求。而他“开天眼”的直塞球，更在多个经典瞬间被永远铭记：2010—2011赛季欧冠决赛再战曼联，哈维的上帝视角让巴萨的领先简单到不可思议。面对维迪奇和费迪南德领衔的严密防线，哈维在三人包夹下，探测到了曼联防线的唯一空隙，将球准确送到佩德罗脚下。梅西的不讲理爆射让弗格森手抖，但哈维策动的第一球，才是最纯粹的巴萨味道。

将哈维的踢法数字化，俨然成了21世纪第一个10年体育界的热门课题。在一档纪录片中，哈维仅用13.3秒，就在100个打乱的数字中准确连线出了1至16，而常人的耗时是哈维的三四倍。在只看比赛画面1秒钟的情况下，哈维报出了20名非门将球员中16人的准确站位。毋庸置疑，如果在足球世界来一场“最强大脑”，巅峰期的哈维，恐怕是毫无悬念的赢家。

传奇的循环

“2010—2011赛季对我而言，有三个注定值得铭记的时刻：诺坎普的国家德比5 ： 0大胜、超越米格利成为队史出场纪录保持者以及捧起欧冠冠军奖杯。”尽管职业生涯有着多到数不尽的经典时刻，但球员时代沉默寡言、惜字如金的哈维，在自传中也并未对“梦三”的风华大书特书。哪怕刚过而立的他，已是不折不扣的纪录收割机。

在前锋当道的年代，哈维连年位列金球奖三甲，但比起胜负和冠军，哈维早已跳出“术”，如老大哥瓜迪奥拉一样持续“悟道”。2009—2010赛季欧冠半决赛，巴萨倒在国际米兰的铁桶阵面前，赛后哈维激烈批评了对手的踢法：“这种脑子里只有胜负的踢法，注定不会给足球界留下任何遗产。”

疾风知劲草，板荡识诚臣。2012年，球迷见识了梅西自然年91球的神迹，但逆生长的哈维，同样以14球迎来了进球产量巅峰。而在激烈的赛场当中，哈维也展现出温情的一面：2013年4月2日，巴萨在欧冠1/4决赛首回合较量中2 ： 2战平巴黎圣日耳曼，此役打入点球的哈维用不停挠头的庆祝方式，向白血病患儿米克尔

↑ 在金球奖评选中位列第三的哈维，与队友梅西、伊涅斯塔参加2010年度国际足联金球奖颁奖典礼（左上图）。2009年至2011年，哈维连续三年在金球奖评选中排名第三。哈维未能收获金球奖让不少球迷“意难平”，不过他的历史地位还是在后来获得了认可：2020年12月，哈维进入《法国足球》评选的历史最佳阵容（右上图）。

→ 2014—2015赛季西甲末轮，巴萨在主场为即将离队的哈维举办致敬仪式，哈维动情落泪（右上图）。深受全队爱戴的哈维，被队友们高高抛起（右下图）。对于巴萨，哈维有着极为深厚的感情，他在日后也以拯救者的姿态回归，在俱乐部处于困境时临危受命，出任主帅。

巴塞罗那球员生涯主要个人荣誉

荣誉
西甲最佳本土球员
2005
西甲最佳中场
2009、2010、2011
欧足联年度最佳中场
2009
欧足联年度最佳阵容
2008、2009、2010、2011、2012
国际足联年度最佳阵容
2008、2009、2010、2011、2012、2013
金球奖评选第3名
2009、2010、2011
《法国足球》金球奖梦之队
2020

致意，那是哈维赛前和他的约定。

2014年1月，哈维在国王杯对垒赫塔费之战登场，成为巴萨队史出场700场的第一人。这一年夏天，伴随着普约尔正式退役，此前已经担任场上队长许久的哈维，终于转正。在三年三换主帅的动荡时刻，哈维以全队独一无二的阅历，为风格莫衷一是的巴萨继续护航。然而，不断将纪录踩在脚下的哈维，却面临着格外艰难的抉择：伴随着内马尔、苏亚雷斯的相继到来，尤其是并不严格遵循传控踢法的恩里克的上任，“双核”雷打不动的驱动模式，逐渐让位于包打天下的“MSN组合”。贯穿了整个“梦三”的“哈白布”，也因全能中场拉基蒂奇的到来重组。年事渐高的哈维，不可避免地成为革新的牺牲品。

从说一不二的队长，到板凳上的看客，对于刚经历了世界杯折戟小组赛重挫的哈维而言，这是双重打击。但意识到无法“一生一队”之后，格外坦然的哈维，反倒为这个先抑后扬的赛季，担任了最可靠的压舱石。兵败皇家社会赛后，更衣室中主动找到恩里克就战术发表意见的哈维，行使了身为队长的权力，而这恰恰是巴萨起势的转折点。此后半个多赛季，巴萨除了联赛小负马拉加，以及欧冠半决赛次回合负于拜仁，就再未遭逢败绩。“MSN组合”助球队取得比分领先后，哈维登场控住局面，成了巴萨赢球最可靠的模式。

17年前，身为巴萨见习生的哈维，在板凳上看着里瓦尔多与菲戈驰骋，17年后，荣誉陈列室里一应俱全的哈维，平静地在替补席上接受了薪尽火传的命运。2015年5月，哈维宣布将在赛季结束后离队，队友们用相继到手的国王杯、西甲和欧冠冠军，为持续站在C位捧杯的哈维践行。17年间，小个子有大智慧更有大雄心的传奇，在几代拉马西亚传奇身上不断复刻，而开启这一传统的哈维，又在6年后重返诺坎普，以和瓜迪奥拉如出一辙的轨迹，继续履行着他的诺言，书写着这段传奇。

普约尔 Carles Puyol

队史第一队长

吴昊宇

2009年5月2日伯纳乌球场，做客的巴萨以6 ：2取胜，创下了国家德比历史上又一场经典大战。这场比赛最令红蓝拥趸印象深刻的一幕，莫过于第20分钟打入一球的队长普约尔摘下队长袖标用力亲吻的镜头，这个进球让巴塞罗那将比分反超，也奠定了这场大胜的基础。而那个镜头，则将普约尔对于巴萨深沉的热爱体现得淋漓尽致。普约尔原本希望在巴萨效力到40岁再退役，但2014年，伤病缠身的他提前终止与巴萨的合同，并宣布了退役决定，他将全部职业生涯都献给了自己心爱的俱乐部。

红蓝档案

卡莱斯·普约尔

Carles Puyol Saforcada

生日	1978.04.13
国籍	西班牙
身高	1.78米
位置	中后卫/右后卫/左后卫

最努力的“后进生”

“我见过身边很多超级巨星踢球，我深知自己没有罗马里奥的技术，没有奥维马斯的速度，也没有克鲁伊维特的力量，我就像个不聪明的学生，只能靠努力去弥补自己先天的不足。”普约尔在早年接受媒体采访时，曾这样评价自己。效力巴萨二队多年从未出头的普约尔在1999—2000赛季被主帅范加尔提拔到一线队，接下

俱乐部生涯

1999—2014	巴塞罗那	593场18球

国脚生涯

2000—2013	西班牙队	100场3球

巴塞罗那生涯统计

赛季	联赛		国内杯赛		欧战		其他		总计	
	出场	进球	出场	进球	出场	进球	出场	进球	出场	进球
1999—2000	24	0	5	0	8	0	0	0	37	0
2000—2001	17	0	2	0	5	0	—	—	24	0
2001—2002	35	2	1	0	15	0	—	—	51	2
2002—2003	32	0	0	0	14	0	—	—	46	0
2003—2004	27	0	4	0	7	0	—	—	38	0
2004—2005	36	0	1	0	8	0	—	—	45	0
2005—2006	35	1	3	0	12	0	2	0	52	1
2006—2007	35	1	7	0	9	1	4	0	55	2
2007—2008	30	0	7	0	10	1	—	—	47	1
2008—2009	28	1	6	0	11	0	—	—	45	1
2009—2010	32	1	2	0	10	0	4	0	48	1
2010—2011	17	1	2	0	8	0	0	0	27	1
2011—2012	26	3	7	2	9	0	2	0	44	5
2012—2013	13	1	5	1	4	0	0	0	22	2
2013—2014	5	1	6	1	1	0	0	0	12	2
总计	392	12	58	4	131	2	12	0	593	18

来一个赛季，他迎来了职业生涯第一场大考。

那是2000年10月的西班牙国家德比，刚刚过去的夏天发生了一起震动世界的转会——巴萨巨星菲戈转会加盟死敌皇马，这是他转会后第一次以对手身份重回诺坎普。这场较量令世人铭记的，除了看台上扔向菲戈的那只猪头，以及贯穿全场的骂声，就是拥有普约尔的巴萨防线将菲戈领衔的皇马攻击线完全冻结。那场比赛普约尔顶替塞尔吉·巴尔胡安出任首发左后卫，正好与司职右中场的菲戈对位。在普约尔贯穿全场的缠斗下，菲戈碌碌无为，表现平庸，巴萨则凭借着路易斯·恩里克和西芒的进球2∶0击败皇马，让死敌阵中的菲戈颜面无光。

在那场比赛之前，作为巴萨队长的瓜迪奥拉在训练时告知普约尔，他需要盯住菲戈。普约尔的任务完成得近乎完美，诺坎普球场从此又多了一位歌颂的对象。普约尔从来不是年少成名和天选之子的代表人物，在他19岁的时候，范加尔一度想要将他出售到马拉加，但他拒绝转会，并继续努力训练，在二队比赛，直至打动范加尔教练组。在那场锁死菲戈的国家德比过后，普约尔在巴萨的位置无可撼动。

效力巴萨多年，普约尔收获荣誉无数，外界对于他给出了极高的评价，国际足联将普约尔评为世界上最出色的后卫之一，多家媒体将普约尔的名字与巴雷西、马尔蒂尼并列。在普约尔之前，中后卫米格利曾被球迷称为"人猿泰山"，而普约尔同样拥有这一昵称，他还有着"巴塞罗那野兽""公牛""鲨鱼"等象征着勇猛无畏的标签。"在巴萨全队中，普约尔是最强壮、反应速度最快、爆发力最强的球员，他的弹跳能力尤其出色，巴萨全队平均弹跳力评分大概只有77.5分，普约尔达到了87分。"巴塞罗那队医卡德普鲁纳在2010年评价普约尔时，曾这样说道。

职业生涯前期的普约尔时常出任边后卫，他曾在2002年被欧足联评为欧洲最佳右后卫。在西班牙国家队效力前期，他还曾多次作为左后卫出战，但普约尔最终在中后卫位置上扬名立万。普约尔和皮克的搭档几乎是

← 2008—2009赛季联赛次回合国家德比，普约尔在进球后深情亲吻队长袖标。

↓ 2010世界杯半决赛，普约尔高高跃起头球破门，帮助西班牙队挺进决赛，这一进球成为普约尔职业生涯的代表作。身高不到1.80米的普约尔拥有极强的弹跳能力，这帮助他在定位球进攻中屡有斩获。

巴塞罗那生涯集体荣誉

西甲冠军

2004—2005、2005—2006、2008—2009
2009—2010、2010—2011、2012—2013

国王杯冠军

2008—2009、2011—2012

西班牙超级杯冠军

2005、2006、2009、2010、2011、2013

欧冠冠军

2005—2006、2008—2009、2010—2011

欧洲超级杯冠军

2009、2011

世俱杯冠军

2009、2011

巴塞罗那生涯主要个人荣誉

西甲公平竞赛奖

2011—2012

欧足联年度最佳后卫

2006

欧足联年度最佳阵容

2002、2005、2006、2008、2009、2010

国际足联年度最佳阵容

2007、2008、2010

← 普约尔2004年至2014年担任巴萨队长，共三次率领球队夺取欧冠冠军。

→ 普约尔防守作风强悍，国家德比是他展现防守技艺的最佳舞台。在与皇马历代射手的正面交锋中，普约尔经常能够让对方无所适从。

天作之合，普约尔极强的扫荡和补防能力让皮克可以尽情展示自己的出球属性，两人的搭档也让巴萨和西班牙队在那些年席卷无数荣誉。

国际足联对于普约尔的评价是“迅疾的风格和精确的防守时机，让其成为历史上最出色的中后卫之一”。普约尔身材并不高大，但出色的弹跳力和极强的专注度让他总能第一时间破坏对手的攻势，他以身躯阻挡对手射门的镜头也是屡见不鲜。在本方的定位球进攻中，普约尔也经常能够将球狠狠砸进对方球门。普约尔生涯中令人印象最深刻的两个进球，莫过于2009年国家德比攻破皇马球门，以及2010年世界杯半决赛的制胜头球。

完美队长

普约尔的父亲何塞普是一位朴实的工人，2006年不幸在工作中遭遇事故去世，终年56岁。父亲在工作岗位上的奉献与不屈精神始终感染着普约尔，促使他成长为世界级运动员和场上的绝对领袖。坚韧的品质和不懈的努力是普约尔的成功密码，巴萨的日常训练结束后，他总是最积极加练的那个人，普约尔还会在日常训练和比赛之外参加课程，加强身体机能。

普约尔作为球队领袖的感染力，让身边的队友们不敢对自己放松要求，“普约尔是世界上最好的后卫之一，他从来不会放松对自己和身边人的要求，如果他看到你有一丝放松，他就会对你提出更高要求。”好友哈维曾对普约尔做出这样的评价。正如普约尔所言，他并不是天赋异禀的球员，但靠着无可比拟的努力与拼劲，以及天生的领袖气质，普约尔成为巴萨历史上最出色的后卫之一。

2004—2005赛季开始前，普约尔成为巴萨新任队长，这是全队投票的结果，主帅里杰卡尔德也对此表示认可。在第一队长路易斯·恩里克和第二队长科库相继告别后，普约尔无疑是队长的不二人选。作为巴萨队长的第一个赛季，普约尔帮助巴萨夺得2004—2005赛季西甲冠军，红蓝军团结束了长达5年的冠军荒，这是普约尔巴萨生涯的第一个冠军。

接下来10年中，普约尔共计以队长身份帮助巴萨捧起21个冠军奖杯，除了2010—2011赛季欧冠将捧杯机会让给阿比达尔之外，普约尔始终都是率先为巴萨捧起冠军奖杯的那个人。2009年，普约尔共计6次代表巴萨率先捧起冠军奖杯，成为巴萨队史第一位完成这一壮举的队长。

“普约尔在球场上总在与我们沟通，用他的感染力去影响我们每个人，纵使我们落后很多，他也总能给我们传达一定获胜的信念。”哈维曾这样评价普约尔。普约尔顽强的斗志和强硬的作风，是“梦二”和“梦三”时代的巴萨能够屡次在硬仗中过关的重要原因。2005—2006赛季欧冠决赛，普约尔多次赢下与亨利的一对一较量，巴萨在率先丢球的不利局面下逆转击败阿森纳，普约尔成为第一位捧起欧冠冠军奖杯的巴塞罗那本地队长。2008—2009年欧冠决赛，普约尔顶替累积黄牌停赛的阿尔维斯，出任老本行的右后卫。风头正劲的C罗整场比赛都陷入与普约尔的缠斗，碌碌无为，巴萨击败曼联，成就三冠王伟业。

除了强硬的作风和斗志，普约尔在球场内外也得到了所有人的尊敬。2011年巴萨再次击败曼联赢下欧冠冠军之后，普约尔将率先捧杯的机会主动让给从手术中恢复的阿比达尔，这一举动赢得一致好评。2012年4月巴萨客战巴列卡诺的西甲比赛，蒂亚戈打入一球帮助巴萨将比分扩大到5：0，随后他与阿尔维斯在主场球迷面前跳起了带有戏谑性的舞蹈。普约尔第一时间上前制止两位队友的行为，并告知他们应当尊重对手，蒂亚戈在赛后为自己的行为向巴列卡诺球迷进行了公开道歉。

在西班牙国家队中，普约尔从来都会以大局为重。他与皇马队长卡西利亚斯保持着非常好的关系，两人始终在维系西班牙国家队内部的团结，这让西班牙队内的皇马和巴萨球员能够在大赛期间放下俱乐部之间的恩怨，齐心协力为冠军而战，最终成就了西班牙国家队的王朝时代，这是普约尔作为巴萨队长，能够得到皇马球迷尊重的重要原因。作风顽强、顾全大局、尊重对手，普约尔堪称巴萨队史上最完美的队长之一。他长达10年的队长任期，以及其间所获奖杯的数量，更是队史之最。

2013年1月，普约尔与巴萨续约至2016年，当时他表示希望自己能够像马尔蒂尼一样，一生只为一支球队效力到40岁，然后退役。但在受到严重膝伤困扰后，普约尔不想成为巴萨的累赘。这位坚强的铁卫和最出色的队长将自己的全部职业生涯献给了巴塞罗那，得到了来自全西班牙乃至全世界的尊敬。

巴尔德斯扑救反应迅速，而其出众的短传技术，让他能更好地适应瓜迪奥拉的战术。

红蓝档案

比克托·巴尔德斯

Victor Valdes Arribas

生日	1982.01.14
国籍	西班牙
身高	1.83米
位置	门将

巴尔德斯 Victor Valdes

合适才是最好

吴昊宇

“如果还能给我一次选择的机会，也许我不会去当守门员。很多人说我有成为顶级门将的天赋，我也确实做到了，但我经历了很多痛苦时刻。”比克托·巴尔德斯在2016年接受媒体采访时敞开心扉。对于自己在2014年重伤过后离开巴塞罗那，以及职业生涯最后阶段每况愈下的状态，巴尔德斯始终耿耿于怀。但没有人能够否认，这位门神是巴萨最辉煌时代的优秀代表之一。

20世纪90年代，巴萨青训营中有两名天赋异禀的本土门将，一位是昔日巴萨一号门将米格尔·雷纳的儿子佩佩·雷纳，另一位就是巴尔德斯。年龄相仿的两人不仅私交甚笃，而且都被视作巴萨的未来门神。雷纳比巴尔德斯更早冒头，在转会比利亚雷亚尔后一举成名。

巴尔德斯在2002—2003赛季迎来巴萨一线队首秀，当时巴萨恰好处在苏比萨雷塔离队后主力门将不断更迭的阶段，巴尔德斯得以与阿根廷门将博纳诺分享出场机会。进入一线队的首个赛季，巴尔德斯在联赛中14次登场，欧冠登场6次，但表现不算稳定，时常失误，主帅范加尔在赛季中段让巴尔德斯回归二队。对于倔脾气的巴尔德斯而言，这种待遇让他感到难堪，他甚至为此提出转会申请，但主席加斯帕特很看重巴尔德斯的天赋，在加斯帕特的劝说下，巴尔德斯留了下来。

2003年夏天拉波尔塔出任俱乐部主席，开启了一系列大刀阔斧的改革，除罗纳尔迪尼奥和德科等球星驾临诺坎普之外，2002年韩日世界杯上大放异彩的土耳其门将鲁斯图的加盟，也让人充满期待。但鲁斯图在巴萨的表现并不理想，巴萨0∶3负于桑坦德竞技的比赛后，失误连连的鲁斯图沦为替补，巴尔德斯成为主力。

这次过后，巴尔德斯在未来多年内都没有交出一号门将的位置。之后巴尔德斯帮助巴萨在2005年和2006年两夺西甲冠军。2005—2006赛季欧冠，巴尔德斯在关键时刻扑出德罗巴的射门，力保巴萨击败切尔西晋级。半决赛对阵AC米兰，巴尔德斯在圣西罗球场零封对手，助巴萨闯入欧冠决赛。

决赛中，巴萨面对的是亨利领衔的阿森纳。虽然莱曼染红让巴萨多打一人，但顽强的阿森纳一度占据场面上风，巴尔德斯做出数次关键扑救，将亨利两次极具威胁的射门拒之门外。巴萨2∶1击败阿森纳，队史第二次登上欧洲之巅，这成为了巴萨“梦二”时代最辉煌的时刻。一夫当关的巴尔德斯，无疑是巴萨欧冠封王的英雄。

不过巴尔德斯也并非没有弱点，成为巴萨主力门将后的数年里，他的低级失误和高光发挥同样令人印象深刻。2005—2006赛季，他在巴萨主客场对阵瓦伦西亚时均出现失误，让比利亚抓住机会破门。2006—2007赛季欧冠，巴尔德斯将贝拉米没有威胁的头球攻门抱过球

俱乐部生涯

2002—2014	巴塞罗那	535场0球
2015—2016	曼联	2场0球
2016	标准列日（租借）	8场0球
2016—2017	米德尔斯堡	28场0球

国脚生涯

2010—2014	西班牙队	20场0球

巴塞罗那生涯统计

赛季	联赛		国内杯赛		欧战		其他		总计	
	出场	进球	出场	进球	出场	进球	出场	进球	出场	进球
2002—2003	14	0	0	0	6	0	—	—	20	0
2003—2004	33	0	6	0	5	0	—	—	44	0
2004—2005	35	0	0	0	8	0	—	—	43	0
2005—2006	35	0	0	0	12	0	2	0	49	0
2006—2007	38	0	0	0	8	0	4	0	50	0
2007—2008	35	0	6	0	11	0	—	—	52	0
2008—2009	35	0	0	0	14	0	—	—	49	0
2009—2010	38	0	0	0	12	0	5	0	55	0
2010—2011	32	0	0	0	11	0	1	0	44	0
2011—2012	35	0	0	0	11	0	5	0	51	0
2012—2013	31	0	0	0	11	0	2	0	44	0
2013—2014	26	0	0	0	6	0	2	0	34	0
总计	387	0	12	0	115	0	21	0	535	0

巴塞罗那生涯集体荣誉

西甲冠军

2004—2005、2005—2006、2008—2009
2009—2010、2010—2011、2012—2013

国王杯冠军

2008—2009、2011—2012

西班牙超级杯冠军

2005、2006、2009、2010、2011、2013

欧冠冠军

2005—2006、2008—2009、2010—2011

欧洲超级杯冠军

2009、2011

世俱杯冠军

2009、2011

巴塞罗那生涯主要个人荣誉

萨莫拉奖（《马卡》报评选的西甲最佳门将）

2004—2005、2008—2009、2009—2010
2010—2011、2011—2012

西甲最佳门将

2009—2010、2010—2011

门线，利物浦客场掀翻巴萨，上届冠军巴萨十六强出局。发挥不够稳健，是巴尔德斯一度难以入选西班牙国家队的重要原因，彼时，加泰罗尼亚媒体对巴尔德斯的评价是“表现足够积极，但从未达到杰出的水准”，克鲁伊夫也不止一次批评巴尔德斯。

巴萨的两年低潮期过后，瓜迪奥拉在 2008 年出任巴萨主帅。瓜帅不仅造就了“宇宙队”的辉煌时代，也让巴尔德斯如鱼得水。瓜氏巴萨拥有强大的控制力，而巴尔德斯优秀的反应速度和扑单刀能力，成为后防的稳固保障。瓜迪奥拉不止一次表示：“巴尔德斯是无可替代的首选门将，如果没有他，这一时期的巴萨不会取得如此成就。”很重要的一点当然在于，巴尔德斯出色的短传技术，与瓜迪奥拉的战术十分契合。

巴尔德斯之前只在 2005 年拿到过萨莫拉奖（《马卡》报评选的西甲最佳门将），但在瓜迪奥拉执教的 4 年时间里，巴尔德斯 4 次收获这一奖项，他也就此追平巴萨传奇门神拉马雷茨。2011 年巴尔德斯创造了连续 895 分钟不失球的巴萨队史纪录，他还在同一年收获象征西班牙最高个人体育荣誉的皇家体育勋章。在瓜迪奥拉时代的出色发挥，让巴尔德斯从一名“没有达到杰出水准”的门将，蜕变成巴萨队史最优秀的门将之一。

2014 年 3 月 26 日，在巴萨主场迎战塞尔塔的比赛中，佩戴队长袖标的巴尔德斯开场仅一分钟就因伤无法坚持，队医用担架将他抬离球场。检查结果显示，巴尔德斯右膝前十字韧带撕裂，将远离赛场至少 6 个月。当时他与巴萨的合同即将到期，他也已经宣布不会续约，希望寻求新的挑战。这次伤退的瞬间，成为球员时期的巴尔德斯留给诺坎普的最后镜头。

巴尔德斯共代表巴萨出战 535 场比赛，交出237场零封的答卷。在巴萨，他收获了一众冠军荣誉，还随西班牙国家队拿到了世界杯和欧洲杯冠军。巴尔德斯之后加盟曼联，但与范加尔重逢的他注定难以得到机会，辗转标准列日和米德尔斯堡之后，巴尔德斯在 2017 年宣布退役，转型成为教练。

2019 年，巴尔德斯重回巴萨，执教青年 A 队。但没过多久，由于与青训总监克鲁伊维特关系不佳，巴尔德斯被解雇。2021 年拉波尔塔曾希望将巴尔德斯重新带回巴萨，担任梯队教练，但最终不了了之。

巴尔德斯曾在接受采访时表示，自己并不是很好相处的人，因此他很感谢妻子卡多纳对自己多年来的包容。巴尔德斯的职业生涯足够辉煌，但倔强的个性也让他留下了些许遗憾。巴尔德斯早在 2013 年就宣称自己不会和巴萨续约，那次重伤过后，俱乐部原本给他提供了一份新合同，但巴尔德斯仍然坚持不续约。如果当初没有如此决绝地离开，或许巴尔德斯就能够以更理想的方式结束球员生涯。不可否认的是，巴尔德斯永远都是巴萨队史最出色的门将之一。

→ 2008—2009 赛季，巴萨夺得欧冠冠军，巴尔德斯在决赛后高举奖杯庆祝。

红蓝档案

安德烈斯·伊涅斯塔

Andres Iniesta Lujan

生日	1984.05.11
国籍	西班牙
身高	1.72米
位置	中前卫 进攻型中场 左边锋

伊涅斯塔 Andres Iniesta

大师自带掌声

吴昊宇

2017—2018 赛季西甲最后一轮，巴塞罗那主场迎战皇家社会，伊涅斯塔在诺坎普球迷的掌声中被替换下场。赛后，他赤脚坐在诺坎普草皮上，久久不愿离去，此前他已宣布将在赛季结束后离开巴萨。对阵皇家社会前，巴萨官方发布了伊涅斯塔告别战的纪念款球衣，球衣上伊涅斯塔的 8 号被横置，象征着伊涅斯塔已成为巴萨队史上的永恒传奇。

俱乐部生涯

2002—2018	巴塞罗那	674场57球
2018—2023	神户胜利船	133场26球

国脚生涯

2006—2018	西班牙队	131场13球

巴塞罗那生涯统计

赛季	联赛		国内杯赛		欧战		其他		总计	
	出场	进球	出场	进球	出场	进球	出场	进球	出场	进球
2002—2003	6	0	0	0	3	0	—	—	9	0
2003—2004	11	1	3	1	3	0	—	—	17	2
2004—2005	37	2	1	0	8	0	—	—	46	2
2005—2006	33	0	4	0	11	1	1	0	49	1
2006—2007	37	6	6	1	8	2	5	0	56	9
2007—2008	31	3	7	0	11	1	—	—	49	4
2008—2009	26	4	6	0	11	1	—	—	43	5
2009—2010	29	1	3	0	9	0	1	0	42	1
2010—2011	34	8	5	0	10	1	1	0	50	9
2011—2012	27	2	6	2	8	3	5	1	46	8
2012—2013	31	3	5	2	10	1	2	0	48	6
2013—2014	35	3	6	0	9	0	2	0	52	3
2014—2015	24	0	7	3	11	0	—	—	42	3
2015—2016	28	1	4	0	7	0	5	0	44	1
2016—2017	23	0	5	0	8	1	1	0	37	1
2017—2018	30	1	5	1	8	0	1	0	44	2
总计	442	35	73	10	135	11	24	1	674	57

← 2014—2015赛季欧冠半决赛首回合，伊涅斯塔在比赛中带球前进（左图）。在之后的决赛中，伊涅斯塔帮助巴萨夺冠，并当选决赛最佳球员。决赛后，伊涅斯塔与中场搭档哈维手举欧冠奖杯庆祝（右图）。

→ 2017—2018赛季西甲第38轮比赛，巴萨主场1∶0战胜皇家社会，这是伊涅斯塔的巴萨告别战。为致敬伊涅斯塔，巴萨官方发布了纪念款球衣（图1），伊涅斯塔的8号被横置，意为“无限”。诺坎普看台也用同样的方式致敬这位中场大师（图2）。比赛结束后，伊涅斯塔赤脚回到诺坎普的草皮上，停留许久（图3）。

伊涅斯塔是领衔一个时代的中场大师，人品球品皆无可挑剔，他不仅是巴萨的图腾，也是西班牙的国家英雄。2010年伊涅斯塔在南非的关键一击，为西班牙带来了迄今唯一的世界杯冠军。

拉马西亚楷模

1996年，巴萨的拉马西亚学院迎来了一位面貌白皙、身材精瘦的男孩，这就是12岁的伊涅斯塔。进入巴萨青训之前，伊涅斯塔在家乡俱乐部阿尔瓦塞特青训踢球，他在8岁时进入阿尔瓦塞特青训，12岁代表阿尔瓦塞特出战当地少年足球锦标赛时被巴萨相中。巴萨青训教练阿尔伯特·贝奈赫斯在对这个男孩进行考察之后，立刻将其推荐给俱乐部高层。

对于当时的伊涅斯塔而言，前往完全陌生的巴塞罗那，意味着与家人分居两地，但他最终还是决定接受邀请，“刚到拉马西亚时，安德烈斯经常哭泣，他和家人的关系非常亲密。安德烈斯是整个学院年龄最小的孩子之一，我知道这对他而言很难，我当时给予他很多帮助，他经常来我家做客，他的父母每个月也会来看他两三次。随着时间的推移，他变得更加坚强，克服了孤独感”。伊涅斯塔的伯乐贝奈赫斯曾在采访中回顾那段日子。在伊涅斯塔父母不在身边的情况下，贝奈赫斯很好地扮演了父亲的角色。

“他只有12岁，但已经可以和年龄大于他的孩子们在一支队伍踢球。他不仅在球场上展示出高人一筹的天

①

②

③

巴塞罗那生涯集体荣誉

西甲冠军	2004—2005、2005—2006、2008—2009 2009—2010、2010—2011、2012—2013 2014—2015、2015—2016、2017—2018
国王杯冠军	2008—2009、2011—2012、2014—2015 2015—2016、2016—2017、2017—2018
西班牙超级杯冠军	2005、2006、2010、2011、2013、2016
欧冠冠军	2005—2006、2008—2009、2010—2011 2014—2015
欧洲超级杯冠军	2009、2011、2015
世俱杯冠军	2009、2011、2015

➔ 精于盘带的伊涅斯塔，创造了不少身陷重围却又从容不迫的“名场面”。2012 年欧洲杯面对意大利 5 人合围的这一瞬间（图 3），最为出名。

赋，文化课成绩也非常好，从来到这里的第一天，安德烈斯就对学习展现出浓厚兴趣，成绩一直都很棒，始终都有非常清晰的想法。他是巴萨青训的楷模，是值得所有年轻球员学习的榜样。”贝奈赫斯在谈到伊涅斯塔时这样说道。伊涅斯塔骨子里的坚韧是他取得成功的关键原因，而优秀的文化课成绩，也让伊涅斯塔具备极佳的涵养，这是他能够受到巴塞罗那乃至西班牙尊敬的关键因素。

“梦二”超级替补

伊涅斯塔在拉马西亚步步为营，无论球技还是文化课，“小白”在各个年龄段的队伍均是个中翘楚。2001 年，17 岁的伊涅斯塔得到巴萨二队主帅费雷尔的征召，代表二队出战，同时跟随一线队进行训练。

2002 年 10 月 29 日，在范加尔的手下，伊涅斯塔完成了巴萨一线队正式比赛处子秀，在巴萨对阵布鲁日的欧冠小组赛中首发出战，身穿 34 号球衣。后来伊涅斯塔回忆：“那场比赛前出线局势已经确定，因此范加尔选择了很多二队球员出征布鲁日，我很感谢他能够选择我首发。我从赛季初就随一线队训练，那场比赛我认为自己的表现可圈可点。”伊涅斯塔在处子秀中打满全场，帮助球队 1 ∶ 0 获胜。

2002 年 12 月 21 日，伊涅斯塔迎来代表巴萨的联赛首秀。客战马洛卡，“小白”首发登场出战 59 分钟，表现中规中矩，没有失误，巴萨客场 4 ∶ 0 取胜，克鲁伊维特上演帽子戏法。考虑到这场比赛仍在赛季中期，当时排名积分榜第 13 位的马洛卡并非软柿子，范加尔敢于选择 18 岁的伊涅斯塔首发出战，足见“小白”在荷兰教头心中的地位。

2003—2004赛季，伊涅斯塔更上一层楼，打入代表一线队的处子球。巴萨客战巴拉多利德，伊涅斯塔下半场替补登场打入一球，助巴萨将比分锁定在3：1。当时人们印象最深刻的，大概是门将巴尔德斯狂奔大半场，与伊涅斯塔紧紧相拥的画面，两人在拉马西亚时就关系密切。2004—2005赛季，伊涅斯塔已成为巴萨阵中的重要成员，虽然称不上是绝对主力，但在里杰卡尔德麾下，“小白”通常是下半场第一个替补上阵的球员。他帮助巴萨夺得当赛季西甲冠军，红蓝军团就此打破长达五年的冠军荒。整个赛季下来，伊涅斯塔在西甲的出场次数达到了37场，与埃托奥并列为巴萨当赛季最多。

2005—2006赛季，伊涅斯塔继续作为重要轮换球员出场，随巴萨打入欧冠决赛。巴萨与阿森纳决战欧洲之巅，上半场比赛莱曼早早被红牌罚下。但在多打一人的情况下，处在围攻态势的巴萨配合不畅，难以制造绝对机会，反倒是阿森纳通过定位球由坎贝尔率先破门。下半场刚开始，里杰卡尔德就用伊涅斯塔换下埃德米尔森，伊涅斯塔的盘带与快速传接球能力让巴萨中场运转更加流畅，这为拉尔森和贝莱蒂的进球提供了基础。巴萨2：1逆转击败枪手，超级替补伊涅斯塔的出场，无疑是胜负手之一。

两脚关键破门

凭借在巴萨的出色表现，伊涅斯塔进入了西班牙队出征德国世界杯的23人大名单，他在小组赛最后一战对阵沙特的比赛中首发出场，迎来个人在世界大赛的首秀。2006—2007赛季，伊涅斯塔开始成为巴萨主力，他与哈维的中场双核配置逐渐成型。2007年夏天久利离开之后，伊涅斯塔的号码从24号变成了8号，这成为他巴萨时代的标志性号码。

2008年夏，伊涅斯塔以绝对主力身份助西班牙队夺得欧洲杯冠军，他以首发身份出战全部比赛，并入选赛事最佳阵容。西班牙队在这届欧洲杯上没有绝对意义的边锋，名义上出任右边锋的伊涅斯塔，更像是边前腰，这是他在巴萨的角色：在介于边锋和前腰的位置游走，以精湛的盘带技术将球过渡到前场。伊涅斯塔与哈维各自具备大师级的盘带过人水准和开天眼般的直塞球能力，这对中场双核成为2008—2009赛季巴萨“梦三”时代美丽足球的源动力。

2008年瓜迪奥拉出任巴萨主帅，随着罗纳尔迪尼奥、德科的相继离开，伊涅斯塔正式接过巴萨中场的权杖。经过欧洲杯洗礼的他更上一个台阶，进入巴萨队委会，成为球队的第四队长。这个赛季对伊涅斯塔而言最高光的时刻，莫过于欧冠半决赛第二回合面对切尔西时的进球。比赛接近尾声

巴塞罗那生涯主要个人荣誉

欧洲足球先生	2012
西甲最佳球员	2009
西甲最佳中场	2009、2011、2012、2013、2014
西甲助攻王	2012—2013
欧冠助攻王	2010—2011
欧冠赛季最佳阵容	2014—2015、2015—2016
欧足联年度最佳阵容	2009、2010、2011、2012、2015、2016
国际足联年度最佳阵容	2009、2010、2011、2012、2013、2014、2015、2016、2017
金球奖评选第2名	2010
金球奖评选第3名	2012

← 面对切尔西时的关键一击，以及世界杯决赛的加时绝杀，是伊涅斯塔职业生涯最高光的代表作。

↘ 世界杯决赛攻入制胜球后，伊涅斯塔脱衣庆祝，纪念已经故去的西班牙人球员达尼·哈尔克（左图）。伊涅斯塔的这一举动，让他收获了西班牙人球迷的尊重与爱戴（右图）。

之际，巴萨仍一球落后，场边的瓜迪奥拉甚至已经提前恭喜希丁克。但就在此刻，伊涅斯塔一记精彩的外脚背抽射直挂死角，一向低调的“小白”进球后脱下球衣激情庆祝，巴萨凭此球以客场进球优势杀入决赛，最终击败曼联成就三冠王伟业。

2009年夏天，伊涅斯塔遭遇伤病困扰，缺席了联合会杯。后来伊涅斯塔透露，那个夏天他一度患上抑郁症，这不仅是因为伤病侵袭，还因为在那年夏天，他的好友、西班牙人队长达尼·哈尔克突然离世。接连的打击让伊涅斯塔一度需要服用药物才能入睡。2009—2010赛季，受伤病影响，伊涅斯塔仅在西甲首发出战20场比赛，只打入一个进球。

但在2010年世界杯，伊涅斯塔迎来了成为国家英雄的重要时刻。西班牙队与荷兰队的世界杯决赛，进入加时阶段比分仍为0∶0。法布雷加斯禁区前截获解围球后轻巧直塞，伊涅斯塔接到皮球，横身凌空抽射，球应声入网。进球后伊涅斯塔脱下上衣，露出贴身穿着的白色衣衫，上面写有“达尼·哈尔克永远与我们同在”的字样。伊涅斯塔的进球为西班牙带来了世界杯冠军，而他的庆祝方式则令这一英雄时刻得到升华，此刻巴萨与西班牙人的死敌关系被彻底抛开。伊涅斯塔因此得到了全西班牙的敬重，巴萨两大死敌皇马与西班牙人的拥趸，从不会向伊涅斯塔送上嘘声，因为他是西班牙的英雄，更因为他与达尼·哈尔克的这份情谊。

步入大师殿堂

世界杯封王让伊涅斯塔更进一步，2010年末，伊涅斯塔与梅西、哈维包揽了金球奖评选前三，这是巴萨队史第一次由本队球员包揽金球奖前三。2010—2011赛季，巴萨再度称雄西甲和欧冠，伊涅斯塔与哈维、布斯克茨的中场铁三角诠释了何谓极致的控制型足球。在“哈白布”中场组合的强大控制力下，对手很难抢到球权，任由三人挥洒才情。2012年是伊涅斯塔已臻化境的一年，2011—2012 赛季的他由于伤病出场时间有所减少，且更多被瓜迪奥拉安排在边路位置上，但他整个赛季贡献 8 球 13 助攻，个人贡献甚至比拿到双冠的 2010—2011 赛季还要高。在伊涅斯塔出场的联赛中，巴萨连续 56 场保持不败。

伊涅斯塔在 2012 年欧洲杯亦有大师级发挥。由于比利亚淡出、托雷斯状态下滑，西班牙队使用了由法布雷加斯出任假 9 号的无锋阵，依靠无可比拟的控制力，西班牙队成功卫冕欧洲杯，成就大赛三连冠伟业。虽然整届杯赛仅有一次助攻入账，但伊涅斯塔在中场的盘带与过渡是西班牙队夺冠的关键，他也被评为当届欧洲杯最佳球员。那一年，伊涅斯塔力压梅西和 C 罗，当选欧洲足球先生。

随着内马尔的加盟，伊涅斯塔已无须继续长期担任边锋，回到了更加舒适的中路。2014 年夏窗，能攻善守的拉基蒂奇到来，在哈维逐渐淡出的情况下，伊涅斯塔的身旁有了另一名出色的中场搭档。“MSN 组合”三剑合璧，让伊涅斯塔只需专注于自己最擅长的工作——充分发挥大师级的盘带，将球输送给超级三叉戟。2014—2015 赛季，巴萨再度夺得三冠王，伊涅斯塔在巴萨战胜尤文图斯夺冠的欧冠决赛中，成为全场最佳。

在普约尔、巴尔德斯和哈维等拉马西亚骄傲相继告别后，伊涅斯塔也来到了说告别的这一天。2018 年，伊涅斯塔在帮助巴萨夺得国内双冠王后，离开了效力长达 22 年的巴萨。国王杯决赛对阵塞维利亚，伊涅斯塔打入一球，帮助巴萨 5 ∶ 0 大胜夺冠。即使自家球队大比分落后，现场观战的塞维利亚球迷仍在伊涅斯塔被替换下场时，为他献上了掌声。

那个赛季的伊涅斯塔，在西甲上演了“退役巡演”，体力已无法支撑全场的他时常在 60 分钟左右便被换下，迎接他的始终是全场球迷的掌声，皇马主场伯纳乌也是如此，因为他是西班牙的英雄，是人品球品俱佳的楷模。

知名媒体人龙塞罗是西班牙最著名的皇马拥趸之一，但在伊涅斯塔宣布离开巴萨后，他第一时间发布了致敬视频：“安德烈斯，你知道的，我不喜欢巴萨，一点也不。但我作为西班牙国家队的坚定支持者，要为你送上最崇高的敬意，我不希望看到你离开西甲联赛的那一天，我会永远敬重你。”能让死敌球迷送上最高敬意，在整个足坛也不多见。

2018 年 5 月 21 日，巴萨坐镇主场 1 ∶ 0 击败皇家社会，这场比赛成为伊涅斯塔的巴萨生涯告别战，他在第 81 分钟被替换下场，最后一次享受全场最热烈的掌声。巴萨官方献给伊涅斯塔的“无限”球衣，以及诺坎普献给伊涅斯塔的“无限”标志，让传奇成为永恒。

伊涅斯塔的告别，意味着巴萨一个时代的结束。拉马西亚一位管理人员曾说，巴萨想要拥有下一个比肩伊涅斯塔的球员，是相当难的事情。如今巴萨阵中，佩德里隐隐有着伊涅斯塔的影子，他也一直将伊涅斯塔视作偶像，但想要赶超“小白”的成就，佩德里还有相当长的路要走。

罗纳尔迪尼奥 Ronaldinho

首席精灵

吴昊宇

“在持续数年的苦涩与干涸过后，罗纳尔迪尼奥的到来为诺坎普带来了快乐与希望。”这是巴塞罗那俱乐部官网对于罗纳尔迪尼奥的评价中，最亮眼的一句。2003 年罗纳尔迪尼奥降临诺坎普之前，巴萨堪称一潭死水，成绩与场面都处在低潮期，多年不曾收获重要冠军奖杯。正是这位巴西足球精灵，带给了巴萨拥趸久违的快乐，他灵动的桑巴舞蹈让全世界为之倾倒，甚至让死敌皇马的球迷集体起立送上掌声。罗纳尔迪尼奥精彩至极的足球技艺，成就了“梦二”的辉煌时期，他不仅为巴萨带来奖杯，更让自己站上足球世界的顶峰，征服了无数球迷。

红蓝档案

罗纳尔迪尼奥

Ronaldo de Assis Moreira

生日	1980.03.21
国籍	巴西/西班牙
身高	1.81米
位置	左边锋 进攻型中场 二前锋

而另一方面，小罗在效力巴萨后期的状态坠落令人惋惜，夜店与酒精让他迷失，隆起的肚腩让他失去灵气。他为巴萨拥趸带来的欢乐，疯狂却又略显短暂，但至少，这位足球精灵为诺坎普带来了久旱后的甘霖，虽然不够持久，却足够回味悠长。

拉波尔塔的见面礼

将时间调回到 2002—2003 赛季，整个西班牙足坛都沉浸在皇马打造的“银河战舰”之中，罗纳尔多携韩日世

俱乐部生涯

1998—2001	格雷米奥	125场58球
2001—2003	巴黎圣日耳曼	77场25球
2003—2008	巴塞罗那	207场94球
2008—2011	AC米兰	95场26球
2011—2012	弗拉门戈	72场28球
2012—2014	米内罗竞技	85场27球
2014—2015	克雷塔罗	29场8球
2015	弗鲁米嫩塞	9场0球

国脚生涯

1999—2013	巴西队	97场33球

巴塞罗那生涯统计

赛季	联赛		国内杯赛		欧战		其他		总计	
	出场	进球	出场	进球	出场	进球	出场	进球	出场	进球
2003—2004	32	15	6	3	7	4	—	—	45	22
2004—2005	35	9	—	—	7	4	—	—	42	13
2005—2006	29	17	2	1	12	7	2	1	45	26
2006—2007	32	21	4	0	8	2	5	1	49	24
2007—2008	17	8	1	0	8	1	—	—	26	9
总计	145	70	13	4	42	18	7	2	207	94

← 双手伸出拇指与小指，跑到场边翩翩起舞，这是快乐精灵罗纳尔迪尼奥的招牌庆祝动作。

↗ 2003 年夏天小罗加盟巴萨，众多球迷来到诺坎普参加小罗的加盟仪式。这位足球精灵的到来，让处于低谷的巴萨看到了希望。

↘ 2003—2004 赛季西甲第二轮，小罗首次在巴萨的主场比赛亮相。此役小罗连续过人后打入一脚精彩远射，诺坎普现场球迷的欢呼雀跃，甚至让地震检测仪器检测到了大地的震颤。

界杯冠军和金靴到来，令伯纳乌成为全世界的焦点中心。相比之下，已经数年没有重要冠军进账的巴萨显得十分落寞，主席加斯帕特为与皇马分庭抗礼主导签下里克尔梅，但阿根廷人因与主帅范加尔交恶而无从发挥。由于成绩不佳，范加尔和加斯帕特在赛季中期相继离任，在新帅安蒂奇的带领下，俱乐部成绩没有好转，里克尔梅仍未发挥出在博卡青年的表现，彼时巴萨上下用“一潭死水”来形容绝不过分。

2003 年夏天拉波尔塔就任巴萨主席，他规划了以世界级球星和青训球员形成良性循环的发展方案，当时已经成名并得到欧洲一线豪门青睐的罗纳尔迪尼奥，成为拉波尔塔的第一目标。小罗在 2001 年差点登陆英超，加盟阿森纳，由于劳工证原因没能成行，之后他成了巴黎圣日耳曼的一员。2002 年韩日世界杯，罗纳尔迪尼奥与罗纳尔多、里瓦尔多组成的“3R 组合”是巴西队第 5 次捧起金杯的关键，小罗在 1/4 决赛中极具想象力的任意球

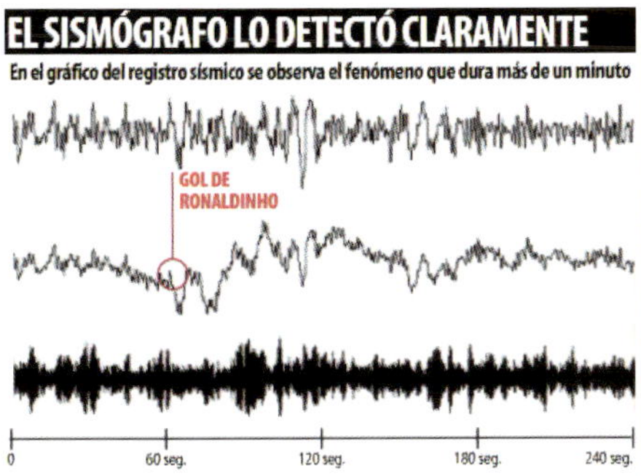

巴塞罗那生涯集体荣誉

西甲冠军

2004—2005、2005—2006

西班牙超级杯冠军

2005、2006

欧冠冠军

2005—2006

← 2004—2005 赛季欧冠 1/8 决赛次回合，小罗面对切尔西防线原地起舞，“旱地拔葱”直接起脚破门，打入了一个经典进球。

↓ 2005—2006 赛季首回合国家德比，小罗在轻巧过掉拉莫斯之后完成破门。此役小罗梅开二度，其灵动的球风征服了伯纳乌，皇马球迷纷纷为他起立鼓掌。

→ 凭借着顶级的个人表现，罗纳尔迪尼奥收获了2005年的金球奖（左图）。2005—2006赛季欧冠，小罗帮助巴萨登顶，赛后他对欧冠奖杯深情一吻（右图）。

吊射，戏耍了英格兰门将希曼，成为世界杯历史的经典一幕。

世界杯后的一个赛季里，罗纳尔迪尼奥的名字始终和各路一线豪门联系在一起，曼联和皇马都有意将他签下，但拉波尔塔依靠诚意与更高的报价打动了小罗。在高达 3000 万欧元的基础转会费和一系列附加条款的报价下，巴黎为罗纳尔迪尼奥放行。那个夏天的另一笔重磅转会，是皇马从曼联签下贝克汉姆，不过，拉波尔塔表示，罗纳尔迪尼奥的实际转会费要比贝克汉姆高出不少。

亮相诺坎普的当天，兴奋不已的罗纳尔迪尼奥表示，自己将有机会实现儿时的梦想，由于罗纳尔多、里瓦尔多等巴西球星曾效力巴萨，很多巴西天才都将巴萨视作理想目的地。时任巴萨技术总监贝吉里斯坦也表示，巴萨不惜代价促成罗纳尔迪尼奥加盟的重要原因，就是他出色的创造力，相比进球数量，他在场上对球队的影响力更加显著，而这是当时的巴萨最缺乏的。

在亮相仪式上，罗纳尔迪尼奥身穿巴萨 10 号战袍，但此时 10 号球衣原本的主人里克尔梅还没有宣布离队，这足以证明巴萨树立巴西人作为核心的迫切。里克尔梅很快离开了巴萨，拉波尔塔带给会员们的“见面礼”罗纳尔迪尼奥，就此开启了在巴萨的演出。

小罗进球，巴塞罗那“地震”

2003—2004 赛季西甲首轮，巴萨

客场 1 ： 0 击败毕尔巴鄂竞技，这场比赛是小罗在巴萨的处子秀。小罗首次代表巴萨在诺坎普上阵，是第二轮主场迎战塞维利亚。比赛中小罗带球冲到塞维利亚禁区前沿，在距离球门 25 米的位置拔脚怒射，球径直飞入大门，现场超过 8 万名球迷集体迸发出疯狂的欢呼。根据后续报道，小罗进球的那一瞬间，球迷的欢呼雀跃，让当地的地震检测仪器检测到了大地的震颤。巴塞罗那地震监测中心负责人后来证实，那一刻全场球迷释放出的能量，不亚于一场低级别地震产生的效果。这就是巴西巨星给这座城市带来的效应。

罗纳尔迪尼奥在那个赛季开局表现出色，但赛季中期他因为伤病缺席了几场比赛，巴萨的成绩一路下滑，一度排名中游。而随着戴维斯在中期加盟，巴萨下半赛季状态回勇，第二回合国家德比，做客伯纳乌的巴萨 2 ： 1 击败宿敌皇马，小罗助攻克鲁伊维特攻入制胜进球。巴萨最终收获联赛亚军，小罗在处子赛季出战了 32 场西甲联赛，攻入 15 球，奉献 6 次助攻，比起进球和助攻数据，他灵动的球风和对进攻端的巨大影响，更令球迷印象深刻。精湛的盘带技术、标志性的牛尾巴过人、石破天惊的远射和定位球，罗纳尔迪尼奥一次次让诺坎普陷入疯狂。而在他的带领下，巴萨在比赛场面上充满活力，虽然仍未打破冠军荒，但罗纳尔迪尼奥让人看到了希望。

2004 年夏天，巴萨继续引援，埃托奥、德科、久利、拉尔森等人加盟，罗纳尔迪尼奥、埃托奥与久利的锋线三叉戟就此集结完毕，全新的巴萨将再度对冠军发动冲击。

伯纳乌为他鼓掌

巴萨在新赛季重新启航，前场核心当然还是处于巅峰期的罗纳尔迪尼奥。在拥有极强爆发力和终结能力的埃托奥和跑位鬼魅的久利协助下，作为持球核心的小罗得以尽情发挥出神入化的盘带技术和传球能力。整个赛季下来，小罗在西甲赛场打入 9 球，贡献 15 次助攻，而在他的帮助下，加盟巴萨第一个赛季的埃托奥收获 24 个西甲进球，巴萨打破长达 5 年的冠军荒，夺得 2004—2005 赛季西甲冠军。

当赛季首回合国家德比，小罗与埃托奥联手将群星璀璨的皇马彻底击倒，坐拥七大巨星的豪华战舰在罗纳尔迪尼奥面前黯然失色。无论是出任后腰的贝克汉姆和古蒂，还是防线上的萨穆埃尔、帕文、萨尔加多，都无法拦住状态极佳的小罗。巴西人屡次用标志性的挑球过人，将皇马众星玩弄于股掌之间，皇马防线只能依靠犯规挡住小罗。

第 28 分钟，小罗中圈附近拿到球，在 4 名皇马球员的围追堵截下，送出一记精彩的挑传，打到防线身后，

罗伯托·卡洛斯和出击的卡西利亚斯出现配合失误，埃托奥抓住机会为巴萨首开纪录。半场结束前，范布隆克霍斯特插入禁区爆射破门，虽然助攻来自德科，但这个进球同样要感谢小罗在左路连续盘带后的横传策动。下半场埃托奥制造点球，罗纳尔迪尼奥面对卡西利亚斯一蹴而就，攻入个人在国家德比的第一个进球。巴萨 3 ∶ 0 完胜皇马，罗纳尔迪尼奥贯穿全场的盘带过人让皇马防线极为狼狈，皇马七大巨星成为小罗完美发挥的背景板。

2004 年底，罗纳尔迪尼奥在金球奖评选中位居舍甫琴科和队友德科身后，排名第三，不过在同一年的世界足球先生的评选中，小罗压过了亨利与舍甫琴科，获得大奖。2004—2005 赛季下半段，虽然巴萨在欧冠被切尔西淘汰，但小罗在巴萨做客斯坦福桥一战中包办了本队的两个进球，其中的“旱地拔葱”破门，成为足坛历史的经典进球。这个进球充分体现出罗纳尔迪尼奥惊人的创造力和想象力，你永远都猜不透桑巴精灵下一秒会做什么。

接下来一个赛季，罗纳尔迪尼奥帮助巴萨走上巅峰。首回合国家德比，成为又一场经典之战，皇马坐镇伯纳乌迎战巴萨，18 岁的梅西迎来个人第一次国家德比首发，但比赛主角注定属于罗纳尔迪尼奥。开场后略显紧张的梅西发挥并不理想，罗纳尔迪尼奥与埃托奥一次次冲击皇马防线。

埃托奥第 14 分钟就为巴萨率先破门，下半场罗纳尔迪尼奥开始了他在国家德比最伟大的个人表演。他在球场中央接球，接连将上抢的拉莫斯和埃尔格拉过掉，轻松将球送入卡西利亚斯把守的大门。之后小罗又一次在左侧得球，再次将冒失上抢的拉莫斯轻松过掉，完成破门，比分变成了 3 ∶ 0。伯纳乌的皇马球迷纷纷起身，为小罗的出色表现送上掌声。在见证了无数精彩表演的伯纳乌球场，罗纳尔迪尼奥诠释了何谓完美征服，他成为国家德比历史上极为罕见的收获对手球迷掌声的球员。

那场国家德比结束后不久，罗纳尔迪尼奥领取了个人第一个金球奖，接下来他连续第二年当选世界足球先生，成为当时无可置疑的“足坛一哥”。

2005—2006 赛季罗纳尔迪尼奥以完美发挥助巴萨拿到西甲和欧冠双冠王，“梦二”巴萨达到顶峰，小罗在当赛季欧冠赛场拿出了 7 球 4 助攻的成绩单。1/8 决赛再战老对手切尔西，小罗在第二回合攻入本队唯一进球，亲手完成复仇。凭借欧冠赛场的完美发挥，罗纳尔迪尼奥收获了当赛季的欧洲足球先生，然而，转折已经悄然到来。

巴塞罗那生涯主要个人荣誉

金球奖
2005
世界足球先生
2004、2005
欧洲足球先生
2005—2006
西甲助攻王
2005—2006
西甲最佳外援
2003—2004、2005—2006
欧冠助攻王
2005—2006
欧足联年度最佳前锋
2004—2005
欧足联年度最佳阵容
2004、2005、2006
国际足联百大球星
2004

↑ 到达职业生涯顶峰之后，小罗的状态迅速下滑。不够自律的他，腹部赘肉十分明显。

↗ 尽管留给巴萨的巅峰期不够长久，但小罗的到来让巴萨走出低谷，而他绝赞的足球技艺，更是令球迷印象深刻。比赛当中，小罗屡屡用花式动作完成过人（图 1、图 2），他的停球具有极高的观赏性（图 3），而他指东打西的传球，更是一绝（图 4）。

从顶峰到深渊

2006 年德国世界杯开始前，罗纳尔迪尼奥被寄予厚望，如果能以核心身份帮助巴西队第 6 次夺得世界杯冠军，小罗就有望成为这个时代的球王。那一年，拥有大罗、小罗、阿德里亚诺和卡卡等一众巨星的巴西，被视作夺冠最大热门。

然而事与愿违，巴西队在 1/4 决赛被法国队淘汰出局，小罗在世界杯上彻底迷失，出战 5 场一球未进。巴西队黯然出局过后，小罗通过媒体向球迷公开致歉，这届世界杯也成为他职业生涯由盛转衰的分水岭。

回到俱乐部赛场，罗纳尔迪尼奥迎来的是当头棒喝，巴萨在欧洲超级杯 0 ：3 败给塞维利亚，成为糟糕赛季的开端。联赛开始后，小罗的表现仍然出色，还在对阵比利亚雷亚尔的比赛中上演精彩倒勾破门，整个赛季贡献 21 个联赛进球，这是他加盟巴萨后西甲进球数最多的赛季，但巴萨在赛场上一无所获。

赛季中期巴萨负面新闻频出，里杰卡尔德与埃托奥出现矛盾，小罗也成为脾气火爆的埃托奥炮轰的对象。欧冠赛场巴萨被利物浦淘汰后，媒体拍摄到的一张照片显示，赛后脱掉球衣的罗纳尔迪尼奥肚腩十分明显，这与他前几个赛季拥有结实腹肌的形象，形成强烈对比。当地媒体也捅出罗纳尔迪尼奥私生活不检点的消息，称他经常会在训练前夜去夜店狂欢，甚至比赛前夜也会去夜店。当赛季巴萨与所有重要冠军无缘，小罗的负面新闻引发了外界的担忧。

接下来的 2007—2008 赛季，巴萨迎来亨利的加盟，梅西也已进一步成长，小罗、埃托奥、梅西与亨利的梦幻四重奏令人期待。但赛季开始后，伤病连连且状态出现起伏的小罗一度被里杰卡尔德弃用。小罗已不再是步伐轻盈的精灵，持续的夜生活和私生活的放纵让罗纳尔迪尼奥坠入深渊，在职业生涯的黄金年龄状态断崖式下滑。2008 年 4 月，巴萨宣布小罗因伤赛季报销，当年夏天瓜迪奥拉成为巴萨主帅，瓜帅第一时间宣布罗纳尔迪尼奥不在自己的计划中。巴西人只能另谋出路，转会 AC 米兰，就此告别辉煌的巴萨生涯。

离开巴萨后，罗纳尔迪尼奥难以恢复到巅峰时期的状态，他在米兰度过了两个半赛季后回到巴西。虽然 2018 年才正式宣布退役，但他在 2011 年之后就已经远离欧洲赛场。尽管如此，巅峰期的罗纳尔迪尼奥，仍然是那段时期的足坛第一球星。小罗曾为多个品牌代言，一度是世界上收入最高的足球运动员之一。罗纳尔迪尼奥的巅峰期并不长，但达到了世界顶峰，莱昂、穆西亚拉等当今足坛的顶尖年轻球员，都曾表示罗纳尔迪尼奥是他们的儿时偶像。

离开巴萨后，小罗始终与巴萨保持着良好关系。2017 年，罗纳尔迪尼奥和巴萨签署了俱乐部形象大使合约，2023 年 2 月罗纳尔迪尼奥通过媒体表示，他 18 岁的儿子若昂 · 门德斯已经加入巴萨青训。此外，罗纳尔迪尼奥还将自己的金球奖奖杯捐赠给巴萨博物馆，他与重回巴萨主席位置的拉波尔塔始终保持着不错的个人关系。

罗纳尔迪尼奥的状态滑落令人感到惋惜，但他为低谷中的巴萨带来了荣耀时刻，也为巴萨拥趸带来了无尽的快乐。对于巴萨球迷来说，小罗永远是那个跳着桑巴的足球精灵。

德科 Deco

"梦二"转换器

周佳骅

"如果德科不是拉菲尼亚的经纪人，他去的就是利物浦或者是切尔西了。"2022 年夏天，在巴塞罗那签下巴西边锋拉菲尼亚后，一名知情人曾向加泰罗尼亚媒体透露内情，直指德科的重要性——如果你了解这位"梦二"股肱之臣对红蓝色的赤诚，想必不会对此感到意外。

时间回到 2003 年夏天。彼时的德科，刚带领波尔图夺取欧洲联盟杯冠军，在欧洲足坛积累了一定的名望。而考虑到波尔图的建队规模和资金家底，他断定自己在"巨龙"已经没有进步空间，于是当他收到巴萨开出的报价后，他就决心要走："当时，我已经在波尔图待了近 6 年，也收到了很多其他俱乐部的邀请。但我只想去巴萨，恰好，巴萨也想要我。我们拿到了 2003 年欧盟杯冠军，他们由此对我产生了兴趣。"

可是，得陇望蜀的波尔图主席平托 · 达科斯塔和时任主帅穆里尼奥，都想在欧洲赛场更进一步，拿到阔别已久的欧冠冠军。基于这样的目标，他们拒绝放走包括德科在内的所有核心。对此，德科感到既无奈又可笑，"主席和穆里尼奥都回避我，若热（经纪人门德斯）也没有办法。我找到穆里尼奥，他告诉我说，他可以放我走，但这事要去问主席。等我找到主席达科斯塔，他又让我去和穆里尼奥谈。最后穆里尼奥告诉我，我们要拿欧冠冠军，我听到后哈哈大笑。拿到欧盟杯冠军就已经到头了，居然还想着欧冠……随后，主席向我承诺，不管接下来的赛季成绩如何，他都会放我走。"

迫于无奈，德科只能暂时谢绝巴萨的邀请，在波尔图再待一年。正如

红蓝档案

德科

Anderson Luis de Souza

生日	1977.08.27
国籍	葡萄牙/巴西
身高	1.74米
位置	进攻型中场

俱乐部生涯

1996—1997	科林蒂安	2场0球
1997	阿拉戈阿诺	1场0球
1997—1998	本菲卡	0场0球
1997—1998	阿尔韦卡（租借）	33场13球
1998—1999	萨尔盖罗斯	13场2球
1999—2004	波尔图	229场48球
2004—2008	巴塞罗那	161场20球
2008—2010	切尔西	58场6球
2010—2013	弗卢米嫩塞	91场7球

国脚生涯

2003—2010	葡萄牙队	75场5球

巴塞罗那生涯统计

赛季	联赛		国内杯赛		欧战		其他		总计	
	出场	进球	出场	进球	出场	进球	出场	进球	出场	进球
2004—2005	35	7	0	0	7	2	—	—	42	9
2005—2006	29	2	1	0	11	2	2	0	43	4
2006—2007	31	1	3	0	8	2	5	3	47	6
2007—2008	18	1	5	0	6	0	—	—	29	1
总计	113	11	9	0	32	6	7	3	161	20

巴塞罗那生涯集体荣誉

西甲冠军

2004—2005、2005—2006

西班牙超级杯冠军

2005、2006

欧冠冠军

2005—2006

巴塞罗那生涯主要个人荣誉

欧足联俱乐部最佳中场

2005—2006

世俱杯金球奖

2006

穆里尼奥当初所说的那样，波尔图在之后的2003—2004赛季连克强敌，最终击败同为“黑马”的摩纳哥，捧起了梦寐以求的大耳朵杯。就当德科以为，他会顺利披上巴萨的红蓝战袍时，财大气粗的切尔西又开始介入搅局。“穆里尼奥去切尔西后，他们也想要我，还开出了3000万到3500万欧元的报价，而巴萨的报价只有2100万欧元。”德科回忆道。

德科很清楚平托·达科斯塔的见利忘义，如果自己还像过去那样被动接受，就会被卖到切尔西，而不是向往已久的巴萨。与经纪人门德斯权衡一番后，他直接找到达科斯塔，要求对方兑现承诺。德科主动找到主席跟他说：“你曾许诺，我可以去任何我想去的地方，现在是兑现承诺的时候了。”

看到德科的态度如此坚定，达科斯塔只能答应接受巴萨的报价，这其中，只有1500万欧元是现金，剩余600万欧元用夸雷斯马的所属权做冲抵。其实从当时欧洲足坛的实力格局来看，还处在“梦二”草创期的巴萨，尚未达到与顶尖豪门比肩的地步，甚至连时任主帅里杰卡尔德，都当着德科的面告诉主席拉波尔塔：“巴萨不是顶级豪门，皇马、AC米兰和利物浦才是，他们至少有五个欧冠冠军，巴萨只有一个。”这也更加说明，德科当时选择巴萨，有多么的赤诚和纯粹。

几乎未经任何磨合期，德科迅速融入了里杰卡尔德的433战术体系，相比专注组织的哈维和主管防守的马克斯或者埃德米尔森，德科更擅长在攻防之间起承转合，甚至在一段时间内，他在欧洲足坛的声望都要盖过“根正苗红”的哈维。

在巴萨生涯的巅峰期，德科牢牢占据着主力位置，让后进的伊涅斯塔一度看不到取而代之的希望。可随着德科与小罗的场外交集越来越深，他开始沉溺于灯红酒绿的夜生活，他的身体，他的天赋，也逐渐被酒精和尼古丁消磨殆尽，直到瓜迪奥拉将他踢出诺坎普。

↖ 2004—2005赛季，德科带着欧冠冠军头衔加盟巴萨，很快就立住阵脚，为“梦二”的崛起打下基础。

→ 尽管德科效力巴萨时期，队内拥有哈维（左）和梅西这样的天才球员，但德科也用他稳定的发挥做出不可磨灭的贡献。

埃托奥 Samuel Eto'o

豹胆雄狮

吴昊宇

“作为不屈不挠的雄狮、真正的斗士，埃托奥在巴塞罗那历史上留下了极为深刻的印记。”这是巴萨俱乐部官网对埃托奥的评价。埃托奥不仅是“梦二”辉煌的奠基者，也是“梦三”时代的开拓者。除了出众的速度和进球能力，埃托奥桀骜不驯的性格也给人留下深刻印象。

埃托奥 17 岁从非洲登陆欧洲，第一站就是超级豪门皇家马德里，但在那里他除了混迹二队之外，就是年复一年地被租借在外，三年“皇马生涯”，他先后效力过莱加内斯、西班牙人和马洛卡。“我与皇马之间的故事，就像是一个男人爱上了一个女人，但这个女人最终抛弃了男人，而男人离开时女人对他也不存在任何情谊。”谈到早年效力皇马的经历，埃托奥如此比喻。

1999—2000 赛季，埃托奥以皇马球员身份“蹭”到了职业生涯第一个欧冠冠军（小组赛出场 3 次共计 53 分钟），但相比于后来他在巴萨和国际米兰以绝对主力身份夺得的三个大耳朵杯，这可以说是“不提也罢”。在皇马蹉跎数年之后，埃托奥终于在 2000 年夏天被马洛卡正式买断，皇马保留回购权利。但从真正离开皇马的那一刻起，他就没有想过回头。

事实上，埃托奥加盟马洛卡后屡屡成为“皇马杀手”：2002—2003 赛季，马洛卡在伯纳乌 5 ∶ 1 大胜“银河战舰”，埃托奥打入一球；同样是那个赛季的国王杯赛场，马洛卡 4 ∶ 1 痛击皇马，埃托奥梅开二度；2003—2004 赛季末，埃托奥再次对皇马梅开

红蓝档案

萨米埃尔·埃托奥

Samuel Eto'o Fils

生日	1981.03.10
国籍	喀麦隆/西班牙
身高	1.80米
位置	中锋

俱乐部生涯

1997—2000	皇家马德里	7场0球
1997—1998	莱加内斯（租借）	30场4球
1999	西班牙人（租借）	1场0球
2000	马洛卡（租借）	13场6球
2000—2004	马洛卡	152场64球
2004—2009	巴塞罗那	199场130球
2009—2011	国际米兰	102场53球
2011—2013	安日	73场36球
2013—2014	切尔西	35场12球
2014—2015	埃弗顿	20场4球
2015	桑普多利亚	18场2球
2015—2018	安塔利亚体育	77场44球
2018	科尼亚体育	13场6球
2018—2019	卡塔尔体育	23场10球

国脚生涯

1997—2014	喀麦隆队	118场56球

巴塞罗那生涯统计

赛季	联赛		国内杯赛		欧战		其他		总计	
	出场	进球	出场	进球	出场	进球	出场	进球	出场	进球
2004—2005	37	25	1	0	7	4	—	—	45	29
2005—2006	34	26	0	0	11	6	2	2	47	34
2006—2007	19	11	2	1	3	1	3	0	27	13
2007—2008	18	16	3	1	7	1	—	—	28	18
2008—2009	36	30	4	0	12	6	—	—	52	36
总计	144	108	10	2	40	18	5	2	199	130

二度，马洛卡 3 ∶ 2 击败皇马，直接粉碎了皇马的联赛冠军梦。

2004 年夏天，皇马、马洛卡两家各拥有埃托奥一半所有权的俱乐部，经过长时间谈判后同意以 2400 万欧元把喀麦隆前锋卖到巴萨。当时埃托奥已在马洛卡声名鹊起，效力海岛球队近 5 年，共计在各项赛事攻入 70 球，直到现在仍是马洛卡队史第一射手。2002—2003 赛季，埃托奥帮助马洛卡夺得国王杯冠军，他在对阵韦尔瓦的决赛中梅开二度。当时包括切尔西、瓦伦西亚在内的多家俱乐部，都希望签下这名名噪一时的得分手，但埃托奥最终选择了皇马的宿敌巴萨。

2004 年 8 月 29 日，埃托奥在巴萨的正式比赛首秀打进一个点球，帮助球队客场 2 ∶ 0 击败桑坦德竞技。2004—2005 赛季的巴萨攻击线上，左路的罗纳尔迪尼奥翩翩起舞，右路的久利神鬼莫测，居中的埃托奥则是所有中卫和门将的噩梦，他爆发力出色，射术精湛，擅长抓住对方失误破门，这让他获得“非洲猎豹”的绰号。皇马名宿达沃·苏克曾对他评价道：“埃托奥从小就在西班牙足球环境中成长，他的能力非常全面，能进球，能个人突破，也能为队友做球。”

加盟巴萨首季，埃托奥就打进 25 个联赛进球，帮助红蓝军团夺得西甲冠军，结束了长达 6 年的冠军荒。埃托奥在倒数第三轮做客莱万特攻入一球，帮助球队 1 ∶ 1 战平，提前两轮锁定西甲冠军。值得一提的是，接下来巴萨主场对比利亚雷亚尔，双方打出 3 ∶ 3 的高比分，迭戈·福兰上演帽子戏法，在射手榜上以 25 球反超埃托奥（西甲金靴奖颁奖单位《马卡》报统计的数据是埃托奥 24 球），而埃托奥在最后两轮颗粒无收，眼睁睁地让到嘴的金靴奖飞走。

好在 2005—2006 赛季埃托奥的进球继续井喷，终于以 26 球拿到西甲金靴，巴萨则在卫冕西甲冠军的同时，举起了队史第二个欧冠奖杯，那支巴萨因此被称为“梦二”。对阵阿

↖ 2008 年 12 月 13 日，巴萨在雨战中 2 ∶ 0 艰难战胜皇马，埃托奥第 83 分钟打破僵局后激动脱衣庆祝，补时阶段梅西锁定胜局。

→ 2006 年欧冠决赛，埃托奥是当之无愧的主角，他先是制造阿森纳门将莱曼的红牌，下半场又一对一面对枪手替补门将阿穆尼亚冷静破门，为巴萨扳平比分，吹响了逆转号角。

森纳的欧冠决赛，巴萨上半场 0 ∶ 1 落后，不过多打一人的他们在下半场完成逆转，埃托奥第 76 分钟扳平比分，贝莱蒂完成致命一击。赛后，制造对方门将莱曼红牌并打入扳平进球的埃托奥，当之无愧地被评为决赛最佳球员。

接下来两个赛季，巴萨整体状态走低，埃托奥的发挥也有所起伏。2008 年夏天，瓜迪奥拉上任后公开表示埃托奥不在球队计划之中，但最终因为各种原因留下来的喀麦隆人再度迎来爆发，各项赛事攻入 36 球，成就了瓜迪奥拉执教首季的三冠王伟业。对阵曼联的欧冠决赛，埃托奥打入首开纪录一球，代表巴萨两次参加欧冠决赛，他都打进了关键进球。

2008 年 9 月，巴萨 3 ∶ 2 击败贝蒂斯的比赛中，埃托奥攻入巴萨生涯第 100 个正式比赛进球。2008 年 11 月，埃托奥在 6 ∶ 0 大胜巴拉多利德一役首次上演大四喜。2009 年 5 月，在接连拿到国王杯和西甲冠军后，巴萨举行了一个简单的庆祝仪式，埃托奥接过话筒，感谢瓜迪奥拉和主席拉波尔塔让他留下来继续为球队做贡献。仅仅一周后，埃托奥在欧冠决赛完成了代表巴萨的最后一战。

2009 年夏天，巴萨将埃托奥当做伊布转会的添头送到国际米兰，尽管外界都在疯传，称埃托奥与巴萨的分手并不愉快，但埃托奥在国际米兰亮相时，还是首先感谢了巴萨俱乐部，可见他对巴萨的感情仍然很深。不过有趣的是，埃托奥被瓜迪奥拉清洗到穆里尼奥门下，却因此实现了前无古人、后亦难有来者的“背靠背”三冠王！其间还在欧冠半决赛淘汰了老东家巴萨。

仿佛埃托奥天生自带一种“弑

巴塞罗那生涯集体荣誉

西甲冠军

2004—2005、2005—2006、2008—2009

国王杯冠军

2008—2009

西班牙超级杯冠军

2005、2006

欧冠冠军

2005—2006、2008—2009

巴塞罗那生涯主要个人荣誉

西甲最佳射手
2005—2006

欧冠助攻王
2005—2006

欧足联年度最佳前锋
2006

欧足联年度最佳阵容
2005、2006

非洲足球先生
2004、2005

世界足球先生评选第3名
2005

← 2008—2009赛季，巴萨夺得三冠王，埃托奥三线贡献36球功不可没，他的“敬礼”庆祝动作也成了那个成功赛季的经典画面。

↓ 2009 年欧冠决赛，埃托奥为巴萨首开纪录，进球后他拍打左臂庆祝，这个动作是为了致敬比赛当天现场观战的父亲，他要感谢流淌在自己身上来自父母的血。

旧主”的属性，当然，最大的受害者还是皇马。在马洛卡时期他就经常对皇马进球，加盟巴萨后，他的“国家德比”名场面更是屡见不鲜。2004 年加盟巴萨后的第一场“国家德比”，埃托奥就抓住卡洛斯和卡西利亚斯的失误首开纪录，并在下半场制造点球，帮助巴萨主场 3 ∶ 0 大胜皇马。

2005—2006 赛季小罗在伯纳乌的表演让皇马球迷为他起立鼓掌，但巴萨打破僵局的进球同样来自埃托奥，他进球后在伯纳乌看台面前疯狂庆祝，发泄自己多年的怨气。2008 年诺坎普的滂沱大雨中，埃托奥攻破皇马球门后脱掉球衣激动庆祝，一次次证明当初皇马将他放弃是多么错误的决定。离开皇马后，埃托奥各项赛事 20 次面对皇马，打入 10 个进球。

要说埃托奥做过的最“反马德里”的一件事，莫过于 2005 年巴萨重夺西甲冠军后，他在庆祝活动上公开辱骂皇马。当时喀麦隆人接过话筒，在近 10 万球迷面前怒喊：“马德里，快向冠军致敬！”他把这句话连续喊了六遍，随后向全场球迷挥舞手臂，引起阵阵欢呼。埃托奥这一行为引来了皇马方面的强烈谴责，在这次逞口舌之快一天后，埃托奥不得不在各方压力下召开新闻发布会，为自己的言行道歉，并收到西班牙足协 1.2 万欧元的罚单。

除了对死敌出言不逊，埃托奥有时也对自己的球队造成杀伤。里杰卡尔德执教时，他曾耍大牌拒绝替补出场，还骂里杰卡尔德是“坏人”；小罗夜夜笙歌，埃托奥家丑外扬，讽刺队友缺席训练，只顾敛财和享乐。这也是为什么尽管埃托奥功勋卓著，瓜迪奥拉也执意要将他清洗出队。

退役后的埃托奥依然口无遮拦，哪怕当选喀麦隆足协主席后，也没变得太过圆滑。他多次在采访中表示，不需要瓜迪奥拉教自己怎么踢球，2009 年夺得欧冠冠军时，他是巴萨的绝对核心，而不是梅西，凡此种种。虽然心直口快往往让他不可能成为最受所有人欢迎的人物，但也正是这种桀骜不驯的个性，让他成为球场内外都充满攻击性的野生“猎豹”。

亨利 Thierry Henry

左使臣服

杨健

“打不过就加入”——足球世界里的巨星抱团，亨利是坚决身体力行反对的一个。2006 年欧冠决赛 10 打 11 先赢后输，此前基本和巴塞罗那敲定合同的法国人却变了卦，决意再留守阿森纳一年。遗憾的是，时间不等人，待到次年已届而立的亨利披上红蓝战袍时，“梦二”已在解体前夜，从“枪王之王”到“神奇四侠”的老幺，落差可想而知。

明面上，无论多次盛邀的巴萨主席拉波尔塔，还是早就惺惺相惜的罗纳尔迪尼奥、埃托奥和梅西，都给予了亨利足够尊重，而加盟仪式上，多达三万名球迷涌入诺坎普见证，亦是难得一见的盛景。彼时还算新人的梅西甚至对新队友有些敬畏：“他出现在更衣室的第一天，我都不敢正视他。他所做的一切都是那样优雅。”然而，担任首发左边锋的亨利，旋即就发现西甲的冲刺空间和裁判尺度，与英超压根不是一回事。西甲菜鸟赛季，亨利只有 12 球 9 助攻，多次听到诺坎普刺耳的嘘声。尽管外战功力犹在，仍以 19 球成为球队全赛季头号射手，但球队的四大皆空，与混乱的更衣室氛围，让亨利着实动了再度挪窝的心思。

从枪手岁月拥有绝对持球权和开火权的锋线王牌，到生涯之初就曾分外反感的孤悬左路，亨利在巴萨的牺牲不可谓不大，而在小罗离队后，瓜迪奥拉对亨利的定位做出了更加精确的界定：虽然在左翼活动，但可以和埃托奥灵活换位，关键时刻同样在禁区内享有最后一击的权利。巴萨生涯首个赛季定位还略显混沌的亨利，终于找到了自己的最佳位置。

红蓝档案

蒂埃里·亨利

Thierry Daniel Henry

生日	1977.08.17
国籍	法国
身高	1.88米
位置	中锋/左边锋/二前锋

俱乐部生涯

1994—1995	摩纳哥二队	19场6球
1994—1999	摩纳哥	141场28球
1999	尤文图斯	20场3球
1999—2007	阿森纳	370场226球
2007—2010	巴塞罗那	121场49球
2010—2014	纽约红牛	135场52球
2012	阿森纳（租借）	7场2球

国脚生涯

1997—2010	法国队	123场51球

巴塞罗那生涯统计

赛季	联赛		国内杯赛		外战		总计	
	出场	进球	出场	进球	出场	进球	出场	进球
2007—2008	30	12	7	4	10	3	47	19
2008—2009	29	19	1	1	12	6	42	26
2009—2010	21	4	3	0	8	0	32	4
总计	80	35	11	5	30	9	121	49

巴塞罗那生涯集体荣誉

西甲冠军

2008—2009、2009—2010

国王杯冠军

2008—2009

西班牙超级杯冠军

2009

欧冠冠军

2008—2009

欧洲超级杯冠军

2009

世俱杯冠军

2009

巴塞罗那球员生涯主要个人荣誉

《时代》年度百大影响力人物“英雄先驱类”第16名

2007

欧足联终极年度最佳阵容

2015

欧冠历史最佳阵容

2016

《法国足球》金球奖梦之队（第三阵容）

2020

相比首个赛季打得球门叮当作响的背运，亨利的起势，从加泰罗尼亚德比对垒西班牙人超长补时的点球绝杀，就已经注定。尽管爆发力和破门感觉不复全盛年代，但他充沛的经验，却是巴萨老中青三代同堂锋线的莫大补充。而他在欧冠积累了多年的怨念，也同样一扫而空，面对里昂和拜仁的首回合，亨利闲庭信步间均完成传射，踢得格外潇洒而适意。

真正让巴萨球迷将亨利奉若神明的，当属 2008—2009 赛季次回合国家德比，对位热血有余却格外易怒的拉莫斯，亨利多次戏耍对手，两次抓住机会狠狠惩罚了对手，若非头部被撞提前换下，老夫聊发少年狂的亨利，完全可以用帽子戏法就此封神。一年之内 6 次决战全部封王，曾在海布里苦求不得的冠军，在诺坎普却信手拈来。而他和梅西、埃托奥赛季产量恰好破百，未能和小罗擦出火花后仅仅一年，成功转型的亨利，在淡出欧洲足球前的最后时刻，终于弥补了英超生涯仅有的遗憾。

在多数球迷的刻板印象里，亨利在六冠王赛季不过是顺风“躺冠”，但事实并非如此。在决赛巴萨防线严重减员的情况下，原本有伤在身的亨利拒绝了队医的建议，坚持带伤踢满了全场：“那天是我女儿的生日，而且众所周知我之前还从未赢得欧冠冠军。即使我不能弯曲膝盖，即使我无法正常奔跑，但我必须坚持踢下去。我永远不会说我不舒服，就是这样。”

“我曾经以为我很懂足球，直到我来到了巴塞罗那。”尽管荣誉等身，但亨利在巴萨仅有的三个赛季，都保持着谦逊，这也让他收获了诸多离开巴萨巨星中相对体面的结局：2009 年夏天，取代埃托奥成为巴萨新 9 号的伊布拉希莫维奇，下半赛季与球队的排异达到巅峰，但被佩德罗抢走了首发的亨利，才是这轮锋线挪移中最大的受害者。几乎无球可踢的他，早在半程过后就和巴萨达成了提前一年解约、前往大联盟淘金的决定。而颇为令人唏嘘的是，亨利在巴萨的最后一球，正源自伊布横传助攻后的推空门。两位在巴萨未能尽兴的巨星，都在那年夏天离开了诺坎普。

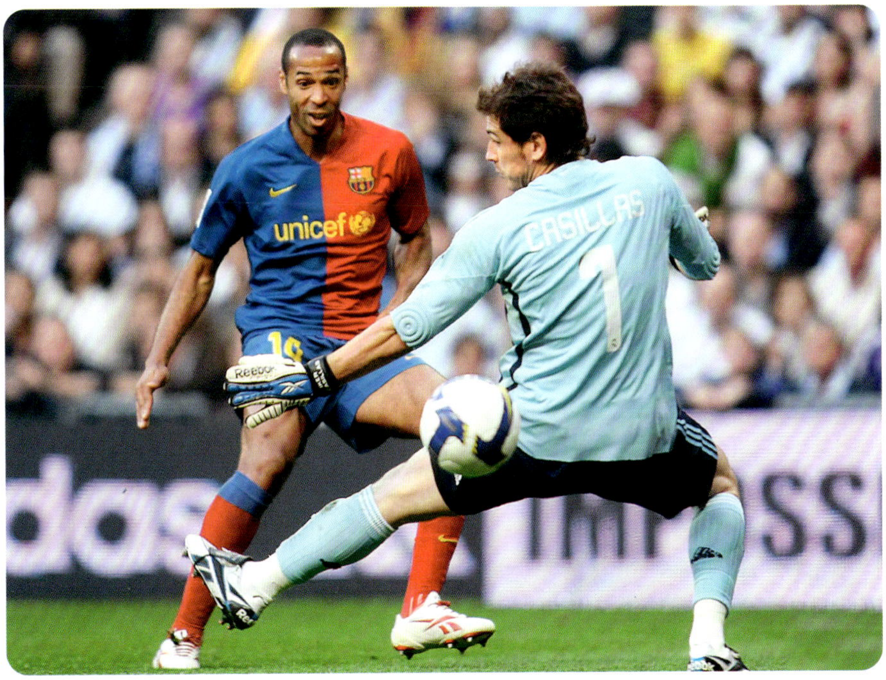

↖ 强如“大帝”亨利，也在登陆巴萨之初，遭遇了一段艰难适应期。但在融入传控踢法后，亨利成为史无前例六冠王的重要成员。

→ 2009 年 5 月 2 日，巴萨在伯纳乌取得 6 ：2 大胜的国家德比中，亨利粉碎皇马防线，两度击穿卡西利亚斯十指关。

2011年5月3日，欧冠半决赛次回合，巴萨主场淘汰死敌皇家马德里，确诊肝癌后于此役替补完成复出的阿比达尔，被队友高高抛起，他们庆祝着球场之外的另一重大胜利，亦被阿比达尔面对病魔的不屈意志深深鼓舞。

阿比达尔 Eric Abidal

肝胆照千秋

李静宜

我们会被写入历史，还是成为一支为人遗忘的球队？2010—2011赛季欧冠半决赛前夕，如日中天的巴塞罗那在穆里尼奥有心营造的“路西法之梦”中短暂迷失，只因他们7天前刚刚在国王杯决赛中0∶1负于死敌皇家马德里。他们毫不怀疑自己是表现更好的一方，因而更难在逻辑上自洽这场失利的合理性。

而制造这场瓜迪奥拉时代首次决赛败北，以及首度负于皇马结果的主角穆里尼奥，还在舆论场上疯狂挑衅与进攻，“瓜穆相砍”的保留环节。“梦三”将士心内打鼓，恐决赛之路为皇马所阻。瓜帅只一句“发布会冠军”，便静音了“狂人”有心营造的喧嚣，甚至为后者的执教生涯定调，这是后话。

红蓝档案

埃里克·阿比达尔

Eric Sylvain Abidal

生日	1979.09.11
国籍	法国
身高	1.86米
位置	左后卫/中后卫

红蓝军亦为之大振。首回合，巴萨2∶0攻陷伯纳乌。次回合，诺坎普的1∶1顺利护航球队驶入温布利，聚光灯集中于一人身上，一名出场只有两分钟的生命斗士——阿比达尔。

这是法国左后卫自2011年3月15日确诊肝癌并接受手术的复出之战，《马卡》报惊叹阿比达尔的强大意志：“不到两个月！阿比达尔回归赛场，值得我们脱帽致敬。”更确切地说，47天。皇马摒弃对立，赛场内外双重致敬。阿比达尔用两分钟征服世界，被《泰晤士报》封为“本赛季最值得回忆的时刻”。就在确诊前两天，随队客战塞维利亚，顶着极度不适的身体，阿比达尔留下了感动拥趸至今的画面：他竭力阻止内格雷多带球突进，哪怕双脚绊蒜来不及起身，也要赶在对手杀入禁区前，用头将球顶至安全地带。

阿比达尔从来都是铁板一块。早年随里昂统治法甲期间，他在欧冠小组赛与彼时代表曼联、初露锋芒的C罗相遇，旋即冻结尚被中文世界称为“小小罗”的后者。“作为后卫，我的目标是激怒对手。我希望他对我的视

俱乐部生涯

1996—2000	里昂竞技	数据不详
2000—2001	摩纳哥二队	8场0球
2000—2002	摩纳哥	26场0球
2002—2004	里尔	68场0球
2004—2007	里昂	106场2球
2007—2013	巴塞罗那	193场2球
2013—2014	摩纳哥	29场0球
2014	奥林匹亚科斯	15场0球

国脚生涯

2004—2013	法国队	67场0球

巴塞罗那生涯统计

赛季	联赛		国内杯赛		外战		总计	
	出场	进球	出场	进球	出场	进球	出场	进球
2007—2008	30	0	6	0	10	0	46	0
2008—2009	25	0	2	0	5	0	32	0
2009—2010	17	0	4	0	10	0	31	0
2010—2011	26	0	7	1	8	0	41	1
2011—2012	22	0	7	1	9	0	38	1
2012—2013	5	0	0	0	0	0	5	0
总计	125	0	26	2	42	0	193	2

巴塞罗那生涯集体荣誉

西甲冠军

2008—2009、2009—2010、2010—2011、2012—2013

国王杯冠军

2008—2009、2011—2012

西班牙超级杯冠军

2009、2010、2011

欧冠冠军

2008—2009、2010—2011

欧洲超级杯冠军

2009、2011

世俱杯冠军

2009、2011

巴塞罗那生涯主要个人荣誉

欧足联年度最佳阵容

2007

西甲最佳后卫

2011

巴塞罗那赛季最佳球员

2012

法切蒂奖（《米兰体育报》评选，表彰最能代表足球精神的球员）

2013

线不厌其烦、不胜其扰，只能在场上另觅他处以求逃离。”阿比达尔说。

不破不立是他的人生信条，从加盟巴萨的过程也可见一斑。2007年夏，面对巴萨抛出的橄榄枝，已随里昂连夺得法甲三连冠的阿比达尔，听从理性引导，向主席奥拉斯发布通牒：如果不被允许离开，他也不会再回到里昂训练场。最终巴萨出价900万欧元，带走里昂22号。诺坎普的22号已归属德科，选择红蓝20号的阿比达尔，迈向更广阔的征服。

回报来得那样快。宣告“梦三”铸成的2008—2009赛季，巴萨六冠加身，但阿比达尔的收获伴有遗憾——欧冠半决赛次回合，由挪威裁判厄夫雷伯一手导演的“斯坦福桥惨案”中，阿比达尔因一张无中生有的红牌，不得不缺席人生首次欧冠决赛；4天后联赛战比利亚雷亚尔，阿比达尔又送“红点”套餐，延缓了巴萨的西甲夺冠进程，更令他自己错过对毕尔巴鄂竞技的国王杯决赛。虽于大局无害，但那一季尾声，阿比达尔的别称，叫“红牌灾星”。

只是足球永远向“新”而生：全新的篇章，史诗级较量，随时更迭。而令这项运动超越竞技范畴、展现崇高品质之处，皆在它惯于激发出人性中最好的一面，阿比达尔的奋斗史宛若镜子——用意志捍卫生命，用生命捍卫巴萨。

2011年5月28日，温布利决战，仍被癌症阴影笼罩的阿比达尔，不敢奢求出场：“我不觉得自己能踢欧冠决赛，连一成可能性都没有。我们必须派出最强大的阵容，那之中必定包含普约尔。”出乎他的意料，对曼联前一小时，瓜迪奥拉前所未有地在更衣室临时决定了首发，阿比达尔十足愕然：“什么情况，我压根不在最佳状况，这可是欧冠决赛。”意志占据上风，阿比达尔踏上草皮，脑海中只一个念头：踢就完了。梅西、哈维们看着坚毅的阿比达尔，胸中动力更加澎湃，既向冠军，也为生命。

巴萨3∶1如愿战胜曼联，阿比达尔不辱使命。普约尔让出队长袖标，他已两次以领袖身份代表巴萨捧起欧冠奖杯，这一次，他觉得应该由从内心深处团结并鼓舞了球队的“肝脏斗士”来。哈维和巴尔德斯凑到近处，只为一睹阿比达尔的捧杯时刻。而与阿比达尔肝胆相照，甚至表态自愿捐肝的阿尔维斯另有感慨：“那天我们捧起的不应该是奖杯，我们应该把阿比达尔举起来。他就是我们伟大的荣耀。”

➔ 2012年1月18日，国王杯1/4决赛首回合，阿比达尔以个人巴萨生涯第二球，帮助球队在伯纳乌2∶1反超并击败皇家马德里，队友难耐喜悦，纷纷追随恭贺法国后卫。阿比达尔此球，堪称巴萨以4∶3总比分淘汰皇马并最终夺得当岩季国王杯的关键，而他红蓝生涯只打进两球，更彰显出该球的弥足珍贵。

佩德罗 Pedro

六合首辅

杨健

谁是和梅西并肩作战场次最多的巴塞罗那前锋？不是苏亚雷斯，不是内马尔，也不是埃托奥和比利亚，而是和梅西同年出生的佩德罗。生涯279次和金球奖历史第一人并肩作战，佩德罗的法宝绝不止钢铁体质、利他精神和福星气场。

如何概括佩德罗的职业生涯？不外乎12个字：大器晚成，运气无双，后发先至。梅西完成一队首秀的2004年，同龄的佩德罗还在马德里的圣伊西德罗青年训练营为争取球探关注而努力，被巴萨球探发掘的他，如愿进入了三队，但厮混两年后，佩德罗却迎来了人生首次失业可能：2007年

红蓝档案

佩德罗

Pedro Eliezer Rodriguez Ledesma

生日	1987.07.28
国籍	西班牙
身高	1.69米
位置	边锋 进攻型中场

夏，巴萨二队从西乙B降级。按照“同队不同级”的规定，同在西丙的巴萨三队需自动降一级。时任巴萨主席拉波尔塔顺势解散三队，而佩德罗起初就在清洗名单。多亏二队新帅瓜迪奥拉对之寄予厚望，力主“刀下留人”，将他拉进二队。

事实证明，这个日后成为佩德罗生涯拐点的决定，是货真价实的多赢：2007—2008赛季，行将解体的“梦二”元勋们离心似箭，赛程过半，里杰卡尔德在球队横扫穆尔西亚之战，让佩德罗替补埃托奥出场了两分钟，解锁一队首秀同时，佩德罗在西乙B打入6球，是球队升级的重要功臣之一。凭借和瓜帅默契的合作，巴萨百废待兴的2008年，俨然是佩德罗三级跳的序曲。

史无前例的六冠王赛季，瓜迪奥拉出道即巅峰，但同时赢得一队号码的佩德罗，却只有见习生的表现。14次登场一球未进，光芒完全被更加年

← 2015年6月6日，佩德罗肩扛欧冠奖杯，状若齐天大圣颠倒如意金箍棒，与其“六小灵童”的中文爱称不谋而合。

俱乐部生涯

2005—2007	巴塞罗那三队	71场11球
2007—2009	巴塞罗那二队	55场17球
2008—2015	巴塞罗那	321场99球
2015—2020	切尔西	206场43球
2020—2021	罗马	40场6球
2021—	拉齐奥	87场17球

注：数据截至2022—2023赛季。

国脚生涯

2010—2017	西班牙队	65场17球

巴塞罗那生涯统计

赛季	联赛		国内杯赛		外战		总计	
	出场	进球	出场	进球	出场	进球	出场	进球
2007—2008	2	0	0	0	0	0	2	0
2008—2009	6	0	3	0	5	0	14	0
2009—2010	34	12	6	4	12	7	52	23
2010—2011	33	13	8	4	12	5	53	22
2011—2012	29	5	7	4	12	4	48	13
2012—2013	28	7	7	2	10	1	45	10
2013—2014	37	15	10	3	7	1	54	19
2014—2015	35	6	6	5	9	0	50	11
2015—2016	0	0	2	0	1	1	3	1
总计	04	58	49	22	68	19	321	99

巴塞罗那生涯集体荣誉

西甲冠军

2008—2009、2009—2010、2010—2011
2012—2013、2014—2015

国王杯冠军

2008—2009、2011—2012、2014—2015

西班牙超级杯冠军

2009、2010、2011、2013

欧冠冠军

2008—2009、2010—2011、2014—2015

欧洲超级杯冠军

2009、2011、2015

世俱杯冠军

2009、2011

巴塞罗那生涯主要个人荣誉

西甲年度突破性球员

2009—2010

轻的博扬所掩盖。但那年夏天，瓜帅力排众议，把佩德罗的注册关系从二队改到了一队："他或许不完美，但不懈的跑动和投入的态度，可以弥补一切。"

信任，对于佩德罗是绝佳的催化剂。签下一队合同当周的西班牙超级杯上，红蓝新17号就完成了一队处子球，在圣马梅斯，策动了两个进球的他俨然是球队真核，哪怕巴萨官网对他的描述不过是“左边锋，擅长用右脚进球”。而自此之后，佩德罗的进球犹如泉涌：欧洲超级杯、欧冠、西甲、国王杯……谁也未曾料想，在六冠征程中，佩德罗虽然不是进球最多的那一个，却是总能进球的那一个。

此前，1992—1993赛季的萨利纳斯和贝吉里斯坦，曾在4条战线取得进球，但两人旋即就被后浪抛在了身后。而当2009年12月16日世俱杯攻陷阿特兰特大门后，一个专属于佩德罗的绰号在中文互联网上不胫而走——“六小灵童”。足球历史上首位在六大赛事破门、且均获得冠军的球员，这等运气，古往今来独一份！

“六小灵童”是起点，却绝不是终点。2010年巴塞罗那和皇家马德里旷日持久的联赛拉锯，判官仍是佩德罗，在次回合国家德比，单挑国家队队友阿韦洛亚和卡西利亚斯锁定比分的他，终结了皇马当赛季在伯纳乌的联赛全胜纪录，也让3分成为银河战舰直至赛季收关都未能反超的天堑。

而埃托奥离去后，佩德罗不但将亨利挤去了美职联，甚至还和梅西、比利亚组成了崭新的锋线天团“MVP”。相形于早就声名在外的梅西和比利亚，勤能补拙的佩德罗，实则是以远超常人的勤勉和专注，为自己始终在巴萨保有一席之地。

2010—2011赛季欧冠决赛，是佩德罗巴萨生涯的又一巅峰。相比六冠赛季的半途崛起、赢家通吃，这个赛季53次出场打入22球的火力，让外界“敲边鼓捡尾刀”的刻板印象极大改观。而决赛面对两年前的老对手曼联，佩德罗首开纪录，为“梦三”二夺大耳朵杯立下头功。弗格森爵士颤抖的双手才过去一年，佩德罗在基辅和西班牙队队友一起赢下2012年欧洲杯，25岁就完成了生涯全满贯。

然而，也就在2012年夏天，决绝的瓜迪奥拉出走，让佩德罗的队内地位陡然微妙。三年三任主帅的“大折腾”，以及桑切斯、内马尔和苏亚雷斯的相继到来，佩德罗不可避免地在竞争中逐渐淡出。尽管比拉诺瓦、马蒂诺和恩里克都对佩德罗的职业精神和即战能力赞赏不已，但越来越少的出场时间，却让生涯一度和巴萨完全绑定的佩德罗，不得不考虑另觅出路。

这样的纠结，在2014—2015赛季行将收关时达到了巅峰：西甲倒数第3轮直面硬骨头皇家社会，直到84分钟都只1球领先的巴萨，3分并不牢靠，但替补登场的佩德罗，却给全队吃下了定心丸，出场才5分钟，机敏的他就飞身倒勾，将对方慌乱的解围球送入了网底。然而，完成绝杀的他却甩开了所有上前拥抱自己的队友，独自狂奔到角旗区，眼眶中已有泪花涌动，只有老队长哈维最后上前拥抱了他，才让他几近失控的情绪终于平复。

然而，这并不是佩德罗的告别：随后的欧冠决赛上，又是他的致命横敲，助攻内马尔攻入了锁定比分的第3球。佩刀出鞘，仍然见血封喉。在转战切尔西前9天，佩德罗在欧洲超级杯面对塞维利亚完成绝杀。直到最后一刻，他仍是关键先生和天生赢家的双重本色。

背靠显赫家世，皮克却并不依赖祖产荫蔽。单看技术层面，他是足坛顶尖的技术型后卫，护球与出球技术俱佳。而在意志层面，皮克不遗余力地捍卫巴萨价值观，场内场外皆是如此，堪称巴萨精神的代言人。

红蓝档案

赫拉德·皮克

Gerard Pique Bernabeu

生日	1987.02.02
国籍	西班牙
身高	1.94米
位置	中后卫

皮克 Gerard Pique

翻覆五指山

吴昊宇

2022 年 11 月 3 日，皮克通过社交媒体发布动态：“本周末主场对阵阿尔梅里亚的西甲比赛，将会是我职业生涯代表巴萨在诺坎普球场进行的最后一战，而我很确定的是，我不会再为除巴萨之外任何一家俱乐部踢球。”皮克的这条声明，实际上就是宣布了退役的决定，而那个周末巴萨对决阿尔梅里亚的西甲联赛也因为皮克的退役而充满离别的

俱乐部生涯

2004—2008	曼联	23场2球
2006—2007	萨拉戈萨（租借）	28场3球
2008—2022	巴塞罗那	616场52球

国脚生涯

2009—2018	西班牙队	102场5球

巴塞罗那生涯统计

赛季	联赛		国内杯赛		外战		总计	
	出场	进球	出场	进球	出场	进球	出场	进球
2008—2009	25	1	6	1	14	1	45	3
2009—2010	32	2	3	0	14	2	49	4
2010—2011	31	3	8	0	12	1	51	4
2011—2012	22	2	10	0	6	0	38	2
2012—2013	28	2	6	1	10	0	44	3
2013—2014	26	2	4	0	9	2	39	4
2014—2015	27	5	6	1	11	1	44	7
2015—2016	30	2	6	2	10	1	46	5
2016—2017	25	2	8	0	8	1	41	3
2017—2018	30	2	10	1	9	1	49	4
2018—2019	35	4	6	1	11	2	52	7
2019—2020	35	1	3	0	7	0	45	1
2020—2021	18	0	2	1	3	1	23	2
2021—2022	27	1	3	0	10	2	40	3
2022—2023	6	0	0	0	4	0	10	0
总计	397	29	81	8	138	15	616	52

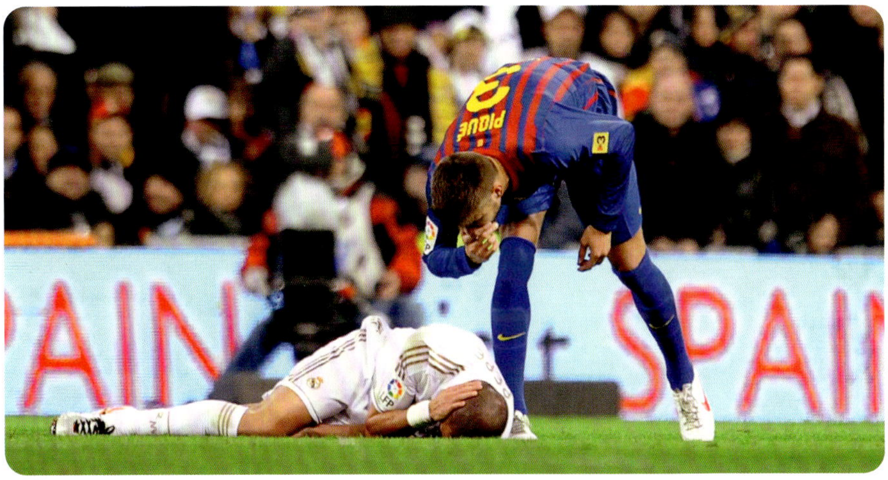

↗ “梦三”盛时，皇马排出肌肉阵亦对巴萨无可奈何，国家德比常变“比武大会”，武僧佩佩（左）则时常秀出“沾衣十八跌”。2012 年 1 月 18 日，面对佩佩又一次演技展示，皮克低头耳语，力劝后者停止演戏。

↓ 巴萨“梦三”的长久统治堪称死敌皇家马德里球迷心中的永恒噩梦，直到 2017 年的西班牙超级杯赛场，他们依然难以忘记皮克在 2010 年留下的“五指山”庆祝，唯有回敬以泄愤懑。

感伤，比赛中巴萨获得点球，莱万多夫斯基希望由皮克完成主罚，让他用一个进球完美告别职业生涯，但皮克谢绝了波兰前锋的好意。

三天之后，巴萨客场 2 ∶ 1 击败奥萨苏纳一战，替补席上的皮克愤然辱骂当值主裁判希尔 · 曼萨诺，这一行为让他在替补席吃到红牌，不仅无缘生涯谢幕战登场，还换来 4 场禁赛罚单。从来不按常理出牌的“斜杠青年”皮克，就连谢幕方式都如此与众不同。

攻防一体的“皮肯鲍尔”

作为根正苗红的拉马西亚青训球员，皮克与梅西、法布雷加斯等同样出生于 1987 年的巴萨才俊自小共同成长。但皮克却是在曼联签署第一份职业合约，并在 2006—2007 赛季租借萨拉戈萨期间崭露头角，在中后卫和后腰位置上都有出色发挥。接下来一个赛季，回归曼联的皮克同样偶有闪光，而他最终在 2008 年夏天重返巴萨。

皮克回归诺坎普时，巴萨正处百废待兴，罗纳尔迪尼奥、德科和里杰卡尔德等“梦二”缔造者离队，履新的瓜迪奥拉意在复兴红蓝军团，皮克也成为他打造的巴萨新纪元的基石之一。在巴萨一线队效力的首个赛季，皮克多次展现出优秀的防守和组织进攻能力，当赛季在伯纳乌球场 6 ∶ 2 的经典“国家德比”，皮克攻入本队第 6 粒进球。2009 年的“六冠王”旅程中，皮克在各项赛事的决赛中均任先发。

“梦三”阵中，皮克与普约尔是近乎完美的后防搭档，皮克出众的后场出球和组织能力让他与身体素质爆表的普约尔优势互补，“皮肯鲍尔”的绰号也是由此而来，巅峰期的皮克攻防一体，既能做好防守工作，又能在后场组织攻势，还能冲到前场参与进攻。皮克与普约尔的组合帮助梦三时期的巴萨横扫了所有冠军，也让西班牙队在 2010 年世界杯以 7 场只丢掉两球的无敌成绩封王。2014—2015 赛季，皮克与马斯切拉诺的搭档再度帮助巴萨成就“三冠王”伟业。

皇马心头一根刺

皮克毫无疑问是巴萨和西班牙历史上最优秀的球员之一，同时他又是在西班牙足球界颇有争议的人物。其中之最，大概就是他面对媒体的口无遮拦，屡次公开发表敏感言论，让他在西甲各个客场遭遇狂嘘，也让他在西班牙队多次受到球迷的唱衰和怒骂。尤其是在加泰罗尼亚进行“独立公投”的 2017 年前后，由于皮克的激进立场，“皮克滚出国家队”的声

音在西班牙队集训中心拉斯罗萨斯体育城不绝于耳，2017 年 9 月在伯纳乌举行的西班牙队对阵意大利队的世界杯预选赛，主场球迷也对皮克嘘声伺候。

作为绝对的巴萨主义者，皮克从不掩饰对皇家马德里的敌意，事态最严峻的一次莫过于 2017 年，皮克在国家队比赛后宣称，自己不喜欢皇马传递出的价值观，同时表示伯纳乌看台上的一些高层人员总设法诋毁梅西和内马尔，皮克还表示，皇马总会在判罚中得利，巴萨则恰恰相反。此番言论引发轩然大波，不仅令皇马方面气愤不已，西班牙足协也对皮克的观点感到不满。

皮克还曾说过，自己并不畏惧与皇马的国家德比战，因为巴萨总能取胜。皮克在国家德比最经典的镜头，莫过于 2010 年巴萨主场 5 ∶ 0 击败皇马的联赛首回合较量中，在赫弗伦为巴萨攻入第 5 个进球之后，皮克向着看台高举起五根手指，对死敌的伤口狂妄撒盐，这一幕也成为国家德比历史上的经典画面。2018 年巴萨在缺少了受伤的梅西情况下，再度坐镇主场以 5 ∶ 1 完胜刚失去了 C 罗的皇马，皮克再度向看台比出“五指山”手势羞辱死敌。无论是在场内还是场外，皮克都从来不会隐藏自己与皇马之间

巴塞罗那生涯集体荣誉

西甲冠军

2008—2009、2009—2010、2010—2011
2012—2013、2014—2015、2015—2016
2017—2018、2018—2019、2022—2023

国王杯冠军

2008—2009、2011—2012、2014—2015
2015—2016、2016—2017、2017—2018
2020—2021

西班牙超级杯冠军

2009、2010、2011、2013、2016、2018

欧冠冠军

2008—2009、2010—2011、2014—2015

欧洲超级杯冠军

2009、2015

世俱杯冠军

2009、2011、2015

巴塞罗那球员生涯主要个人荣誉

西甲年度突破性球员

2008—2009

西甲最佳后卫

2009—2010

西甲赛季最佳阵容

2014—2015、2015—2016

欧冠赛季最佳阵容

2012

加泰罗尼亚年度最佳球员

2019

↖ 2015 年 3 月 22 日，西甲第 28 轮，巴萨主场 2 ∶ 1 击退皇马。赛中皮克（右）倚住拉莫斯尝试倒勾，同为西班牙队的历史级别中卫，二人在俱乐部层面的对抗从来都是比赛最大看点之一。

← 2015年6月6日，在挚爱亲朋的见证下，皮克（中）作为队长，代表巴萨举起欧冠冠军奖杯。

↗ 2022 年 11 月 5 日，离别多愁绪，在长子米兰（左）和次子萨沙（右前）的陪伴下，皮克向诺坎普球场以及万千巴萨球迷告别。

的敌对情绪。

不缺话题的“斜杠青年”

关于皮克的争议远不仅限于他的言论。更多时候，人们谈论皮克在场外的话题要远多于在场内，比如他与拉丁天后夏奇拉从热恋到分手，比如他日渐庞大的商业版图。

与众多在平民家庭中成长起来的球员不同，皮克注定是“天选之子”，他的外公阿马多尔担任过巴萨俱乐部副主席多年，父亲霍安·皮克是当地知名律师，母亲蒙特塞拉特是当地医院的高管，耳濡目染之下，皮克早早就展现出很强的商业和管理头脑。2005 年效力曼联期间，年轻的皮克就开了属于自己的第一家汉堡店，而在接下来创办了个人企业之后，皮克也曾涉足游戏、房地产、投资等产业。回归巴萨之后，他也在场外开展过一系列商业活动，从早期创立游戏公司，到操办戴维斯杯网球赛，再到与西班牙网红伊拜创办由退役球员和娱乐明星参加的“国王联赛”，首届赛事的决赛便吸引了近 10 万人现场观战。

“斜杠青年”皮克的商业版图不断扩大，但在他尚未退役之时就将大部分精力放在举办戴维斯杯等商业活动的行为，让巴萨拥趸大为不满。巴萨生涯末期，皮克屡次无视自己的现役球员身份，出席各类与足球关系不大的公开活动，就已经引来无数批评声音。2019 年下半年，皮克多次利用比赛间隙期从巴塞罗那前往马德里，为旗下公司主办的戴维斯杯网球赛造势，遭到加泰本地媒体的一片骂声，彼时的皮克站出来回应道：“我从巴塞罗那飞到马德里只用一小时，而我从家去巴萨训练场用的时长也差不太多。”

2022 年，西班牙《机密报》曝光称，皮克的公司曾与西班牙足协主席鲁维亚莱斯合作促成了在沙特举办西班牙超级杯一事。由于皮克仍拥有巴萨球员的身份，这件事情引发了西班牙足球界的重大争议，球迷和媒体纷纷谴责皮克在拥有球员身份的情况下，与自己参与的赛事存在“利益交换”的行为破坏了公平竞赛准则。

但后来接受采访谈到这件事的时候，皮克并不避讳，他表示：“我旗下的公司并不会只和西班牙足协合作，与包括西职联、欧足联在内的很多机构都有合作，商业机会是面向所有人的。”根据加泰媒体爆料，2022 年夏窗期间，皮克一度向巴萨主席拉波尔塔提出过请求，希望由自己的公司购买巴萨工作室的部分股份，以帮助巴萨激活用于注册球员的“经济杠杆”。但拉波尔塔回应称，皮克还是巴萨现役球员，因此出于道德准则，巴萨不能这样去做。据悉，皮克对拉波尔塔的这个回应显得非常不满。

2021 年年底，面对加泰罗尼亚电台记者“皮克实际上根本没有在新冠疫情期间降薪”的不实报道，皮克直接在社交媒体晒出工资单进行回击，工资单上的数据显示，皮克在巴萨过去半年的薪水只有 230 万欧元。实际上，拥有日渐庞大的商业帝国情况下，皮克完全不需要依靠巴萨球员的身份去赚钱，西班牙《国家报》计算过皮克旗下所有产业的估值，大约能够达到 7600 万欧元，而这个数字还在不断扩大。

效力巴萨的最后两个赛季，球场上的皮克已经步履蹒跚。2022—2023 赛季初期哈维已经表示，皮克将不在自己的新赛季计划内。但由于孔德、克里斯滕森和阿劳霍等主力中卫的伤势，巴萨主场对阵国际米兰的出线关键战，哈维将皮克放进了首发阵容，但最终巴萨在主场丢掉了三个球，以 3 ： 3 战平国际米兰，也基本失去了出线的机会。皮克领衔的防线屡屡被国米的反击打穿，他的两次失误直接造成了巴萨的两个丢球，糟糕的表现也在赛后引起了当地媒体最大的批评声音。而他宣布退役的时机，对于皮克而言也不失保留了作为巴萨球员的最后体面。

在褪去了巴萨球员的身份后，皮克或许还不打算仅维持商人这一个身份。他与多名西班牙政要私交甚笃，与西班牙足协主席鲁维亚莱斯更是合作频繁。皮克也曾不止一次通过媒体宣称，竞选巴萨主席将是自己未来的重要计划，谁知道未来某天，我们会不会看到“皮主席”正式上位？

2009—2010 赛季欧冠半决赛次回合，瓜迪奥拉在场边指导伊布。两人的关系并不和睦，巴萨也被国际米兰淘汰出局。

伊布拉希莫维奇 Zlatan Ibrahimovic

高傲神塔

闫羽

作为一名有多次转会经历、曾先后效力 9 家不同俱乐部的球员，41 岁才选择挂靴的足坛常青树伊布拉希莫维奇自然很难与某一支球队完全画上等号。而在他待过的地方，巴塞罗那应该属于关联性较差的那一类。2022 年，这位瑞典高中锋甚至曾在接受专访时表示：“我最糟糕的记忆就是在巴萨。”然而别误会，这并不代表伊布在西甲豪门的过去就不值一提。

瑞典人还有一句补充：“不是因为足球。”就竞技层面而言，伊布绝对算得上是巴萨曾经拥有的顶级球星之一，他在这里也有所收获，帮助球队拿到包括西甲、世俱杯、西班牙超级杯和欧洲超级杯在内的 4 个冠军。至于“糟糕”的那一部分，却也给球迷提供了茶余饭后的谈资，诸如将帅不和、明星矛盾之类的故事，回顾起来倒也无伤大雅。

红蓝档案

兹拉坦·伊布拉希莫维奇

Zlatan Ibrahimovic

生日	1981.10.03
国籍	瑞典/波黑
身高	1.95米
位置	中锋

可以肯定的是，巴萨曾视伊布为“上宾”，否则也不会有诺坎普 6 万名球迷现场欢迎的盛景。而就买进伊布所付出的代价来说，西甲豪门也绝对是把当年 28 岁的瑞典中锋当成了球队补强的重中之重。2009 年 7 月，当巴萨与意甲国际米兰达成协议之时，交易一度牵扯到 3 名球员：巴萨将会得

俱乐部生涯

1999—2001	马尔默	47场18球
2001—2004	阿贾克斯	110场48球
2004—2006	尤文图斯	92场26球
2006—2009	国际米兰	117场66球
2009—2011	巴塞罗那	46场22球
2010—2011	AC米兰（租借）	41场21球
2011—2012	AC米兰	44场35球
2012—2016	巴黎圣日耳曼	180场156球
2016—2018	曼联	53场29球
2018—2019	洛杉矶银河	58场53球
2020—2023	AC米兰	78场37球

国脚生涯

2001—	瑞典队	122场62球

巴塞罗那生涯统计

赛季	联赛		国内杯赛		欧战		其他		总计	
	出场	进球	出场	进球	出场	进球	出场	进球	出场	进球
2009—2010	29	16	2	1	10	4	4	0	45	21
2010—2011	—	—	—	—	—	—	1	1	1	1
总计	29	16	2	1	10	4	5	1	46	22

巴塞罗那生涯集体荣誉

西甲冠军

2009—2010

西班牙超级杯冠军

2009、2010

欧洲超级杯冠军

2009

世俱杯冠军

2009

巴塞罗那生涯主要个人荣誉

欧足联年度最佳阵容

2009

瑞典足球先生

2009、2010

到伊布，而国际米兰不仅收获4600万欧元，还能得到喀麦隆前锋埃托奥，以及租借中场赫莱布的许可。后来租借一事虽然黄了，但伊布与折价为2000万欧元的埃托奥还是完成“交换”，这约等于瑞典人的转会费为6600万欧元。

高投入肯定会期待高回报，而非等闲之辈的伊布自然也不会给人看低他的机会。一上来瑞典人就出手不凡，在巴萨的首秀中助攻梅西，帮助新东家5：1大胜毕尔巴鄂竞技，拿下了西班牙超级杯。随后伊布又在欧洲超级杯上首发，巴萨同样获胜夺冠。而在他的第三场巴萨正式比赛中，伊布则用新队首球开启了一段特别纪录：西甲前5场他均有破门，也就此成为巴萨队史首位最初5场联赛都能进球的选手。

开端是极为美妙的，不能不让人憧憬最终磨合完毕之后巴萨是有多么无敌。那一年“梦三”构架已成，22岁的梅西走上C位，中场“哈白布”也是风华正茂。凭借独步天下的Tiki-Taka，这支由瓜迪奥拉打造的队伍在2008—2009赛季就达成了欧冠、西甲和国王杯的三冠伟业，而伊布则是一种对全能性的升级。

瑞典人拥有1.95米的身高，可以为“小快灵”的巴萨提供前所未有的高空支援，同时伊布也完全不会在速度和技术上拖后腿。众所周知，这是位脚下能绣花的大高个，还特爱倚仗自己的超强身体素质做高难度的技术动作。他的经典之作“蝎子摆尾”——2004年欧洲杯背身后摆腿攻破意大利队的城池就是明证。若能把这样的人物融入原本就近乎无敌的队伍，那或许就是全方位无死角完美无瑕。

可惜把最优秀的人才摆在一起，他们也未必能够“1+1=2”。在伊布2011年推出的自传《我是兹拉坦》中，这位高傲的瑞典人曾经这样写道：“一开始很不错，但后来梅西开始念叨。他想踢靠中间的位置，而不是边翼。于是阵形从433变成了451。我被牺牲了，也从此失去了我在球场上所需要的自由。”

这确实是一个难以两全的问题，只有技术出众的前锋才能匹配巴萨的高度，但才华横溢的伊布又和梅西一样希望有球在脚下。比赛并不能同时用两个球，所以当主帅瓜迪奥拉决定由梅西主导进攻的时候，伊布就只能扮演自己相对不那么擅长的角色。这使得瑞典人在巴萨的经历有些高开低走。在2010—2011赛季踢完西班牙超级杯之后不久，他就租借加盟AC米兰，一年后又正式转会，从此再没有为红蓝军团踢球。

“你买了一辆法拉利，却把他当菲亚特来开。”这是伊布给瓜迪奥拉留下的嘲讽，也充分显露了他对巴萨主帅的不满。对于球迷来说，这场矛盾则是一种遗憾，伊布加梅西的“高快完美组合”终究没能成型。但现实世界就是这样，十全十美很难，留点遗憾却也值得去回味。

身材高大的伊布技艺高超，擅长使用各种不寻常的动作，他短暂的巴萨生涯中也不乏高难度的技术表演。

比利亚 David Villa

神准“葫芦娃”

闫羽

西班牙历史上最伟大的前锋是谁？讨论这个问题，肯定要把大卫·比利亚带上。作为斗牛士军团队史最佳射手，这位被中国球迷叫作“葫芦娃”的小个子，在98次国家队出场中打进了59球，无论数量还是效率都是西班牙的顶级水平。而在俱乐部层面，比利亚同样成绩斐然，拿到过大大小小13个冠军。在这其中，属于巴塞罗那的篇章并不长，总计只有三个赛季，但也足够传奇。

红蓝档案

大卫·比利亚

David Villa Sanchez

生日	1981.12.03
国籍	西班牙
身高	1.75米
位置	前锋

还记得2011年，那个巴萨把曼联打得心服口服的欧冠夜晚吗？弗格森爵士颤抖的双手，悄悄诉说着“梦三”的强大与无解。如今回顾那场决赛，大部分的焦点或许都会聚集在梅西身上，毕竟阿根廷人是当年巴萨的主角。不过当镜头捕捉到曼联主帅的“情不自禁”，已是比分成为3：1之后，而为红魔推上棺材板，让比赛悬念终结之人，正是禁区弧顶用一脚弧线球直挂死角的比利亚。

此球足够体现这位射手的天才水准。兴许一开始搅乱对手防线的是边路带球突破的梅西，布斯克茨的禁区背身拿球回做也是创造出机会的关键，但最后的重点还是在于比利亚总是能够出现在最关键的位置，哪怕不是禁区之内，然后用妙到毫厘的精确制导完成终结。

饶有趣味的是，弗格森曾先于巴萨想把比利亚带到自己的俱乐部。当年的曼联主帅一直没有掩饰自己对这位西班牙前锋的喜爱，但从西甲瓦伦

俱乐部生涯

2000—2001	希洪竞技二队	36场14球
2001—2003	希洪竞技	85场41球
2003—2005	萨拉戈萨	94场39球
2005—2010	瓦伦西亚	225场130球
2010—2013	巴塞罗那	119场48球
2013—2014	马德里竞技	47场15球
2014—2018	纽约城	126场80球
2014	墨尔本城（租借）	4场2球
2019—2020	神户胜利船	29场13球

国脚生涯

2005—2017	西班牙队	98场59球

巴塞罗那生涯统计

赛季	联赛		国内杯赛		外战		总计	
	出场	进球	出场	进球	出场	进球	出场	进球
2010—2011	34	18	6	1	12	4	52	23
2011—2012	15	5	3	1	6	3	24	9
2012—2013	28	10	5	5	10	1	43	16
总计	77	33	14	7	28	8	119	48

巴塞罗那生涯集体荣誉

西甲冠军

2010—2011、2012—2013

国王杯冠军

2011—2012

西班牙超级杯冠军

2010、2011

欧冠冠军

2010—2011

欧洲超级杯冠军

2011

世俱杯冠军

2011

巴塞罗那生涯主要个人荣誉

国际足联年度最佳阵容

2010

欧足联年度最佳阵容

2010

西亚引进一事却始终没有实质性进展，反而是巴塞罗那在西甲赛季刚刚结束的 2010 年 5 月，便公开了比利亚将会加盟的消息。

就此英国媒体曾声称曼联失败是因为财政方面受到了限制，而后来弗格森表示钱根本不是问题（比利亚到巴萨的转会费为 4000 万欧元），重点在于球员本人只想去巴萨。对此，比利亚也有特别的理由。作为出生于西班牙阿斯图里亚斯大区的孩子，比利亚的儿时偶像包括活跃于 20 世纪 60 年代到 80 年代的西班牙前锋基尼，以及西班牙传奇中场路易斯 · 恩里克。他们都出生在阿斯图里亚斯，也都和比利亚一样从希洪竞技开始职业生涯，然后在某一天加盟了巴萨。

相比两位前辈，比利亚并没有在巴萨待更长的时间，但也足够留下许多值得永远铭记的瞬间。2011 年欧冠决赛当然是最重要的，还有 2010 年 11 月西甲主场对皇马也是一场经典之战。那是比利亚首次参加西班牙国家德比，结果瓜迪奥拉的弟子们在主场 5 ： 0 打懵了穆里尼奥的球队。5 个进球里有两个属于巴萨 7 号，还有一次是他在边路的突破横传造出机会。

作为脚下技术极为精湛的全能前锋，比利亚在巴萨的第一个赛季各项赛事打进了 23 球。这一数字或许并不是特别突出，相比他在瓦伦西亚的数据也有所下降，但这也是在所难免的事情。尽管比利亚是带着南非世界杯冠军队主力以及世界杯银靴的身份到队报到的，但在梅西面前他仍然只能“靠边站”，很少出现在自己最习惯的中锋位置，更多被安排在巴萨的左边路。即便如此，边锋比利亚还是展现出了致命威力，无论是自己破门还是为队友提供帮助。

当年曾有传言说比利亚之所以 2013 年就低价转会马竞，是因为他与梅西不和。但后来西班牙人亲口向外界表态：此事与梅西无关，决意离开是因为自己无法得到主力位置的保证。而比利亚沦为替补的原因，也不是因为他被梅西挤到了边路，而是由于他在 2011 年世俱杯上的那次重伤。对垒萨德体育一战，西班牙前锋小腿胫骨骨折，为此休养了差不多 9 个月，也错过了 2012 年欧洲杯。

然而即便是在经历大伤队内地位下降的情况下，比利亚还是在效力巴萨的最后一年展现了高水准。他联赛 28 次出场（其中 11 次替补）仍打进 10 球，在国王杯更是 5 场 5 球。那一年巴萨也重新夺回了西甲冠军，比利亚是带着荣耀昂首告别。

↖ 2011 年欧冠决赛，比利亚一脚精准的弧线球穿透曼联防线将比分改写为 3 ： 1，彻底击垮了英超红魔。

→ 听起来就很利害的“MVP 组合”（梅西、比利亚和佩德罗）虽然存在时间并不算长，但也给巴萨留下了一段美妙时光。

作为骁勇的防守球员，马斯切拉诺为风格柔弱细腻的巴萨带来了刚猛的元素。

马斯切拉诺 Javier Mascherano

退一步海阔天空

周佳骅

“在我加盟巴塞罗那之前，我在场上只有一个任务：破坏。我是纯防守型球员，组织和进攻并非我的职责，但在巴萨，连后卫都要参与组织串联。很显然，我不具备布斯克茨、哈维和伊涅斯塔那样的特点，在效力巴萨的前几个月，我确实感到非常艰难……”

以马克莱莱为职业偶像的马斯切拉诺，在很长的一段时间内，都把防守破坏奉为自己的足球信条。他的技术风格与巴萨风格取向相异，他也深知自己不可能成为瓜迪奥拉、哈维、伊涅斯塔和布斯克茨那样的中场，但出于对“红蓝荣耀”的崇拜，他执意离开曾让他如鱼得水的利物浦，哪怕，他要赌上自己的职业生涯。

2010 年夏天，贝尼特斯离开利物浦，马斯切拉诺收到巴萨邀请，并拒绝为继任的霍奇森效力。一开始，利物浦拒绝接受巴萨的报价，这让“小马哥”大为光火，并采取极端的罢训方式来对抗俱乐部。尽管在与阿森纳的首轮联赛中，马斯切拉诺仍旧披挂上阵，但之后远征曼彻斯特，他直接拒绝征召，结果利物浦遭受了 73 年来对曼城的最大比分失利。最终，马斯切拉诺在红军拥趸的一片责骂声中，坐上了飞往巴塞罗那的航班。

红蓝档案

哈维尔·马斯切拉诺

Javier Alejandro Mascherano

生日	1984.06.08
国籍	阿根廷/意大利
身高	1.70米
位置	后腰/中后卫

俱乐部生涯

2003—2005	河床	71场1球
2005—2006	科林蒂安	33场0球
2006—2007	西汉姆联	7场0球
2007—2010	利物浦	139场0球
2010—2018	巴塞罗那	334场1球
2018—2019	河北华夏幸福	54场1球
2019—2020	大学生	11场0球

国脚生涯

2003—2018	阿根廷队	147场3球

巴塞罗那生涯统计

赛季	联赛		国内杯赛		欧战		其他		总计	
	出场	进球	出场	进球	出场	进球	出场	进球	出场	进球
2010—2011	27	0	7	0	11	0	—	—	45	0
2011—2012	31	0	6	0	10	0	5	0	52	0
2012—2013	25	0	6	0	8	0	2	0	41	0
2013—2014	28	0	7	0	9	0	2	0	46	0
2014—2015	28	0	7	0	12	0	—	—	47	0
2015—2016	32	0	6	0	8	0	5	0	51	0
2016—2017	25	1	5	0	8	0	2	0	40	1
2017—2018	7	0	2	0	2	0	1	0	12	0
总计	203	1	46	0	68	0	17	0	334	1

巴塞罗那生涯集体荣誉

西甲冠军

2010—2011、2012—2013、2014—2015
2015—2016

国王杯冠军

2011—2012、2014—2015、2015—2016
2016—2017

西班牙超级杯冠军

2011、2013、2016

欧冠冠军

2010—2011、2014—2015

欧洲超级杯冠军

2011、2015

世俱杯冠军

2011、2015

巴塞罗那生涯主要个人荣誉

欧冠赛季最佳阵容

2014—2015

巴塞罗那赛季最佳球员

2013—2014

彼时的马斯切拉诺，是全球最顶尖的防守后腰之一，但在崇尚华丽进攻的巴萨，他完全无法撼动同样处在巅峰的布斯克茨。为了能在巴萨立足，他只能接受转型改打中后卫："那是我的一次机会，我唯一能做的就是抓住机会。我第一次踢中卫是欧冠对阵顿涅茨克矿工，当时我不知道该怎么踢，在佩普（瓜迪奥拉）宣布首发名单之前，甚至和我没有任何交流。但我知道，要想在这样的球队生存，就必须把握任何机会。在中卫位置上，我能得到更多的出场机会。"

当赛季，巴萨一路过关斩将，挺进在伦敦温布利大球场举行的欧冠决赛。当时，法国铁闸阿比达尔已经伤愈复出，劳苦功高的队长普约尔也尚可一战，考虑到自己并非专职中卫出身，而且面对如此重要的场合，马斯切拉诺并未奢望首发登场。最终，瓜迪奥拉做出了意外的决定，他安排马斯切拉诺和皮克联袂登场，坐镇防线中路。从某种意义上来说，这也是对阿根廷人这一个赛季任劳任怨的嘉奖。

"当时，我不认为自己会首发，因为我知道阿比达尔回来了，普约尔也能踢。在我们抵达温布利之后，佩普向全队训话，当他念出首发名单时，我都惊讶了。那一刻，我感受到了巨大的责任，在一个并非天然的位置上，我得到了首发机会，而我们的队史最佳中卫、功勋队长，却坐在了替补席上。当时，我甚至都没有时间紧张。"

事实证明，瓜迪奥拉做了一个无比英明的决定，除了鲁尼那个疑似越位的进球之外，马斯切拉诺没给对手任何机会，尤其是在"下三路"的比拼中，他用凶狠且精准的铲抢，将对手一次次进攻化解于无形。"很走运，我踢得还不错。比赛结束之后，我才完全反应过来，能有这样一段经历，真的太棒了。"

在这之后，马斯切拉诺就被固定在中后卫位置上，甚至在路易斯·恩里克执教后期，他还顶替受伤的塞尔吉·罗伯托踢过右后卫。不过，"小马哥"的内心也有过挣扎和怀疑，尤其是乌姆蒂蒂加盟的2016年夏天，他曾无限接近离队，"当我看到乌姆蒂蒂在巴萨训练的第一天，我就告诉经纪人沃尔特，我在巴萨的故事结束了，这里又来了一个更高层次的球员。"

在一次次自我对抗中，马斯切拉诺的巴萨生涯持续了7年半时间，其间他随队拿过大大小小17个冠军头衔，包括2次欧冠冠军和4次西甲冠军。回首这段经历，"小马哥"只有一个遗憾："在巴萨，我迎来了职业生涯最享受的一段时光，作为球员，这可以说是完美的，但我没有机会去踢后腰。"

→ 2017年4月11日，巴萨在欧冠1/4决赛首回合做客尤文，马斯切拉诺面对阿根廷同胞伊瓜因做出高难度防守动作。

内马尔 Neymar

舞出我天地

吴昊宇

2023 年 2 月，内马尔第 6 次收获象征巴西年度最佳球员的“金桑巴”奖项，成为获得这一奖项最多的球员。在知名巴西球员日渐“机械化”和“功能化”的今天，内马尔被普遍视作最后一位跳着桑巴舞的巴西球员，他极具观赏性的彩虹过人在如今的足坛极为罕见。

尽管只在巴塞罗那度过了 4 年时光，内马尔也如同罗纳尔迪尼奥那般，为诺坎普带来了美妙的回忆——至高无上的三冠王伟业，以及极具观赏性的桑巴舞。无坚不摧的“MSN 组合”，是红蓝拥趸最美好的回忆之一，丝毫不亚于“梦二”和“梦三”时代的美丽巴萨。

红蓝档案

内马尔

Neymar da Silva Santos Junior

生日	1992.02.05
国籍	巴西
身高	1.75米
位置	左边锋 进攻型中场 二前锋

新一代巴西神童

在 21 世纪第一个 10 年，当人们还在欣赏着以大罗、小罗、卡卡和阿德里亚诺为代表的上一代巴西巨星的表演之时，90 后的足坛新星逐渐受到欧洲各家豪门球队的关注，个中翘楚正是出生于 1992 年的内马尔。2003 年加入桑托斯青训营的内马尔，早早被视为新一代巴西神童，一些人把他与桑托斯队史最伟大人物贝利相提并论。除了出众的足球天赋，内马尔张扬的个性和酷炫的发型，也让他在正式出道前就收获了一批追随者。

尽管在 2013 年情定红蓝，但内马尔早先差一点加盟的却是皇家马德里。作为内马尔在桑托斯的前辈，“单车少年”罗比尼奥登陆欧洲的第一站正是皇马，而最先发现内马尔天赋并与他

俱乐部生涯

2009—2013	桑托斯	225场136球
2013—2017	巴塞罗那	186场105球
2017—	巴黎圣日耳曼	173场118球

国脚生涯

2010—	巴西队	124场77球

巴塞罗那生涯统计

赛季	联赛		国内杯赛		外战		总计	
	出场	进球	出场	进球	出场	进球	出场	进球
2013—2014	26	9	5	2	10	4	41	15
2014—2015	33	22	6	7	12	10	51	39
2015—2016	34	24	5	4	10	3	49	31
2016—2017	30	13	6	3	9	4	45	20
总计	123	68	22	16	41	21	186	105

接触的也是皇马。14 岁时，内马尔前往马德里试训，他出众的天赋很快打动了皇马高层，但在即将签约的一刻，内马尔的父亲改变了主意，他决定让内马尔回到巴西发展，天才少年因此与皇马擦肩而过。

随后发生的一切证明，当时内马尔父亲的决定是正确的。内马尔在 2009 年成为桑托斯一线队一员，并迅速打上主力。2010 年的圣保罗州联赛，内马尔大放异彩，在 19 场比赛中打入 14 球，当选赛事最佳球员。专门报道南美足球的英国著名评论员蒂姆 · 维克里曾评价当时只有 18 岁的内马尔称："他技术娴熟，踢球也非常有观赏性，是可以让防守球员头痛的存在，无论是在禁区内还是禁区外都能发挥出重要作用。"

2010 年，桑托斯收到了来自切尔西的报价，蓝军希望斥资 2000 万欧元将内马尔带到英超赛场，但被桑托斯拒绝。2011 年一度有传闻称内马尔即将加盟皇马，而桑托斯对于皇马接触球员的操作十分愤怒，两家险些对簿公堂，但最终不了了之。

2011 年是内马尔在桑托斯收获颇丰的一年，他帮助球队拿到了南美解放者杯冠军，当年底，他随队出战世俱杯，并在决赛中与未来的东家巴萨交手。尽管桑托斯 0 ∶ 4 负于巅峰巴萨，但凭着这一年的完美发挥，内马尔以压倒性优势当选 2011 年南美洲最佳球员，与伟大前辈贝利、马拉多纳、罗马里奥和济科获得该奖时的评分一致。天才登陆欧洲豪门，只是时间问题。

情定红蓝

2012 年 10 月 18 日，内马尔迎来代表桑托斯的第 200 场里程碑之战，对手是米内罗竞技，结果是 2 ∶ 2 言和，内马尔攻入一球，赛后收到了效力于对手的罗纳尔迪尼奥赠送的球衣。小罗一直对内马尔称赞有加，两人的风格极为类似，曾为诺坎普带来无数快乐的桑巴精灵，标志性动作是牛尾巴过人，内马尔后来也不止一次在诺坎普观众面前展示过前辈的这一绝技。

2012 年，内马尔凭借对阵弗拉门戈的"1 对 4"破门，成为当年的普斯卡什奖得主，还进入金球奖候选名单。一年过后，内马尔以核心身份帮助巴

↖ 2015 年 6 月 6 日，内马尔在补时阶段策动并射入杀死比赛的进球，助巴萨 3 ∶ 1 击败尤文图斯，斩获欧冠冠军，并以 23 岁零 121 天的年龄，成为彼时第二年轻的南美解放者杯和欧冠双料冠军，仅次于 1996 年的索林。少年意气，尽显得志。

↗ 2013 年 8 月 21 日，内马尔在西班牙超级杯首回合替补佩德罗登场后，为巴萨打入扳平比分的进球，他与场边的主帅马蒂诺击掌相庆。正是这个至关重要的客场进球，令巴萨最终以 1 ∶ 1 的总比分压倒马竞夺冠。

→ 2013 年 6 月 3 日，内马尔出席加盟巴萨后的亮相仪式，诺坎普人头攒动，56500 人到场见证。

西队夺得本土联合会杯冠军，在这之前，他已宣布将会追随小罗的脚步，正式签约巴萨。在与皇马、切尔西等俱乐部联系多年之后，内马尔最终情定红蓝军团。共计有5.6万名球迷参加了他的亮相仪式，刷新了彼时巴萨新援亮相观礼人数的最高纪录，足见拥趸之期待。

2013年8月21日，对马德里竞技的西班牙超级杯首回合较量，内马尔替补登场，攻入代表巴萨的处子球，双方总比分为1 ：1，而内马尔的客场进球起到决定性作用，他也收获了登陆欧洲的首个冠军。当赛季西甲第六轮，巴萨主场4 ：1大胜皇家社会，内马尔取得个人西甲首球，并传射建功。2013年10月26日，内马尔迎来个人首场“国家德比”，他以传射助巴萨2 ：1取胜，惊艳世纪之战。

内马尔的巴萨首季可圈可点，但巴萨在马蒂诺的带领下只得到西超杯一个冠军，西甲、国王杯和欧冠三线皆空。与此同时，内马尔转会的后续波折更令巴萨高层头疼不已，巴萨方面没有透露内马尔的转会费数额，时任主席罗塞尔因此被合作伙伴在西班牙国家法院起诉在这笔转会中存在腐败行为。

迫于巨大压力，罗塞尔在2014年1月宣布辞去主席职务，他在声明中表示：“一项不公平的针对我的诉讼导致我的名誉受损，也让我的家人处在被攻击的危险中。我始终都在强调内马尔的签约没有问题，足球世界中保密是必不可少的，否则可能会给俱乐部带来利益损失，我不希望不公平的攻击对俱乐部的形象产生影响，因此我决定辞职，并将主席位置让给巴托梅乌。”而后经历数年审理，巴萨最终向西班牙公共财政部门支付

↖ 2013年9月24日，内马尔在主场迎战皇家社会的西甲第6轮中，开场5分钟便收获西甲首球，也为球队敲开4 ：1的大胜之门。是役内马尔多次以炫目技巧单挑布拉沃，令皇家社会门将苦不堪言。

← 2013年10月26日，内马尔狂奔向法布雷加斯（右一），庆祝个人国家德比首球，迭戈·洛佩斯无奈摊手。内马尔是役先射后传，主导国家德比赛果，助巴萨2 ：1主场击退皇马。

↑ 2015年11月8日，内马尔贡献巴萨生涯最佳进球之一。西甲第11轮主场迎战巴列卡诺，内马尔终场前上演挑球过人加转身抽射的进球好戏，助巴萨3 ：0战胜比利亚雷亚尔，也让诺坎普72109名球迷目睹神作诞生。

巴塞罗那生涯集体荣誉

西甲冠军
2014—2015、2015—2016

国王杯冠军
2014—2015、2015—2016、2016—2017

西班牙超级杯冠军
2013

欧冠冠军
2014—2015

世俱杯冠军
2015

550万欧元罚款，了结了内马尔转会一案。

历史第一三叉戟

虽然转会造成的场外风波震动高层，但内马尔的球场表现却是无可挑剔。加盟巴萨首季，内马尔交出15个进球，15次助攻的成绩单。翌季马蒂诺下课，路易斯·恩里克就任主帅，苏亚雷斯的加盟则促成了“MSN”的三剑合璧，内马尔、苏亚雷斯与梅西组成的南美三叉戟，迄今仍被视为巴萨历史最佳的锋线三人组。

2014—2015赛季对于巴萨而言是低开高走的赛季。死敌皇马在上半程完全盖过了巴萨的风头，一波二十二连胜压制西甲赛场的同时，还在首回合国家德比完胜巴萨。但下半程，随着配合愈发默契的“MSN组合”开启摧城拔寨模式，巴萨后来居上，收获三冠王伟业。而在进入欧冠1/4决赛阶段后，内马尔场场破门，包括对尤文图斯决赛在内的5场比赛共计打入7球，是巴萨问鼎的绝对功臣。“MSN组合”在合体首年共计攻入122球，考虑到苏亚雷斯在季初

巴塞罗那球员生涯主要个人荣誉

金桑巴奖
2014、2015、2017
欧足联赛季最佳阵容
2014—2015
西甲最佳外援
2014—2015
国际足联年度最佳阵容
2015、2017

← 2015年6月6日，内马尔在柏林奥林匹克体育场举起这个他立有汗马功劳的欧冠冠军奖杯。

↓ 2017 年 3 月 8 日，内马尔以一记直接任意球为巴萨将主场比分扩大为 4 ：1。在那个被冠以诺坎普之名的奇迹夜晚，创造 4 球的内马尔书写了欧冠历史最富传奇色彩的逆转之一。

→ 彩虹过人，作为内马尔的招牌动作，观赏性与吸睛度俱佳。但内马尔也因此多次招惹争议，这种餍足观众眼球的华丽技巧，在对手看来侮辱性十足，并时常以侵犯作为报复，让内马尔在比赛中倒地不断。

还因为世界杯的咬人风波被禁赛两个月，这一数据堪称恐怖。

2015—2016 赛季，巴萨继续在“MSN 组合”的出色发挥之下确保了国内双冠，三人合力取得 131 球，而巴萨的赛季进球总数是 170 球，换言之，南美三叉戟贡献了全队 77% 的进球。无论是数量还是比重，“MSN 组合”都是当之无愧的历史最佳锋线。

这其中，内马尔承担着衔接中前场的重要任务，他时常后撤并进行长距离带球突进，利用自己的速度和节奏变化能力寻找对方防线的突破口。其强大的带球推进能力发挥得淋漓尽致，也弥补了伊涅斯塔年龄渐长之后，巴萨在前场左侧推进能力的缺乏，他与梅西一左一右主导着巴萨的攻势，中路的苏亚雷斯专心终结，将三叉戟的威力最大化。

最伟大的逆转表演

2016—2017 赛季，来到“MSN 组合”合体的第三个赛季，巴萨只入账国王杯和西超杯冠军，内马尔季末猝然离开也令巴萨球迷惊愕。但红蓝拥趸回顾这个赛季，依旧难忘 2017 年 3 月 8 日经典的诺坎普奇迹之夜。

此役三周前，在巴黎王子公园球场，状态全无的巴萨 0 ：4 完败于埃梅里率领的巴黎圣日耳曼，法甲霸主已被认定迈入欧冠八强大门，但赛后接受采访，内马尔对媒体表示：“次回合只要有 1% 的机会，我们就会投入 99% 的信念争取。”

他做到了。诺坎普奇迹堪称他在巴萨代表作：刚刚开场，内马尔就在前场左路全速突进，他不仅在进攻端全力寻找机会，甚至多次回到本方半

场参与防守，也多次带球深入对方腹地。下半场刚开始，内马尔杀到禁区造成默尼耶犯规，巴萨收获点球，梅西命中，比分改写为 3 ∶ 0。

卡瓦尼在第 62 分钟为巴黎攻入一个客场进球，几乎杀死了巴萨的希望，但在球队几乎宣告放弃的时刻，又是内马尔挺身而出，他第 88 分钟攻入一个任意球，随后苏亚雷斯制造点球，内马尔主罚命中，比赛读秒阶段，内马尔的传中造就了塞尔吉 · 罗伯托的压哨绝杀，诺坎普近 10 万人见证了奇迹的诞生，巴萨最终以 6 ∶ 1 上演惊天大逆转，而内马尔无疑是首功之臣，他全场贡献两球一助并创造一个点球，最重要的是，他硬生生将巴萨从悬崖边上拉了回来，也最终成就了这出伟大逆转。

只是这段神奇旅程没能延续，1/4 决赛面对尤文图斯，巴萨又一次客场 0 ∶ 3 缴械，逆转再一未再二，奇迹之奇在于罕有，最终巴萨主场出局。

当年夏天，内马尔加盟了他的手下败将巴黎圣日耳曼，价格达到2.2亿欧元，至今仍是足坛转会费的最高纪录。

接下来几年，由于伤病困扰，内马尔不仅未能带领巴黎实现欧冠突破，更是距离金球奖日渐遥远。巴西人回归巴萨的传言不胫而走，甚至在 2019 年夏天险些成真，当时接受采访，内马尔公开表示自己职业生涯最难忘的高光时刻，是率领巴萨逆转巴黎的夜晚，惹得大巴黎球迷对他十分不满，而这也反映出内马尔对于重回巴萨的渴求。

最后的桑巴舞者

2014—2015 赛季国王杯决赛，内马尔攻入一球，帮助巴萨 3 ∶ 1 轻取毕尔巴鄂竞技，向三冠王进发。但内马尔本人，却因此役的“彩虹过人”动作而引发争议。外界认为内马尔的过人动作观赏性很强，却并不实用，更缺乏对对手的尊重，内马尔赛后表示：“我无意去冒犯任何人，这就是我的比赛方式。”而在后来，由于时常因花哨的过人动作而遭到对手侵犯，内马尔也频繁做出夸张的倒地动作，部分过于浮夸的倒地更被网友拿来创作出名为“内马尔滚”的视频甚至游戏。这也加重了内马尔的伤病情况，离开巴萨之后，他再未有过红蓝时代的高出勤率。

而无可否认的是，在这个强调战术执行力的时代，仍以精妙的彩虹过人独步于世的内马尔，捍卫着桑巴舞者的招牌，他和罗纳尔迪尼奥一样，在诺坎普留下了不够绵长但惊艳的美好时光。

苏亚雷斯 Luis Suarez

恶人？饿人！

李静宜

2014年6月24日，苏亚雷斯因“生吃”基耶利尼，成为当届巴西世界杯的最大新闻。球迷顺藤摸瓜，发现乌拉圭中锋已非初犯，是有据可考的第3次。这年苏亚雷斯27岁，却好像还停留在婴儿出生0到18个月、见什么咬什么的口欲期。由此得名“苏牙”，获评足坛恶人，并遭禁足4个月以及9场国家队禁赛令，口碑似与前途一并沉底。但7月11日，巴塞罗那宣布从利物浦签下苏亚雷斯，转会费8230万欧元，放在当时，是足坛历史第三贵，仅次于初代“两亿齐飞”——贝尔和C罗。

红蓝档案

路易斯·苏亚雷斯

Luis Alberto Suarez Diaz

生日	1987.01.24
国籍	乌拉圭
身高	1.82米
位置	中锋

一名4个月不能踢球，甚至连体育场都不被允许进入的球员，能为你带来什么？好事者适时挑拨，“梦三”凭六冠王营造的清白声誉即将毁于一旦。

巴萨想了想，球不能踢，要不先治心病？

生于忧患死于安乐

苏亚雷斯的旅欧第一站是格罗宁根，19岁的他虽然恋家，但爱情大过天。他是迫不及待登陆荷甲的，原因是女友苏菲一年前举家移民巴塞罗那。缘分天注定，小情侣异地恋爱了一年，

俱乐部生涯

2005—2006	乌拉圭民族	35场12球
2006—2007	格罗宁根	37场15球
2007—2011	阿贾克斯	159场111球
2011—2014	利物浦	133场82球
2014—2020	巴塞罗那	283场198球
2020—2022	马德里竞技	83场34球
2022—2023	乌拉圭民族	16场8球
2023—	格雷米奥	26场14球

国脚生涯

2007—	乌拉圭队	137场68球

巴塞罗那生涯统计

赛季	联赛		国内杯赛		外战		总计	
	出场	进球	出场	进球	出场	进球	出场	进球
2014—2015	27	16	6	2	10	7	43	25
2015—2016	35	40	6	5	12	14	53	59
2016—2017	35	29	7	5	9	3	51	37
2017—2018	33	25	8	5	10	1	51	31
2018—2019	33	21	6	3	10	1	49	25
2019—2020	28	16	1	0	7	5	36	21
总计	191	147	34	20	58	31	283	198

心更近了，现实距离是个大问题。苏亚雷斯希望离苏菲近一点，欧洲肯定比南美好。

到了荷兰，很多原先被刻意忽视的问题一一显露，热烈但年轻的心措手不及。第一先过语言关，听懂荷兰语或英语，他才能立足于足球，开始他跟二队训练，以适应荷兰足球节奏；第二关是球场操行，他在 5 场进 4 球的同时领到 3 黄 1 红，这种纪律代价俱乐部受不起；第三是文化冲击，荷兰的青少年足球从技术抓起，但在他的故乡，他们进球场先被要求跑 3 圈，然后一个球扔进人堆，开抢。见识到更系统、科学的训练体系让苏亚雷斯不由思考，难怪人家多技术流，我们就是一群扫荡型“莽夫”。

这不是自我贬低，只是苏亚雷斯深刻意识到了他们与欧洲足球强国的差距。往后的阿贾克斯、利物浦再到巴萨，将一次又一次刷新他对足球的认知。他距离被荷兰足球感化只差一步。哪一步？他们对待失败逆来顺受的态度。哪怕刚输了 0 ∶ 5，也不耽误为队友庆生，理性和感性上你都要笑，别让压力和焦虑击败你。苏亚雷斯笑不出来，他想的是生于忧患死于安乐，“无冕之王”事出有因。

他很拼，像一块人体海绵，充分汲取这块诞生全攻全守宗师的伟大土地的理论知识，然后在场上加以实践，有球必追，哪怕出界也不放弃。他学荷兰语的劲头打动了队友，虽然说得磕磕绊绊，但起码在场上讨说法的时候，不用再吞黄连苦。唯独一点，他在这儿长到了 24 岁，没人教他怎么正确纾解自己的情绪，愤怒也好孤独也罢，更重要的，那些无法轻易诉说的压力。好在他跟苏菲完婚，生命里再次有了光。

↖ 作为 2014—2015 赛季欧冠决赛胜利的绝对功臣，苏亚雷斯的职业生涯在这一年以摧枯拉朽的态势迅速攀上顶点。

↑ 2014 年 10 月 25 日，苏亚雷斯在伯纳乌上演西甲首秀，刚刚解禁的他仍在适应西甲的比赛节奏，突破、抢点等多次被拉莫斯化解。苏亚雷斯后来表示：“拉莫斯是我面对过的最强后卫，他强壮，好斗，还富有经验。”

→ 2015 年 3 月 22 日，国家德比次回合，达成默契的“MSN 组合”已进入所向披靡状态，主场迎战死敌，苏亚雷斯贡献超凡外脚背停球，瓦解拉莫斯（后）和佩佩的防线，射出制胜一击。

2010 年，他出现了第一次咬人事件，代表阿贾克斯对阵埃因霍温，在一场围绕裁判的球权争执中，苏亚雷斯情急之下，低头啃向巴克卡尔的锁骨，吸血鬼电影里才有的镜头。裁判没看见，苏亚雷斯侥幸挺到比赛结束，换来 7 场禁赛的罚单。他因此不光彩地登上国际媒体头版。第二次轰动更大，那时他到了利物浦，距离初犯时隔 3 年，他在球门前扑向切尔西后卫伊万诺维奇的胳膊。英媒很缺德，说苏亚雷斯是想尝尝英国的口味。这次的处罚是禁赛 10 场。

对待处罚，两支球队立场鲜明，谴责乌拉圭人缺乏体育精神的行为，急于与球员的“个人行为”划清界线，内部处罚比谁都快。唯独一点，批评教育前，没人在乎，苏亚雷斯的深层动机究竟是什么。他屡施诡计，因尝到甜头，直到世界杯的“大祸临头”，他还是留在了场上，帮助乌拉圭队 1 ∶ 0 取胜。

有他扮演恶人，他的球队永远有利可图，这是不是一种人为的纵容?

从苏牙到苏神

来到诺坎普，他漫长的口欲期，该结束了。

很矛盾的是，彼时的苏亚雷斯风评恶劣，但在每支球队都有口皆碑。他分秒必争，一心争胜，综合能力突出，又愿意为队友牺牲，是更衣室里的开心果，走到哪里都能跟人打成一片，没听说他跟谁有过矛盾，内讧传闻永远离他最远。巴托梅乌知道他买来的不是刺头或包袱。唯一的解释，他在心智上的成熟远远落后于磨炼球技的速度。令人肾上腺素飙升的场合，他的愤怒表达像个小孩，咬一口、打一下，最直接的情绪宣泄。反正 4 个月没球踢，苏亚雷斯接受了巴萨安排的心理疏导。

给梅西、内马尔和佩德罗当了两个月观众后，脚痒心更痒的苏亚雷斯，终于在 2014 年 10 月 25 日迎来西甲首秀，刚好是“国家德比”，“MSN 组合”于伯纳乌宣告合体，巴萨输了，但苏亚雷斯助攻内马尔首开纪录。

没有比一见如故对“MSN 组合”三人组更恰当的形容。苏亚雷斯登陆欧洲第八年，兜兜转转，此刻才算找到了“家”，苏菲和孩子不必再跟随他一道颠沛流离。巴塞罗那更似故乡，有更志同道合的队友、更亲密的文化认同。他和梅西建立起无间友谊，两家人频繁走动，场上更是默契十足。

巴塞罗那生涯集体荣誉

西甲冠军

2014—2015、2015—2016、2017—2018
2018—2019

国王杯冠军

2014—2015、2015—2016、2016—2017
2017—2018

西班牙超级杯冠军

2016、2018

欧冠冠军

2014—2015

欧洲超级杯冠军

2015

世俱杯冠军

2015

↖ 2015 年 4 月 8 日，“MSN 组合”正在迈向世界最佳攻击组合的道路上勇往直前，他们的友情令人艳羡，付出令人动容，还清晰诠释了“我为人人”的美德。

↓ 2015 年 4 月 15 日，欧冠 1/4 决赛首回合，苏亚雷斯名场面之一，在巴黎王子公园球场穿裆大卫·路易斯，还是两次。

↗ 2015 年 5 月 23 日，巴萨庆祝西甲冠军，苏亚雷斯和梅西在马斯切拉诺的带领下，携家眷与奖杯合影。苏亚雷斯和梅西两家建立起了深厚的友情，他们的孩子青梅竹马，他们的妻子关系融洽，他俩更是彼此最忠诚的兄弟。

日子终于松弛了下来，苏亚雷斯彻底告别了心里的小男孩。进球接踵而至：欧冠1/8决赛首回合，苏亚雷斯梅开，巴萨2：1曼城；国王杯半决赛次回合，他锦上添花，令巴萨总比分6：2淘汰比利亚雷亚尔；次回合国家德比，他用一记载入史册的外脚背停球，单刀推远角完成制胜一击，巴萨2：1复仇皇马。恩里克大悦："很少有人能像他这样进球，这就是我签他的理由。他能够决定比赛。他是纯粹的射手，致命一击几乎无须助力。"殊不知，这只是"西甲年年打皇马，苏亚雷斯最来劲"的开始。

欧冠1/4决赛首回合，苏亚雷斯两次穿裆大卫·路易斯，巴萨3：1巴黎圣日耳曼；半决赛次回合，他两次助攻内马尔，用5：3的总比分，熄灭拜仁慕尼黑的反扑念头。2014—2015赛季欧冠决赛，尤文图斯正因莫拉塔的扳平球而斗志全开的时候，连续跑位的苏亚雷斯抓住了梅西射门被扑的机会，补射空门反超比分，在心态上瓦解并摧毁了对手。巴萨三冠加身，苏亚雷斯首个赛季即有25球20助的离谱成绩，要知道，他还蹲了两个月的球监。

苏亚雷斯逆转风评，收获爱戴，一直延续到他告别诺坎普之后。他是更衣室里可爱的"胖子"，谁逗他也不恼，公认的最佳人缘。2015—2016赛季，苏亚雷斯火力更加生猛，硬是在巅峰梅罗统治的时代，夺走西甲最佳射手，巴萨卫冕联赛和国王杯。但对中国球迷，这个赛季更有特殊意义，2015年年底，广州恒大历史性站上世俱杯半决赛舞台，对手正是巴萨，苏亚雷斯独中三元，成为该赛事戴帽首人。赛中有暖心一幕，郜正受伤，苏神第一个召唤队医入场，赛后他把签名球衣赠予入院治疗的郜正，祝愿他早日康复。

至此，苏亚雷斯过往的褶皱被全

部熨平，他更温和、更亲切，纯良本性更被外界看见，恶这个字眼再与他无关，只是一点点计谋与审时度势的狡黠（永久禁止他入境的加纳例外）。人们歌颂他与妻子的坚贞爱情、称赞“MSN 组合”的无私友谊、猜测他下一场又将带来怎样的神作……他有爱有家、有朋友有荣誉、有金钱有地位。好像对又好像哪里不对。不对在哪里？太顺太安逸。

再次愤怒的开始

成功唾手可得，顺风顺水的巴托梅乌，可能听信了只在中文世界盛行的鲇鱼效应，比“MSN 组合”更适配的激励者不好找，于是他决心自己来

巴塞罗那生涯主要个人荣誉

欧冠年度最佳阵容	2014—2015、2015—2016
欧足联赛季最佳西甲阵容	2015—2016、2016—2017
世俱杯金球奖	2015
世俱杯金靴奖	2015
世俱杯决赛最佳球员	2015
西甲最佳射手	2015—2016
西甲最佳外援	2015—2016
国王杯最佳射手	2015—2016
欧洲金靴奖	2015—2016
国际足联年度最佳阵容	2016

← 2016 年 10 月 29 日，苏亚雷斯从女儿和儿子手中接过欧洲金靴奖奖杯，2015—2016 赛季，苏亚雷斯从巅峰梅罗的统治下突围，以 40 球夺得西甲最佳射手。

↑ 2019 年 12 月 7 日，西甲第 15 轮，巴萨主场 5 ：2 马洛卡一役，梅西上演帽子戏法，但比这更抢眼的是苏亚雷斯惊世骇俗的脚后跟挑射。

↗ 2015 年 2 月 15 日，西甲第 23 轮，巴萨 5 ：0 莱万特，苏亚雷斯以惊世倒勾锁定比分。

当那条鲇鱼。“诺坎普奇迹”后，他以2.22亿欧元放奇迹主角内马尔加盟巴黎，反手接连招募登贝莱（1.05亿欧元）、库蒂尼奥（1.45亿欧元）和格列兹曼（1.2亿欧元），都是当时转会市场最受看好的高级货。巴托梅乌肯定不是存心牺牲自己，以洗白公认的队史最差主席加斯帕特。总之，他运气很不好，花了4亿欧元，没拿到被期待的欧冠，但西甲有两个，国王杯有一个，以及一个西班牙超级杯，放在一般球队，已经足够用。到了2020年，足球世界大规模按下暂停键，回归后又面临长时间空场，天灾难料，寅吃卯粮的巴托梅乌，难办了。

矛盾总要由一场标志性比赛为因，对那支由“牧牛大叔”塞蒂恩领衔的巴萨，自然是球迷最不愿回忆的“82事件”，一种由难堪、耻辱和激愤共同构成的欧冠巨大失利。苏亚雷斯打进了此役对拜仁慕尼黑的第二球，他还是没有放弃，就像刚登陆欧洲时，那个胸中总有火焰燃烧的男孩一样。

那时他只有一个目标：住进一套带洗手间的房子。他说饥饿感能带给人动力，于是在场上不知疲倦地奔跑，他说自己是“史上最令人汗流浃背的球员”。诚如所言，苏神曾经可以生吃世界上任何后卫，不是用牙。巅峰时期的苏亚雷斯是对手布防时最头疼的存在，他变化多端，难以捉摸，就连他自己都不知道，在机会到来的一刻，他会选择以怎样的方式进球：世界波、凌空还是插花脚。没有标志，就是他最大的标志。他能在狭小空间里斜斜扭扭地带球奔袭，就是能在毫厘之间超越对手，有时离他的球只差1厘米，对手眼中最长的1厘米。

我们说的是巅峰时代。2019—2020赛季，巴萨颗粒无收，自2007—2008赛季以来首次。苏亚雷斯在人生最落魄的时候到来，以最体面的方式拿到了一切可能的荣誉，但生活这种东西就是没个完，你总要再次不体面了才知道上帝给你下的绊子是什么。梦做不了一辈子，不让它成真，有限的一切都不使人满足，无限才有最大的满足。苏亚雷斯的绊子是，他满足了。

这年他33岁，朝前看、朝后看、哪怕是朝向身边的队友，他都算不上“老”。但巴托梅乌和科曼要的是“新”，新的象征、新的荣誉、新的气象……苏亚雷斯接到了科曼电话，时长40秒，内容是通知离队。这是俱乐部更高级别的功勋，苏亚雷斯吞下黄连，心里皱成一团。你知道，他的愤怒回来了。

苏亚雷斯在自传里这样描述自己：“我可以为了阻止第90分钟的界外球而‘自杀’。”没人不信，你看加纳人民至今无法原谅的“苏亚雷斯之手”就知道。但他平和了太久，不再饥饿，让人忘记了狮子有獠牙。他擦掉告别诺坎普时的眼泪，翌年为马德里竞技拿了西甲冠军。注意，是“为”不是“随”。他32场打入21球，是2020—2021赛季西甲最佳射手，排第二的队友马科斯·略伦特，差他足有8球。巴萨球迷并不高兴，也并不愤恨，只是因为他是苏亚雷斯，每个人都会说上一句：“他值得。”大家都知道，痛苦是苏亚雷斯的良药，生活越叫他痛苦，他越是前途无垠。

2015年欧冠决赛，巴萨3：1击败尤文图斯夺冠，拉基蒂奇开场4分钟便打开胜利之门，赛后他幸福地举起奖杯合影。

拉基蒂奇 Ivan Rakitic

万能“火箭”

周佳骅

2014年夏天，哈维因西班牙队在世界杯小组赛提前出局而备受打击，在内心最失落的时候，这位巴萨功勋心生去意，并准备投奔卡塔尔球队多哈阿拉伯人。而得知哈维心意的时任主帅恩里克和体育总监苏比萨雷塔，也开始在转会市场上寻找替代者，并面临着在拉基蒂奇和克罗斯之间二选一的局面。

红蓝档案

伊万·拉基蒂奇

Ivan Rakitic

生日	1988.03.10
国籍	克罗地亚/瑞士
身高	1.84米
位置	中前卫

最终，恩里克亲自拍板签下了伊万·拉基蒂奇：“克罗斯也很适合巴萨，我记得我们当时没有绝对的把握。我想两个都签，但球队预算不够。千万别以为我是在开玩笑，安多尼（苏比萨雷塔）很喜欢克罗斯，我也是。但最后我跟安多尼说：‘如果只能选择一个，那我签伊万。’别忘了，伊万来到巴萨的时候，哈维正准备离队，但哈维最终又没有走，我们都非常清楚哈维之于巴萨的意义。”

拉基蒂奇绰号“火箭”，恩里克除了看中他兼具后腰和内锋的属性，还特别提到克罗地亚人对战术纪律的无条件服从：“相比克罗斯，我更了解拉基蒂奇，我在现场看过他的比赛。我记得我在塞尔塔执教的时候，他是塞维利亚的队长，而我们最好的球员是拉菲尼亚。那场比赛塞维利亚要为欧战席位而战，塞尔塔则要避免降级。那一次，拉基蒂奇负责看防拉菲尼亚，不管是在禁区内，还是在禁区外，他

俱乐部生涯

2004	巴塞尔北极星	1场0球
2005—2006	巴塞尔二队	21场9球
2005—2007	巴塞尔	50场11球
2007—2011	沙尔克04	135场16球
2011—2014	塞维利亚	149场32球
2014—2020	巴塞罗那	310场36球
2020—	塞维利亚	147场17球

国脚生涯

2007—2019	克罗地亚队	106场15球

巴塞罗那生涯统计

赛季	联赛		国内杯赛		欧战		其他		总计	
	出场	进球	出场	进球	出场	进球	出场	进球	出场	进球
2014—2015	32	5	7	1	12	2	—	—	51	8
2015—2016	36	7	6	0	10	2	5	0	57	9
2016—2017	32	8	8	1	9	0	2	0	51	9
2017—2018	35	1	8	2	10	1	2	0	55	4
2018—2019	34	3	7	1	12	1	1	0	54	5
2019—2020	31	1	3	0	7	0	1	0	42	1
总计	200	25	39	5	60	6	11	0	310	36

巴塞罗那生涯集体荣誉

西甲冠军

2014—2015、2015—2016、2017—2018
2018—2019

国王杯冠军

2014—2015、2015—2016、2016—2017
2017—2018

西班牙超级杯冠军

2016、2018

欧冠冠军

2014—2015

欧洲超级杯冠军

2015

世俱杯冠军

2015

巴塞罗那生涯主要个人荣誉

西甲赛季最佳阵容

2014—2015

欧冠赛季最佳阵容

2014—2015

克罗地亚足球先生

2015

克罗地亚年度最佳运动员

2015

都如影随形……作为塞维利亚的明星球员，他竟然可以如此坚定地执行对对方重点球员的盯防任务，而在这个过程中，他甚至还得参与进攻……”

“伊万跑动能力强，能传球，能控球，懂战术，临门一脚也不错，可以说无所无能。克罗斯更像是组织后腰，而伊万既可以踢后腰，也能踢内锋。”得到恩里克青睐的拉基蒂奇，最终婉拒了西蒙尼执教的马竞，转而以 1800 万欧元的“白菜价”加盟巴塞罗那。虽说哈维没有在那个夏天出走，但随着恩里克对巴萨球风进行改变——减少不必要的传球倒脚，增加更多的直线进攻，而身为“纵向球员”的拉基蒂奇，顺理成章地接替哈维成为巴萨的中场主力。

在当时巴萨呈现倒三角的中场站位中，拉基蒂奇居左，伊涅斯塔居右，布斯克茨拖后居中。具体到实战，“火箭”会在由守转攻时，用他赖以成名的长传制导，为前线的“MSN 组合”输送弹药，并用他极强的上下往返能力，为同侧的阿尔瓦补位，或深入本方腹地参与防守。

很快，拉基蒂奇就用一连串的出色表现，赢得了加泰罗尼亚媒体和球迷的喜爱。但即便在他最如日中天的时候，这位谦逊内敛的克罗地亚中场，也依旧保持着对哈维的绝对尊重：“我们谈到的是哈维，他可是巴萨俱乐部的象征！他为巴萨效力长达 20 年，不仅在球场上有着非凡的成就，而且在更衣室也是我们的领袖。取代哈维是一件不可能的事，我能做的就是为球队拼尽全力，做好我自己。”

2014—2015 赛季欧冠决赛，巴塞罗那在柏林奥林匹克体育场迎战尤文图斯。开场仅仅 4 分钟，内马尔左路横敲，伊涅斯塔突然插上传向门前，拉基蒂奇赶在博格巴解围前左脚劲射破网，为巴萨打开胜利之门！在“火箭”的巴萨生涯中，这个决赛进球无疑是最浓墨重彩的一笔：“我在很多德比大战中都有过进球，像鲁尔德比对多特蒙德破门，安达卢西亚德比对贝蒂斯进球，但很显然，这个欧冠决赛进球有着截然不同的故事。尤其是你一开场就为球队打进领先一球，而且还发生在欧冠决赛！”而在哈维看来，引进拉基蒂奇“是巴萨历史上最伟大的签约之一”。

→ 2019 年 3 月 2 日，拉基蒂奇在国家德比中打入精彩一球：面对皇马门将库尔图瓦和后卫拉莫斯的联合封堵，拉基蒂奇以一个轻巧的挑射攻入全场唯一进球。

红蓝传奇

名帅

道西克 Ferdinand Daucik

东邪王朝

武一帆

一个远离故土、流亡天涯的足球人会迎来怎么样的结局？库巴拉和普斯卡什以西班牙作为第二故乡并最终成为一代传奇，给出了完美答案。而站在他们背后的还有一位伟大教练，曾在西甲执教超 550 场，帮助巴塞罗那缔造王朝的费迪南德·道西克。他对足球永不疲倦的追求和渴望创造了一系列纪录和一段光彩夺目的冒险人生。

1910 年，道西克出生在斯洛伐克南部小镇。镇上居民大多是马扎尔人，因此道西克算是半个匈牙利人。他在

红蓝档案

费迪南德·道西克

Ferdinand Daucik

生卒 1910.05.30—1986.11.14

国籍 斯洛伐克

8 个孩子中排名第六，毫不意外地跟随父亲和 3 个哥哥的脚步爱上了足球。道西克的足球生涯从当地俱乐部开始，并在 18 岁时加盟本国强队布拉迪斯拉发斯拉夫人，5 年后转会到布拉格斯拉维亚。道西克打过从前场到后场几乎所有位置，经历了足球战术几次大变革。他拿到了 4 个捷克斯洛伐克联赛冠军，从任何层面看都称得上那个时代的顶尖球员。

道西克 32 岁时脱下球衣穿起西服，开始执教母队斯拉夫人。1944 年，他又兼任了捷克斯洛伐克队主帅职务。让一个年轻教练担此重任是时局所迫，因为当时正值二战最惨烈的阶段，也是对他执教水平的肯定。残酷的战争终于结束，本应安心搞足球的道西克却因为政治原因不得不走上背井离乡

执教生涯

1942—1946	布拉迪斯拉发斯拉夫人
1942—1944	斯洛伐克队
1948	捷克斯洛伐克队
1948	布拉迪斯拉发斯拉夫人
1949	普列维扎索科尔
1949—1950	匈牙利人
1950—1954	巴塞罗那
1954—1957	毕尔巴鄂竞技
1957—1959	马德里竞技
1959—1960	波尔图
1960—1962	皇家贝蒂斯
1963—1964	皇家穆尔西亚
1964—1965	塞维利亚
1966—1967	萨拉戈萨
1967—1968	多伦多猎鹰
1968	埃尔切
1968—1969	皇家贝蒂斯
1969—1970	圣安德雷乌
1970—1971	西班牙人
1971	加的斯
1973—1974	圣安德雷乌
1974—1975	莱万特
1975	莱万特
1976—1977	圣安德雷乌

巴塞罗那执教生涯集体荣誉

西甲冠军

1951—1952、1952—1953

国王杯冠军

1951、1952、1952—1953

埃娃·杜阿尔特杯冠军

1952、1953

拉丁杯冠军

1952

↖ 道西克在巴萨执教4年，是队史首位连续两年率队夺取联赛和杯赛双冠王的教练。

↓ 1952年巴萨夺取拉丁杯冠军后，道西克（后排中）与球员们合影留念。

之路。1949年，一支名为“匈牙利人”的新球队成立，将一群来自东欧各国的球员聚集起来，追逐着足球梦想，开始一场艰辛的流浪之旅。道西克担任这支“杂牌军”的教练，队伍里包括库巴拉。这位匈牙利球星和道西克的妹妹结婚，使得二人关系更加紧密。

“匈牙利人”在意大利成立，其成员开始以难民球员身份通过组织友谊赛维系生活。然而由于国际足联制裁，该队无法参加正式比赛。尽管球队水平不逊于任何欧洲豪门，但这样靠巡回比赛过活终究不是长久之计。1950年，“匈牙利人”受邀来到西班牙，与几家俱乐部和国家队打了友谊赛。皇马、巴萨等强队都为这支难民球队的实力所折服。皇马直接开出合同要签下最大牌的库巴拉，但没法满足一并聘用道西克当教练的条件。此时，巴萨的技术总监萨米铁尔说服高层接受了库巴拉的条件。巴萨收获了历史上第一位真正意义上的巨星，也得到一位精研先进足球理念的教练。

加盟巴萨的第一年，道西克在缺少库巴拉的情况下（因入籍等手续问题又耽搁近一年）带队取得了联赛第四，比之前赛季略有进步，并且取得一些痛快的大胜，包括7∶2横扫皇马，但总体而言状态不稳。不过待到库巴拉正式加入后，巴萨在大元帅杯大杀四方，击败皇家社会取得冠军。道西克很快熟悉了新环境和语言，次年带队轻松拿下联赛和杯赛“双冠”。巴萨当赛季打进92球，失43球，攻防两端都是最佳。库巴拉攻入26球，成了举世瞩目的大明星。1952—1953赛季，道西克的巴萨蝉联“双冠王”，建立起俱乐部第一个“王朝”。

道西克和库巴拉带来一些在西班牙前所未见的新鲜技战术。比如库巴拉的巴萨处子球，就是用舞蹈般停顿的点球打进的。道西克一些战术布置在今天看来都可以用“疯狂”形容。比如在巴萨对西班牙人的比赛前，初来乍到的道西克让球员演练一种全新的反越位战术，还让后卫卡尔维特改打中锋，结果历史性地0∶6输给了同城死敌。这位东欧教练将“邪路子”设想付诸实施的大胆风格，甚至成为一种社会现象。西班牙政界将“毫无理论根据但换个人试试或许能成”的方案称为“道西克战术”。这当然是一种调侃。因为在足球界，大胆创新的人即便无法收获成绩回报，也会给后世带来有益影响。

1954年，道西克离开巴萨，在毕尔巴鄂竞技开始新的冒险。之后近20年间，他执教了多家西班牙球会，每段旅程都留下深深的足迹。他特立独行的执教风格和慧眼识人的选材水平给西班牙足球界带来了深远影响。待到1977年从加泰罗尼亚小球队圣安德雷乌卸任，道西克已在西班牙带队完成553场比赛，其中包括488场西甲，成为联赛历史上执教场次第一多的外国教练。而排在他之前的7位本土传奇教练，都是他的后生晚辈。可以说，这位前半生经历战火颠沛流离的东欧人，最终在伊比利亚扎根，并播下足球的种子，又在此辛勤耕作，开花结果。

红蓝档案

约翰·克鲁伊夫

Hendrik Johannes Cruijff

生卒	1947.04.25—2016.03.24
国籍	荷兰
身高	1.78米
位置	前锋 进攻型中场

克鲁伊夫 Johan Cruyff

教父筑梦

吴昊宇

约翰·克鲁伊夫是永远的现象级。

他是“飞翔的荷兰人”，他的到来为巴塞罗那缔造了辉煌时刻，退役之后作为教练又奠定了巴萨的足球理念，成为巴萨“梦一”时代的缔造者。铭刻于骨子里的叛逆，是他最初放弃皇马而加盟红蓝军团的原因，也是他最终与巴萨高层失和并离开的重要因素。但即便分手，克鲁伊夫与巴萨的连结又始终存在，拉波尔塔时代的多项决策与他有着密切关系。

2016 年克鲁伊夫离世后，巴萨官方发布动态：“我们永远爱你，约翰。”在巴萨漫长历史中，“飞翔的荷兰人”占据了其中最重要的部分之一，他代表着最纯粹的一抹红蓝，他拥有不羁的红蓝之魂。

因叛逆而红蓝

在 1973 年正式成为红蓝军团一员之前，克鲁伊夫早已在阿贾克斯扬名立万，带领该队在 1971 年至 1973 年收获欧冠三连冠，个人也在 1971 年和 1973 年荣膺金球奖。当时的他状态如日中天，堪称全世界

俱乐部球员生涯

1964—1973	阿贾克斯	329场257球
1973—1978	巴塞罗那	227场85球
1979	洛杉矶阿兹特克	26场15球
1980	华盛顿外交官	26场10球
1981	莱万特	10场2球
1981	华盛顿外交官	5场2球
1981—1983	阿贾克斯	46场16球
1983—1984	费耶诺德	44场13球

国脚生涯

1966—1977	荷兰队	48场33球

巴塞罗那球员生涯统计

赛季	联赛		国内杯赛		外战		总计	
	出场	进球	出场	进球	出场	进球	出场	进球
1973—1974	26	16	12	8	0	0	38	24
1974—1975	30	7	12	7	8	0	50	14
1975—1976	29	6	10	3	9	2	48	11
1976—1977	30	14	9	6	7	5	46	25
1977—1978	28	5	7	1	10	5	45	11
总计	143	48	50	25	34	12	227	85

← 1988年9月21日，出任巴萨主帅不久的克鲁伊夫率队参加西班牙超级杯首回合，在伯纳乌出战皇马。

↓ 1973年欧冠决赛击败尤文图斯夺冠后，克鲁伊夫等阿贾克斯球员身穿斑马军团战袍领奖，留下经典场面。

最出色的球员。此外，在那个首发11人基本只允许身穿1至11号球衣的年代，克鲁伊夫的14号成为专属于他的标志，他骨子里的叛逆和不屑于循规蹈矩，在阿贾克斯时代就已充分体现。

1973年，克鲁伊夫与俱乐部矛盾渐深，阿贾克斯计划将当家球星出售给皇家马德里，但克鲁伊夫闻讯后，主动要求加盟皇马的死敌巴塞罗那。从各个角度看，当时克鲁伊夫加盟皇马或许才是最好的选择：他的儿时偶像迪斯蒂法诺是皇马队史最伟大球员之一，而相比巴萨，20世纪70年代初期皇马在国内赛事所向披靡，将巴萨压制得抬不起头，皇马也是当时很多成名球员都希望加盟的俱乐部。但克鲁伊夫的叛逆令他选择了皇马的死敌。其实在1971年，巴萨就曾希望将克鲁伊夫带到诺坎普，但由于当时阿贾克斯如日中天，加之巴萨暂时无法引进外援，克鲁伊夫与巴萨的情缘推迟了两年。

那些年在佛朗哥对西班牙的统治下，加泰罗尼亚大区的分离主义情绪愈发猛烈，加之皇马在球场上始终压过巴萨一头，巴萨已十数年未曾加冕西甲冠军，加泰罗尼亚当地的反马德里主义声音达到顶点，巴塞罗那人将皇马称为“佛朗哥的御用队伍”。克鲁伊夫的加盟对巴萨而言堪称救世主降临。得知有可能签下当时全欧洲最出色的球员，巴萨求贤若渴，经过长期谈判终于与阿贾克斯达成协议。克鲁伊夫创下当时的转会费历史纪录，达到6000万比塞塔。

打破皇马的枷锁

“克鲁伊夫加盟第一年，就帮助红蓝军团打破了被皇马套在身上14年的沉重枷锁。”巴塞罗那媒体如此形容克鲁伊夫的巴萨处子季，他们甚

巴塞罗那球员生涯集体荣誉

西甲冠军
1973—1974
国王杯冠军
1977—1978

巴塞罗那球员生涯主要个人荣誉

金球奖
1973、1974
荷兰年度最佳运动员
1973、1974
西甲最佳外援
1976—1977、1977—1978
国际足联百大球星
2004
《法国足球》世纪最佳球员（第3名）
1999
《法国足球》金球奖梦之队（第二阵容）
2020

至将耶稣的头像换成了克鲁伊夫的肖像。在佛朗哥统治的尾声阶段，巴塞罗那对马德里的反对情绪处在顶点，那 14 年里，除了 1968 年在伯纳乌球场举办的大元帅杯决赛反客为主夺得冠军，值得巴萨拥趸铭记的瞬间几乎没有。

1973 年 10 月 28 日，救世主来了，克鲁伊夫在巴萨主场对格拉纳达的比赛中上演西甲首秀，并独中两元帮助巴萨 4 ： 0 获胜。比起两个进球和解气的比分，克鲁伊夫在场上的巨大影响力让巴萨拥趸更加兴奋。他盘活了整个前场，几乎所有人都能找到攻击对手球门的空间。经过暮气沉沉且看不到希望的几年时光后，诺坎普终于迎来了新的领军人。

那支巴萨由米歇尔斯挂帅，克鲁伊夫是绝对意义上的中前场核心，同时还有着雷克萨奇、索蒂尔、阿森西等一众出色的攻击球员。克鲁伊夫是名义上的 9 号位球员，但实际位置飘忽不定，不断与司职边锋的索蒂尔和雷克萨奇换位，在边路依靠出色的技术过掉对手，也会时常后撤到 10 号位，送出精妙直传。雷克萨奇说："我和克鲁伊夫在场上只需一个眼神，就知道对方在想什么。"那支巴萨是一支奏响进攻乐章的完美交响乐队，克鲁伊夫就是指挥。"很少有球员能在本方禁区和对方禁区之间的每一个区域，都对场面进行如此出色的控制。"著名记者大卫·米勒评价克鲁伊夫的足球风格时表示。

1974 年 2 月 17 日是巴萨俱乐部史上重要的一天，他们迎来了做客皇马的国家德比，当时的巴萨在西甲势不可当，已 16 场保持不败。就在国家德比前几天，克鲁伊夫的儿子约尔迪刚刚出生，在克鲁伊夫指挥之下，红蓝军团在伯纳乌奏响了华美乐章。

上半场结束前，克鲁伊夫的一个进球尤为精彩，他接到索蒂尔传球后面对 3 名皇马后卫围追堵截，轻松抹过所有人后与门将一对一，并冷静地将球轻推入球门远角。这个举重若轻的进球，将比分在上半场结束前扩大为 2 ： 0。下半场最后时刻，又是克鲁伊夫禁区边缘闲庭信步送出传中，索蒂尔头球将比分定格在 5 ： 0。

一传一射以外，克鲁伊夫始终主导着场上局势，让巴萨将伯纳乌变成了自家的进攻秀场。到了最后，伯纳乌球迷甚至为荷兰人送上了掌声，这

↖ 1974 年 2 月 17 日，巴萨客场 5 ： 0 大胜皇马，克鲁伊夫是场边记者关注的焦点。

↓ 1973 年 12 月 22 日，在巴萨对阵马竞的比赛中，克鲁伊夫腾身将球踹入大门，这被认为是他最经典的进球之一。

→ 1974—1975 赛季，克鲁伊夫在巴萨训练中神态轻松，珠串项链垂落在地。在足球场上也经常佩戴项链，被视作克鲁伊夫叛逆性格的体现。

是后来罗纳尔迪尼奥享有过的待遇。

皇马在伯纳乌5球惨败于死敌巴萨，放在那个时代是难以想象的事情。用雷克萨奇的话来讲，目睹这一切的伯纳乌球迷几乎鸦雀无声，无论看台还是包厢，所有人都阴沉着脸。《纽约时报》写道："这场比赛的结果对于加泰罗尼亚大区产生的影响，比任何政治活动和示威都重要不知多少倍。"

1973—1974赛季，巴萨在克鲁伊夫的导演下夺回阔别14年的西甲冠军，将多年被皇马压制的阴霾一扫而光。比起这座奖杯，那场在伯纳乌的5：0，才是巴萨走出皇马阴影的最完美方式。

不羁的红蓝之魂

1984年2月，在伯纳乌之夜十周年之际，巴塞罗那《先锋报》刊登了克鲁伊夫的亲笔文章："我永远不会忘记跟随阿贾克斯三次夺得欧冠，也不会忘记1974年世界杯在慕尼黑的决战。但在我记忆中，最重要的比赛永远都是1974年2月17日，那场在伯纳乌的较量，我们以5：0击败了皇马。当时我刚来到巴塞罗那半年，还很难理解在伯纳乌获胜的特殊意义。1973年夏天原本最希望得到我的俱乐部是皇马，但当我得知巴萨早早就在等待我加盟，我心里已经有了最终决定，我清楚如果我离开阿贾克斯会去哪里。与巴萨拿到的西甲冠军，以及在伯纳乌的5：0都是命中注定的事情。"

克圣继续写道："那一周我没有参加训练，我回到了阿姆斯特丹陪伴妻子，当时约尔迪即将出生，而那场在伯纳乌的比赛是他出生后我参加的第一场比赛。我心中默念，一定要将胜利献给孩子。我记得很清楚，当时我们势不可当，连续很多场都没输过球，全队上下士气处在最高点，这个时候前往客场出战皇马，简直就是最佳时机。"

那个赛季，巴萨主场对决马竞一战中，克鲁伊夫腾身而起，用鞋底将球踹入前巴萨门将米格尔·雷纳身后球门的一幕，为他赢得了"飞翔的荷兰人"绰号。这个进球是他巴萨球员生涯的缩影，惊为天人而又不受任何拘束。

克鲁伊夫对于加泰罗尼亚，对于巴塞罗那的归属感是如此强烈，以至于他给出生于1974年国家德比前几天的第3个孩子，即后来的巴萨体育总监取名为约尔迪，这是很典型的加泰罗尼亚大区名字。

1974年夺得西甲冠军后，巴萨在接下来几年里并未如克鲁伊夫在阿贾克斯时期那样建立一段王朝，他在传记里写道："每当我回忆起与雷克萨奇、德拉克鲁斯、阿森西等人一起战斗的日子，我都会思考，为什么这个完美团队很快就分崩离析了？之前在阿贾克斯，我们用了很久才建立起一支连续夺得欧冠的团队，但在巴萨，因为种种原因，这个愿望没有实现。"

由于1974年的很多冠军成员或下滑或离开，克鲁伊夫在巴萨再未收获重要锦标，除了1977—1978赛季的国王杯冠军。1975—1976赛季，克鲁伊夫曾与主帅魏斯魏勒产生冲突，甚至威胁要在赛季结束后离开，但由于球迷在这件事上几乎一边倒支持克鲁伊夫，最终离开巴萨的是魏斯魏勒。1978年夺取国王杯时，克鲁伊夫与巴萨董事会已出现不可调和的矛盾，就像当初因与阿贾克斯管理层失和而分

↖ 1970年代，克鲁伊夫和贝肯鲍尔（右）是两大时代之王级人物。两人踢球执教均成就斐然，尽管贝肯鲍尔两度夺得过克鲁伊夫从未染指的世界杯冠军，但普遍认为，从踢球才华和对足球的深远影响来说，克圣要比贝皇略胜一筹。

执教生涯

1985—1988	阿贾克斯	胜率73.50%
1988—1996	巴塞罗那	胜率58.14%
2009—2013	加泰罗尼亚联队	胜率50.00%

巴塞罗那执教生涯集体荣誉

西甲冠军	1990—1991、1991—1992、1992—1993 1993—1994
国王杯冠军	1989—1990
西班牙超级杯冠军	1991、1992、1994
欧冠冠军	1991—1992
欧洲优胜者杯冠军	1988—1989
欧洲超级杯冠军	1992

道扬镳一样，荷兰人最终选择离开并前往美国联赛。性格棱角分明的荷兰人，注定无法服从绝对意义上的权威存在。

缔造“梦一”辉煌时代

退役后的克鲁伊夫在1984—1985赛季成为阿贾克斯体育主管。在他的决策下，专注以青训为基础，以343进攻阵形为主要框架，成为阿贾克斯的模式。自此，阿贾克斯所有梯队都以343阵形作为框架，诞生了一批优秀的青训球员，他们成为阿贾克斯1995年队史第4次夺取欧冠的骨干。1985年6月，尚未完成教练课程的克鲁伊夫出任阿贾克斯主教练，在他的带领下，阿贾克斯收获了两个荷兰杯冠军和一个欧洲优胜者杯冠军。

1988年夏天，巴萨正处在内忧外患之中，前一年，由于主席努涅斯拒绝支付球员的高额薪水，球员上演集体逼宫，要求努涅斯辞职。这件事发生后，巴萨俱乐部迫切需要变革，克鲁伊夫在这样的背景下接受邀请并重返巴萨，成为新任主教练。当时克鲁伊夫仍然没有取得教练证书，但西班牙足协为他开了绿灯。

“我很了解这家俱乐部，我不希望历史重演，如果要改变现状，就要改变历史。”克鲁伊夫在上任时这样说，他也的确如此做了，并未对逼宫主席的球员进行妥协，而是对阵容进行了大刀阔斧的改革。1988年夏天，巴萨清洗了13名球员，签下了12名新球员，克鲁伊夫先是力主从皇家社会引进贝吉里斯坦、巴克罗等巴斯克球员——在克鲁伊夫看来，来自巴斯克大区的球员兼具硬朗和球商，正是自己的战术体系最需要的——他的老乡罗纳德·科曼也来到了巴萨阵中。

执教巴萨的第一年，克鲁伊夫就率队夺得优胜者杯，打破了巴萨数年的冠军荒。接下来几年内，随着米歇尔·劳德鲁普和斯托伊奇科夫相继加

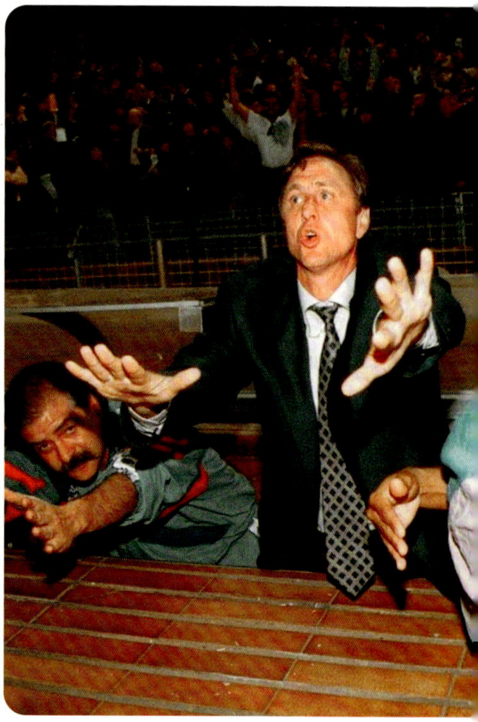

↑ 1991—1992 赛季，巴萨在克鲁伊夫率领下首次获得欧冠冠军后，将帅留下全家福。

↓ 1994 年 5 月 14 日，巴萨在西甲末轮击败塞维利亚夺冠，罗马里奥与助教雷克萨奇开始拥抱庆祝时，克鲁伊夫仍保持镇静。

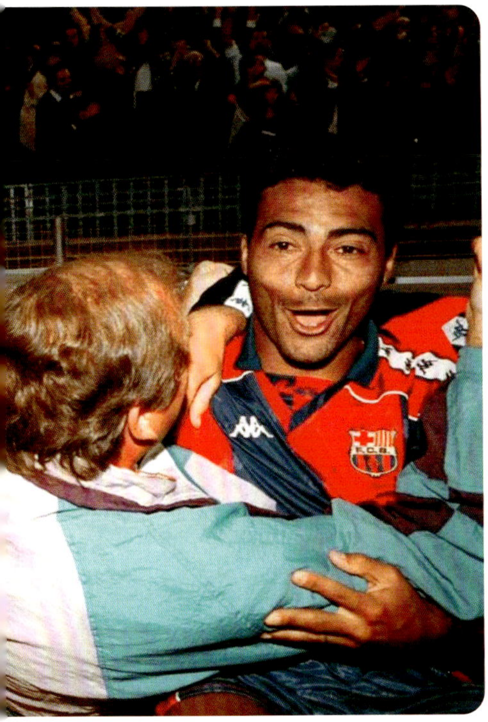

盟，一支在全欧极具竞争力的球队正式成型。克鲁伊夫将自己在阿贾克斯奉行的理念完美移植到了巴萨，控制与进攻是被他奉为《圣经》的足球模式，“相比于 1 ∶ 0，我更喜欢以 5 ∶ 4 的比分击败对手。”

用脑踢球也是克鲁伊夫的足球哲学之一，“我不希望我的进攻球员持续整场进行无谓跑动，我只需要他们在合适的时间跑到合适的位置上”。因此，克鲁伊夫始终对贝吉里斯坦这样长于无球跑位的球员青睐有加。巴萨那些年打出了极具观赏性的比赛，也拿到了多项冠军，外界时常将克鲁伊夫的巴萨与 1992 年参加巴塞罗那奥运会的美国男篮做比较，克鲁伊夫的球队也被称作“梦之队”。

克鲁伊夫的得力助手是他球员时代的左膀右臂雷克萨奇，两人联手缔造了巴萨前所未有的辉煌时期，1991 年至 1994 年成就西甲四连冠伟业。其中最后三年，巴萨都是在最后一轮才锁定冠军，其中 1992 年和 1993 年的赛季末轮都是皇马输给巴尔达诺执教的特内里费，成就了巴萨的夺冠。1994 年西甲末轮，原本占据夺冠主动权的拉科鲁尼亚战平瓦伦西亚，久基奇罚丢关键点球，也将冠军送给了巴萨。

1992 年 5 月 20 日，这是改变巴萨俱乐部历史的一天，红蓝军团一路杀入在温布利举办的欧冠决赛，对手是桑普多利亚。“你们走出去，然后尽管享受比赛吧。”这是克鲁伊夫在决赛前给球员们传递的最后一条信息。经过加时鏖战，巴萨凭借科曼的任意球破门击败意甲球队，历史上第一次夺得欧洲冠军杯。“梦一巴萨”站上欧洲之巅，而克鲁伊夫正是最重要的奠基人。

“享受比赛”是克鲁伊夫传递给球员的最重要信息，他曾在书中写道：“我热爱足球，能够从中获得乐趣。对我而言，努力取胜和享受足球总是有关系的，二者无法分开。”

“克鲁伊夫对球员的要求很高，

如果他不是带着这种心态来到巴萨，俱乐部肯定不会有改变，他教会了我们如何赢球。与此同时，克鲁伊夫对我们每个人都很尊重，我们每个球员个性都不同，但克鲁伊夫是绝对意义上的领导者，他理解并尊重每个人。”“梦一”时代的巴萨队长巴克罗曾在回忆起克鲁伊夫时表示。

斯托伊奇科夫是克鲁伊夫时代巴萨阵中最具个性的球员，多次因违反队规被克鲁伊夫禁赛，甚至在他收获金球奖时，克鲁伊夫的态度也冷若冰霜，表示斯托伊奇科夫应该对自己有更高要求，因为现在他是金球先生了。而脾气火爆的斯托伊奇科夫始终对克鲁伊夫心服口服，在 2016 年克鲁伊夫去世后，斯托伊奇科夫曾表示，荷兰人就像他的父亲。

相比奖杯和场上表现，克圣更关键的决策是大力扶持巴萨青训，拉马西亚青训营正是在这一时期正式创建。这一决策利在千秋，“梦二”和“梦三”时代的骨干成员几乎都是自家培养，强大的青训体系让巴萨受益至今。

决绝的告别

1994 年是“梦一”时代最后的辉煌。这年 1 月 8 日，巴萨在国家德比痛击皇马，这一次地点换成了诺坎普，比分仍然是 5 ：0，罗马里奥上演帽子戏法。巴萨这一年再度杀入欧冠决赛，但 0 ：4 惨败于 AC 米兰，之后就传出克鲁伊夫与高层出现裂痕的消息。接下来两个赛季，巴萨一无所获，一切矛盾在 1996 年集中爆发。

由于巴萨在 1996 年初期成绩不佳，加上几笔重要引援没有体现出应有效果，努涅斯对克鲁伊夫的不满达到顶点。那年 4 月 10 日至 20 日期间，克鲁伊夫的巴萨在国王杯和联盟杯相继出局，在西甲也失去夺冠希望，巴萨副主席加斯帕特在与克鲁伊夫会面后宣布将其解雇。据称，会议期间双方情绪都很激动，甚至差点大打出手，而克鲁伊夫也在事后将努涅斯为首的巴萨董事会告上法庭，尽管最终不了了之，但也反映出克鲁伊夫与高层的关系无可挽回。

实际上，在巴萨成绩斐然的时期，

↑ 执教巴萨期间，克鲁伊夫培养出了瓜迪奥拉这样的高徒。

↓ 21 世纪，尽管克鲁伊夫已不在巴萨担任要职，但依然起到重要作用，包括力荐主席拉波尔塔（左）起用瓜迪奥拉（右）担任主教练。

↗ 2019 年，巴萨在诺坎普球场外树立起克鲁伊夫雕像。克圣的形象英姿勃发，为巴萨指明前进之路。

克鲁伊夫与努涅斯之间就摩擦不断。克鲁伊夫不满努涅斯的“独裁”作风，努涅斯则始终对克鲁伊夫不服从自己的管理感到不满。在达沃·苏克和米亚托维奇加盟皇马前，努涅斯曾要签下他们，但被克鲁伊夫否决，后来两名球员在皇马的成功让努涅斯十分不快。随着巴萨成绩走低，巴萨教父与巴萨主席的矛盾不可调和。

在克鲁伊夫离开后，原本他最得力助手的雷克萨奇顶替他成为巴萨临时主帅，这也让克鲁伊夫非常愤怒，认为雷克萨奇背叛了他。两人多年的战友关系画上句号，从此形同陌路。克鲁伊夫再一次离开了巴萨，而1996年的这次告别比起球员时代更加决绝。

足球界的乔布斯

克鲁伊夫并未断绝与巴萨的联系。2003年，拉波尔塔依靠与克鲁伊夫的良好关系当选巴萨主席，同时听取克鲁伊夫的提议签下里杰卡尔德担任主帅，成就了“梦二”时代的辉煌。虽然不在巴萨任职，但克鲁伊夫对巴萨的影响是永恒的，他的足球理念最大传承者正是昔日弟子瓜迪奥拉。2011年，瓜迪奥拉率领巴萨再度登上欧洲之巅，也超越克鲁伊夫成为历史上夺取奖杯最多的巴萨主教练。但瓜迪奥拉表示，克鲁伊夫的伟大不是冠军数量能够衡量的，而是在更多方面。

西班牙媒体将克鲁伊夫称为“足球界的史蒂夫·乔布斯”，正是因为他的足球理念影响了一代人。克圣创立的“约翰·克鲁伊夫学院”同样遍布全世界，他曾表示：“我相信，体育机构应该让真正拥有体育热情的人去管理。”而当年在克鲁伊夫麾下踢球的“梦一”骨干成员中，瓜迪奥拉成为历史级名帅，贝吉里斯坦则作为技术主管在巴萨与曼城都收获成功，罗纳德·科曼、米歇尔·劳德鲁普、苏比萨雷塔等人也都在教练或总监的位置上有所建树。

1991年11月，由于心血管疾病，克鲁伊夫一度离开巴萨帅位住进了医院，由助教雷克萨奇临时代班。多年的烟瘾让克鲁伊夫晚年的身体每况愈下，2015年他宣布自己患上肺癌，一年后，这位世界足球史上最伟大的人物之一在巴塞罗那撒手人寰，享年68岁。

克鲁伊夫去世后，巴萨官方为他进行了隆重的悼念仪式。2016年4月2日，巴萨主场迎战皇马的国家德比赛前，诺坎普近10万人为克鲁伊夫送别，当时健在的8位巴萨前任和现任主席均出席了仪式，包括曾经与克鲁伊夫决裂的努涅斯。诺坎普球场的大屏幕上回放着克鲁伊夫为巴萨带来的一个个重要时刻，以及昔日弟子和队友们送上的悼词。克鲁伊夫走了，带着那个“飞翔的荷兰人”的躯壳以及他不羁的红蓝之魂，而他留给巴萨乃至全世界的是一笔又一笔永恒的财富。

里杰卡尔德 Frank Rijkaard

多彩黑天鹅

▷ 武一帆

2007年夏天，在北京威斯汀酒店的会议厅中，巴塞罗那主帅里杰卡尔德有些失神地望着台下的媒体。他脑子很乱，压力很大：中场核心德科的经纪人四处向媒体透露转会意向；罗纳尔迪尼奥和埃托奥私下不睦已演化成公开对峙；而主席拉波尔塔还要把球队拉到这暑热潮湿的东亚地区进行商业比赛。果然，在之后一年，场内场外各种乱局让巴萨几近崩溃，而里杰卡尔德过往表现出的酷劲此时看来更像是无力。很快，“梦二”的废墟成了“梦三”崛起的地基。在瓜迪奥拉和梅西的光芒下，一些人甚至淡忘了之前也有一支打法华丽、球星云集的巴萨，以及将巴萨带出世纪低谷的荷兰人。

肮脏和优雅并存

里杰卡尔德和另外一个姓氏古力特牢牢绑定在一起。20世纪60年代初，大量苏里南人从南美移民到荷兰，在阿姆斯特丹形成聚落。赫尔曼·里杰卡尔德是这片贫民区中的“富人”。他是个不出名但很出色的球员，直接影响了自己的儿子弗兰克以及好友乔治·古力特的儿子。两家孩子一起在街区球会踢球，虽然古力特嗓门更大，也更自信，但克鲁伊夫等阿贾克斯名宿一眼相中了里杰卡尔德。相比那个年代轻佻浮躁的荷兰人，这个高大的球员更沉稳、聪明，心思缜密且技术出色。

里杰卡尔德很快进入阿贾克斯一队，18岁就代表荷兰队出场。尽管他与儿时伙伴古力特在职业领域分道扬镳，但都入选了国家队，同行的还有天才前锋巴斯滕。当时，他们只是一群散漫的毛头小子，用业内专家的话

红蓝档案

弗兰克·里杰卡尔德

Franklin Edmundo Rijkaard

生日 1962.09.30

国籍 荷兰

执教生涯

1998—2000	荷兰队	胜率 36.36%
2001—2002	鹿特丹斯巴达	胜率 15.79%
2003—2008	巴塞罗那	胜率 58.61%
2009—2010	加拉塔萨雷	胜率 55.22%
2011—2013	沙特阿拉伯队	胜率 25.93%

← 里杰卡尔德执教巴萨5年，率队获得1个欧冠冠军、2个西甲冠军和2个西班牙超级杯冠军。

说：个体都很出色，但缺乏默契，丢球太多。荷兰队因此交了惨痛学费，连续错过两届世界杯和一届欧洲杯。随着阿贾克斯连续在欧冠受挫，里杰卡尔德的前途也模糊起来。主帅德莫斯公开批评："带着像里杰卡尔德这样的小子，你永远别想赢下战斗。"这期间，俱乐部一度想把他租借到格罗宁根，还被对方拒绝了。

德莫斯当然说错了，因为这个败事有余的小子后来赢得了三个欧冠和一个欧洲杯冠军。而里杰卡尔德从这番批评中同样获益匪浅。多年后执教巴萨时他曾表示："比起赞扬，我更喜欢听到批评。"

对于足球，里杰卡尔德有着自己的理解。荷兰人不注重防守技术，他却拒绝随大流，潜心研究盯人技巧。1988年欧洲杯上，正是因为里杰卡尔德用强壮的身体和总是先一步的拦截，限制住了当时最出色的前锋莱因克尔和普罗塔索夫，古力特和巴斯滕才能在前场充分施展进攻才华，出人意料地拿下了欧洲杯冠军。

里杰卡尔德的踢法在荷兰前辈看来很肮脏，总是伸手触碰对手，还要在争顶时故意顶人。但事实证明这些手段行之有效，因为用手感知对手的移动，就可以盯着球，不会顾此失彼。而随着对足球的进一步理解和开悟，里杰卡尔德的想法显得更加与众不同。因为在他的踢球风格中，"肮脏"和"优雅"可以并存。

一半荷兰一半意大利

对于荷兰人最痛心的1974年世界杯决赛，里杰卡尔德认为克鲁伊夫和内斯肯斯实际上"赢了"，因为比起冠军，人们对荷兰的印象更深。但他也对荷兰队的风格进行了直白的批评："你回过头看踢过的比赛，会发现很多失球本可避免。防守球员总是傻盯着球，却放跑了对手。而球自己是不会进门的。"

里杰卡尔德也曾为这份深刻思考带来的自以为是受到教训。1987年帮助阿贾克斯获得优胜者杯冠军后，他与前队友、现主帅克鲁伊夫爆发冲突。"球圣"不满他私下里与埃因霍温签协议，后者则直接冲出训练场，以难堪的方式离开了阿贾克斯。在加盟里斯本竞技不成后，他屈尊在西甲萨拉戈萨暂留数月，随后加盟了AC米兰，与老伙伴古力特和巴斯滕会合。后来

↓ 1988年，荷兰三剑客创造了金球奖迄今最后一次由同国球员包揽前三的盛况，巴斯滕（中）以129分夺得大奖，88分的古力特（右）和45分的里杰卡尔德次之。在此之前，金球奖只有联邦德国球员两次齐聚三甲，分别是1972年的贝肯鲍尔（81分）、盖德·穆勒和内策尔（均为79分），以及1981年的鲁梅尼格（106分）、布莱特纳（64分）和舒斯特尔（39分）。

巴塞罗那执教生涯集体荣誉

西甲冠军

2004—2005、2005—2006

西班牙超级杯冠军

2005、2006

欧冠冠军

2005—2006

巴塞罗那执教生涯主要个人荣誉

西甲年度最佳教练

2004—2005、2005—2006

欧足联年度最佳教练

2005—2006

← 2007—2008赛季，巴萨二队主帅瓜迪奥拉（左）在一线队主帅里杰卡尔德身边谦恭有加。

↘ 2008年离开巴萨后，里杰卡尔德淡出主流足坛，2013年后再未执教，2016年宣布不再寻求担任教练。2017年和2020年重新造访诺坎普时，与梅西和罗纳尔迪尼奥重逢的里杰卡尔德已经满头银发。

人们将这三人称为米兰的“荷兰三剑客”，这个称号意味着超越冠军荣誉的褒奖，是独一无二的历史名词。

几个荷兰人都以性格强势著称，其中巴斯滕最狂放不羁，而里杰卡尔德的个性表现在固执上。萨基很难说服他像意大利球员那样一板一眼地执行战术，有时反而会采纳甚至支持里杰卡尔德的踢法，因为确实更合理。就像古力特并不认为自己是刻板印象中的非洲裔球员，里杰卡尔德在阿贾克斯自行开悟的防守技巧，让他逐渐变成了半荷兰半意大利式风格，一个注重个人能力又具备精湛技术的全能中后场球员。接下来的“冠军王朝”是对他和那一代天才球员的褒奖：两个意甲冠军以及欧冠连冠。

名师点拨的思考者

1993年重返阿贾克斯的里杰卡尔德已是成熟球星。虽然没人期望他能复制在米兰的成功，但他又一次打了一些专家的脸。退役之前，他率领一群年轻球员捧起了欧冠冠军。比起情绪容易激动的范加尔，西多夫、利特马宁和德波尔兄弟更喜欢听里杰卡尔德说话。那不只是几句空洞的鼓励，而是实在的技战术建议。博格坎普说：“弗兰克不是演说家，但他真的很懂如何从全面到细节地分析对手。”这样的特质为里杰卡尔德之后在教练席取得成功奠定了基础。他曾接受米歇尔斯的指导，视克鲁伊夫为偶像，在萨基手下取得成功，又接受过范加尔的指导。而这些知识和经验都汇聚了在一个以聪明闻名的球员头脑中。

1998年被任命为荷兰队主帅之前，里杰卡尔德担任希丁克的助手时，便已意识到球队必须从细节入手处理比赛关键点。2000年欧洲杯，荷兰队在小组赛三战全胜，随后6：1击败南斯拉夫。然而，橙衣军团未能在半决赛击穿意大利的钢铁防线，点球被淘汰。媒体认为，四强的成绩很不错但充满遗憾，如果有一个更有经验的教练或许能更好。于是，38岁的里杰卡尔德辞职了，他迫切寻找另一个机会来证明自己。命运又和他开了玩笑。接手鹿特丹斯巴达一年后，他把这家百年老字号球队带降级了，还因此收到数次死亡威胁。

正如之前一样，里杰卡尔德很快迎来转机。这次向他伸出手的是正在泥潭中挣扎的巴萨。加斯帕特大把花钱却什么都没赢到，给了年轻的反对者拉波尔塔上位机会。里杰卡尔德就是新计划的核心成员。赛季开端并不顺利。队内几名荷兰人虽然看起来是“自己人”，实际却是里杰卡尔德战术构想中的“冗员”。而巴萨会员间的对立情绪仍很严重，很多人仍迷信巨星和一朝夺冠。里杰卡尔德看到了罗纳尔迪尼奥的潜质，决心以他为核心打造一套后防坚实强韧、前场灵动多变的战术体系。巴萨在赛季中段一度掉到第 12 名，但后半程奋起直追，终于在倒数第 2 轮确定亚军地位，还在伯纳乌击败了皇马。

成就天才，放纵天才

首赛季的成绩尚可接受，巴萨的技术团队全力开动给荷兰人提供支持。哈维、巴尔德斯和普约尔等拉马西亚球员得到重用，埃托奥、德科和久利则与小罗组成了无坚不摧的进攻线。这几名性格各异的球员被一套精密运行的战术体系结合在一起，彼此优势互补，迸发出耀眼光芒。球在几名中场脚下迅速传递，加上小罗花哨的假动作和埃托奥快如闪电的速度，巴萨一口气在之后两年完全压过皇马的“银河战舰”，多年后再次制霸西甲。

华丽的进攻之下，里杰卡尔德依然强调防守的根本地位，巴萨连年成为西甲防守最好的球队。老球迷想起了克鲁伊夫的“梦之队”，想起了荷兰的全能足球。只不过里杰卡尔德的这套打法，带有更自由狂放的南美风格。他不仅帮助小罗成了那个时代最耀眼的球星，让巴西人贝莱蒂成了决定欧冠归属的胜负手，也提拔了天赋异禀的伊涅斯塔和梅西。尽管人们终归将这几人的成功归结到瓜迪奥拉的调教，但梅西后来说过：“这么多对我影响至深的教练中，里杰卡尔德是最重要的一位。他在最恰当的时候提拔我，给我合适的出场时间，我才能走到今天这步。”

不过，里杰卡尔德对球员的信任逐渐转化成一种放纵，而过分注重细节也让他对眼前发生的大事失焦。2007 年是“梦二”由巅峰迅速衰败的一年。里杰卡尔德袒护每个球员，哪怕小罗的彻夜狂欢已影响训练，他首先想到的也是劝导他回归正轨，直到后来不得不处罚这个队内头牌来安抚埃托奥等反对者的情绪。相比瓜迪奥拉对待不服从纪律者的果断决绝，里杰卡尔德太过温和，让自由散漫拖垮了胜利之师。

里杰卡尔德曾被拍到在替补席吸烟，他球员生涯的一大名场面则是向沃勒尔吐痰。他是个矛盾结合体：黑与白、肮脏和优雅、荷兰与意大利、克鲁伊夫和萨基。而他后续的发展也证明了矛盾命运的延续。离开巴萨后，里杰卡尔德在加拉塔萨雷和沙特国家队都遭遇挫败，从此淡出职业足球圈。

他的退场如此低调而自然，以至于人们仍能想起骄傲的“黑天鹅”和水银泻地的“梦二”进攻，对里杰卡尔德在巴萨教练席的印象却已模糊。但不应忘记，里杰卡尔德也是巴萨队史最成功的主帅之一，是他给瓜迪奥拉留下了一批成熟球员和一套成型的战术思路。

瓜迪奥拉 Pep Guardiola

足球的再定义

红蓝档案

佩普·瓜迪奥拉

Josep Guardiola Sala

生日	1971.01.18
国籍	西班牙
身高	1.80米
位置	后腰

俱乐部球员生涯

1988—1989	巴塞罗那三队	8场1球
1990—1992	巴塞罗那二队	59场5球
1990—2001	巴塞罗那	382场11球
2001—2002	布雷西亚	11场2球
2002—2003	罗马	5场0球
2003	布雷西亚	13场1球
2003—2005	多哈阿赫利	36场7球
2005—2006	多拉多斯	10场1球

国脚生涯

1992—2001	西班牙队	47场5球

巴塞罗那球员生涯统计

赛季	联赛		国内杯赛		欧战		其他		总计	
	出场	进球	出场	进球	出场	进球	出场	进球	出场	进球
1990—1991	4	0	0	0	—	—	—	—	4	0
1991—1992	26	0	0	0	11	0	2	0	39	0
1992—1993	28	0	3	1	5	0	3	0	39	1
1993—1994	34	0	3	0	9	0	2	0	48	0
1994—1995	24	2	2	0	6	0	2	0	34	2
1995—1996	32	1	7	0	8	1	—	—	47	2
1996—1997	38	0	6	0	7	1	2	0	53	1
1997—1998	6	0	1	0	5	0	2	0	14	0
1998—1999	22	1	3	0	1	0	0	0	26	1
1999—2000	25	0	2	0	12	1	2	0	41	1
2000—2001	24	2	6	1	7	0	—	—	37	3
总计	263	6	33	2	71	3	15	0	382	11

← 2009年5月27日，瓜迪奥拉首次率领巴萨夺取欧冠冠军后，球员们将他高高抛起。

↗ 1986年4月16日，巴萨在欧冠半决赛点球淘汰哥德堡。维克托·穆尼奥斯激动庆祝时，一个15岁球童跑来索要球衣，他就是瓜迪奥拉。到英超执教后，瓜帅还在接受莱因克尔访谈时表示，当年作为球童，曾多次向在巴萨踢球的莱因克尔索要球衣，但每次都被拒绝，瓜帅戏言："我永远不会原谅你！"

→ 瓜迪奥拉13岁加入拉马西亚。青年时期的他一头浓郁黑发，面庞稚嫩青涩。

王勤伯

瓜迪奥拉已经离开巴塞罗那十多年，即使巴萨在他离开以后赢得了双倍数量的联赛冠军，也曾在恩里克执教时期重复三冠王伟业，但一个无可争议的事实是，瓜迪奥拉的巴萨无法被遗忘、被复制，也从未被超越。

他的巴萨不仅是冠军巴萨，而且是成为世界足球史永恒参照点的球队，就像20世纪70年代的阿贾克斯、80年代的萨基AC米兰，或者1970年世界杯上的巴西队。

关于瓜迪奥拉，我读过的最好一段文字出自1970年世界杯冠军队成员、贝利队友托斯唐之手。

2018年，这位退役后潜心写足球专栏的昔日天才球员在巴西《圣保罗页报》上写道："瓜迪奥拉从教10年，就像是过去了一个世纪。他的巴萨改变了足球，他是一个持久的创新者，一个热爱往昔的现代人。他强调控球和传递，喜欢精彩的场面，就像贝利时代的桑托斯。瓜迪奥拉推崇高位压迫的打法，像1974年世界杯的荷兰队。他影响了全世界的守门员，让他们学习用脚踢球。他总是要求球员踢出精彩的足球，提供有质量的场面。如果缺少对乌托邦的构想，我们的世界将不再有可能性可言……"

加泰罗尼亚身份感

对于巴塞罗那来说，瓜迪奥拉的另一个重要贡献是给了这个球队梦想的加泰罗尼亚身份感。

巴塞罗那一直是反皇权、反佛朗

巴塞罗那球员生涯集体荣誉

西甲冠军

1990—1991、1991—1992、1992—1993
1993—1994、1997—1998、1998—1999

国王杯冠军

1996—1997

西班牙超级杯冠军

1991、1992、1994、1996

欧冠冠军

1991—1992

欧洲优胜者杯冠军

1996—1997

欧洲超级杯冠军

1992、1997

巴塞罗那球员生涯主要个人荣誉

意大利《体育战报》杂志欧洲最佳新秀

1992

哥专制的俱乐部，但是从足球角度来说，“加泰罗尼亚足球风格”在瓜迪奥拉之前是几乎不存在的概念。

巴萨的历史一直是由外援领衔书写的，从浪子库巴拉到把荷兰足球搬运到加泰罗尼亚的克鲁伊夫。甚至在瓜迪奥拉灿烂的球员时代，这样的历史也没有改变，克鲁伊夫在西班牙国内对作风硬朗的巴斯克球员情有独钟，例如瓜迪奥拉之前的巴萨队长巴克罗。范加尔时代的巴萨，则甚至就是近乎完整的荷兰国家队。

没有谁比瓜迪奥拉更适合为巴塞罗那带来梦寐以求的加泰罗尼亚身份感，他是地道的加泰罗尼亚人，而且是硬核派别，在捍卫本土文化、语言方面从来态度坚决，而且他的捍卫方式不是古董和守旧，而是创新和创造，符合拉波尔塔的说法：“我们不直接对抗，我们努力工作，创造自己的文化身份。”

瓜迪奥拉来自7000人小镇桑佩多尔，这里位于加泰罗尼亚腹地，和巴塞罗那之间隔着著名的赛拉特山。瓜迪奥拉的祖父母辈是农民，父亲瓦伦蒂在城镇化和工业化浪潮中成为建筑工，母亲曾在当地的纺织厂工作。

这对勤劳的父母把勤奋工作的价值观很好地传递给了4个孩子。4个小孩今天都过着衣食无忧的生活，大女儿弗朗西斯卡是加泰罗尼亚驻丹麦代表，二女儿奥尔加从事服装生意，嫁给了一个重要的啤酒经销商，然后是佩普，还有弟弟佩雷，现在是重要

← 1992年8月8日，奥运男足决赛中，西班牙队坐镇诺坎普3 ：2击败波兰队获得金牌。当时身穿9号球衣的瓜迪奥拉在整届赛事中首发了全部6场比赛，还曾在小组首轮4 ：0击败哥伦比亚一役利用禁区内任意球首开纪录。

↓ 瓜迪奥拉在巴萨一线队踢球11年，其中1997年至2001年担任队长。

→ 在30岁年纪离开巴萨后，瓜迪奥拉尽管巅峰不再，但游历多支球队，增长见识。其中在布雷西亚，他接替的是皮尔洛的中场组织者角色，并与巴乔（图1右）成为队友。在罗马半年，他在卡佩罗手下出场机会寥寥，但在欧冠唯一亮相就是对阵皇马，与原巴萨队友菲戈（图2左）交手。在卡塔尔的多哈阿赫利，他与当时效力赖扬的昔日皇马队长耶罗（图3右）重逢。在墨西哥的多拉多斯，主教练利略（图4左）成为他的良师益友，十多年后则摇身一变成为他在曼城的助教。

的足球经纪人、赫罗纳俱乐部董事。

桑佩多尔的传统体育项目是手球，但是佩普对手球没兴趣。镇子上的人都知道佩普小时候的两个特点，一是随身带着足球，很爱踢球，有一次他突发奇想劲射了当地教堂的大门，另一个特点则是顽皮，或者用充满马屁精神的后话来说，充满了想象力，例如有一次他跑去市政厅广场的墙壁上作画。父亲瓦伦蒂知情后，给了他一个水桶和一把刷子，让他自己去消除想象力的负面影响。

慢吞吞，矮墩墩，白净净

佩普·瓜迪奥拉后来去了巴萨青训营拉马西亚，在那里，他的想象力也没有得到特别的凸显。他每次放假回老家都会带来很多诸如香肠、奶酪之类的食物，和小伙伴们大快朵颐，在教练眼里，他是个“好孩子”。克鲁伊夫第一次看到瓜迪奥拉在巴萨二队的比赛，问雷克萨奇“踢右中场那个球员叫什么名字”，雷克萨奇回答说：“瓜迪奥拉，一个好孩子。”

克鲁伊夫迫不及待地要求雷克萨奇在中场休息就把瓜迪奥拉放到球场中央试一试。之后不久，瓜迪奥拉进入了一线队，然后又很快成为主力。他的故事有点像之后他担任教练时提拔的布斯克茨，1990年在一线队首秀，1992年，21岁的他已经赢得过西甲冠军和欧洲冠军杯，还和西班牙国奥队一起赢得1992年巴塞罗那奥运会男足金牌。

瓜迪奥拉非常强调恩师克鲁伊夫对自己的重要性，他甚至说过：“克鲁伊夫绘出了现代足球的西斯廷穹顶。”然而，瓜迪奥拉作为教练，给世界足球带来的改变和留下的遗产要比克鲁伊夫大很多。

克鲁伊夫时代的巴塞罗那更像一个摇滚乐队，南美、东欧、北欧的天才，西班牙本土的巴斯克球员、加泰罗尼亚球员组成了一个各个环节特征明显又整体和谐的集体。克鲁伊夫并没有脱离过去年代的足球对球员一对一身体对抗能力的强调，他对巴斯克球员的钟爱，一个原因是这个地区的球员以骁勇著称。瓜迪奥拉身体条件一般但是出脚凶狠，他是巴萨历史上被红牌罚出场（8次）最多的球员之一。

一直到瓜迪奥拉的前任里杰卡尔德，巴塞罗那都在坚持身体+技术的思路。为了支持小罗、埃托奥领衔的

锋线，里杰卡尔德的433中场里，埃德米尔森原是中卫出身，范博梅尔是真正的悍将。哈维因此被排挤，在荷兰人眼里，哈维慢且平庸。

瓜迪奥拉的球队可以没有中场悍将，只有足球。布斯克茨慢吞吞，哈维矮墩墩，伊涅斯塔白白净净，还有个天才的“跳蚤”梅西总是回到中场找队友玩球。尤其是和瓜迪奥拉成为巴萨主帅之前那些年的世界足球相比，这种划时代的断裂感非常强烈。巴萨可以轻易派出绝大多数是中场球员的首发阵容，绝大多数是小个子的首发阵容，绝大多数是拉马西亚出品的阵容，像是一个训练有素的交响乐团，怎么组合都能演奏出自己恒定的风格。

有人认为2010年世界杯冠军西班牙和2014年世界杯冠军德国的背后都是瓜迪奥拉，这样说略带夸张，但事实确实是博斯克和勒夫都成了瓜迪奥拉球队的直接受益者。尤其是博斯克，他的收获季都在瓜迪奥拉执教巴萨时期，瓜迪奥拉离开巴萨以后，博斯克的西班牙也迅速衰落了。

这也是另一个奇妙之处。在瓜迪奥拉的巴萨之前，传统西班牙足球是442边锋两翼齐飞。是瓜迪奥拉的巴萨率先在加泰罗尼亚确立了一种独特的足球风格，即后世命名的“传控”。但这种足球风格迅速被西班牙国家队以及其他的青训营吸收，于是很多人认为这是西班牙足球传统，实际这个“传统”也就仅仅十来年历史。

哲学，厚积薄发

瓜迪奥拉如何在主教练位置上拥有日后的功力，在他的球员时代没有任何人可以预测得到，也很难完全破解他的理论来源。

在意大利联赛效力，丰富了瓜迪奥拉的足球理念。意大利足球和巴萨的荷兰足球在很多方面存在巨大的差异，卡佩罗（瓜迪奥拉曾在罗马遭遇他）执教的AC米兰在缺兵少将的情

执教生涯

2007—2008	巴塞罗那二队	胜率66.67%
2008—2012	巴塞罗那	胜率72.47%
2013—2016	拜仁慕尼黑	胜率75.16%
2016—	曼城	胜率72.57%

巴塞罗那执教生涯集体荣誉

西甲冠军

2008—2009、2009—2010、2010—2011

国王杯冠军

2008—2009、2011—2012

西班牙超级杯冠军

2009、2010、2011

欧冠冠军

2008—2009、2010—2011

欧洲超级杯冠军

2009、2011

世俱杯冠军

2009、2011

↖ 很长时间里，“瓜穆相看”是足坛最重磅的戏码之一。瓜迪奥拉率领巴萨与穆里尼奥（右）的国际米兰和皇马总计交手15次，瓜帅取得7胜5平3负。

↓ 2009年和2011年两次欧冠称雄，瓜迪奥拉都是率领巴萨在决赛中击败了弗格森爵士执教的曼联。2011年在温布利的那场3：1，瓜迪奥拉在场边气定神闲，弗格森焦急无奈，爵爷甚至还曾被转播镜头捕捉到双手颤抖的画面。

↗ 作为球员和教练，瓜迪奥拉在巴萨共三次获得欧冠冠军。

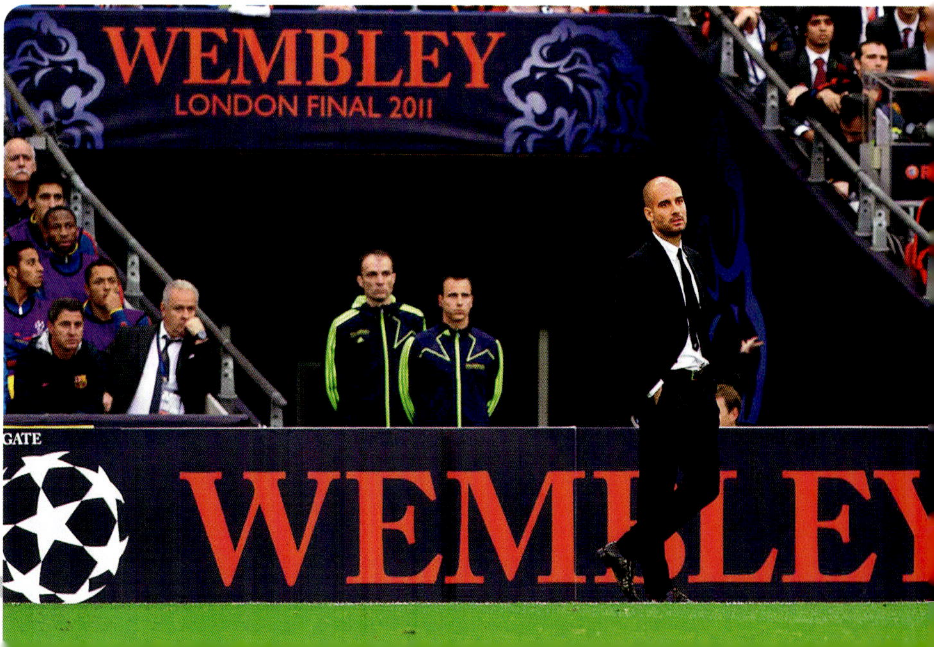

况下曾经在欧冠决赛 4 ∶ 0 大胜克鲁伊夫的巴塞罗那。

可以看到，在 21 世纪初，瓜迪奥拉对足球的专注并未因为即将退役而减弱，反倒是加强了。他的球员生涯末期就像一个自己为自己安排的教练员准备期。瓜迪奥拉效力墨西哥联赛期间曾负责照顾他的俱乐部工作人员马丁内斯回忆说，瓜迪奥拉和利略在训练场外，除了找好餐馆吃饭，其余时间总是在研究足球。

马丁内斯负责为瓜迪奥拉收集各种足球出版物，基本市面上能找到的瓜迪奥拉都要，从报纸到杂志。后来瓜迪奥拉离开墨西哥，马丁内斯给他寄去过整整三箱杂志。

谁也不知道瓜迪奥拉读那么多足球类出版物是为了什么。要知道很多刊物都是针对球迷群体的，关于球星的报道肯定多过对技战术的研究。或许瓜迪奥拉仅仅是为了从不同角度的解读中捕捉一些可以和自己碰撞的内容？

在执教巴塞罗那二队期间，瓜迪奥拉也明显为何时能够成为一线队主帅感到过焦虑，他急需平台去验证自己的很多新颖理念。阿根廷前总统马克里曾出现在曼城庆祝 2022—2023 赛季英超冠军的瓜迪奥拉私人朋友圈，他透露说，在 2006 年他担任博卡青年主席期间，曾经收到来自中间人的消息，说瓜迪奥拉愿意来博卡执教。然而，马克里对这位从未有过一线队执教经历的教练感到怀疑，最终拒绝了瓜迪奥拉。

阿根廷人和瓜迪奥拉之间无疑有着深刻的关联。瓜迪奥拉成为足球教练之前，为自己寻找的最重要一次单独辅导，即是在贝尔萨家中那场时长 11 小时的对话，话题从足球跨越到文学再到电影。

后面的话题是瓜迪奥拉在漫长的教练生涯中极少提及的，人们知道他和加泰罗尼亚诗人马蒂 · 伊波尔的深厚友谊，知道陪同他去贝尔萨家的是电影导演特鲁埃瓦，知道他曾在加泰罗尼亚传奇歌手利亚赫的伴奏下朗诵诗歌，但是瓜迪奥拉从不会把足球之外的事情挂在嘴边。

尽管如此，瓜迪奥拉的足球不可能不让人想到哲学。他的理念处处都涉及哲学，例如通过对球场宽度的利用，来改善足球运动直来直去然后堵死在一起的历史和现状，他总是在寻找新的方案来解决当下的问题，而不是试图强化某一种过去的理念或方案来面对现实，瓜迪奥拉是一个富有现代意识的主教练。

挣脱牢笼的意识流

现代意识回答一个重复出现的问题：如何才能再现古典和经典？瓜

巴塞罗那执教生涯主要个人荣誉

米格尔·穆尼奥斯杯（《马卡》报西甲最佳教练）
2008—2009、2009—2010
欧洲体育媒体联盟欧洲赛季最佳教练
2008—2009
欧洲体育媒体联盟欧洲年度最佳教练
2011
国际足联世界年度最佳教练
2011
《法国足球》杂志历史最伟大教练（第5名）
2019

← 瓜迪奥拉和梅西堪称足球史上最天才的一对师徒。

↓ 2012 年 5 月 5 日，在瓜迪奥拉执教巴萨的最后一场西甲主场比赛中，全队列队鼓掌向他致敬。

→ 胡安·卡洛斯·温苏埃（中）曾于 20 世纪 80 年代末担任巴萨替补门将，后在里杰卡尔德和瓜迪奥拉执教的巴萨担任门将教练。2020 年，他确诊患有渐冻症。2022 年夏天，巴萨和曼城举办了一场助力渐冻症治疗基金的慈善赛，瓜迪奥拉和巴萨主席拉波尔塔（左）陪同温苏埃共同出席了发布会。瓜帅至今仍与巴萨多有交集，很多巴萨球迷依然期待有朝一日他能重返诺坎普工作。

迪奥拉的方案是用现代去创造复古的条件。例如一对一过人，这是古典，是足球比赛中最好看同时也最能解决复杂场面的办法，瓜迪奥拉说："所以我们的工作是给球员创造一对一的条件。"

这样的条件当然是梅西、伊涅斯塔这类让人每看一眼都会加深怀旧的球星渴求的。一对一永远是一场冒险，但如果队友们可以提供条件，让一对一总能得到策应、掩护和回抢保护，一对一就成了球场上的持久演出。

瓜迪奥拉的巴塞罗那是历史上第一支真正征服南美的欧洲球队。过去的欧洲球队很难足够和持久地引发南美人的喜爱，南美人更看重才华，看重比赛中的一对一质量，在意比赛的观赏性，强调球员的即兴发挥和创造力，瓜迪奥拉的巴萨出现以后，就像实现了南美人梦寐以求的比赛方式。

南美人从一开始就把瓜迪奥拉视作自己人，在阿根廷和巴西都出现了邀请瓜迪奥拉担任国家队主帅的呼声。瓜迪奥拉也从来不否认自己的南美足球情结，他的足球本就是欧洲和南美融合一体的产物。他在一次访问阿根廷时当众表示："我曾试图从这里的足球偷走尽可能多的东西。"

如果用欧洲文学史做参照来讨论瓜迪奥拉的成就，我想把瓜迪奥拉比作足球世界里的普鲁斯特，他创造了一种"意识流"足球。"意识流"并非东张西望为所欲为，而是超脱于"线性时间牢笼"的独立时空。如果说巴西和阿根廷讲究技术和创造力的足球踢法颠覆了直来直去的英国鼻祖，瓜迪奥拉的巴塞罗那甚至让足球比赛脱离了规定的比赛时间、规定的球场长度宽度这个"既定时空"牢笼。

那支巴萨创造的艺术境界可以命名为"Pep 时空"。2008 年至 2012 年间的巴塞罗那，就是足球场上的《追忆似水年华》，它的整体是精美卓绝的，同时每一个片段又可以独立存在，每一次进攻都指向很多个方向，每一次配合，都像是小孩在快乐地玩球，却又充满成年人的智慧。即使输球，巴萨也丝毫不失其美感，且恰恰是在输球时展示出艺术的真谛：艺术不是一种活法，它是一种死法。生命必死，艺术是向死而生，是生命和死亡以最纯粹的形式自由地遭遇。

"Pep 时空"否定了欧洲足球在 20 世纪后半叶不断加深的功利潮流，球场上的自发性和即兴表演越来越少，更多是严格执行教练事先制定的各种套路，足球几乎要在模式化、机

器人化的道路上走向沦陷——瓜迪奥拉有自己的模式，非常清晰和严谨的模式，但他的模式最终目的是保护球员的自发性和即兴本能。

笨拙的模仿者们

皇马名宿巴尔达诺曾经开过一个玩笑："如果瓜迪奥拉和朋友们去踢沙滩足球，他会指挥一个同伴站到海水里，另一个站到岩石上。"

这是理解瓜迪奥拉足球很简单的一句话，然而这里又是另一个问题的起点：为什么在瓜迪奥拉出道 15 年后，他的足球理念被广泛研究、分析和学习，却没有多少教练能够完全吸收和呈现他的这套踢法。

最简单的例子就是巴塞罗那自己。比拉诺瓦作为瓜迪奥拉助手，是对瓜氏足球继承最多最完整的教练，然而在那一个赛季的欧冠半决赛总比分 0 ： 7 惨败给拜仁，巴萨完全失去了瓜迪奥拉时期的紧凑性。之后的马蒂诺、恩里克、巴尔韦德、塞蒂恩等教练仍然延续了巴萨的 433，但在足球风格上和瓜迪奥拉的巴萨已经相去甚远，恩里克的巴萨甚至把防守反击当作重要的比赛方式。

哈维或许是对瓜迪奥拉继承和领会最多的教练，但哈维带领巴萨重返西甲冠军王座，表现稳定也是从放弃了很多之前的理念、转而注重防守和收缩、不惜 1 ： 0 主义赢球以后才实现的。

这好像又是另一个让瓜迪奥拉显得独一无二的案例。

世界足坛很多足球教练出道时令人耳目一新，却只是昙花一现，关键因素在于他们的方式、套路被对手完全研究透彻并且找到了容易上手的应对办法。瓜迪奥拉刚好相反，他始终处于技战术潮流的前沿，就像他离开巴萨之前所到客场得到的对手球迷的赞誉："Pep，你的足球为我们指路。"可是，路就在那里，很多人还是绕道了。

尤其最近几年，关于"传控"的抨击声很多，有说传控过时了，有说传控踢法很无聊。但这些更多是指瓜迪奥拉的那些笨拙的模仿者。瓜迪奥拉仍然站在最前沿，他的球队统治了全世界竞争最激烈的联赛——英超。要说英超最有能力持续提供精彩演出的球队，仍然是瓜迪奥拉的曼城莫属。倒是在 2022—2023 赛季，曼城经历了一次激烈的联赛冠军争夺，竞争对手也踢出了非常精彩的足球，他们的主帅阿尔特塔也出自巴塞罗那，而且曾是瓜迪奥拉非常重要的助手。

瓜迪奥拉在曼城也终于拿到了欧冠，成了史上唯一带领两支不同球队加冕三冠王的教练。他迟早有一天会回到巴萨，但不一定是再度执教，如果做教练做腻了，他也可能竞选巴萨主席。到时候，看看他在新的角色里能够为巴萨带来什么，会很有趣。

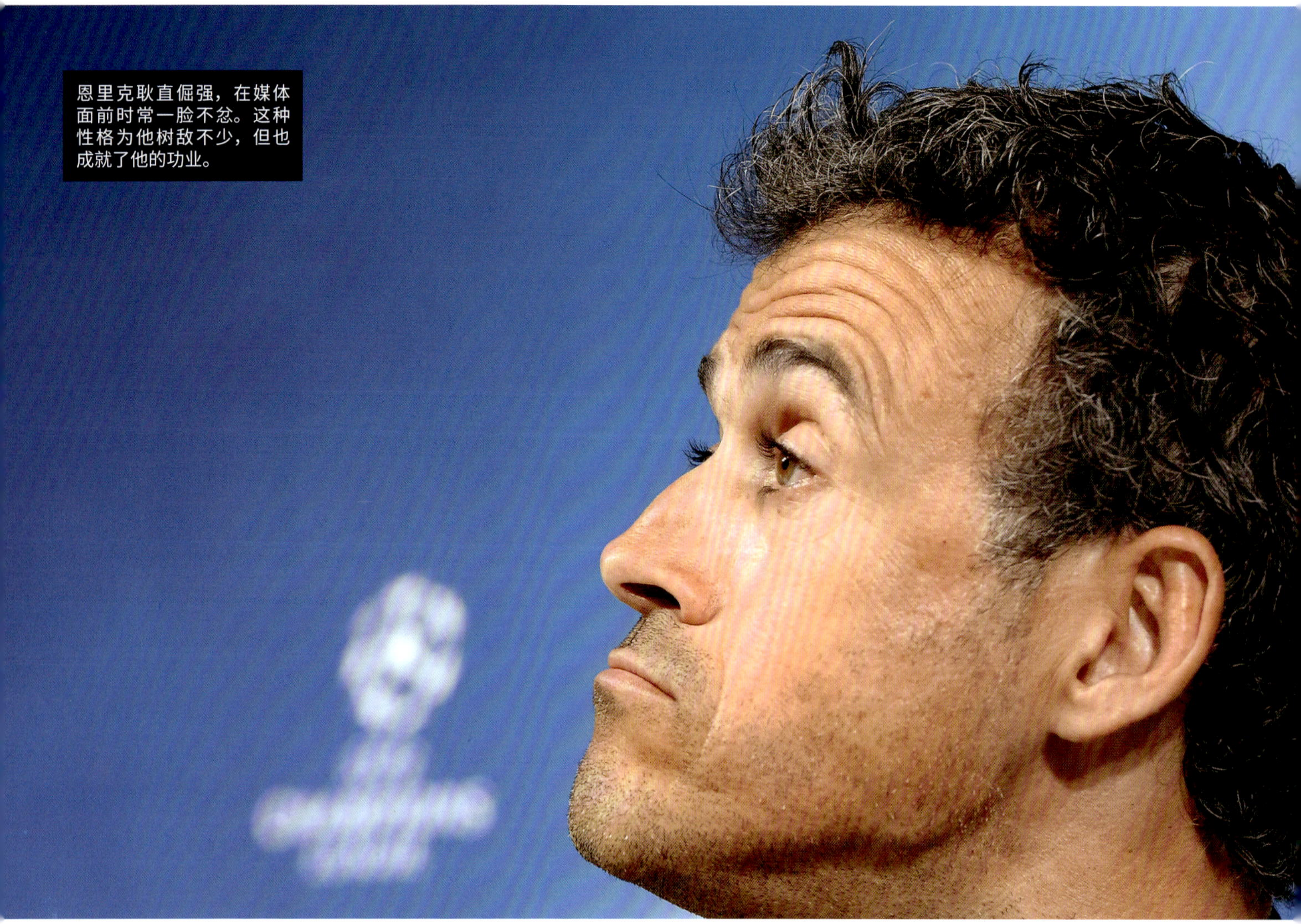

恩里克耿直倔强，在媒体面前时常一脸不忿。这种性格为他树敌不少，但也成就了他的功业。

恩里克 Luis Enrique

倔强的旋涡

武一帆

1994 年美国世界杯 1/4 决赛，正是下午 1 点。烈日当头，西班牙与意大利苦战到第 70 分钟，比分仍是 1 ∶ 1。突然，年轻的边锋路易斯 · 恩里克双手捂脸倒在了禁区内。当他站起身时已血流满面。他激动地挥舞着双臂，向裁判描述意大利后卫塔索蒂如何用手肘打破了自己的鼻子。然而，裁判冷漠拒绝了西班牙对点球和红牌的诉求。最终意大利依靠巴乔的绝杀晋级。而路易斯 · 恩里克满脸鲜血的形象成为西班牙球迷心中永远的痛和屈辱，也成了这个球场硬汉的人生写照。

红蓝档案

路易斯 · 恩里克

Luis Enrique Martinez Garcia

生日	1970.05.08
国籍	西班牙
身高	1.80米
位置	右前卫/前锋

阿斯图里亚斯的犟脾气

路易斯 · 恩里克 · 马丁内斯 · 加西亚出生在阿斯图里亚斯的港城希洪。每当外界试图为他添加更多标签，他就会一遍遍强调自己是个自豪的阿斯图里亚斯人：喝苹果酒、吃咸肉炖芸豆、在崎岖的山路上骑行，最重要的是，天生倔强的脾气。1988 年，希洪竞技将 18 岁的恩里克纳入二队，并在次年将其提拔至一队。当初在希洪街

俱乐部球员生涯

1988—1990	希洪竞技二队	27场5球
1989—1991	希洪竞技	45场17球
1991—1996	皇家马德里	213场18球
1996—2004	巴塞罗那	300场109球

国脚生涯

1991—2002	西班牙队	62场12球

执教生涯

2008—2011	巴塞罗那二队	胜率47.58%
2011—2012	罗马	胜率40.48%
2013—2014	维戈塞尔塔	胜率37.50%
2014—2017	巴塞罗那	胜率76.24%
2018—2019	西班牙队	胜率75.00%
2019—2022	西班牙队	胜率51.28%

巴塞罗那球员生涯统计

赛季	联赛		国内杯赛		欧战		其他		总计	
	出场	进球	出场	进球	出场	进球	出场	进球	出场	进球
1996—1997	35	17	7	1	7	0	2	0	51	18
1997—1998	34	18	6	3	6	4	1	0	47	25
1998—1999	26	11	3	0	3	1	2	0	34	12
1999—2000	19	3	5	3	7	6	2	0	33	12
2000—2001	28	9	4	1	9	6	—	—	41	16
2001—2002	23	5	0	0	15	6	—	—	38	11
2002—2003	18	8	0	0	8	2	—	—	26	10
2003—2004	24	3	1	0	5	2	—	—	30	5
总计	207	73	26	8	60	27	7	0	300	109

巴塞罗那球员生涯集体荣誉

西甲冠军

1997—1998、1998—1999

国王杯冠军

1996—1997、1997—1998

西班牙超级杯冠军

1996

欧洲优胜者杯冠军

1996—1997

欧洲超级杯冠军

1997

巴塞罗那球员生涯主要个人荣誉

欧洲体育杂志联盟（ESM）年度最佳阵容

1996—1997

国际足联百大球星

2004

区足校踢球的恩里克对自己的足球生涯并没有高远的期待，对自己是否能踢上西丙（第 4 级）联赛尚抱有疑虑。但他的启蒙导师伊斯梅尔坚定认为：“你将成为一名伟大的职业球员。”

年轻的恩里克向西班牙球迷展现了什么是天赋异禀。代表希洪在西甲亮相的第一个赛季，20 岁的恩里克打进 15 球，其中包括 1 ∶ 0 击败巴塞罗那的进球和对阵西班牙人上演的帽子戏法。赛季中段到来的主帅西里亚科引爆了这颗超新星。赛季收官战，恩里克对瓦伦西亚的进球确保希洪取得联赛第 5 位，仅落后亚军马竞 3 分。

如此亮眼的表现当然不容豪门错过，该赛季遭遇全线挫败并换了三个教练的皇马盯上了恩里克。主席门多萨干脆拍出了 2.5 亿比塞塔（约合 150 万欧元）的解约金，将这个细瘦黝黑的青年带到了马德里。然而从皇马进出的“超新星”数不胜数，恩里克的风头被同时加盟的克罗地亚新星普罗辛内茨基盖了过去。希洪主席普拉西多 · 罗德里格斯对皇马强行挖角

→ 2015 年 6 月 6 日，恩里克高举欧冠冠军奖杯，庆祝巴萨完成三冠霸业。

巴塞罗那执教生涯集体荣誉

西甲冠军

2014—2015、2015—2016

国王杯冠军

2014—2015、2015—2016、2016—2017

西班牙超级杯冠军

2016

欧冠冠军

2014—2015

世俱杯冠军

2015

巴塞罗那执教生涯主要个人荣誉

西职联西甲最佳教练

2014—2015

国际足联世界年度最佳教练

2015

欧洲体育媒体联盟欧洲赛季最佳教练

2014—2015

欧洲体育媒体联盟欧洲年度最佳教练

2015

表示不满，因为他之前已经与巴萨商议好先租后买，转会费更丰厚，不料被皇马截和。

希洪主席的预感没错，恩里克并没有因为一步迈进豪门立即获得成功。赛季开始前，皇马主帅安蒂奇对这个年轻人已经表露出不太重视的态度。他让恩里克去打翼卫甚至边后卫，并坚称自己的思路没问题。中途接替安蒂奇上课的贝尼托·弗洛罗也没好太多。他刻板保守的打法让球员和球迷感到压抑。媒体替恩里克感到不平。后来的《马卡》总编塞古罗拉在皇马3∶1击败塞维利亚的报道中写道：“恩里克整场都在盯防对方后卫科尔蒂霍。他本该在禁区内大展拳脚，如今却在防线上寻找出路。”

即便如此，恩里克还是尽量压抑强烈的个性，在不同位置上积累经验。博斯克接手球队后，他的状态和情绪有所回升，还及时重返国家队，赶上了1994年美国世界杯。直到巴尔达诺接手教鞭，恩里克才真正焕发出本来的天才面貌。1994—1995赛季，他作为主力中场帮助皇马拿到许久不见的西甲冠军。可惜这种向上势头很快被又一次换帅打断了。比起时好时坏的状态，他过分直白强硬的个性造成了更坏的影响。

在一次牌局中，他与队友基克·弗洛雷斯彻底撕破脸。恩里克指责基克“打小报告”，把更衣室里的私下对话传给教练。而这个敏感议题就是恩里克给队内气氛造成的负面影响。两人从言语冲突到几乎动手。最后恩里克要求基克退还不久前他在后者婚礼上随喜的几十块钱。基克掏出钱狠狠扔在地上，拂袖而去。两人看似孩子气的矛盾直到几十年后都没化解开。都已经成为知名教练的二人甚至不愿意例行参加赛前合影。

恩里克注定在皇马没有未来。他和“恐怖伊万”萨莫拉诺都未能与俱乐部续约，同时离队的还有“五鹰”成员米歇尔和桑奇斯。主席桑斯决心重组球队来改变持续数年的颓势，他在4月底就通知主帅阿塞尼奥不要再用这几个“计划外”的球员。

无所不能的大罗搭档

1995—1996赛季刚结束，巴萨就与恩里克签下5年合同。本来巴萨想低调行事，等球员与皇马的合同正式到期再宣布，但时任副主席加斯帕

← 对恩里克来说，1991年至1996年在皇马的时光总体上并不愉快。

↓ 截至2023年5月，历史上共有29名球员在巴萨和皇马都留下过足迹。恩里克和菲戈无疑是其中两位代表人物。

→ 1996—1997赛季，罗纳尔多在巴萨各线49场攻入47球，恩里克51场18球，两人位列队内射手榜前两名。

特还是在酒店召开了非正式新闻会，兴奋之情溢于言表。之前那些年皇马一直在挖巴萨球员：舒斯特尔、米利亚和大劳德鲁普，而恩里克是历史上第三个也是至今最后一个直接从皇马跳槽巴萨的球员。这算是兑现了当初的承诺，更是得到了克鲁伊夫的指点，而刚上任的教练博比·罗布森也很看重恩里克。时任罗布森助手的穆里尼奥曾表示：“无论踢球还是为人，恩里克都是我最喜欢的类型。他能踢几乎所有位置——边后卫、边锋、10号、9号甚至门将都没问题。”

而且在这里，他遇到了同乡阿韦拉多。两人是青训同期生，是亲密的发小。恩里克在巴萨不再感觉孤单，也没有辜负所有人的期待。当赛季，他以主力前锋身份与新秀罗纳尔多并肩作战，取得17个联赛进球，成为队内第二射手。当赛季巴萨喜提优胜者杯、国王杯和西班牙超级杯冠军，只是联赛落后皇马两分屈居亚军。

来到巴萨的第两个赛季，教练换成了范加尔，身边的搭档换成了另一个巴西人里瓦尔多，恩里克全能的特质得到充分展现。他在全部赛事攻入25球，与里瓦尔多并驾齐驱，帮助巴萨拿下联赛和国王杯双冠王。在伯纳乌，他从身后抢断西多夫，突破两人包夹，在罗伯托·卡洛斯倒地封堵的同时爆射破门。之后那一连串狂妄又搞笑的庆祝，是恩里克对过往的反击，也标志着他球员生涯的巅峰。

路易斯·恩里克在巴萨度过了8年时光。奇怪的是，像他这样历史评价很高的球星（入选贝利的国际足联百大球星名单），却只赶上了巴萨“梦之队”的结尾以及“梦二队”的前奏，倒是各种乱局都亲身经历：罗纳尔多和里瓦尔多离队，菲戈转投皇马，加斯帕特主政时期的“黑洞”等。即便如此，他依然得以跻身西班牙成就很高的本土球员之列：效力过皇马和巴萨，夺得过8个冠军，还有一枚奥运金牌。2003—2004赛季巴萨主场对桑坦德的比赛，路易斯·恩里克被奥维马斯换下，在诺坎普的欢呼和掌声中告别职业赛场。不过他和足球、和巴萨的缘分远没有就此结束。

再夺三冠，唯美MSN

2014年5月，巴萨经理苏比萨雷塔来到恩里克在维哥的住所，接洽接手球队的事宜。彼时赛季尚未结束，冠军悬念尚存，阿根廷人马蒂诺挣扎着想把最后几场比赛打好。可惜已经没人在意他的想法。很快，在联赛最后一轮结束，巴萨主场战平马竞，输掉冠军的第二天，主席巴托梅乌宣布恩里克接替马蒂诺成为新主帅。彼时，外界对这一系列变化尚存疑虑。球迷相信瓜迪奥拉和“梦三”创造的时代尚未结束，只是比拉诺瓦时运不济，而马蒂诺水平不够，只要球队找对教练，就能重铸辉煌。

苏比萨雷塔显然找对了人。恩里克退役后4年间，除了投身铁人三项和山地自行车等运动，他的教练培训课程也进展顺利。2008年，瓜迪奥拉上调至一队后，恩里克接手了二队教练职务。前者一手缔造另一支“梦之队”并以不可阻挡之势一举斩获史无前例的“六冠王”时，恩里克也取得了令人震惊的成就。他执教第2年带领巴萨二队时隔11年再次升入西乙联赛，又在升级的同年带队一路打到西乙第3名位置。若不是有“梯队不能与一线队处在同级别”的规则拦着，恩里克的巴萨二队应该具备征战顶级联赛的实力。

恩里克先后调教出了佩德罗、蒂亚戈和巴尔特拉等一批对巴萨有所贡献的球员。看起来这只是一份带青年队的履历，实际也是在次级职业联赛取得的巨大成功，毕竟瓜迪奥拉的成功之路已被当成模板。意甲罗马很快找上门来，希望能复制巴萨式奇迹。不过他们忽略了恩里克性格上的优缺点。西班牙人一到球队，就与更衣室的老大、罗马“王子”托蒂发生矛盾。这次合作注定只能维持一个赛季。经过近一年的沉淀，恩里克又在维戈塞尔塔找到新工作。他这次不仅带上一个合作紧密的技术团队，还召集了自己在巴萨二队的旧部诺利托、拉菲尼亚和丰塔斯等。尽管塞尔塔当赛季取得联赛第9位，成绩并不亮眼，但巴萨依然认定这就是自己寻找的DNA教练。

与恩里克一起出现在诺坎普的还有路易斯·苏亚雷斯、拉基蒂奇以及两位新守门员布拉沃和特尔斯特根。苏亚雷斯补齐了后“梦三”时代进攻线的最后拼图。MSN的神奇组合给全世界观众带来了至高的足球享受，也给巴萨带来了实实在在的冠军。不过在此之前，一些挫折在所难免。联赛第9和第10轮，巴萨接连输给皇马和塞尔塔。面对媒体的诘难，恩里克并不打算忍气吞声，而是当面回击。而后整整半年时间，巴萨总共只输了3场比赛，从第18轮完胜马竞开始，中间除了意外输给马拉加，几乎是一路赢到底。联赛方面，在倒数第2轮击败马竞后，巴萨已锁定冠军，甚至有余力在收官战放急于保级的拉科鲁尼

亚一马。国王杯决赛，巴萨轻取毕尔巴鄂竞技夺魁。一周后的欧冠决赛，“MSN组合”也没留下太多悬念。自瓜迪奥拉的“梦三”后，巴萨又一次全线告捷，坐上三冠王宝座。

只做自己

巴萨高层和球迷都感觉有些飘飘然，觉得拥有这样一支球队理所应当拿下所有冠军，而恩里克不过是做到了本应做到的事。然而次年赛季开局不顺，让大家冷静了一点。巴萨以5：4艰难击败塞维利亚获得欧洲超级杯，随后在本土超级杯首回合0：4惨败于毕尔巴鄂。实际上，直到欧冠1/4决赛遭马竞淘汰之前，一切看似还都在巴萨掌控之中。然而球队在4月份前两周一口气输了包括国家德比在内的4场比赛，欧冠出局，联赛也危险了。

虽然恩里克最终续约一年，巴萨也如愿取得双冠王，但众人对他的态度已不像上一年那样热忱和包容。终于，在

恩里克执教巴萨的第三个赛季，球队再度在欧冠早早回师，联赛冠军也旁落，只拿到了国王杯作为安慰。更重要的是，皇马阻止了另一支巴萨“梦之队”的诞生，取而代之的是同六冠王一样难以复制的“欧冠三连”奇迹。

人们几乎不会将恩里克与瓜迪奥拉相提并论，即便两人都在上任第一年取得三冠王。就恩里克本人而言，他也不愿自己成为别人的继任者。他只想当自己。正在困境中的西班牙国家队及时向他伸出了手：洛佩特吉的改革因一场背叛中断，足协有意回避皇马系教练，又要在局面上找到平衡。恩里克无疑是最合适的人选。他在皇马和巴萨都踢过，又特立独行，应当能够完成革新改造工作。从资历、人气、经验和水平来看，恩里克是最适合的人选，而工作也展开得相当顺利。不过一场家庭变故迫使恩里克暂时离岗。重回帅位时，他公开与自己多年的助手罗伯特·莫雷诺撕破脸。这件事以恩里克全面胜利告终，但也为他带来更多负面评价。

疫情致使 2020 年欧洲杯延期举行，但也给恩里克创造出更充裕的准备时间。他在此期间大量起用新人，三年间拉出多达 40 人的海选名单。而这支以佩德里、奥尔莫、乌奈·西蒙等年轻球员为骨干的新西班牙队，在欧洲杯先抑后扬，最终打进半决赛，算是超出很多人的预期。于是人们将更大希望寄托在卡塔尔世界杯上，期待一支更年轻、更有活力的球队再铸辉煌。

然而，之前大胆改革的恩里克在大赛来临之际，无论选材还是战术制定，都变得异常保守。由于和媒体矛盾越来越大，他别出心裁地每日开直播，搞起自媒体。但这些反常识的动作并没有给球队带来实质帮助。西班牙在首场狂胜哥斯达黎加后便迷失方向，战平德国又负于日本，仅以小组第二出线。又在淘汰赛首回合点球遭当届黑马摩洛哥淘汰，再一次窝囊地离开世界杯赛场。

当成绩无法抵消其他方面的负面效果，对恩里克的批评和失望情绪就再也掩盖不住，尤其是他对皇马和巴萨球员截然不同的态度引起了本无必要的争吵。恩里克从来不会跳出争议的旋涡，足协主席鲁维亚莱斯决定不再与他合作。恩里克终于可以放下沉重的包袱，骑上心爱的自行车，挑战下一个只属于自己的人生目标。

← 2017年5月5日巴萨训练中，梅西（右）、苏亚雷斯和内马尔（左）神态轻松，身后恩里克一脸酷相。恩里克任内打造的“MSN组合”，是足球历史上最豪华的锋线组合之一。

↑ 2015年欧冠决赛3∶1击败尤文图斯后，巴萨众将将恩里克高高抛起。

→ 2022 年世界杯小组赛，西班牙 1∶2 被日本逆转一役，恩里克在场边焦急万分。

红蓝传奇

主席

甘伯 Joan Gamper

外来大家长

武一帆

1899年10月20日，《体育》周刊上刊登了这样一则小广告（下图）：

"运动启事：我们的朋友和伙伴、体育社团足球队成员、原瑞士冠军坎斯·坎伯（Kans Kamper）先生，愿在巴塞罗那组织一些比赛，恳请体育相关爱好者于每周二、五晚间与之联系。"

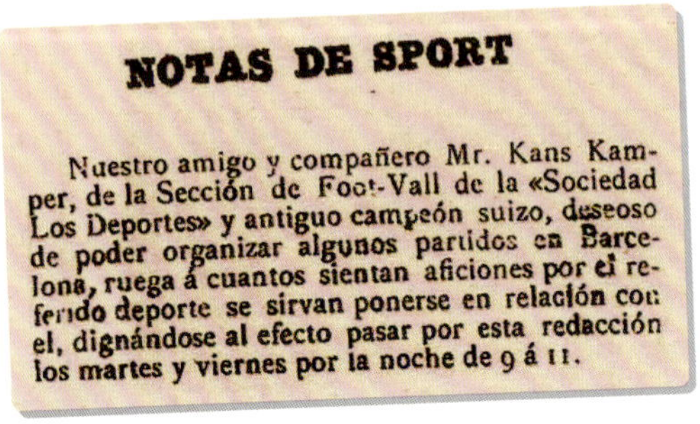
NOTAS DE SPORT

Nuestro amigo y compañero Mr. Kans Kamper, de la Sección de Foot-Vall de la «Sociedad Los Deportes» y antiguo campeón suizo, deseoso de poder organizar algunos partidos en Barcelona, ruega á cuantos sientan aficiones por el referido deporte se sirvan ponerse en relación con el, dignándose al efecto pasar por esta redacción los martes y viernes por la noche de 9 á 11.

这条广告刊登后一个多月，确切而言是11月29日，一群来自欧洲各地的年轻人聚集在市中心的索莱健身室，决定成立一家足球俱乐部。其中最活跃的是一个来到巴塞罗那不久的瑞士人。他就是活动的发起者，也就是登广告的"坎斯·坎伯先生"。他的真名是汉斯·甘伯（Hans Gamper）。因为当地人搞不清德语H和G的读法，他就索性把首字母都改成了K，后来干脆入乡随俗，把名字"汉斯"变成了加泰罗尼亚化的"霍安"（Joan）。

他便是巴塞罗那足球俱乐部创建者霍安·甘伯。

生意路上投身体育

汉斯·马克斯·甘伯-黑西希1877年生于瑞士北部小城温特图尔。汉斯8岁时，母亲死于肺结核，父亲

携全家移居巴塞尔。在那里，汉斯成了狂热的体育爱好者，从田径、自行车到网球、高尔夫，尤其喜爱对抗性强又讲求团队配合的橄榄球和足球。不到 20 岁，甘伯便成为巴塞尔足球俱乐部的队长，而后还参与创建了苏黎世足球俱乐部。一方面，家族事业让他难得空暇投身体育行业，另一方面，他也借机游历了欧洲各国，积累了见识和人脉。

1899 年，甘伯准备去西班牙在赤道几内亚的殖民地做热带产品生意，包括可可、糖和咖啡。家里人打发他去巴塞罗那投奔叔叔埃米利，在这里熟悉一下生意，学习西班牙语。没想到甘伯被这里朝气蓬勃的体育氛围所吸引，最终决定留下，放弃了去非洲淘金的计划。

作为会计，甘伯很快在里昂信贷银行和萨里亚铁路公司找到工作，并为两家瑞士报纸撰写体育专栏。忙碌的工作之余，他将空闲时光都交给了体育。他加入了瑞士人在巴塞罗那办的新教教会，与来自英国、法国的年轻人一起踢足球。但由于体育活动的组织过于松散，参加者水平参差不齐，一心想搞“严肃体育”的甘伯打算投身足球俱乐部。他一开始找到当地小

红蓝档案

霍安·甘伯

Hans Max Gamper-Haessig

生卒	1877.11.22—1930.07.30
出生地	瑞士温特图尔
巴萨主席任期	
1908.12.02—1909.10.14	1910.11.17—1913.06.30
1917.06.17—1919.06.10	1921.07.17—1923.07.29
1924.06.01—1925.12.17	

↑ 1908 年至 1925 年间，甘伯（中）先后 5 次担任巴萨主席，奠定了俱乐部初期发展的基础，并在危机中挽救了俱乐部。

↗ 1899 年至 1903 年，甘伯（右）在 22 岁至 26 岁期间作为球员为巴萨效力，还代理过教练职责。

→ 巴萨俱乐部创建之初的球员留下合影，前排右三为甘伯。

← 青年时代，尚未发福的甘伯意气风发。

↓ 1902 年 11 月 18 日，巴萨管理层通过俱乐部章程，并呈交市政府。

→ 巴萨成立初期的管理层合影，右三为甘伯。

有名气的托洛萨体操社，但同为足球爱好者的海梅·比拉却很不客气地拒绝了他。原因很简单，甘伯是外国新教徒，与西班牙的天主教群体有天然隔阂。

甘伯感觉受到轻视和侮辱。他花了几天时间，找到另一家很受欢迎的索莱健身房，得到了所有者纳尔西索·马斯费雷尔的支持。于是有了本文最开始那段广告。其实在本地媒体发布“召集令”前，甘伯已经在自己长期撰写专栏的《瑞士体育周刊》预告过了。他在文章中经常用第三人称谈论自己，以突出自己在泛体育领域取得的各种成就。

无疑，巴塞罗那足球俱乐部的建立将成为甘伯个人、加泰罗尼亚乃至全球体育界最重要的事。12 月 13 日，巴萨宣布成立两周后，索莱健身房召开另一次重要会议，决定新生的巴萨与早几年成立的“英格兰人”队合并。两队合并的契机很简单，它们都得到马斯费雷尔的鼎力资助，算是众多相关体育组织联合会的一部分。

管理者？进球者！

甘伯的瑞士老乡沃尔特·怀尔德担任巴萨俱乐部首任主席，“英格兰人”队前负责人帕森斯兄弟担任副主席和副队长，本地人德奥索和特拉达斯担任秘书和财务主管，甘伯则成为球队队长，负责竞技事务，等于代理教练职责。最后，大家采纳甘伯的建议，借鉴了巴塞尔的红蓝间条衫，最初的会员费：2 比塞塔。

巴萨（合并前）的首场比赛在同年 12 月 8 日举行。这位新生的巨人 1 ： 0 击败了一支英国移民球队，取得了俱乐部历史上的首场胜利。一群毛头小子为一项新兴运动而结社，能有多大的社会影响力？巴塞罗那地方主流媒体《先锋报》在比赛次日刊登了一则述评，为巴萨和足球运动做了宣传。

甘伯在 1899 年到 1903 年间为巴萨出场 54 次，打进 123 球。1901 年，

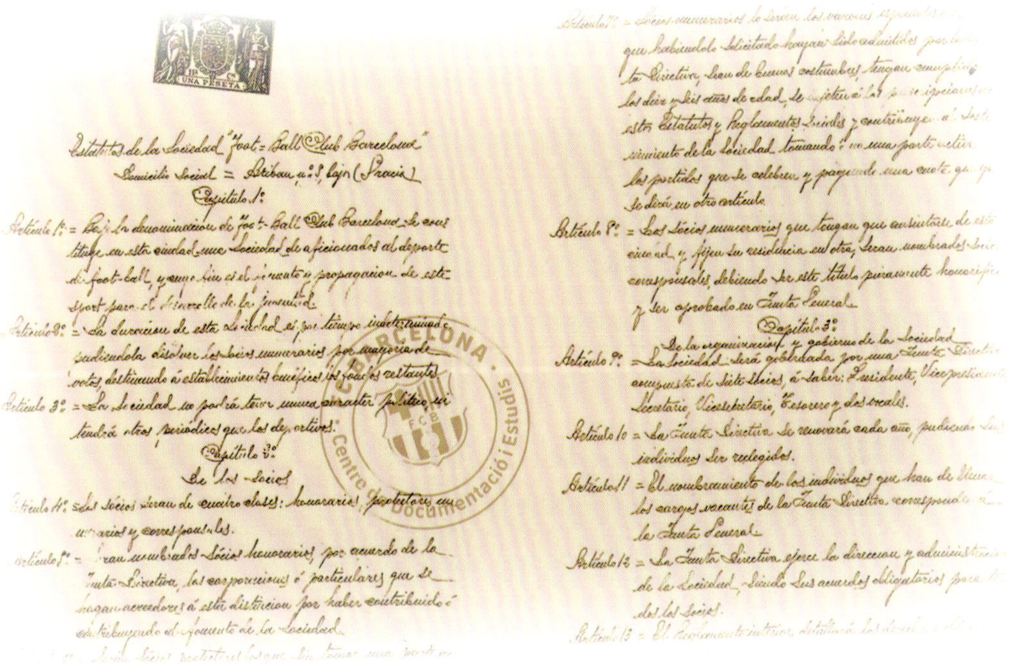

巴萨参加了以伊斯帕尼亚俱乐部主席命名的首届“马卡亚杯”（即后来的加泰罗尼亚杯），并于次年获得冠军。1902年，甘伯收到皇马创始人帕德罗斯兄弟发来的邀请函，率队参加了在马德里举办的“加冕杯”。与今天各大豪门动辄包机出门的情形大不相同，当时的巴萨穷得连门都出不去。为了筹集去马德里的旅费，他在会员中发起抽奖。球队乘坐火车三等席，住最便宜的旅舍，去比赛也是挤有轨电车。而且这支由外国人领衔的球队在马德里受到了敌视，球员们都很紧张。

即便如此，巴萨在半决赛击败东道主马德里，与来自毕尔巴鄂的比斯开会师决赛。在这场被视作西班牙足球历史上首次争夺国家级锦标的对决中，除了巴萨的一干创始人，还有毕尔巴鄂竞技的创建者之一，俱乐部第二任主席阿斯托基亚。执哨的裁判则是马德里俱乐部创始人卡洛斯·帕德罗斯。

作为创始人之一，甘伯在最初几年并没有进入俱乐部管理和发展的决策班子，而是专注于享受踢球带来的纯粹快乐，巴萨的事务基本上由索莱健身房所有者负责。由于俱乐部成员背景不同，外国新教徒和本地天主教徒发生过严重矛盾，到头来以甘伯代表外来者做出让步告终。

救亡巴萨，建设球场

1904年春天，甘伯终于想起自己来巴塞罗那的目的，开始“务正业”，照顾家族生意，只好将足球活动放在一边。没想到几年间，巴萨的足球活动越来越少。到了1908年，俱乐部必须面对濒临解散的局面：队内主力纷纷退役，原本热闹的索莱健身房只剩38个会员。维系俱乐部运转的会员费也少得可怜。

看到自己亲手创建并留下许多美好回忆的俱乐部即将消亡，甘伯不得不接管主席职务，大声向余下的会员保证：“巴萨不会死，也不能死。如果无人请愿，今后由我来负责。”甘伯开始着手恢复俱乐部活动，首先从恢复人气做起。他挨家挨户招募新成员，几天时间就将会员数扩充至200人。他还利用自己在商界的人脉与本地富裕阶层积极接触，得到加泰罗尼亚民族主义团体的大力支持，因此解决了财务问题。

此后17年间，甘伯先后5次担任俱乐部主席，最长的任期不过3年，但每次都能办成大事。在他任内，巴萨夺得了11个加泰罗尼亚冠军、6个国王杯冠军和4个比利牛斯杯冠军。他为球队签下了俱乐部历史上的首位球星保利诺·阿尔坎塔拉。1909年，巴萨搬进了6000人容量的工业街球场，结束了居无定所的日子。但随着俱乐部会员数量突破1万大关，巴萨必须找到一块更大的场地。1922年，甘伯筹资100万比塞塔，帮助巴萨修建了属于自己的莱斯科茨球场。这座观众容量近2万人的球场是当时西班牙足球界的“巨人”。有了这样一座宏伟的宫殿，巴萨球迷“骑墙观战”的窘况永远成为历史。那是属于巴萨的第一个黄金年代。

为加泰竖旗

甘伯将巴塞罗那当成了自己的第二故乡，不仅将加泰罗尼亚语当作俱乐部内部通用的官方语言，甚至和孩子交流也不再说德语。1918年6月23日，已经拥有2500名会员的巴萨

← 1930年7月30日甘伯离世后，巴塞罗那为他举行了隆重的葬礼。

↓ 2006年，巴萨将新落成的体育中心命名为“霍安·甘伯体育城”。

→ 为纪念甘伯对俱乐部的卓越贡献，巴萨1966年创立甘伯杯友谊赛，每年在西甲开幕前举行。图为2018年8月15日，巴萨在甘伯杯击败博卡青年后，梅西捧起奖杯庆祝。

召开大会，表彰甘伯为俱乐部做出的卓越贡献。甘伯用完美的加泰语表达了对这座城市和这里人民的感谢。当地报纸《加泰罗尼亚之声》写道：“巴萨从一家设立在加泰罗尼亚的俱乐部变成了代表加泰罗尼亚的俱乐部。”1920年，加泰罗尼亚奥委会成立，甘伯被任命为足球部分的负责人，在安特卫普奥运会期间协助管理西班牙代表队的备战工作，并为巴塞罗那申办1924年奥运会做宣传。

与加泰罗尼亚民族命运牢牢绑定在一起，成为巴萨发展壮大的核心，却给甘伯本人带来巨大麻烦。关于他的各种负面传闻四处传播。

更糟的是，甘伯极高的社会影响力自然引来另一群人的反感，甚至引发了政客的关注。1919年，巴萨前往马德里参加国王杯决赛。反对者在球迷间散发小册子，指责巴萨球员是“与西班牙为敌的分离主义狂热分子”。感受到社会风向变化的甘伯暂时交出俱乐部职务，但还是被卷入政治斗争的旋涡。1925年6月24日，在莱斯科茨球场举办的一场旨在纪念加泰罗尼亚合唱团的友谊赛上，巴萨球迷对西班牙国歌报以巨大嘘声，造成了极大社会反响。1923年成为军政独裁者的普利莫·德里韦拉大为光火。他本想强令解散巴萨，但最终下令关闭莱斯科茨球场6个月，并将甘伯驱逐出境。巴萨主席职务由当地保皇派代表巴拉格尔男爵代理。

遗产永流传

甘伯被“流放”的时间很短，大概过了两周就回到巴塞罗那。但他不想再触动当权者的逆鳞，打算低调行事，连去莱斯科茨看比赛都是以球迷身份混在看台中。1929年，甘伯与另外两人一同被任命为巴萨历史档案管理员。这等于解除了他参加俱乐部活动的禁令。媒体一度传出甘伯将复出再度担任巴萨主席的猜测。

然而，对此热切期望的会员等来的却是一纸讣告。甘伯于1930年7月30日在巴塞罗那的居所饮弹自尽，终年52岁。关于他选择自尽的真正原因始终缺少明确的解释。当时的几家媒体直接将其与同天发生的另一起自杀事件联系起来。并非媒体胡乱猜测，另一个死者也是来自瑞士的商人，与甘伯私交甚笃的约翰内斯·弗雷。当年的华尔街股灾让甘伯这样的转口贸易商人一夜间倾家荡产，而多年间不许参与体育活动则在精神上击垮了这个曾经充满活力和热情的人。

《先锋报》在当年8月1日的体育版头条报道了甘伯去世的消息。几个时代的巴萨球星为他扶灵，成千上万的球迷走上街头为这位纯洁而热诚的体育之友、代表着加泰罗尼亚民族精神的传奇人物送行。甘伯的葬礼成

了当年巴塞罗那最隆重的社会活动。1955 年，诺坎普落成时，巴萨原本想以“霍安 · 甘伯”的名字命名这座新球场，却遭到佛朗哥政府的反对。当局认为：“以一个新教教徒、外国人、自杀者（天主教认为自杀有罪）、加泰罗尼亚民族运动支持者的名字来命名，非常不妥。”

这无法消弭加泰罗尼亚人对甘伯的爱和怀念。1934 年，巴塞罗那将莱斯科茨球场一侧的街道命名为“霍安 · 甘伯”；1966 年，巴萨主席劳德特创办“甘伯杯”，是为每年夏季的官方邀请赛；2006 年，巴萨将新落成的体育中心命名为“霍安 · 甘伯体育城”；2009 年，巴萨主席拉波尔塔将巴萨俱乐部“1 号会员”永远留给甘伯先生。

霍安 · 甘伯的次子霍安 · 里卡德继承了父亲的运动基因，成为西班牙游泳和水球项目的冠军，并与西班牙的女子游泳项目高手恩里克塔 · 索里亚诺结合。小甘伯在 1973 年到 1978 年间，还曾担任巴萨俱乐部理事。而今，每年的甘伯杯，都会邀请甘伯家族的后人颁发冠军奖杯。这些纪念活动，都寄托着巴萨人对先驱的怀念和仰慕，也将他当年立下的诸多志愿，比如将巴萨打造成一家综合体育俱乐部，传承下来。

阿古斯蒂·蒙塔尔·加洛瓦尔特在1946年至1952年间担任巴萨主席，领导球队获得3个西甲冠军、2个大元帅杯和2个埃娃·杜阿尔特杯。

老蒙塔尔 Agusti Montal Galobart

泽被后世的重建和壮大

武一帆

多年间政局动荡和残酷的内战让巴塞罗那元气大伤。即便在战后最初几年，俱乐部主席也是由佛朗哥政府委任。尽管史学家认为这些“空降领导”干得可能不坏，但毕竟不符合加泰罗尼亚球迷的意志。此时需要一位真正热爱巴萨、有胆识又长袖善舞的主席来改变现状。企业家阿古斯蒂·蒙塔尔·加洛瓦尔特及时站了出来，成为完成俱乐部复兴的领导者。在他任期内，巴萨创造了历史上第一个霸业，还让巴萨重新成为加泰罗尼亚的民族旗帜。而他的儿子后来也成为巴萨历史上最重要的主席之一。

红蓝档案

阿古斯蒂·蒙塔尔·加洛瓦尔特

Agusti Montal i Galobart

生卒	1906—1964.04.08（出生日期不详）
出生地	西班牙巴塞罗那
巴萨主席任期	1946.09.20—1952.07.16

蒙塔尔家族在当地拥有一家颇具影响力的纺织企业，已经经营了三代。阿古斯蒂·蒙塔尔最初在巴萨主席何塞·本德雷利领导的董事会负责财务审计。本德雷利和前任一样是军政府指派的领导，没有足球背景，但对俱乐部工作算是尽心尽力。1945年，巴萨力压皇马取得联赛冠军，结束了16年无冠的黑暗历史。借这个冠军带来的影响，蒙塔尔顺势提出：应当改变政府代管俱乐部事务的现状，恢复会员大会的职能。于是，他被董事会推举为主席，而后争取到加泰罗尼亚和西班牙足协的认可。

尽管蒙塔尔并非真正通过会员选举成为主席，但巴萨基本认可他是结束俱乐部托管状态的“民选第一人”。因为他在任6年所做的工作都是为了巴萨恢复本来面貌。首先，巴萨要回到球迷当中。随着战后重建和政治环境的宽松化，巴萨会员也在 1946 年恢复到了战前的 2.6 万人，并逐年增加到 3 万以上。有了会员的支持和参与，巴萨不仅收入增加，社会影响力也与日俱增。

1948 年，巴萨举行了战后第一次会员大会。尽管当时无法实现真正的全体大会，只是代表议会形式，但也足够鼓舞人心。很多巴萨球迷珍视的荣誉和回忆被重新唤醒，比如甘伯的半身铜像被置于莱斯科茨球场的前厅。1949 年 11 月，巴萨为庆祝俱乐部建立 50 周年，组织了盛大的活动。那也是战后在巴塞罗那举行的最大规模民众集会。其中最重要的活动就是巴萨与巴西球队帕尔梅拉斯以及丹麦球队博尔德克鲁本之间举行的三角赛。蒙塔尔公开向俱乐部创建者沃尔特·怀尔德和甘伯致敬，并邀请甘伯的孙子在比赛中开球。除了足球，还有包括萨达纳舞（加泰罗尼亚人喜爱的牵手圆圈舞）在内的节庆文化活动。

民众受到感染和鼓舞，愈发将巴萨视作加泰罗尼亚民族精神的代言者。而巴萨也在各个社会层面做出表率，比如给身体抱恙且经济窘困的前球员埃米利奥·沃尔特提供生活必需品等善举。最重要的还是巴萨在竞技方面的成就。1947 年，巴萨从乌拉圭民族聘请到年轻的教练恩里克·费尔南德斯，立刻取得当赛季西甲冠军。次年，在成功卫冕的同时，巴萨还取得了第一届拉丁杯的冠军。这标志着巴萨的战争创伤已经愈合，正式重返强队行列。

接下来，蒙塔尔做出一系列影响巴萨发展进程的重要决定。首先他在技术总监萨米铁尔的建议下，力排众议接纳了流亡球队“匈牙利人”的球星库巴拉，并答应他的条件，聘请道西克担任教练。巴萨从此不仅拥有了历史上第一位真正意义的国际巨星，还吸收了道西克带来的先进足球理念。当时，那不仅是巴萨的进步，也为封闭的西班牙足坛打开了一扇窗。

以一个大元帅杯冠军为起点，巴塞罗那又开始一段黄金年代，并在蒙塔尔任期的最后一年达到高潮。1951—1952 赛季，巴萨一口气拿到西甲、大元帅杯、拉丁杯、埃娃·杜阿尔特杯以及“马蒂尼和罗西”杯（颁给联赛净胜球最多的球队）冠军，获得“五冠”荣誉。而这个成功的年代一直延续到蒙塔尔的继任者恩里克·马蒂主政时期。

老蒙塔尔在那个艰难和复杂的时局中为巴萨争取到自由发展的空间，靠的不仅是一腔热情，更是与当局周旋、与民众深入交流的胆略和气质。他主持工作期间制定的种种方略都泽被后世。比如他看到皇马兴建新球场，获得巨大回报，于是争取到会员支持，在莱斯科茨附近购得一块新土地。而在他卸任后，新球场的建设计划最终得以通过，并在 1957 年建成了现在巴萨的主场——伟大的诺坎普。

↑ 在阿古斯蒂·蒙塔尔·加洛瓦尔特任内，巴萨于 1951—1952 赛季获得西甲和大元帅杯双冠王。

小蒙塔尔 Agusti Montal Costa

不只是一家俱乐部

如果父子二人先后出任某俱乐部的主席，意味着什么？与阿涅利和莫拉蒂这些与俱乐部股权牢牢绑定的家族不同，巴塞罗那作为会员制俱乐部，很难实现权力的继承。但蒙塔尔家族是个例外。这背后的力量不是门阀斗争或裙带关系，而是对这家俱乐部不变的忠诚和承诺。继老蒙塔尔勇敢担下战后复兴巴萨重任后，他的儿子小蒙塔尔则在另一个历史转折期做出一系列重要决定。其中最重要的，莫过于签下克鲁伊夫，以及将“全能足球”塑造为巴萨的固有风格。

红蓝档案

阿古斯蒂·蒙塔尔·科斯塔

Agusti Montal i Costa

生卒	1934.04.05—2017.03.22
出生地	西班牙巴塞罗那
巴萨主席任期	1969.12.18—1977.12.18

1968 年前后，巴萨经历了一系列高层变动。恩里克·廖德特主政时期，巴萨因兴建诺坎普和无节制的阵容投入背负沉重的债务负担，即便告别库巴拉、出售当红球星路易斯·苏亚雷斯，也难以在经济和竞技两方面找到平衡。球队在 7 年间收获寥寥。接替廖德特的德卡雷拉斯是佛朗哥的忠实拥趸，尽管他在就职仪式上喊出了“巴萨不只是一家俱乐部”的口号，还在上任后不久就捧回大元帅杯冠军，但最终在选帅问题上犯了错误，随着管理层的集体辞职一同退位。

时任副主席的阿古斯蒂·蒙塔尔·科斯塔以极其微弱的选票优势击败另一元老佩雷·巴雷特当选巴萨第

33任主席，时年只有35岁。他上任时，巴萨在看守教练塞格尔的带领下屡战屡败，半程过后已掉到10名开外。小蒙塔尔相中了正赋闲的英国教练维克·白金汉。后世证明，这个选择不仅不是权宜之计，还极具远见，给巴萨带来一场树立足坛地位的革新。就荣誉而言，白金汉算不上多么成功。但他带着新锐的战术理念推动了“全能足球”在欧洲的发展，影响了后世几代人。执教阿贾克斯期间，年轻的克鲁伊夫也是经白金汉提拔登上大舞台。

白金汉用半年时间让巴萨返回到联赛第四位置，却在国内外双线杯赛早早出局。小蒙塔尔很有耐心，他看到了球队的进步。到了1970—1971赛季，巴萨在西甲与瓦伦西亚同积43分，仅以交互战绩劣势（一平一负）屈居亚军。而在大元帅杯决赛，巴萨完成了复仇，凭借阿尔方塞达在加时赛的进球绝杀瓦伦西亚夺冠。然而赛季结束后，白金汉却因为身体原因需要长期休养，无法继续执教。小蒙塔尔此时做出一个大胆而重要的决定：请来了白金汉当年在阿贾克斯的继任者，也是“全能足球”的推动者米歇尔斯。米歇尔斯刚刚带领阿贾克斯取得欧冠冠军，说服他加盟的难度可想而知。

或许是巴塞罗那这座城市的独有魅力令人神往，或许是巴萨这家俱乐部的不屈精神感动着众多球星，另一方面，也是非常实际的，佛朗哥政权正在走向衰落，西班牙逐渐开放并拥抱欧洲。米歇尔斯执教球队的前两个赛季，成绩堪称惨淡。不仅联赛与冠军无缘，连年国内外杯赛更是止步不前。但1973年夏天，一切开始变得不同。这还是由于小蒙塔尔的坚持。他始终力排众议支持米歇尔斯和他的改革计划，并从俱乐部多年积蓄中掏出1.2亿比塞塔签下了当红巨星克鲁伊夫。在找到“全能足球”最后一块拼图后，巴萨终于得偿所愿，在第二年取得联赛冠军和杯赛亚军。

或许在竞技成就方面，小蒙塔尔尚不及某些匆匆过客。他在任期间，巴萨仅取得了联赛和杯赛各一项重要冠军。但比冠军更打动加泰罗尼亚人的是，年轻的小蒙塔尔继承了父亲遗志，将巴萨塑造成民族精神的纪念碑。他抓住了前任主席“不只是一家俱乐部”这句口号，真正将其落在实处，顶住政府压力，让加泰罗尼亚语重返媒体、球场广播、会员卡等方方面面。

当球队遭到可能的不公判罚，比如著名的“古鲁塞塔案”，裁判在国家德比判给皇马一个犯规在禁区外的点球，小蒙塔尔则满怀热血地站出来谴责当局。而他当初极力要求解除外援引进限制，最终不仅推动巴萨走上国际化道路，也改变了西班牙足球历史。这还不算他主持建设了巴萨体育馆和田径场，让巴萨的全体育项目都发展起来，将“不只是一家俱乐部”变成了无处不在的存在和价值。

↖ 对后世来说，阿古斯蒂·蒙塔尔·科斯塔最令人印象深刻的标签，就是“那位签下克鲁伊夫的主席”。

↑ 小蒙塔尔掌舵8年，虽然只领导俱乐部获得一个西甲冠军和一个国王杯冠军，但他推动巴萨走上国际化道路，还将前任主席“不只是一家俱乐部”的口号真正落在实处。

→ 小蒙塔尔凝望父亲的照片。父子二人共担任巴萨主席14年之久。

努涅斯 Josep Lluis Nunez

为世界涂上红蓝

武一帆

当谈论起强势且成功的足球俱乐部主席，我们会想到谁？伯纳乌、贝卢斯科尼还是阿布拉莫维奇？然而谈到巴塞罗那的成功，人们首先想到的是克鲁伊夫、“梦之队”、梅西和拉马西亚。巴萨的成就仰赖一百多年来无数人的付出和牺牲，但在主席这个位置，绕不开何塞普·路易斯·努涅斯。

他是巴萨历史上在职时间最长的主席。他用 22 年时间，将巴萨从一个影响力更多局限于加泰罗尼亚的地区强队，变成拥有全球影响力的大俱乐部。他大力推行足球商业化，解决了困扰俱乐部多年的财务问题，着手打造了“梦之队”，让马拉多纳、舒斯特尔、科曼和斯托伊奇科夫的名字响彻诺坎普。而随着拉马西亚的建立，巴萨以青训为根本的体系建立起来，并成为后来一系列成功的基础。当然，伴随努涅斯一生的还有数不尽的争议和批评。

红蓝档案

何塞普·努涅斯

Josep Luis Nunez Clemente

生卒	1931.09.07—2018.12.03
出生地	西班牙巴斯克地区
巴萨主席任期	1978.07.01—2000.07.23

从作坊到公司

努涅斯的前半生完全可以用“白手起家”来描绘。他随父母从巴斯克地区搬迁到加泰罗尼亚，在萧条的巴塞罗那街区里成长起来，使其拥有坚忍、敏锐而务实的性格。内战后城市

重建的基础是建筑业，很多后来的足球大佬都是从这个领域脱颖而出。努涅斯也不例外。他进入房地产圈子，自学成才，凭借机敏和大胆的营销手段得到一位小建筑商纳瓦罗的喜爱。努涅斯和纳瓦罗的女儿结婚，和岳父联名成立公司，而且很快将自己的姓氏排在了前边。1960 年至 1975 年间，西班牙逐渐放宽政策，经济也迎来了一波稳定增长。努涅斯的生意蒸蒸日上，他专门收购巴塞罗那市内的临街地块，将其改建成景色绝佳的公寓。一时间，住进“努涅斯和纳瓦罗”旗下的住宅成了进入巴塞罗那时尚富有阶层的标志。

成为总裁，迎娶白富美，走上人生巅峰。努涅斯只是实现了一个人生小目标。随着佛朗哥的统治逐渐放松，西班牙在 20 世纪 70 年代末迎来了政治转型时期。努涅斯积累了可观的财富，还想赢得更高的社会声望。他早就开始在巴萨俱乐部投入大量财力和精力，此时正是出手的好时机。1978 年，小阿古斯蒂·蒙塔尔的第二任期结束。巴萨终于迎来了近 40 年又一次由全体会员参加投票的主席选举。维克托·萨吉原本呼声最高，却提前退出选举。这让原本势力最大的“元老派”产生分裂，给了努涅斯机会。另外两个候选人中，一位是前董事、社会活动家阿里尼奥，另一位是球迷领袖卡萨乌斯。两人都比努涅斯资历深得多。

努涅斯要挑战的不只是一群元老，还有几十年来巴萨高层的纺织业背景。相比其他候选人喊出响亮但略显空洞的民族主义口号，努涅斯的竞选策略更切中痛点。他强调，要让巴萨真正强大起来，就要将严格的商业规则纳入俱乐部运行体系。换句话说，就是将巴萨从“家庭作坊”变成管理规范的公司。这样才能尽快摆脱几十年间沉积下来的债务负担，适应开放市场的环境，提高球队竞争力。

不过，专注于“赚钱”，势必减少巴萨作为政治标杆的影响力，而那是蒙塔尔父子在任期间最重视的业绩。不搞政治宣传，再加上外来人的身份，努涅斯注定要失去一大部分激进球迷的支持。然而大选结果揭晓，“元老派”让原本同一阵营的票仓分化，努涅斯以微弱优势惊险胜出。当然，这匹“黑马”背后，有克鲁伊夫和雷克萨奇等球星的公开支持。

银球先生接替克圣

努涅斯上任后的“三把火”让许多人大吃一惊。他首先邀请候选人之一的卡索斯成为副主席，争取到更多

↖ 1978 年至 2000 年，努涅斯担任巴萨主席 22 年，领导球队获得 7 个西甲奖杯、6 个国王杯、4 个优胜者杯和 1 个欧冠冠军。

↑ 1978 年，努涅斯赢得巴萨主席选举后高举胜利手势。

→ 1980 年，努涅斯在比赛中激情庆祝巴萨的进球。

"元老派"的支持，然后请求会员预付会费来充实俱乐部账目。他承诺会从未来收益中拿出一笔钱，按比例返还（等于变相向会员借贷）。巴萨球迷的积极性之高令人惊讶，几周时间就拿出4亿比塞塔，很多人表示无须返还，只愿早日看到球队壮大。财务困难暂时得到缓解，建队难题依然存在。巴萨明星球员克鲁伊夫在努涅斯上任前已宣布将离队，一同离开的还有前后带队6年的荷兰人米歇尔斯。努涅斯必须尽快给自己的主政时代树立起新的旗手和偶像。

开启努涅斯时代的首位球星是奥地利人克兰克尔。他在维也纳快速效力7个赛季，加盟巴萨之前一年在41场比赛打进42球，还在阿根廷世界杯打进4球，是当时欧洲最有效率的射手。加盟巴萨没几个月，他就因之前一年的卓越表现被《法国足球》授予"银球"，得票仅次于英格兰球星基冈。巴萨为引进他花费超过6000万比塞塔，相当于过去几个赛季转会投入的总和。此外还重金引进了两名本土新秀。教练则选定了巴萨在20世纪60年代的法国名宿米勒，尽管他此前并无十分亮眼的成就。

米勒和两名新秀之后被证实是失败的运作，帅位由退役不久的名宿里费接替。但克兰克尔取得了巨大成功。奥地利人登陆西甲的首个赛季打进29球，捧得金靴。更重要的是，他在优胜者杯打进6球，帮助巴萨捧得队史首个意义重大的欧战奖杯。优胜者杯无论赛制或竞争力，都比之前巴萨拿过的博览会杯要强。而夺冠过程也是一波三折。1979年5月与杜塞尔多夫的决赛前几天，克兰克尔驾车在巴塞罗那街头因机械故障出了严重事故。他和妻子都被送医治疗。数百名巴萨球迷闻讯前往医院，请求献血。受伤不重的克兰克尔大受感动，不顾身体和精神受到的冲击，毅然在决赛出场，还在加时赛打进锁定胜局的第4球，报答了球迷的恩情。

一场离奇绑架案

不过，足球世界和人心的复杂远超努涅斯和克兰克尔想象。巴萨球迷在巴塞尔庆祝冠军的同时，喊出了"要

↑ 1981年3月25日，基尼被绑匪扣押25天后终于获救，这位西班牙前锋搂住努涅斯失声痛哭。

↓ 1979年优胜者杯决赛，巴萨4：3击败杜塞尔多夫后，穿上对手球衣的克兰克尔（左）与阿森西高举奖杯庆祝。

↗ 1982年世界杯后，努涅斯为巴萨签入了马拉多纳。

内斯肯斯不要努涅斯”的口号。没错，不仅广受拥戴的内斯肯斯不会留队，连新的英雄克兰克尔也将就此坠落。巴萨在 1979 年的夏窗加倍投入，引进丹麦射手阿兰·西蒙森。这位 1977 年的金球先生一经加盟就将克兰克尔挤到替补席，还在与主帅里费的争斗中胜出。巴萨在两个赛季间换了 4 次教练，两度请回老帅埃莱尼奥·埃雷拉，引援花费一年高过一年，但只收获一个国王杯冠军，联赛成绩总是在四五名之间徘徊。努涅斯终于理解前任主席们苦心经营的不易，花钱不总是心想事成。

其实巴萨距离 1980—1981 赛季的西甲冠军已经非常接近，却因为一场意外最终只获得第五。巴萨在 1980 年夏天终于如愿以偿从希洪引进超级射手基尼。尽管基尼当时已经 31 岁，但之前一年依然打进 24 球，获选西甲最佳球员。他的到来完美解决了西蒙森单枪活力不足的问题，尤其是埃雷拉接替库巴拉第三度执教巴萨后，基尼在 13 场比赛中打进 17 球，一度将球队送上联赛第二位置。谁也没想到，联赛第 26 轮，巴萨主场 6 ∶ 0 大胜大力神的比赛结束后，基尼居然被人持枪绑架了。

绑匪几次联系俱乐部，要求天价赎金，但拒不透露更多信息，让警方追查工作陷入停滞。而巴萨全队的精神因此受到巨大冲击，训练和比赛都无法正常进行。与基尼私交甚笃的德国人舒斯特尔数次要求不参赛。最终，努涅斯责成副主席卡萨乌斯到日内瓦操办赎金交割手续，在警方协助下终于抓住罪犯，解救了基尼。被扣押近一个月，基尼只用几天时间恢复训练就重返赛场，还没妨碍他以 20 球拿到联赛金靴。更重要的是，他在随后的国王杯决赛独中两元击败老东家希洪，助巴萨夺冠。然而基尼失踪那段时间，军心涣散的巴萨一场未胜，最终仅取得第五。

马拉多纳的“太空巴萨”

竞技领域一时间没有更多突破，但巴萨的经济情况在严格商业方针的指导下被彻底改变了。1979 年 10 月，拉马西亚训练基地中的球员宿舍落成。这里将成为一批又一批天才球员实现梦想的起点。仅两个月后，努涅斯自豪地宣布：诺坎普工程产生的最后一笔巨额债务还清，诺坎普所有权终于在球场落成 22 年后全部归属巴萨俱乐部。随着 1982 年西班牙世界杯举办，作为主赛场之一的诺坎普也进行了升级改造。

对巴萨的成功改造为努涅斯赢得了巨大的社会声望。他很快出任西班牙足协副主席，专门负责与电视台谈判转播收益。电视足球时代的到来给西甲收入带来了爆炸式增长。努涅斯顺势推出了“西甲联赛杯”的概念。传统上在联赛结束后才开打的国王杯赛程此时被打散穿插在了赛季中，主流赛事结束后再利用 6 月份打联赛杯。这样不但凭空多出一项冠军目标，还给几家强队增添了额外进项。

努涅斯在大搞商业项目的同时，并没有放松俱乐部在人文方面的建设。进入 20 世纪 80 年代，巴萨的会员人

← 拜帅克鲁伊夫，无疑是努涅斯任内最重要的决策之一。1992年巴萨夺取欧冠冠军后，二人共同手执大耳朵杯率队凯旋。

→ 2018 年 12 月 3 日努涅斯去世后，皇马主席弗洛伦蒂诺（左）前来吊唁，与巴萨主席巴托梅乌共同出席纪念活动。

数首次突破了 10 万人。即便诺坎普被扩建成欧洲第一大球场，也无法容纳与其会员相当的观众数。更多的观众，更多的钱，巴萨在几年间变成了挥舞着支票簿向全球一流巨星发出邀约的豪门。而随着舒斯特尔、基尼、维克托 · 穆尼奥斯和马拉多纳的先后加盟，巴萨朝着称霸西甲甚至欧洲之王的目标一步步接近，虽然此前还是遭遇了一些挫折。

1984 年，努涅斯花费创纪录的转会费带来马拉多纳，并围绕他打造了一支足以赢下所有冠军的球队，还为他请来了阿根廷教练梅诺蒂。人们将这支球队称为“太空巴萨”，而皇马在 20 年后组建的“银河战舰”似乎也是参考了这个比喻。

尽管马拉多纳真心喜爱这家球会，可惜他的天才没能完全挥洒在巴塞罗那，肝炎和戈伊科切亚的蛮横犯规限制了他的出场发挥。努涅斯为了回笼资金，忍痛将他送到那不勒斯，而在短短 6 年时间，巴萨已换了 8 名教练。球迷再一次躁动了。

打造“梦一”，首夺欧冠

就在此时，此前并不出名的英国人维纳布尔斯得到努涅斯的全力支持，带领巴萨取得了 1984—1985 赛季西甲冠军。他的球队风格凌厉，全场逼抢，首轮就在伯纳乌 3 ∶ 0 完胜皇马，最终领先亚军马竞 10 分

（二分制）。这个冠军也终于将巴萨送回到欧冠赛场，给接下来的一系列成功打下基础。

1987—1988 赛季开始不久，阿拉贡内斯接替维纳布尔斯掌印。球队在联赛表现很糟糕，但取得了国王杯冠军。这个平淡的赛季因一起“反叛”事件而被铭记。1988 年 4 月 28 日，阿拉贡内斯和几乎全体巴萨球员聚集在酒店发表公开声明，声称自己被俱乐部合同欺诈，要求努涅斯下台。实际情况是，西班牙政府修正税法，对肖像权在合同中的占比做出限制。球员不能以此合法避税，实际收入就减少了。努涅斯软硬兼施平息了纠纷，而球队最终赢得国王杯冠军。但等到赛季结束，他毫不客气地送走了阿拉贡内斯以及一队阵中多达 14 名球员。

巴萨就此元气大伤？刚好相反，努涅斯请回了曾经的传奇球员克鲁伊夫，巴萨也因此揭开一段梦幻旅程。努涅斯为克鲁伊夫签下一批极具才华又渴望荣誉的本土球员，包括萨利纳斯、巴克罗、贝吉里斯坦和欧塞维奥等，米利亚和阿莫尔也从青训营脱颖而出。

克鲁伊夫的这支巴萨天赋异禀又有着极强的战术纪律，第 1 年就拿下优胜者杯，第 2 年拿下国王杯，第 3 年回到了联赛冠军宝座。到了第 4 年，随着科曼、大劳德鲁普、斯托伊奇科夫等人的加盟，这支被称为“梦之队”的巴萨终于实现了终极梦想。球队在开局不佳的情况下奋起直追，在最后 6 场比赛取得全胜。科曼在与桑普多利亚的欧冠决赛加时赛轰入职业生涯最重要进球，为巴萨捧回第一个大耳朵杯；斯托伊奇科夫则在收官战独中两元，让巴萨力压皇马夺得联赛冠军。

“梦之队”的巨大成功自然也是努涅斯执政时期的巅峰。不过他并非没有对手。恰恰是在温布利的欧冠决赛之前几天，努涅斯还公开表露过可能辞职的意愿。胜利能够弥合一切分歧。巴萨一口气拿了三个联赛冠军后终于陷入停滞。努涅斯先后引进两位巴西人，引发了截然不同的结果。罗马里奥的狂妄不羁最终导致克鲁伊夫下课。罗纳尔多转瞬即逝则显示出努涅斯这位足坛曾经最具真知灼见的经营者，也开始把握不住竞技和市场的规律了。1998—1999 赛季，范加尔带队取得的西甲冠军成为送别这位功勋主席的最后礼物。

2000 年前后，巴萨激进球迷组织“蓝色大象”向着在任 22 年的努涅斯发起一次又一次挑战。巴萨百年华诞的盛大庆典难以掩盖之前几年积累的巨额亏空。努涅斯还想搬出自己拿手的不动产商业开发概念来博得球迷支持，可惜这一次他构建的蓝图太过离谱，已难以打动人心。努涅斯最终在 2000 年 5 月宣布辞职，结束了一个伟大而充满争议的时代。

与突出加泰罗尼亚精神的历任巴萨领导者不同，努涅斯让俱乐部远离政治风潮。他是红蓝军团从近代走向现代，从地区走向世界的建设者和经营者。拉马西亚、迷你球场和博物馆的建设，以及最重要的“梦之队”的建立，给巴萨在之后 20 年间取得辉煌荣耀打下了物质和精神两方面的基础。

拉波尔塔 Joan Laporta

王朝背后的赌徒

吴昊宇

拉波尔塔是一位传奇性和争议性兼备的巴塞罗那主席。一方面，他是巴萨历史上最成功的主席之一，在其第一段任期内，巴萨进入了历史上成绩最辉煌的阶段，2 个欧冠冠军和 4 个西甲冠军是实打实的荣誉，2009 年更缔造了史无前例的六冠王伟业。

另一方面，拉波尔塔的风评始终充斥着争议。如今第二任期内，他疯狂启动“杠杆”为巴萨时隔 4 年再夺西甲冠军。拉波尔塔注定是一个矛盾体，但所有人又不得不承认，他的确奠定了巴萨的全新时代，就从 2003 年他第一次就任巴萨主席开始。

红蓝档案

霍安·拉波尔塔

Joan Laporta Estruch

生日	1962.06.29
出生地	西班牙巴塞罗那
巴萨主席任期	
2003.06.15—2010.07.01	2021.03.07—

苦心钻营上位

1962 年出生于巴塞罗那的拉波尔塔起初是律师，拥有巴塞罗那大学法学学位，也是巴塞罗那律师协会的重要成员。他拥有自己创办的律师事务所，是巴塞罗那大学房地产登记法研讨会的合作教授，还是日本驻巴塞罗那代表处领事的法律顾问。由于在法律和商业上的成绩，拉波尔塔在巴萨俱乐部会员中逐渐脱颖而出并广为人知。

← 2009年9月5日，拉波尔塔与巴萨那一年中已经获得的西甲、国王杯、欧冠、西班牙超级杯和欧洲超级杯奖杯合影。该年度，巴萨最终成就六冠王伟业，留下拉波尔塔首段主席任期内的最高光时刻。

→ 对克鲁伊夫（右）“言听计从”，是拉波尔塔在巴萨第一个主席任期大获成功的重要原因。

1997年6月，拉波尔塔在岳父埃切贝里亚的陪同下，参加了与弹劾时任巴萨主席努涅斯相关的会议。当时，努涅斯已掌管巴萨近20年。巴萨在20世纪90年代初期经历了“梦一”辉煌，克鲁伊夫挂帅的巴萨夺得队史首个欧冠冠军，但随着克鲁伊夫与努涅斯关系恶化，荷兰人最终离开。

拉波尔塔敏锐察觉到，克鲁伊夫的离开很可能导致努涅斯的主席地位不保，因此他加入了安赫尔·费尔南德斯弹劾努涅斯并竞选新一任主席的行动。虽然弹劾失败，安赫尔也没能当选主席，但拉波尔塔自那时起就创建了谴责努涅斯的平台“蓝色大象”，目的非常明确，就是未来推翻努涅斯，并推举新的主席人选。

2000年，在拉波尔塔创建的平台主导之下，巴萨债务过高的困境被曝光，努涅斯迫于压力辞职，2000年6月巴萨举行了主席选举，加斯帕特胜出。此时的巴萨正处在一段没有冠军的低潮期，拉波尔塔始终在积极行动，为将来参选主席做准备。他与克鲁伊夫建立了良好关系，罗塞尔、巴托梅乌和桑德罗等人都是拉波尔塔在这一时期发掘并拉拢的重要人物。

2003年，拉波尔塔带着他的“美好蓝图”正式竞选巴萨主席，声称将让巴萨经济复苏，也会让俱乐部与会员之间的情感联结重生，同时承诺会对克鲁伊夫言听计从，并为巴萨带来如贝克汉姆、罗纳尔迪尼奥这样的巨星。拉波尔塔许诺，如果当选，他将让巴萨重新成为世界最佳俱乐部，从而带来更多商业赞助，并签下更多世界级球员，形成良性循环。

当时的巴萨成绩一塌糊涂，球员间矛盾重重，极端球迷时常闹事，导致球队形象严重受损。而过去几十年来，无论努涅斯还是加斯帕特，对于巴萨的管理方式都趋近于拥有绝对权威的“总统制”，他们大权独揽，同时又容不得如克鲁伊夫这样的传奇名宿凌驾于自己头上。因此，受到克圣大力支持的拉波尔塔立即得到了巴萨会员的拥护。而他让巴萨重新成为世界第一的承诺，以及良性循环的发展蓝图，也非常对会员的胃口。

拉波尔塔的参选团队较为年轻，包括罗塞尔、桑德罗、巴托梅乌等众多35岁至45岁之间的商界成功人士，其中罗塞尔负责竞技，桑德罗主抓经济，每个人各司其职。与此同时，拉波尔塔在参选前掌握了加泰罗尼亚当地舆论的主导权，他演讲能力出色，善于应对媒体，相比其他已经年近60岁的候选人，他的团队看起来更富朝气，有记者将拉波尔塔称为“巴塞罗那的肯尼迪”。

最终在2003年6月15日这天，不到41岁的拉波尔塔击败另一名主席候选人巴萨特，成为巴萨历史上第4年轻的主席。

奠定“梦二”辉煌

拉波尔塔当选后并未食言，虽然贝克汉姆被皇马以更高价格抢走，但巴萨在2003年夏天成功引入了罗纳尔迪尼奥。巴萨董事会还在克鲁伊夫建议下，签下巴萨前球员贝吉里斯坦担任技术总监。而在塞尔维亚老帅安蒂奇被解雇后，巴萨首先找到了荷兰名帅希丁克，但当时财政困难的巴萨无法满足希丁克的工资要求，最终按照克鲁伊夫提议，选择了执教经验并不丰富的里杰卡尔德出任主帅。

尽管巴萨仍受困于前任主席加斯帕特造成的财政紧张，但拉波尔塔不仅引进了风头正劲的小罗，还进行了一系列运作，签下夸雷斯马、鲁斯图、

拉斐尔·马克斯、范布隆克霍斯特等人，同时将里克尔梅这样的前朝遗老清理出队。但在2003—2004赛季初期，虽然小罗的精彩表现足以让会员们重新填满诺坎普，但球队成绩并不理想，一度排在10名开外。

到了冬季转会窗，拉波尔塔的管理层做出了一笔关键签约，从尤文图斯租入埃德加·戴维斯。“野猪”的加盟让巴萨防守端完成质变，一度连续17轮不败。尽管当季未能收获任何重要奖杯，但拉波尔塔的第一年还是让红蓝拥趸们看到了复苏希望，小罗这样的天才也带动会员数量在一个赛季就增加2.5万之多。

除了场上表现提升，拉波尔塔还改善了巴萨的社会形象，诺坎普臭名昭著的极端球迷团体被董事会清理出了球场。正如皇马主席弗洛伦蒂诺取缔伯纳乌南看台极端球迷组织那样，拉波尔塔也因此收到了极端群体的死亡威胁，但巴萨会员一致支持他打造更和谐诺坎普的努力。接下来的2004—2005赛季，在经历阵容新一轮洗牌后，巴萨迎来了埃托奥、德科、久利等强援，并夺得西甲冠军，结束了长达5年的冠军荒。

不过，这一年间，拉波尔塔与合作伙伴们的关系开始出现裂痕。首当其冲的就是阵容建设方面的智囊罗塞尔对拉波尔塔的一些决策感到不满，也不同意克鲁伊夫给拉波尔塔的一些建议。赛季中期，加泰当地媒体多次曝出拉波尔塔与罗塞尔的矛盾。此外，虽然这个赛季巴萨足球队的成绩出色，但篮球队、手球队等队伍的成绩出现波动，也让拉波尔塔与掌管这些事务的巴托梅乌关系紧张。赛季结束后，罗塞尔、巴托梅乌、莫内斯等董事会成员集体辞职。

这些风波没有影响大局。拉波尔塔第三季中，“梦二”巴萨正式达到巅峰，取得西甲和欧冠双冠王，这令拉波尔塔在2006年的例行主席投票中收获绝对多数选票，任期延续到2010年。

六冠王开启“梦三”

2006—2007赛季，巴萨成绩陷入低谷，除了西班牙超级杯冠军便一无所获。接下来一个赛季，拉波尔塔大力引援，亨利、阿比达尔、亚亚·图雷等高手加盟，但巴萨新赛季的成绩没有起色。2007年12月主场0：1输给死敌皇马，并在积分榜远远被对手甩开后，巴萨会员对拉波尔塔开启了弹劾，希望他能够辞职。

巴萨在那一年再度一无所获，客场1：4惨败皇马则彻底激怒了会员，他们开启了对于拉波尔塔的不信任动议。2008年7月6日，投票结果显示60.6%的巴萨会员希望拉波尔塔辞职，由于没有达到俱乐部规定的2/3多数，拉波尔塔保住了乌纱，但董事会共计8人宣布辞职。

在风口浪尖之下，拉波尔塔再次听从克鲁伊夫的提议，没有选择很多高管青睐的穆里尼奥，而是豪赌没有任何一线队执教经验的瓜迪奥拉担任新主帅。这个决策，以及随后一系列引援，为巴萨带来了历史上最辉煌的时期。整个2009年，巴萨席卷了所有可能收获的奖杯，成就了俱乐部史无前例的六冠王伟业，开启“梦三”王朝。

虽然赛场上所向披靡，但拉波尔塔董事会的麻烦并未就此结束。连番赌上重金引援，致使巴萨的财政状况极为糟糕，这与拉波尔塔上任时承诺的“财政可持续发展”并不符合。2010年夏天他的任期结束时，巴萨的债务达到4.4亿欧元。此外，拉波尔塔在很多事情上的刚愎自用，也让董事会成员感到不满，相比于努涅斯和加斯帕特，拉波尔塔的独断程度没差多少，昔日好友罗塞尔因此离他而去。2010年巴萨主席大选期间，无法参选的拉波尔塔并未支持罗塞尔，但最终恰恰是罗塞尔成功当选。

拉波尔塔的第一段巴萨主席任期就此画上句号。这7年中，巴萨足球队经历了两段辉煌时期，其他运动队也成就斐然，巴萨足球、篮球、曲棍球和手球等所有队伍共收获59个冠军，但由于后期财政状况不佳以及高层矛盾重重，拉波尔塔也曾多次在下课边缘游走，直到2010年正式离开。

辜负梅西，豪赌未来

卸任巴萨主席后，拉波尔塔没有离开公众视线，2011年当选巴塞罗那市议员。在罗塞尔因为内马尔转会一案被迫辞职后，2015年，拉波尔塔一度希望重回巴萨，并参加了主席选举。但当时巴萨刚刚再夺三冠王，会员们更信任同为拉波尔塔昔日助手的巴托梅乌。投票中，巴托梅乌大获全胜，拉波尔塔只能陪跑。

然而，随着巴萨再次陷入低谷，巴托梅乌的威望也跌至冰点，2020年在一地鸡毛中离任。拉波尔塔同时宣布，将在来年再次参选巴萨主席。竞选过程中，他不止一次承诺，自己是“唯一能让梅西留在巴萨的人”。经历过去数年的失意后，巴萨会员信任了曾为俱乐部带来辉煌的拉波尔塔。时隔11年，拉波尔塔回到了巴萨主席宝座。

但几个月后，巴萨球迷等来的却是不得不和梅西说再见的现实。拉波尔塔宣称，由于财政状况比想象中糟糕很多，巴萨无法完成和梅西的续约。比起2003年首度胜选之时，拉波尔塔面临的是更加混乱的局面，巴萨财务危机深重，清洗高薪球员进度缓慢令俱乐部难以满足西职联的工资帽要求。但未能兑现留住梅西的承诺，而且是拖到很晚才明确这一事实，令梅西也深感震惊，拉波尔塔显然辜负了所有人的期望。

巴萨的烂摊子还要收拾。2021—2022赛季初期，球队成绩糟糕，科曼下课，哈维就任新帅。在拉波尔塔任命的足球总监阿莱马尼努力下，巴萨在冬窗接连签下一众新援，阿尔维斯、费兰·托雷斯、奥巴梅扬等人的加盟帮助哈维的球队从一度的第9名攀升到亚军位置。2022年夏天，巴萨将诺坎普冠名权出售给音乐服务商“声破天”，并启动了一系列“经济杠杆”签下莱万多夫斯基等强援。2022—2023赛季，巴萨夺回了旁落三季的西甲冠军，在死敌西班牙人主场夺冠后，拉波尔塔冲入更衣室与球员欢聚一堂。

不可否认，拉波尔塔的第二段任期仍有亮点，他押宝的哈维展现出了带领球队复兴的态势。但拉波尔塔依然颇具争议，食言导致梅西出走是其一，而冒险动用“杠杆”预支未来，坐实“赌徒”名声，会给巴萨造成多大的长远影响也仍待观察。有朝一日，历史会对拉波尔塔做出更全面客观的评价，但至少，他是巴萨“梦二”和“梦三”时代的重要建设者，他也永远可以拿出一份足够豪华的奖杯清单。截至2022—2023赛季结束，他两段任期已获得5个西甲、2个国王杯、2个欧冠和1个世俱杯冠军。

↖ 2010年8月25日，巴萨在甘伯杯上展示前一赛季以99分高分获得的西甲冠军奖杯，当时已卸任巴萨主席的拉波尔塔与瓜迪奥拉、梅西谈笑风生。

→ 2022年8月5日，巴萨副主席尤斯特、主席拉波尔塔、新援莱万多夫斯基、足球总监阿莱马尼以及后来升任体育总监的小克鲁伊夫（左起），在波兰中锋加盟仪式上合影。那个夏窗，拉波尔塔在巴萨财务危机之下，连番动用“杠杆”，斥资超过1.5亿欧元签下多名强援。

红蓝典藏

欧洲第一"新球场"

↑ 工业街球场是巴萨第一个属于自己的球场（图 1），这里是巴萨球迷昵称“库莱”的起源地（图 2）。随着球迷日益增多，巴萨新建了容量更大的莱斯科茨球场（图 3）。

吴昊宇

容量接近 10 万人的诺坎普球场，是欧洲观众容量最多的足球场，这里是巴塞罗那拥趸的圣殿，见证了太多荣耀时刻。从容量不过 6000 人左右的工业街球场，到容量接近 10 万人的诺坎普，主场规模的逐步壮大，与巴塞罗那俱乐部百余年的发展历程步调一致。2023 年，诺坎普球场开启整修工程，预计 2026 年完全竣工，全新的诺坎普观众容量可达 11 万人。

工业街，“库莱”起源地

1899 年巴塞罗那足球俱乐部正式成立之后，度过了大约 10 年没有固定主场的日子。巴塞罗那市内各个街道的球场，几乎都曾成为巴萨主场。直到 1909 年，俱乐部创始人甘伯决定购买一块土地，建起属于俱乐部自己的球场。

1909年3月14日，巴萨第一个属于自己的球场——工业街球场正式落成。在这座球场举办的首场正式比赛中，巴萨2∶2战平加泰罗尼亚足球俱乐部。第二场正式比赛过后，巴萨就赢得了加泰罗尼亚锦标赛冠军。

工业街球场是当时整个伊比利亚半岛第一座配备照明设施的足球场，可以容纳6000名观众，其中1500名观众在内部的木质看台，另外4500名观众位于外围看台。由于巴萨成绩出色，前往现场看球的球迷数量往往会超过球场本身容量，不少球迷需要坐在靠近街道的上层看台，他们的臀部甚至可以被街上的行人看到。久而久之，巴萨球迷有了一个统称：库莱(Cule)，这个词在加泰罗尼亚语中是臀部的意思，这是巴萨球迷昵称“库莱”的起源。

虽然在当时被标榜为“伊比利亚半岛最现代化的球场”，但工业街球场在落成时没有更衣室和淋浴间，球员甚至需要在训练课和比赛结束时使用盆装冷水洗澡，直到几个月之后，更衣室和淋浴设施才配备完毕。巴萨在1909年至1922年将工业街球场作为主场，这段时间里，俱乐部共赢得8个加泰罗尼亚锦标赛冠军和5个国王杯冠军。

莱斯科茨，见证崛起

随着俱乐部的发展，工业街球场已经难以满足逐年增加的巴萨拥趸的需求。1921年7月的俱乐部会员大会上，修建新球场的提案收获一致通过，但经济支持成为最大问题。在当年12月的特别会员大会上，巴萨高层敲定了新球场运营资金的经济框架，其中包括发行抵押债券。

↑ 1957年9月，诺坎普球场落成（上图）。在9月24日这一天，巴萨在诺坎普举办了盛大的落成典礼（下图）。

← 1982年世界杯，诺坎普球场承办了开幕式与揭幕战。

→ 作为巴萨球迷心中的圣殿，诺坎普见证了克鲁伊夫指挥“梦之队”的身影（图1），见证了梅西从毛头小伙成长为球队领袖与顶级巨星（图2），也见证了欧冠逆转巴黎圣日耳曼的神迹时刻（图3）。

1922 年 2 月 19 日，在正式签署土地契约后，巴萨为新球场的破土动工举办了隆重的奠基仪式。工程历时三个月，当年 5 月 20 日，莱斯科茨球场宣告竣工。莱斯科茨球场被视为当时欧洲规模最大的球场之一，根据巴萨官网数据，莱斯科茨球场的修建费用为 99.1 万比塞塔，球场在揭幕时可以容纳 22000 名观众。

莱斯科茨球场落成时，巴萨正处在历史上的一段黄金时期，20 世纪 20 年代的 10 年间，巴萨只让加泰罗尼亚锦标赛冠军旁落两次，还赢得过 6 次全国冠军，其中包括 1929 年第一届西甲联赛冠军。如此出色的成绩，让拥趸规模进一步增加，没过多久，容量 22000 人的莱斯科茨球场也难以满足球迷需求。1921 年至 1923 年，巴萨俱乐部正式会员从 4302 人增加至 11277 人，新球场落成仅几个月就人满为患，不少涌入球场的球迷难以找到座位，只能端坐在场边的草皮上观看比赛，这促使巴萨对球场进行扩建。

在经历西班牙内战造成的混乱之后，莱斯科茨球场在 1942 年进行了第一次改建，扩建后容量达到 32000 人。又经历几次扩建后，球场最终容量达到 48000 人。但随着库巴拉等明星球员的到来，莱斯科茨球场仍然难以容纳大量涌入球场的球迷，修建新球场的议案再次被提上日程。

20 世纪 50 年代巴萨迁入诺坎普球场后，莱斯科茨球场一度作为训练

①

②

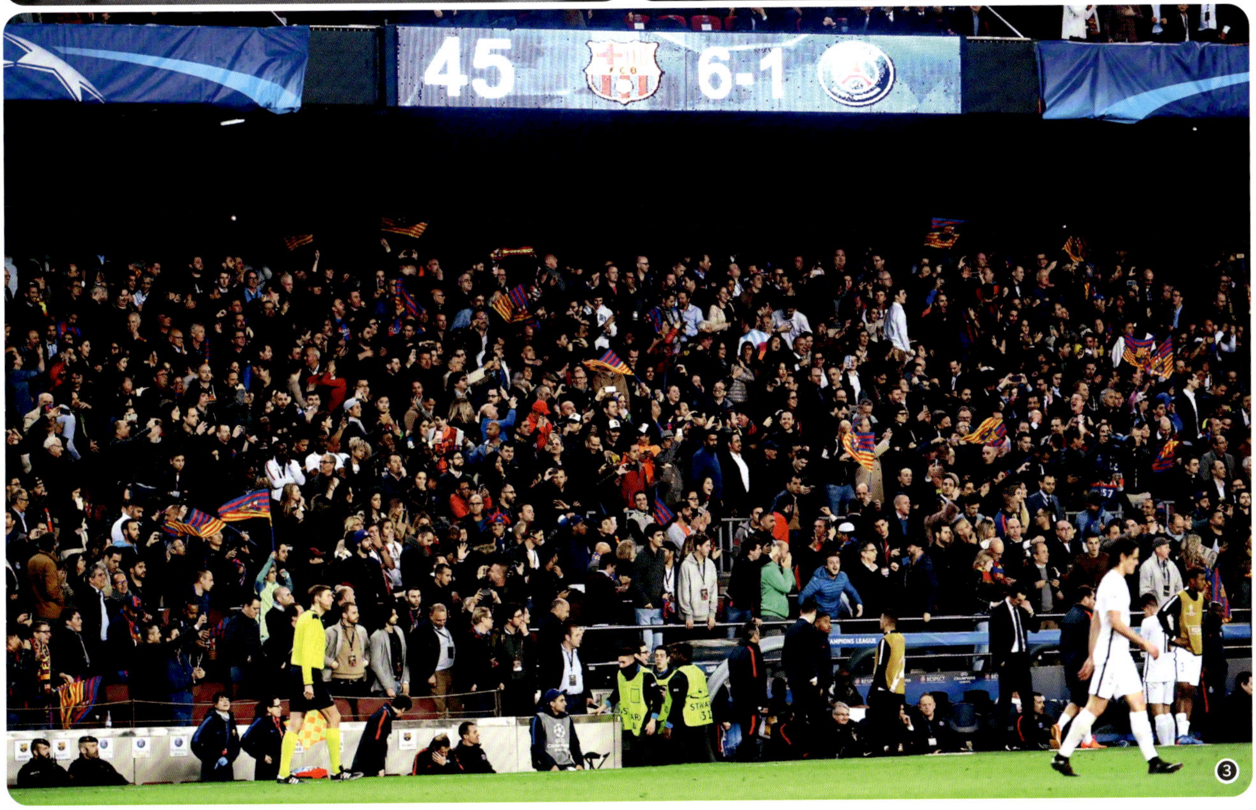

③

基地和附属球队主场使用。1966 年诺坎普落成 9 年后，莱斯科茨球场被拆除，球场所在的土地以 2.26 亿比塞塔的价格被出售，巴萨将这笔款项用于偿还修建诺坎普担负的巨额债务。莱斯科茨球场见证了巴萨 20 世纪 20 年代的辉煌、30 年代内战带来的混乱以及 40 年代的复苏。

诺坎普，红蓝殿堂

从 1948 年开始，支持修建一座容量达到 10 万人新球场的巴萨会员越来越多，但要实现这个目标并非易事。球场修建委员会与俱乐部主管始终未能达成一致，球场修建进程一度陷入僵局。

直到 1953 年弗兰塞斯克·米罗—桑斯当选巴萨主席，新球场修建才正式提上日程，米罗—桑斯始终是这一计划的坚定支持者，他决定将新球场修建在 1950 年俱乐部购得的一片土地上。新球场名称经历多次修改，巴萨原计划以创始人甘伯的名字命名，但遭到当局反对，最终董事会采用了“巴塞罗那俱乐部球场”作为名称。但这座球场在媒体和球迷间普遍被称作“新球场”，也就是 Camp Nou（诺坎普，另译“坎帕诺”）的字面意思。直到 2001 年的俱乐部全体大会，“诺坎普”才正式成为巴萨主场的官方名称。

1954 年 3 月 28 日，诺坎普修建工程正式动工，历经三年，于 1957 年 9 月正式落成。修建球场的初始预算为 6000 万比塞塔，但最终的花费

↑ 2023 年 5 月 29 日，巴萨主席拉波尔塔、主帅哈维与即将告别的队长布斯克茨等人，出席了象征诺坎普改建工程开启的“时间胶囊”仪式。

↗ 2022—2023 赛季西甲第 37 轮，巴萨主场 3 ：0 战胜马洛卡，这是诺坎普在改建工程前的最后一场比赛。赛后，球场外燃放起烟花，象征着这座传奇球场即将迎来又一次新生。

达到了 2.88 亿比塞塔，球场在落成时可容纳 99053 名观众。

1957 年 9 月 24 日，诺坎普正式落成的那天，整个巴塞罗那都被染成红蓝色，巴塞罗那大主教莫德雷戈以及来自政界、文体界的众多人士出席了落成典礼，超过 9 万观众将尚未修缮完毕的球场看台挤满。盛大的歌舞结束后，诺坎普的揭幕战随之开始，巴萨 4 ： 2 战胜华沙军团。诺坎普的首场正式比赛在 1957 年 10 月 6 日到来，巴萨在联赛中 6 ： 1 大胜哈恩。

1957 年投入使用以来，诺坎普经历了数次翻修。第一次的大规模翻修是在 1981 年，为迎接 1982 年西班牙世界杯，诺坎普球场进行了扩建，容量达到 12 万人。诺坎普承办了 1982 年西班牙世界杯的开幕式和揭幕战，上一届冠军阿根廷队在揭幕战中 0 ： 1 输给了比利时队。

诺坎普球场的第二次大规模改建是在 1994 年，根据当时欧足联的规定，球场结构必须保证观众安全，因此部分站立的观众席被取消，球场高度也有所下降。这次改建之后，诺坎普的座位总数为 99354 个。1998 年，诺坎普被欧足联评为欧洲精英球场，迄今为止共两次承办过欧冠决赛：1988—1989 赛季 AC 米兰 4 ： 0 击败布加勒斯特星，以及 1998—1999 赛季曼联补时连进两球，2 ： 1 神奇逆转拜仁慕尼黑。

伴随着俱乐部的出色战绩，诺坎普成为全世界巴萨拥趸向往的殿堂。球场中设立的巴塞罗那足球俱乐部博物馆，是加泰罗尼亚每年参观人数最多的博物馆。诺坎普附近还设有一座迷你球场，俱乐部青年队会在这里比赛，球场附近还有一座容量达到 8000 人的多功能体育馆，巴萨篮球队、曲棍球队、手球队和室内足球队会在这里训练、比赛。

2023 年，诺坎普球场迎来新一轮翻修，2023—2024 赛季的巴萨主场将暂时迁至巴塞罗那奥林匹克体育场。经过翻新的诺坎普球场，将拥有约 11 万个座位，并将增设可伸缩顶棚等设施。全新的诺坎普预计将在 2024 年末迎回球队比赛，2026 年完全竣工。更加现代化的设施，将引领巴塞罗那迈向未来。

①

②

1. 1910—1911 赛季巴萨队服式样。当时的球裤还是白色。
2. 1961—1962 赛季巴萨队服式样。20 世纪 20 年代后，巴萨球裤的颜色已变为蓝色。
3. 1974—1975 赛季巴萨全家福合照。之前的一个赛季，巴萨在主帅米歇尔斯带领下时隔多年重夺西甲冠军。
4. 1991—1992 赛季，巴萨首夺欧冠冠军。比赛中巴萨身穿橙色的客场战袍，赛后庆祝时，球员们穿上了主场球衣的上衣。由于首夺欧冠的特别意义，这套主客场队服，都成为经典款。
5. 2006 年 9 月，巴萨与联合国儿童基金会达成协议，一线队球衣胸前告别空白。
6. 2014—2015 赛季巴萨队服式样。该赛季巴萨队史第 5 次赢得欧冠冠军。球衣的领口处，增加了代表加泰罗尼亚地区旗帜的设计。
7. 2023 年 6 月 15 日，巴萨发布 2023—2024 赛季主场球衣，这是巴萨首次以女足为灵感来源设计的主场球衣。一个钻石造型被嵌入队徽中，象征着在诺坎普球场首次进行的一场女足比赛。

③

红蓝渡海而来

④

⑤

⑥

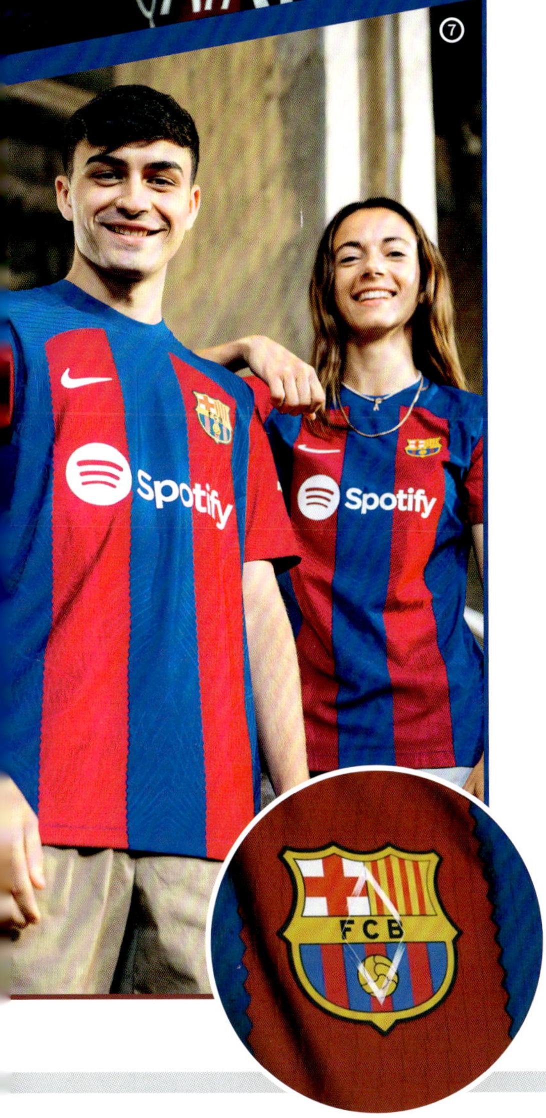

⑦

吴昊宇

在各家西班牙媒体中，巴萨最常用的代称是“Blaugrana”——红蓝军团，这个词是加泰罗尼亚语中“蓝色”和“红色”的结合体。红蓝军团的昵称始终深入人心，红色与蓝色是巴萨球衣的标志性色调。自 1899 年成立以来，巴萨主场队服的球裤颜色从白色调整到现在的蓝色，但红色与蓝色的上衣颜色搭配始终未变。在加泰罗尼亚语中，代表“Grana”的红色更趋近于深红。

关于红色和蓝色成为巴萨代表性色调的背后原因众说纷纭。广泛流传的说法是，巴萨俱乐部创始人甘伯在离开瑞士之前，在巴塞尔俱乐部有过任职经历，因此在创建巴萨之后，他将属于巴塞尔的红蓝色“移植”到了巴塞罗那，这个说法一度得到多数人的认可。

2008 年巴塞罗那本地媒体《先锋报》刊登了一篇文章，称在对 20 世纪 20 年代的报刊内容进行分析后得出结论：在巴萨初创的年代，经过广泛讨论，董事会成员决定遵循创始人甘伯的意见，在参考瑞士巴塞尔的球衣配色后，为主场球衣定下了蓝色和深红色的主色调。

到了 2016 年末，时任巴萨主席巴托梅乌与俱乐部创始人的后人们会面，甘伯后人表示，甘伯在到达巴塞罗那之前更认同的俱乐部是苏黎世，而不是巴塞尔。至于红蓝色的起源，实际上是来自英国克罗斯比的一支橄榄球队。1903 年至 1905 年巴萨主席威蒂的孙子表示，祖父曾在克罗斯比求学，学校的橄榄球队在那时身穿红蓝色球衣，这才是红蓝巴萨的真正起源。经巴萨高层证实，英国克罗斯比的确拥有一支主色调为红蓝色的橄榄球队，这个说法得到了巴萨官方的认可。

在巴萨俱乐部成立初期，主场球裤的颜色是白色，之后变成了黑色，进入 20 世纪 20 年代又变成了蓝色，并延续至今。2005—2006 赛季由于商业原因，巴萨官方推出了一款红色球裤，该设计一度引起巨大争议。巴萨的客场球衣颜色自成立以来始终在改变，在 2013—2014 赛季开始前，巴萨首次推出红黄配色的客场球衣，这是加泰罗尼亚地区旗帜的配色。

自成立以来一直到 2006 年，为了遵守传统，巴萨是极少数几家从未在一线队球衣胸前打广告的俱乐部之一。2006 年 9 月，巴萨与联合国儿童基金会达成协议，胸前广告位被联合国儿童基金会标志占据，俱乐部成立 107 年来，一线队球衣胸前首次有了标志。但这一次巴萨的做法未引发任何争议，因为俱乐部并未通过此举获益，巴萨每年还会向联合国儿童基金会的各类项目捐赠 150 万欧元，这体现了巴萨一直秉承的“不只是一家俱乐部”的理念。

2011 年，在巨额负债的压力下，巴萨在会员大会上经过投票，通过了一项有争议的决议：俱乐部接受卡塔尔基金会为期 5 年半、总额达 1.71 亿欧元的胸前广告赞助。卡塔尔基金会成为巴萨球衣的胸前广告赞助商，这是俱乐部历史上第一次接受一线队球衣胸前的商业广告赞助。

决议通过后，众多巴萨球迷表达了对于俱乐部摒弃传统的不满，他们联名要求俱乐部撤销这一赞助，克鲁伊夫也公开对俱乐部的这一行为进行批评，称这样的做法很庸俗。从卡塔尔基金会到后来的日本乐天，再到如今的“声破天”（Spotify），巴萨球衣自拥有胸前广告以来，广告主也经历了多次改变。

1910—1920
F. C. B.
1920—1936
F. C. B.
1899—1910
2002—今
FCB
FCB
1975—2002
F.C.B.
1974—1975
F. C. B.
1960—1974
C. F. B.

城市印章

吴昊宇

巴塞罗那足球俱乐部目前的队徽，是从 2002 年起沿用至今的版本。队徽轮廓如一面盾牌，上半部分左侧为圣乔治十字，圣乔治是加泰罗尼亚的主保圣人，右侧的红黄间条代表加泰罗尼亚地区旗帜。巴萨队徽的上半部分与巴塞罗那市徽同出一脉，象征着巴萨与加泰罗尼亚和巴塞罗那市的紧密联系。队徽下半部分是代表巴萨主色调的红蓝间条，以及位于中间的足球标志。整个队徽浑然一体，既涵盖了巴塞罗那的城市标识，也包含了俱乐部自身的元素。

1899 年，巴塞罗那足球俱乐部正式成立，为了体现与巴塞罗那这座城市的紧密联系，俱乐部采用了以巴塞罗那市徽为基础、稍作修改的一版标志作为队徽。这款队徽外表上看起来与巴塞罗那市徽相似，由加泰罗尼亚旗帜和圣乔治十字融合而成，仅在一些细节上有些许调整。市徽的王冠上添加了一只蝙蝠，左右两侧各增加一束月桂叶和棕榈叶。按照俱乐部官方的表述，这是凸显俱乐部与巴塞罗那市紧密相连的最好方式。

1908 年，巴萨一度遭遇严重财政危机，甘伯将俱乐部从危机中解救，之后甘伯决定重新设计一版拥有俱乐部自身特色的队徽。1910 年，巴萨面向所有会员征集新队徽样式，自家球员费梅尼亚的设计方案脱颖而出。

在当时的巴萨高层看来，这一版本的队徽完全符合设想，因此一经批准，就作为巴萨正式队徽传承至今。虽然中途经历多次调整，但基本形式没有改变，仅在细节上进行修改。

到 1936 年西班牙内战爆发前，巴萨队徽仅有过细微修改。内战结束后，巴萨队徽有过一些改动，徽章中间的“F · C · B”，按照西班牙语读法的首字母顺序，被修改成“C · F · B”，右上角的加泰罗尼亚旗帜标志，被改成只有两道红色条纹的样式。

1949 年，在巴萨俱乐部成立 50 周年之际，俱乐部队徽右上角重新恢复了原有样式。1974 年佛朗哥政权接近结束时，俱乐部队徽才基本恢复最初的设计。1975 年，巴萨队徽再度微调，左右边缘部分进一步简化。

进入 21 世纪后的 2002 年，巴萨决定对队徽进行现代化改造，俱乐部将队徽的设计工作委托给了著名设计师克拉雷特 · 塞拉伊马。目前的巴萨队徽，正是出自这位设计师之手，队徽下半部分的红蓝色更加贴近球衣色调，足球的标志也有修改。三个字母间的间隔号被去掉了，字母缩小，队徽线条也有改进，整体效果更加简约。

这款 2002 年修改的巴萨队徽一直沿用至今。2018 年巴托梅乌担任巴萨主席期间，俱乐部队徽一度有再次调整的可能，但因为遭到绝大多数会员反对而作罢。当时的新队徽设计方案中，“FCB”三个字母被去掉，增加了红蓝色部分的占比，圣乔治十字和加泰罗尼亚旗帜周边的线条也被去掉，意在进一步简化。但由于删掉字母的这一改动引发争议，本次队徽修改进程最终被叫停。

1899 年巴塞罗那足球俱乐部成立，初代队徽的设计以巴塞罗那市徽为基础。1910 年，巴萨面向会员征集新队徽样式，费梅尼亚的设计方案脱颖而出。这版队徽经批准后，其框架就传承至今，百余年来虽经历数次改动，但基本样式并无变化，仅对细节进行过调整。

2018 年，巴萨管理层一度希望修改队徽，但去掉“FCB”三个字母的设计引发争议，这一修改方案最终被叫停。

如梦

巴塞罗那全奖杯

地区赛事

加泰罗尼亚锦标赛冠军×23

1901—1902、1902—1903、1904—1905
1908—1909、1909—1910、1910—1911
1912—1913、1915—1916、1918—1919
1919—1920、1920—1921、1921—1922
1923—1924、1924—1925、1925—1926
1926—1927、1927—1928、1929—1930
1930—1931、1931—1932、1933—1934
1935—1936、1937—1938

加泰罗尼亚杯冠军×8

1990—1991、1992—1993、1999—2000
2003—2004、2004—2005、2006—2007
2012—2013、2013—2014

加泰罗尼亚超级杯冠军×2

2014、2018

国内赛事

西甲冠军×27

1929、1944—1945、1947—1948
1948—1949、1951—1952、1952—1953
1958—1959、1959—1960、1973—1974
1984—1985、1990—1991、1991—1992
1992—1993、1993—1994、1997—1998
1998—1999、2004—2005、2005—2006
2008—2009、2009—2010、2010—2011
2012—2013、2014—2015、2015—2016
2017—2018、2018—2019、2022—2023

国王杯冠军×31

1910、1912、1913、1920、1922、1925
1926、1928、1942、1951、1952
1952—1953、1957、1958—1959
1962—1963、1967—1968、1970—1971
1977—1978、1980—1981、1982—1983
1987—1988、1989—1990、1996—1997
1997—1998、2008—2009、2011—2012
2014—2015、2015—2016、2016—2017
2017—2018、2020—2021

2022—2023赛季，巴塞罗那时隔4年重夺西甲冠军。对于拥有悠久历史和辉煌战绩的巴萨来说，这并非俱乐部战绩最出色的一个赛季，但这个冠军同样意义重大：在过去的几年当中，巴萨遭遇竞技成绩与经济层面的双重困境。哈维率队赢下的这个联赛冠军，象征巴萨走出了近几年的低谷。

创立于1899年的巴塞罗那足球俱乐部是欧洲顶级豪门，在全球范围内拥有超凡影响力。1929年首届西甲联赛，巴萨就获得冠军，红蓝军团的“王者征途”就此开启。在走出因内战造成的困境后，巴萨在20世纪40年代再次崛起，并在50年代成绩起飞。1951—1952赛季，巴萨收获联赛、国内杯赛与拉丁杯三个冠军。

红蓝

但在欧冠赛场，巴萨直到 20 世纪 90 年代方才圆梦。1960—1961 赛季和 1985—1986 赛季，巴萨两度闯入欧冠决赛，却只遗憾收获亚军。1988 年，克鲁伊夫出任巴萨主帅，俱乐部的命运就此改写。克鲁伊夫打造的“梦之队”在 1992 年终于助巴萨圆梦欧冠，之后的“梦二”与“梦三”也都登顶欧洲。2009 年，瓜迪奥拉麾下的巴萨收获西甲、国王杯、欧冠、西班牙超级杯、欧洲超级杯和世俱杯这六项赛事的冠军，成就六冠王伟业。

瓜迪奥拉为巴萨开启了新时代，也为足坛带来了技术革命。这支拥有梅西、将传控做到极致的球队不但横扫欧洲足坛，还引发了广泛的学习浪潮，直接影响了世界足坛的青训培养思路。尽管瓜迪奥拉在执教 4 年后离

巴塞罗那全奖杯

国内赛事

西班牙联赛杯冠军×2
1983、1986

西班牙超级杯冠军×14
1983、1991、1992、1994、1996、2005
2006、2009、2010、2011、2013、2016
2018、2022—2023

埃娃·杜阿尔特杯冠军×3
1948、1952、1953

欧洲赛事

欧冠冠军×5
1991—1992、2005—2006、2008—2009
2010—2011、2014—2015

欧洲优胜者杯冠军×4
1978—1979、1981—1982、1988—1989
1996—1997

欧洲超级杯冠军×5
1992、1997、2009、2011、2015

博览会杯冠军×3
1955—1958、1958—1960、1965—1966

拉丁杯冠军×2
1949、1952

国际赛事

世俱杯冠军×3
2009、2011、2015

巴塞罗那金球先生

路易斯·苏亚雷斯·米拉蒙特斯

克鲁伊夫

斯托伊奇科夫

里瓦尔多

罗纳尔迪尼奥

梅西

任，但“梦三”的班底加上之后到来的内马尔、苏亚雷斯，又在 2015 年为巴萨带来队史第 5 个欧冠冠军。

拥有辉煌战绩的巴萨，为球星们提供了登峰造极的舞台。1966 年，路易斯 · 苏亚雷斯 · 米拉蒙特斯获得金球奖，巴萨自此与这一球员个人最高奖项结缘。克鲁伊夫、斯托伊奇科夫、里瓦尔多与罗纳尔迪尼奥都曾以巴萨球员的身份收获这一奖项。作为这些传奇的后辈，梅西更是在金球奖评选中成为最大赢家，阿根廷球星至今已经 8 次收获金球奖，其中 6 次是在为巴萨效力时获得，他也是金球奖评选创办至今获奖次数最多的球员。

无论名宿还是现役球员，巴萨人对于梅西态度一致，都认为梅西是队史最佳球员，并认为梅西是足坛历史最佳。在巴萨队史出场和进球榜单中，梅西皆位列榜首。他代表巴萨出战 778 场正式比赛，贡献了 672 个进球。哈维、布斯克茨、伊涅斯塔、皮克、普约尔、巴尔德斯 6 位“梦三”核心成员，也进入出场前 10 榜单。在队史射手榜上，梅西则一骑绝尘，远远领先于排名第二的“上古大神”塞萨尔 · 罗德里格斯。

拉马西亚青训出产的球员，是巴萨“梦三”时代的核心力量。之后一段时期，巴萨接连高价买入球员，但总体效果未达预期，如此豪赌式投资也导致了巴萨近些年面临的财政困境。2022 年，再次当选主席的拉波尔塔撬动“经济杠杆”引入新援，莱万多夫斯基、孔德等球员没有辜负期待，帮助巴萨重夺西甲冠军。如今的巴萨，处境仍不算十分理想，但纵观俱乐部百余年历史，红蓝军团总能以坚定的信念走出困境，迈向下一个辉煌。

巴塞罗那队史出场TOP10

排名	球员	效力时期	联赛	国内杯赛	欧战	其他	总计
1	梅西	2004—2021	520	80	153	25	778
2	哈维	1998—2015	505	70	173	19	767
3	布斯克茨	2008—2023	481	77	136	28	722
4	伊涅斯塔	2002—2018	442	73	135	24	674
5	皮克	2008—2022	397	65	133	21	616
6	普约尔	1999—2014	392	58	131	12	593
7	米格利	1973—1989	391	60	85	13	549
8	巴尔德斯	2002—2014	387	12	115	21	535
9	阿尔瓦	2012—2023	313	47	84	15	459
10	雷克萨奇	1965—1981	328	59	63	0	450

注：仅统计正式比赛出场数据。

巴塞罗那队史进球TOP10

排名	球员	效力时期	进球	出场	场均进球
1	梅西	2004—2021	672	778	0.86
2	塞萨尔·罗德里格斯	1942—1955	232	351	0.66
3	路易斯·苏亚雷斯	2014—2020	198	283	0.7
4	库巴拉	1950—1961	194	256	0.76
5	萨米铁尔	1919—1932	186	233	0.8
6	埃斯科拉	1934—1937 1940—1948	163	235	0.69
7	阿尔坎塔拉	1912—1916 1918—1927	144	141	1.02
9	埃托奥	2004—2009	130	199	0.65
9	里瓦尔多	1997—2002	130	235	0.55
10	阿罗查	1926—1933	127	145	0.88

注：仅统计正式比赛出场与进球数据。

巴塞罗那队史引援转会费TOP10

球员	转出俱乐部	转会费（欧元）	转会时间
奥斯曼·登贝莱	多特蒙德	1.4亿	2017年8月
库蒂尼奥	利物浦	1.35亿	2018年1月
格列兹曼	马竞	1.2亿	2019年7月
内马尔	桑托斯	8800万	2013年7月
弗伦基·德容	阿贾克斯	8600万	2019年7月
路易斯·苏亚雷斯	利物浦	8172万	2014年7月
伊布拉希莫维奇	国际米兰	6950万	2009年7月
皮亚尼奇	尤文图斯	6000万	2020年9月
拉菲尼亚	利兹联	5800万	2022年7月
费兰·托雷斯	曼城	5500万	2022年1月

巴塞罗那金球奖得主

路易斯·苏亚雷斯·米拉蒙特斯	1966
克鲁伊夫	1973、1974
斯托伊奇科夫	1994
里瓦尔多	1999
罗纳尔迪尼奥	2005
梅西	2009、2010、2011、2012、2015、2019

注：1997年的罗纳尔多、2000年的菲戈、2021年的梅西，曾在夏季转会离开巴萨后，最终获得该年度金球奖。

巴塞罗那世界足球先生

罗马里奥	1994
罗纳尔多	1996
里瓦尔多	1999
罗纳尔迪尼奥	2004、2005
梅西	2009、2019

注：2010年至2015年，金球奖评选与世界足球先生评选合并举办。

第1冠
1991—1992

淘汰赛第 1 轮首回合		
巴塞罗那	3:0	汉莎罗斯托克
24' 46' 米歇尔·劳德鲁普、75'（乌龙）阿尔姆斯		

淘汰赛第 1 轮次回合		
汉莎罗斯托克	1:0	巴塞罗那
64' 施皮斯		

1991—1992 欧冠决赛巴萨首发

后排左起：苏比萨雷塔、南多、萨利纳斯、科曼、米歇尔·劳德鲁普、斯托伊奇科夫、欧塞维奥
前排左起（球员）：巴克罗、费雷尔、瓜迪奥拉、胡安·卡洛斯

淘汰赛第 2 轮首回合

巴塞罗那 2 : 0 凯泽斯劳滕

43'52' 贝吉里斯坦

淘汰赛第 2 轮次回合

凯泽斯劳滕 3 : 1 巴塞罗那

35'49' 霍蒂奇、76' 霍尔拜克 /90' 巴克罗

小组复赛第 1 轮

巴塞罗那 3 : 2 布拉格斯巴达

15' 阿莫尔、33' 米歇尔·劳德鲁普、61' 巴克罗 /18' 弗拉贝茨、64' 涅梅切克

小组复赛第 2 轮

本菲卡 0 : 0 巴塞罗那

小组复赛第 3 轮

基辅迪纳摩 0 : 2 巴塞罗那

32' 斯托伊奇科夫、68' 萨利纳斯

小组复赛第 4 轮

巴塞罗那 3 : 0 基辅迪纳摩

59'83' 斯托伊奇科夫、87' 萨利纳斯

小组复赛第 5 轮

布拉格斯巴达 1 : 0 巴塞罗那

66' 西格尔

小组复赛第 6 轮

巴塞罗那 2 : 1 本菲卡

12' 斯托伊奇科夫、24' 巴克罗 /28' 塞萨尔·布里托

B 组第 1 名，6 战 4 胜 1 平 1 负积 9 分，得失球 10 比 4。

决赛

巴塞罗那 1 : 0 桑普多利亚

112' 科曼

第2冠

2005—2006

小组赛第 1 轮

云达不来梅 0:2 巴塞罗那

13' 德科、77'（点）罗纳尔迪尼奥

小组赛第 2 轮

巴塞罗那 4:1 乌迪内斯

13'32'90'（点）罗纳尔迪尼奥、41' 德科 /24' 费利佩

半决赛首回合

AC 米兰 0:1 巴塞罗那

57' 久利

半决赛次回合

巴塞罗那 0:0 AC 米兰

决赛

巴塞罗那 2:1 阿森纳

76' 埃托奥、81' 贝莱蒂 37' 坎贝尔

小组赛第 3 轮

帕纳辛奈科斯 0:0 巴塞罗那

小组赛第 4 轮

巴塞罗那 5:0 帕纳辛奈科斯

1' 范博梅尔、14'40'65' 埃托奥、34' 梅西

小组赛第 5 轮

巴塞罗那 3:1 云达不来梅

14' 加布里、26' 罗纳尔迪尼奥、71' 拉尔森 /22' 博罗夫斯基

小组赛第 6 轮

乌迪内斯 0:2 巴塞罗那

85' 埃斯克罗、90' 伊涅斯塔

C 组第 1 名，6 战 5 胜 1 平积 16 分，得失球 16 比 2。

2005—2006 欧冠决赛巴萨首发

后排左起（球员）： 罗纳尔迪尼奥、埃德米尔森、拉斐尔·马克斯、范博梅尔、奥莱格、巴尔德斯、埃托奥

前排左起（球员）： 范布隆克霍斯特、久利、德科、普约尔

1/8 决赛首回合

切尔西 1:2 巴塞罗那

59'（乌龙）蒂亚戈·莫塔 /72'（乌龙）特里、80' 埃托奥

1/8 决赛次回合

巴塞罗那 1:1 切尔西

78' 罗纳尔迪尼奥　90+2' 兰帕德

1/4 决赛首回合

本菲卡 0:0 巴塞罗那

1/4 决赛次回合

巴塞罗那 2:0 本菲卡

19' 罗纳尔迪尼奥、89' 埃托奥

第3冠 2008—2009

2008—2009 欧冠决赛巴萨首发

后排左起： 亚亚·图雷、布斯克茨、皮克、西尔维尼奥、埃托奥、巴尔德斯
前排左起： 梅西、亨利、伊涅斯塔、哈维、普约尔

决赛

巴塞罗那 2:0 曼联

10' 埃托奥、70' 梅西

半决赛次回合

切尔西 1:1 巴塞罗那

9' 埃辛　90+3' 伊涅斯塔

半决赛首回合

巴塞罗那 0:0 切尔西

1/4 决赛次回合

拜仁慕尼黑 1:1 巴塞罗那

47' 里贝里　73' 凯塔

1/4 决赛首回合

巴塞罗那 4:0 拜仁慕尼黑

9'38' 梅西、12' 埃托奥、43' 亨利

小组赛第 1 轮

巴塞罗那 3：1 里斯本竞技

20' 拉法·马克斯、59'（点）埃托奥、88' 哈维 /72' 托内尔

小组赛第 2 轮

顿涅茨克矿工 1：2 巴塞罗那

44' 伊尔西尼奥　87'90+2' 梅西

小组赛第 3 轮

巴塞尔 0：5 巴塞罗那

4' 梅西、15' 布斯克茨、22'47' 博扬、48' 哈维

小组赛第 4 轮

巴塞罗那 1：1 巴塞尔

61' 梅西　81' 德尔迪约克

小组赛第 5 轮

里斯本竞技 2：5 巴塞罗那

64' 米格尔·维洛佐、65' 列德松 /13' 亨利、17' 皮克、49' 梅西、66'（乌龙）卡内拉、73'（点）博扬

小组赛第 6 轮

巴塞罗那 2：3 顿涅茨克矿工

59' 西尔维尼奥、84' 布斯克茨 /31'57' 格拉德基、76' 费尔南迪尼奥

C 组第 1 名，6 战 4 胜 1 平 1 负积 13 分，得失球 18 比 8。

1/8 决赛首回合

里昂 1：1 巴塞罗那

7' 儒尼尼奥　67' 亨利

1/8 决赛次回合

巴塞罗那 5：2 里昂

25'27' 亨利、40' 梅西、43' 埃托奥、90+5' 凯塔 /45' 让·马孔、48' 儒尼尼奥

第4冠
2010—2011

2010—2011 欧冠决赛巴萨首发

后排左起：阿比达尔、佩德罗、马斯切拉诺、布斯克茨、皮克、巴尔德斯

前排左起：梅西、阿尔维斯、比利亚、伊涅斯塔、哈维

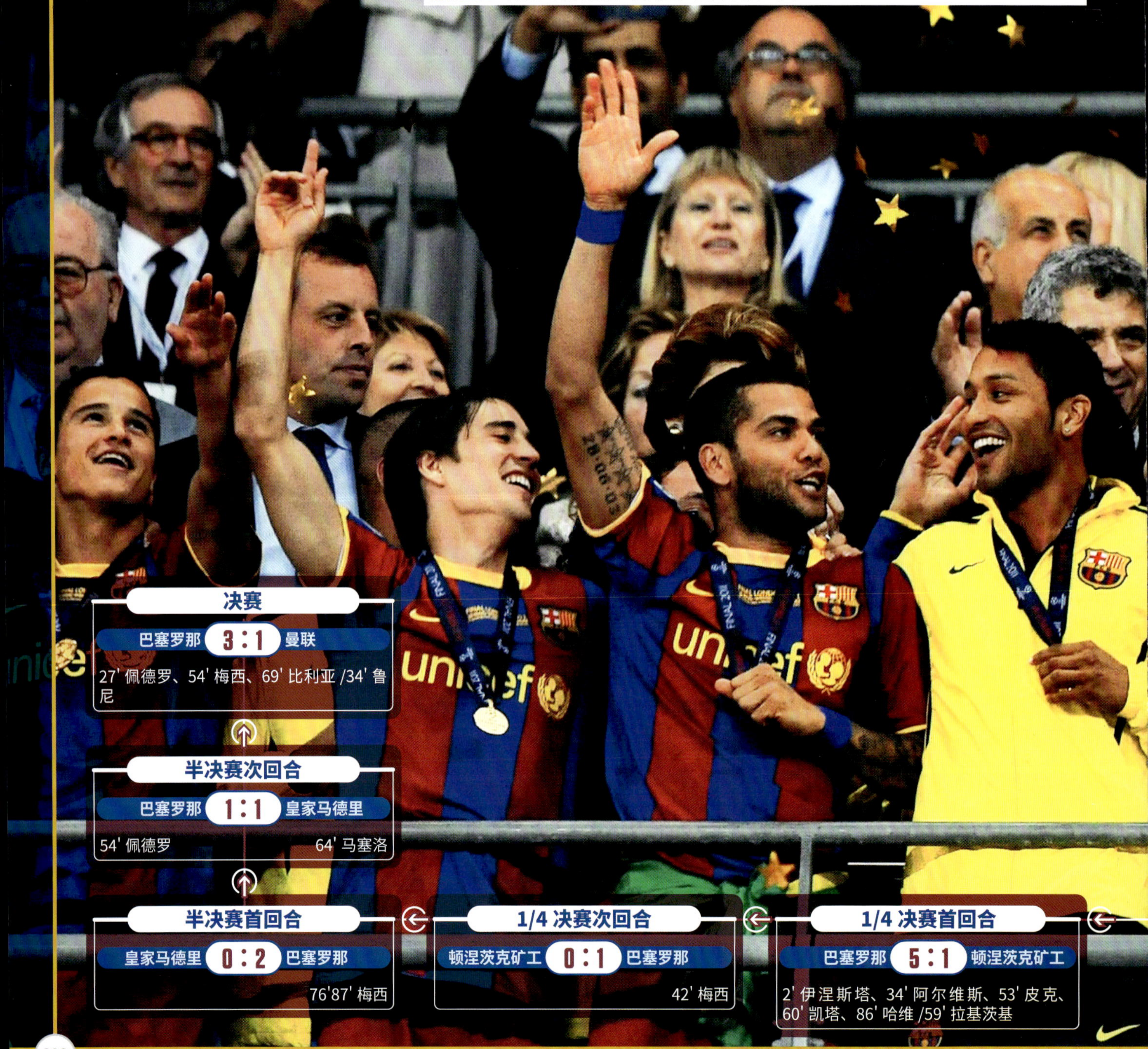

决赛

巴塞罗那 3：1 曼联

27' 佩德罗、54' 梅西、69' 比利亚 /34' 鲁尼

半决赛次回合

巴塞罗那 1：1 皇家马德里

54' 佩德罗　64' 马塞洛

半决赛首回合

皇家马德里 0：2 巴塞罗那

76'87' 梅西

1/4 决赛次回合

顿涅茨克矿工 0：1 巴塞罗那

42' 梅西

1/4 决赛首回合

巴塞罗那 5：1 顿涅茨克矿工

2' 伊涅斯塔、34' 阿尔维斯、53' 皮克、60' 凯塔、86' 哈维 /59' 拉基茨基

小组赛第 1 轮

巴塞罗那 5:1 帕纳辛奈科斯

22'45' 梅西、33' 比利亚、77' 佩德罗、90+2' 阿尔维斯 /20' 戈武

小组赛第 2 轮

喀山红宝石 1:1 巴塞罗那

30' 诺沃亚　60' 比利亚

小组赛第 3 轮

巴塞罗那 2:0 哥本哈根

18'90+1' 梅西

小组赛第 4 轮

哥本哈根 1:1 巴塞罗那

32' 克劳德米尔　21' 梅西

小组赛第 5 轮

帕纳辛奈科斯 0:3 巴塞罗那

27'69' 佩德罗、63' 梅西

小组赛第 6 轮

巴塞罗那 2:0 喀山红宝石

50' 丰塔斯、81' 比克托·巴斯克斯

D 组第 1 名，6 战 4 胜 2 平积 14 分，得失球 14 比 3。

1/8 决赛首回合

阿森纳 2:1 巴塞罗那

78' 范佩西、83' 阿尔沙文 /26' 比利亚

1/8 决赛次回合

巴塞罗那 3:1 阿森纳

49'72'（点）梅西、69' 哈维 /53'（乌龙）布斯克茨

第5冠 2014—2015

2014—2015 欧冠决赛巴萨首发

后排左起：特尔斯特根、马斯切拉诺、拉基蒂奇、布斯克茨、皮克
前排左起：梅西、阿尔维斯、内马尔、伊涅斯塔、苏亚雷斯、阿尔瓦

决赛

尤文图斯 1:3 巴塞罗那

55′ 莫拉塔 /4′ 拉基蒂奇、68′ 苏亚雷斯、90+7′ 内马尔

半决赛次回合

拜仁慕尼黑 3:2 巴塞罗那

7′ 贝纳蒂亚、59′ 莱万多夫斯基、74′ 托马斯·穆勒 /15′29′ 内马尔

半决赛首回合

巴塞罗那 3:0 拜仁慕尼黑

77′80′ 梅西、90+4′ 内马尔

1/4 决赛次回合

巴塞罗那 2:0 巴黎圣日耳曼

14′34′ 内马尔

1/4 决赛首回合

巴黎圣日耳曼 1:3 巴塞罗那

82′（乌龙）马蒂厄 /18′ 内马尔、67′79′ 苏亚雷斯

小组赛第 1 轮

巴塞罗那 1:0 希腊人竞技

28' 皮克

小组赛第 2 轮

巴黎圣日耳曼 3:2 巴塞罗那

10' 大卫·路易斯、26' 维拉蒂、54' 马图伊迪 /12' 梅西、56' 内马尔

小组赛第 3 轮

巴塞罗那 3:1 阿贾克斯

8' 内马尔、24' 梅西、90' 桑德罗·拉米雷斯 /88' 加齐

小组赛第 4 轮

阿贾克斯 0:2 巴塞罗那

36'76' 梅西

小组赛第 5 轮

希腊人竞技 0:4 巴塞罗那

27' 苏亚雷斯、38'58'67' 梅西

小组赛第 6 轮

巴塞罗那 3:1 巴黎圣日耳曼

19' 梅西、41' 内马尔、77' 苏亚雷斯 /15' 伊布拉希莫维奇

F 组第 1 名，6 战 5 胜 1 负积 15 分，得失球 15 比 5。

1/8 决赛首回合

曼城 1:2 巴塞罗那

69' 阿圭罗 16'30' 苏亚雷斯

1/8 决赛次回合

巴塞罗那 1:0 曼城

31' 拉基蒂奇

红蓝战纪

赛季	国内赛事	场次	胜	平	负	进球	失球	积分	排名	国王杯	欧战	成绩	其他	成绩	队内联赛最佳射手	进球数	主帅
1899—1900	—	—	—	—	—	—	—	—	—	—	—	—	—	—	—	—	—
1900—1901	地区赛事	6	4	1	1	47	3	9	2	—	—	—	—	—	—	—	—
1901—1902	地区赛事	8	8	0	0	60	2	16	冠军	亚军	—	—	—	—	—	—	—
1902—1903	地区赛事	14	12	2	0	45	10	26	冠军	—	—	—	—	—	—	—	—
1903—1904	地区赛事	16	10	3	3	57	15	23	4	—	—	—	—	—	—	—	—
1904—1905	地区赛事	8	5	2	1	21	12	12	冠军	—	—	—	—	—	—	—	—
1905—1906	地区赛事	6	3	0	3	16	10	6	3	—	—	—	—	—	—	—	—
1906—1907	地区赛事	—	—	—	—	—	—	—	2	—	—	—	—	—	—	—	—
1907—1908	地区赛事	6	4	1	1	18	6	9	2	—	—	—	—	—	—	—	—
1908—1909	地区赛事	7	4	3	0	16	7	11	冠军	4强	—	—	—	—	—	—	—
1909—1910	地区赛事	10	10	0	0	46	3	20	冠军	冠军	—	—	—	—	—	—	—
1910—1911	地区赛事	7	7	0	0	25	7	14	冠军	8强	—	—	—	—	—	—	—
1911—1912	地区赛事	10	6	2	2	51	8	14	2	冠军	—	—	—	—	—	—	比利·拉姆、迈尔斯·巴伦
1912—1913	地区赛事	4	3	0	1	24	9	6	冠军	冠军	—	—	—	—	—	—	杰克·奥尔德森
1913—1914	地区赛事	8	5	0	3	—	—	10	3	—	—	—	—	—	—	—	杰克·格林韦尔
1914—1915	地区赛事	9	8	0	1	24	6	16	2	—	—	—	—	—	—	—	杰克·格林韦尔
1915—1916	地区赛事	13	13	0	0	64	12	26	冠军	4强	—	—	—	—	—	—	杰克·格林韦尔
1916—1917	地区赛事	8	4	2	2	16	8	10	3	—	—	—	—	—	—	—	杰克·格林韦尔
1917—1918	地区赛事	10	6	1	3	17	11	13	3	—	—	—	—	—	—	—	杰克·格林韦尔
1918—1919	地区赛事	10	8	1	1	31	6	17	冠军	亚军	—	—	—	—	—	—	杰克·格林韦尔
1919—1920	地区赛事	10	9	1	0	28	7	19	冠军	冠军	—	—	—	—	—	—	杰克·格林韦尔
1920—1921	地区赛事	10	6	3	1	17	8	15	冠军	—	—	—	—	—	—	—	杰克·格林韦尔
1921—1922	地区赛事	10	9	1	0	63	8	19	冠军	冠军	—	—	—	—	—	—	杰克·格林韦尔
1922—1923	地区赛事	10	8	1	1	24	9	17	2	—	—	—	—	—	—	—	杰克·格林韦尔
1923—1924	地区赛事	10	10	0	0	28	7	20	冠军	4强	—	—	—	—	—	—	阿尔夫·斯庞瑟、耶绍·波索尼、拉尔夫·柯比
1924—1925	地区赛事	14	9	2	3	25	9	20	冠军	冠军	—	—	—	—	—	—	拉尔夫·柯比
1925—1926	地区赛事	14	9	2	3	35	11	20	冠军	冠军	—	—	—	—	—	—	拉尔夫·柯比、里夏德·东比
1926—1927	地区赛事	14	11	1	2	64	20	23	冠军	4强	—	—	—	—	—	—	里夏德·东比、罗马·福恩斯
1927—1928	地区赛事	14	12	0	2	56	11	24	冠军	冠军	—	—	—	—	—	—	罗马·福恩斯
1928—1929	西甲联赛	18	11	3	4	37	23	25	冠军	4强	—	—	—	—	帕雷拉	11	罗马·福恩斯、詹姆斯·贝拉米
	地区赛事	10	5	2	3	23	13	12	3								
1929—1930	西甲联赛	18	11	1	6	46	36	23	2	4强	—	—	—	—	贝斯蒂特	12	詹姆斯·贝拉米
	地区赛事	10	8	0	2	33	6	16	冠军								
1930—1931	西甲联赛	18	7	7	4	40	43	21	4	16强	—	—	—	—	阿罗查	16	詹姆斯·贝拉米
	地区赛事	10	8	1	1	34	10	17	冠军								
1931—1932	西甲联赛	18	10	4	4	40	26	24	3	亚军	—	—	—	—	萨米铁尔	10	杰克·格林韦尔
	地区赛事	14	11	1	2	43	11	23	冠军								
1932—1933	西甲联赛	18	7	5	6	42	34	19	4	32强	—	—	—	—	胡安·拉蒙·佩拉	12	杰克·格林韦尔
	地区赛事	14	12	1	1	53	15	25	2								
1933—1934	西甲联赛	18	8	0	10	42	40	16	9	8强	—	—	—	—	本托尔拉	14	里夏德·东比、拉蒙·萨瓦洛
	地区赛事	14	9	2	3	36	19	20	3								
1934—1935	西甲联赛	22	9	6	7	55	44	24	6	8强	—	—	—	—	埃斯科拉	18	弗朗茨·普洛特科
	地区赛事	10	8	1	1	36	10	17	冠军								
1935—1936	西甲联赛	22	11	2	9	39	32	24	5	亚军	—	—	—	—	埃斯科拉	13	帕特里克·奥康奈尔
	地区赛事	10	9	1	0	41	9	19	冠军								
1936—1937	地区赛事	10	5	2	3	24	16	12	2	—	—	—	—	—	—	—	帕特里克·奥康奈尔
1937—1938	加泰罗尼亚联赛	17	4	1	2	86	26	29	冠军	—	—	—	—	—	—	—	帕特里克·奥康奈尔
	地区赛事	14	10	1	3	42	13	21	冠军								
1938—1939	受西班牙内战（1936.7.17—1939.4.1）影响，西班牙国内联赛停摆。巴萨此前两个赛季参加了地区性赛事，1938—1939赛季仅参与友谊赛。																帕特里克·奥康奈尔
1939—1940	西甲联赛	22	8	3	11	32	38	19	9	8强	—	—	—	—	埃雷里塔	8	帕特里克·奥康奈尔、何塞普·普拉纳斯
	地区赛事	10	5	0	5	29	20	10	3								
1940—1941	西甲联赛	22	13	1	8	55	45	27	4	16强	—	—	—	—	马里亚诺·马丁·阿隆索	12	何塞普·普拉纳斯
1941—1942	西甲联赛	26	8	3	15	57	66	19	12	冠军	—	—	—	—	马里亚诺·马丁·阿隆索	17	拉蒙·古斯曼、霍安·何塞普·诺格斯
1942—1943	西甲联赛	26	14	4	8	77	50	32	3	4强	—	—	—	—	马里亚诺·马丁·阿隆索	30	霍安·何塞普·诺格斯
1943—1944	西甲联赛	26	10	8	8	59	46	28	6	16强	—	—	—	—	马里亚诺·马丁·阿隆索	24	霍安·何塞普·诺格斯
1944—1945	西甲联赛	26	17	5	4	50	30	39	冠军	16强	—	—	—	—	埃斯科拉	16	何塞普·萨米铁尔
1945—1946	西甲联赛	26	14	7	5	48	31	35	2	16强	—	—	—	—	塞萨尔	11	何塞普·萨米铁尔
1946—1947	西甲联赛	26	14	3	9	59	42	31	4	8强	—	—	—	—	塞萨尔、塞格尔	10	何塞普·萨米铁尔
1947—1948	西甲联赛	26	15	7	4	65	31	37	冠军	16强	—	—	埃娃·杜阿尔特杯	冠军	塞萨尔	19	恩里克·费尔南德斯
1948—1949	西甲联赛	26	16	5	5	66	36	37	冠军	4强	—	—	埃娃·杜阿尔特杯	亚军	塞萨尔	28	恩里克·费尔南德斯
1949—1950	西甲联赛	26	13	3	10	67	47	29	5	16强	—	—	—	—	塞萨尔	19	恩里克·费尔南德斯、拉蒙·略伦斯
1950—1951	西甲联赛	30	16	3	11	83	61	35	4	冠军	—	—	埃娃·杜阿尔特杯	亚军	塞萨尔	29	道西克
1951—1952	西甲联赛	30	19	5	6	92	43	43	冠军	冠军	—	—	埃娃·杜阿尔特杯	冠军	库巴拉	26	道西克
1952—1953	西甲联赛	30	19	4	7	82	43	42	冠军	冠军	—	—	埃娃·杜阿尔特杯	冠军	莫雷诺	22	道西克
1953—1954	西甲联赛	30	16	4	10	74	39	36	2	亚军	—	—	—	—	库巴拉	23	道西克
1954—1955	西甲联赛	30	17	7	6	75	39	41	2	4强	—	—	—	—	库巴拉、比利亚韦德	14	桑德罗·普波
1955—1956	西甲联赛	30	22	3	5	67	26	47	2	8强	博览会杯	冠军	—	—	库巴拉	14	弗朗茨·普洛特科
1956—1957	西甲联赛	30	16	7	7	70	37	39	3	冠军	—	—	—	—	路易斯·苏亚雷斯·米拉蒙特斯	13	多明戈·巴尔曼亚
1957—1958	西甲联赛	30	17	4	9	69	38	38	3	4强	—	—	—	—	特哈达	14	多明戈·巴尔曼亚
1958—1959	西甲联赛	30	24	3	3	96	26	51	冠军	冠军	博览会杯	冠军	—	—	埃瓦里斯托	20	埃雷尼奥·埃雷拉
1959—1960	西甲联赛	30	22	2	6	86	28	46	冠军	8强	欧冠	4强	—	—	欧洛希奥·马丁内斯	23	埃雷尼奥·埃雷拉、恩里克·拉瓦萨
1960—1961	西甲联赛	30	13	6	11	62	47	32	4	16强	欧冠	亚军	—	—	埃瓦里斯托	11	柳比沙·布罗契奇、恩里克·奥里绍拉
											博览会杯	8强					
1961—1962	西甲联赛	30	18	4	8	81	46	40	2	8强	博览会杯	亚军	—	—	埃瓦里斯托	20	路易斯·米罗、库巴拉
1962—1963	西甲联赛	30	11	9	10	45	36	31	6	冠军	博览会杯	16强	—	—	萨尔杜亚	10	库巴拉、何塞普·贡萨尔沃

赛季	国内赛事	场次	胜	平	负	进球	失球	积分	排名	国王杯	欧战	成绩	其他	成绩	队内联赛最佳射手	进球数	主帅
1963—1964	西甲联赛	30	19	4	7	74	38	42	2	4强	优胜者杯	48强	—	—	卡耶塔诺·雷	17	塞萨尔·罗德里格斯
1964—1965	西甲联赛	30	14	4	12	59	41	32	6	8强	博览会杯	第3轮	—	—	卡耶塔诺·雷	25	塞萨尔·罗德里格斯、比森特·萨索特
1965—1966	西甲联赛	30	16	6	8	51	27	38	3	4强	博览会杯	冠军	—	—	华金·里费	9	罗克·奥尔森
1966—1967	西甲联赛	30	20	2	8	58	29	42	2	16强	博览会杯	16强	—	—	富斯特、萨瓦利亚	10	罗克·奥尔森
1967—1968	西甲联赛	30	15	9	6	48	29	39	2	冠军	博览会杯	48强	—	—	萨尔杜亚	12	萨尔瓦多·阿蒂加斯
1968—1969	西甲联赛	30	13	10	7	40	18	36	3	16强	优胜者杯	亚军	—	—	萨尔杜亚	11	萨尔瓦多·阿蒂加斯
1969—1970	西甲联赛	30	13	9	8	40	31	35	4	8强	博览会杯	16强	—	—	雷克萨奇	7	萨尔瓦多·阿蒂加斯、何塞普·塞格尔、维克·白金汉
1970—1971	西甲联赛	30	19	5	6	50	22	43	2	冠军	博览会杯	16强	—	—	雷克萨奇	17	维克·白金汉
1971—1972	西甲联赛	34	17	9	8	40	26	43	3	8强	优胜者杯	16强	—	—	阿森西	9	米歇尔斯
1972—1973	西甲联赛	34	18	10	6	41	21	46	2	16强	联盟杯	48强	—	—	巴里奥斯	8	米歇尔斯
1973—1974	西甲联赛	34	21	8	5	75	24	50	冠军	亚军	联盟杯	48强	—	—	马西亚尔	17	米歇尔斯
1974—1975	西甲联赛	34	15	7	12	57	36	37	3	8强	欧冠	4强	—	—	马诺洛·克拉雷斯	10	米歇尔斯
1975—1976	西甲联赛	34	18	7	9	61	41	43	2	8强	联盟杯	4强	—	—	内斯肯斯	12	亨内斯·魏斯魏勒、劳雷亚诺·鲁伊斯
1976—1977	西甲联赛	34	18	9	7	69	34	45	2	16强	联盟杯	8强	—	—	马诺洛·克拉雷斯	22	米歇尔斯
1977—1978	西甲联赛	34	16	9	9	49	29	41	2	冠军	联盟杯	4强	—	—	阿森西、雷克萨奇	9	米歇尔斯
1978—1979	西甲联赛	34	16	6	12	69	37	38	5	16强	优胜者杯	冠军	—	—	克兰克尔	29	吕西安·米勒、华金·里费
1979—1980	西甲联赛	34	13	12	9	42	33	38	5	16强	优胜者杯	8强	欧洲超级杯	亚军	西蒙森	10	华金·里费、埃雷尼奥·埃雷拉
1980—1981	西甲联赛	34	18	5	11	66	41	41	5	冠军	联盟杯	16强	—	—	基尼	20	库巴拉、埃雷尼奥·埃雷拉
1981—1982	西甲联赛	34	19	7	8	75	40	45	2	16强	优胜者杯	冠军	—	—	基尼	27	乌多·拉特克
1982—1983	西甲联赛	34	17	10	7	60	29	44	4	冠军	优胜者杯	8强	欧洲超级杯	亚军	马拉多纳	11	乌多·拉特克、何塞·路易斯·罗梅罗、梅诺蒂
													西班牙联赛杯	冠军			
1983—1984	西甲联赛	34	20	8	6	62	28	48	3	亚军	优胜者杯	8强	西班牙超级杯	冠军	马科斯·阿隆索·培尼亚	12	梅诺蒂
													西班牙联赛杯	4强			
1984—1985	西甲联赛	34	21	11	2	69	25	53	冠军	8强	优胜者杯	32强	西班牙联赛杯	8强	阿奇博尔德	15	维纳布尔斯
1985—1986	西甲联赛	34	18	9	7	61	36	45	2	亚军	欧冠	亚军	西班牙超级杯	亚军	舒斯特尔	10	维纳布尔斯
													西班牙联赛杯	冠军			
1986—1987	西甲联赛	34	18	13	3	51	22	49	2	16强	联盟杯	8强	—	—	莱因克尔	20	维纳布尔斯
1987—1988	西甲联赛	38	15	9	14	49	44	39	6	冠军	联盟杯	8强	—	—	莱因克尔	16	维纳布尔斯、阿拉贡内斯、雷克萨奇
1988—1989	西甲联赛	38	23	11	4	80	26	57	2	8强	优胜者杯	冠军	西班牙超级杯	亚军	萨利纳斯	20	克鲁伊夫
1989—1990	西甲联赛	38	23	5	10	83	39	51	3	冠军	优胜者杯	16强	欧洲超级杯	亚军	萨利纳斯	15	克鲁伊夫
1990—1991	西甲联赛	38	25	7	6	74	33	57	冠军	4强	优胜者杯	亚军	西班牙超级杯	亚军	斯托伊奇科夫	14	克鲁伊夫
1991—1992	西甲联赛	38	23	9	6	87	37	55	冠军	16强	欧冠	冠军	西班牙超级杯	冠军	斯托伊奇科夫	17	克鲁伊夫
1992—1993	西甲联赛	38	25	8	5	87	34	58	冠军	4强	欧冠	16强	西班牙超级杯	冠军	斯托伊奇科夫	20	克鲁伊夫
													欧洲超级杯	冠军			
													洲际杯	亚军			
1993—1994	西甲联赛	38	25	6	7	91	42	56	冠军	8强	欧冠	亚军	西班牙超级杯	亚军	罗马里奥	30	克鲁伊夫
1994—1995	西甲联赛	38	18	10	10	60	45	46	4	16强	欧冠	8强	西班牙超级杯	冠军	约尔迪·克鲁伊夫、科曼、斯托伊奇科夫	9	克鲁伊夫
1995—1996	西甲联赛	42	22	14	6	72	39	80	3	亚军	联盟杯	4强	—	—	奥斯卡·加西亚	10	克鲁伊夫、雷克萨奇
1996—1997	西甲联赛	42	28	6	8	102	48	90	2	冠军	优胜者杯	冠军	西班牙超级杯	冠军	罗纳尔多	34	博比·罗布森
1997—1998	西甲联赛	38	23	5	10	78	56	74	冠军	冠军	欧冠	小组赛	西班牙超级杯	亚军	里瓦尔多	19	范加尔
													欧洲超级杯	冠军			
1998—1999	西甲联赛	38	24	7	7	87	43	79	冠军	8强	欧冠	小组赛	西班牙超级杯	亚军	里瓦尔多	24	范加尔
1999—2000	西甲联赛	38	19	7	12	70	46	64	2	4强	欧冠	4强	西班牙超级杯	亚军	克鲁伊维特	15	范加尔
2000—2001	西甲联赛	38	17	12	9	80	57	63	4	4强	欧冠	小组赛	—	—	里瓦尔多	23	费雷尔、雷克萨奇
											联盟杯	4强					
2001—2002	西甲联赛	38	18	10	10	65	37	64	4	64强	欧冠	4强	—	—	克鲁伊维特	18	雷克萨奇
2002—2003	西甲联赛	38	15	11	12	63	47	56	6	64强	欧冠	8强	—	—	克鲁伊维特	16	范加尔、德拉克鲁斯、安蒂奇
2003—2004	西甲联赛	38	21	9	8	63	39	72	2	8强	联盟杯	16强	—	—	罗纳尔迪尼奥	15	里杰卡尔德
2004—2005	西甲联赛	38	25	9	4	73	29	84	冠军	64强	欧冠	16强	—	—	埃托奥	25	里杰卡尔德
2005—2006	西甲联赛	38	25	7	6	80	35	82	冠军	8强	欧冠	冠军	西班牙超级杯	冠军	埃托奥	26	里杰卡尔德
2006—2007	西甲联赛	38	22	10	6	78	33	76	2	4强	欧冠	16强	西班牙超级杯	冠军	罗纳尔迪尼奥	21	里杰卡尔德
													欧洲超级杯	亚军			
													世俱杯	亚军			
2007—2008	西甲联赛	38	19	10	9	76	43	67	3	4强	欧冠	4强	—	—	埃托奥	16	里杰卡尔德
2008—2009	西甲联赛	38	27	6	5	105	35	87	冠军	冠军	欧冠	冠军	—	—	埃托奥	30	瓜迪奥拉
2009—2010	西甲联赛	38	31	6	1	98	24	99	冠军	16强	欧冠	4强	西班牙超级杯	冠军	梅西	34	瓜迪奥拉
													欧洲超级杯	冠军			
													世俱杯	冠军			
2010—2011	西甲联赛	38	30	6	2	95	21	96	冠军	亚军	欧冠	冠军	西班牙超级杯	冠军	梅西	31	瓜迪奥拉
2011—2012	西甲联赛	38	28	7	3	114	29	91	2	冠军	欧冠	4强	西班牙超级杯	冠军	梅西	50	瓜迪奥拉
													欧洲超级杯	冠军			
													世俱杯	冠军			
2012—2013	西甲联赛	38	32	4	2	115	40	100	冠军	4强	欧冠	4强	西班牙超级杯	亚军	梅西	46	比拉诺瓦
2013—2014	西甲联赛	38	27	6	5	100	33	87	2	亚军	欧冠	8强	西班牙超级杯	冠军	梅西	28	马蒂诺
2014—2015	西甲联赛	38	30	4	4	110	21	94	冠军	冠军	欧冠	冠军	—	—	梅西	43	路易斯·恩里克
2015—2016	西甲联赛	38	29	4	5	112	29	91	冠军	冠军	欧冠	8强	西班牙超级杯	亚军	路易斯·苏亚雷斯	40	路易斯·恩里克
													欧洲超级杯	冠军			
													世俱杯	冠军			
2016—2017	西甲联赛	38	28	6	4	116	37	90	2	冠军	欧冠	8强	西班牙超级杯	冠军	梅西	37	路易斯·恩里克
2017—2018	西甲联赛	38	28	9	1	99	29	93	冠军	冠军	欧冠	8强	西班牙超级杯	亚军	梅西	34	埃内斯托·巴尔韦德
2018—2019	西甲联赛	38	26	9	3	90	36	87	冠军	亚军	欧冠	4强	西班牙超级杯	冠军	梅西	36	埃内斯托·巴尔韦德
2019—2020	西甲联赛	38	25	7	6	86	38	82	2	8强	欧冠	8强	西班牙超级杯	4强	梅西	25	埃内斯托·巴尔韦德、塞蒂恩
2020—2021	西甲联赛	38	24	7	7	85	38	79	3	冠军	欧冠	16强	西班牙超级杯	亚军	梅西	30	科曼
2021—2022	西甲联赛	38	21	10	7	68	38	73	2	16强	欧冠	小组赛	西班牙超级杯	4强	孟菲斯·德佩	12	科曼、塞尔吉·巴尔胡安、哈维
													欧联杯	8强			
2022—2023	西甲联赛	38	28	4	6	70	20	88	冠军	4强	欧冠	小组赛	西班牙超级杯	冠军	莱万多夫斯基	23	哈维
											欧联杯	32强					

后记

“不只是一家俱乐部（Mes Que Un Club）。”这句格言出现在诺坎普看台最显眼的地方，每场比赛都呈现给全球的观众。更重要的是，这个信念存在于每个巴塞罗那球迷的心中。但又有几人知道，这句话出自一位只在位不到两年的俱乐部主席，是德卡雷拉斯就职演说的一部分。而这家代表着加泰罗尼亚民族精神的俱乐部，其实是由外国人成立，并由一批又一批来自全世界的传奇球员推到现在的高度。

和世界上每个民族一样，巴萨的历史是一部充满矛盾、谅解、割裂和融合的故事集。故事里没有完美的成功，也没有绝对的失败。正因为它是这样具有戏剧性，参与其中的人物是如此有个性，才能构建出全世界最有活力、最具色彩的足球团体。

此前一直有一个印象：皇马的历史是以主席划分时代，而巴萨的历史是由教练串起来的。从最初 30 年以英格兰人为技术指导的外来者时代，到战后随库巴拉一起到来的道西克，从初代“狂人”埃雷拉，到确立巴萨式“全能足球”的白金汉和米歇尔斯。“梦之队”大获成功之前，巴萨一直在技术革新的道路上摸索前进，磕磕绊绊但始终没有放弃找寻。克鲁伊夫、里杰卡尔德、瓜迪奥拉和恩里克等名帅一次次将欧冠奖杯高高举过头顶，不应忘记那些名号同样响亮但几年间一冠难求的前辈。一代代人燃烧自己，才逐渐点亮今日的辉煌。

其实巴萨的领导者们也是很有意思的群体。尽管信仰、政治立场和社会身份大

不相同，但几乎每个人都将巴萨当作自己人生最重要的信标，让巴萨在历史的洪流中生存、发展和成功。蒙塔尔父子让巴萨再度成为加泰罗尼亚民族精神的代表，但大兴土木和过于豪放的引援支出也让俱乐部背负沉重的债务。努涅斯秉承的商业化原则让巴萨适应了新时代，变得更有国际影响力，但惹来诸多非议。拉波尔塔以球迷领袖和反对者的身份登上舞台，建立了足球史上风格最华丽的冠军球队，也亲手送走了球迷最爱戴的梅西。可惜这里没有足够的篇幅介绍加斯帕特，俱乐部历史上最成功的副主席和最失败的主席。

总有性格举止“奇怪”的人加入巴萨。或者说，因为巴萨的领导不像其他俱乐部那样铁腕，也没有各种或明或暗的条条框框，让足球历史上的各路奇才能在这里展露才华。这里有“必须签下我大舅子”才肯加盟的库巴拉，有决赛被换下就“失陪”的舒斯特尔，有为了戒烟吮棒棒糖的克鲁伊夫，有当场怒踩裁判脚的斯托伊奇科夫，有马拉多纳、罗马里奥、罗纳尔迪尼奥……当然还有最重要的，因缺乏生长激素四处碰壁、最终被一张纸巾改变命运的最伟大球员。

听到这些名字，脑海里总会浮现出一些画面，心中总会响起一段旋律。巴萨必然不只是一家俱乐部，也不只是一个民族的象征，而是一群人的名字，一份不只属于足球世界的精彩。

武一帆

《体坛周报》资深记者，
从业近 20 年，
2008 年起常驻西班牙，
一线报道西甲、欧冠、
世界杯、欧洲杯等重要赛事。

图书在版编目（CIP）数据

红蓝荣耀 ：巴塞罗那传奇功勋志 / 《体坛周报》著. --
北京 ：西苑出版社，2024.11
ISBN 978-7-5151-0905-3

Ⅰ. ①红… Ⅱ. ①体… Ⅲ. ①足球运动－俱乐部－概
况－西班牙 Ⅳ. ①G843.655.1

中国国家版本馆CIP数据核字(2024)第073374号

红蓝荣耀：巴塞罗那传奇功勋志

HONG LAN RONGYAO:BASAILUONA CHUANQI GONGXUN ZHI

作　　者 《体坛周报》
责任编辑 汪昊宇　王思硕
责任校对 王振强
责任印制 李仕杰
开　　本 889毫米×1194毫米 1/16
印　　张 20
字　　数 646千字
版　　次 2024年11月第1版
印　　次 2024年11月第1次印刷
印　　刷 鑫艺佳利（天津）印刷有限公司
书　　号 ISBN 978-7-5151-0905-3
定　　价 228.00元

出版发行 西苑出版社有限公司 金城出版社有限公司 北京市朝阳区利泽东二路3号 邮编：100102
发 行 部 （010）84254364
编 辑 部 （010）64391966
总 编 室 （010）88636419
网　　址 http://www.jccb.com.cn
电子邮箱 xiyuanpub@163.com
法律顾问 北京植德律师事务所 18911105819